1960년대 시문학의 지형

양민정 · 채호석 · 신주철 편

한국외국어대학교 출판부

머리말

지난 시대를 구획짓는 굵직한 사건으로서의 역사에서 1960년대는 1960년 1월 1일부터가 아니라 4월 18일이나 19일에서 시작되었다. 4·19 민주혁명을 통해 한국전쟁 후의 자괴감과 패배감, 무기력함 등을 일거에 떨쳐내고 인권과 민주주의에 대한 서로의 열망을 확인하였으며, 사회와 민족의 현실에 대해 재인식하는 계기가 되었기 때문이다.

한국전쟁의 핵심 원인인 이데올로기를 자유롭게 천착할 수 없는 상황에서 극히 관념적인 부정과 저항의 우울한 몸짓을 보여주고 있었던 창작자들에게 4·19는 더욱 특별한 의미가 있었다. 전반적으로 4·19 이후 시인들은 현실에 구체적으로 접근하기 시작했으며 보다 다양한 입장에서 작품을 산출하였다. 그리고 역사와 현실에 대한 신념을 표현할 수 있게 되고, 한국문학의 전통에 대해 새로운 논의를 전개하게 된 점 등도 4·19의 자장 안에서 가능해진 것이었다. 또한 본격적인 한글세대들이 신인으로 대거 등단하면서 국어에 대해 재인식하게 되고 그것을 창작에 반영한 점도 1960년대 한국시문학사의 특징이다. 이처럼 한국시문학사에서 1960년대는 전환과 새로운 펼침이 시작된 시기였다는 의의를 가진다.

오랜 동안 한국문학연구는 해방 이전 작가와 작품을 중심으로 이루어졌다. 그러다가 1990년을 전후하여 해방기 작품, 월·납북문인과 그들의 작품, 그리고 한국전쟁 이후 문학에 대한 연구로 확장되었다. 그렇지만 오늘날에 이르기까지 1950~60년대 시와 시인에 대한 연구가 충분히 이루어진 것은 아니며, 여전히 탐구되어야 할 많은 부분이 남아 있다. 본서의 편자들은 앞과 같은 맥락에서 '1960년대 시문학'을 화두로 청탁을 하고 발표된 글들을 모았다.

첫 번째 장에는 1960년대 한국의 시문학에 대해 전반적으로 개괄하는 2편의 글이 구성되어 있다. 「〈안〉과 〈밖〉 그 혹독한 줄다리기」는 그 시대에 대한 필자의 체험을 바탕으로 쓰여진 글이며, 「1960년대 시문학의 전개와 특성」은 그 시대의 시문학을 둘러싼 다양한 주제를 꼼꼼하게 기술한 글이다.

두 번째 장에는 시인으로서 1960년대에 가장 화려한 불꽃을 태웠던 김수영과 신동엽, 그 시대에 신진 시인으로서 주목을 받기 시작한 신경림, 박제천, 허영자의 시에 대해 논의한 시인론과 시론 다섯 편의 글이 묶여 있다.

세 번째 장에는 1964년 동아일보 신춘문예에 시 「바람불다」로 등단한 이래 12권의 시집과 4권의 시선집을 낸 이탄의 시세계를 조명한 글 4편을 하나로 묶었다. "天稟的인 銳角"을 드러낸다는 김수영의 평을 받은(1966. 4.) 신진시인이었던 이탄은 꾸준한 작품 활동으로 개성적인 서정을 일구어왔다. 이탄의 시적 성취에 대한 평가가 미진한 상태에서 본서에 묶인 글이 시인과 그의 시세계에 관심이 있는 독자들에게 도움이 되리라 생각한다.

마지막 네 번째 장에는 1960년대 한국 시문학을 좀더 넓은 시야에서 조망해볼 수 있기를 바라면서 동일한 시대 해외의 시문학에 관한 3편의 글을 모았다.

이미 발표한 글의 재수록을 허락했든 새로 글을 썼든, 본서의 필자들은 친우로서, 제자로서 또는 또다른 인연으로 모두 이탄 김형필 선생님과 관계가 있는 분들이다. 애초 본서의 기획이 이탄 선생님의 정년퇴임을 기념하기 위해 시작되었기 때문이다. 정년퇴임을 맞으시는 이탄 선생님께 경하드리며, 이탄 선생님의 정년을 기념하여 글을 주신 모든 필자분들께 감사드린다.

처음 의욕을 가지고 의도했던 전체 구성에서 볼 때 적잖은 아쉬움이 있지만, 그런 대로 1960년대 시문학에 관심이 있는 독자들에게 작으나마 도움이 되기를 바란다.

2006년 2월

양민정 · 채호석 · 신주철 씀

목 차

머리말 / iii

I. 1960년대 한국시의 양상 ······ 1

〈안〉과 〈밖〉 그 혹독한 줄다리기 —1960년대의 시인과 시
정 진 규 ······ 3

1960년대 시문학의 전개와 특성
박 정 호 ······ 16

II. 1960년대 한국의 시인과 시 ······ 103

모더니티와 전통의 긴장 속에서 획득한 시의 엄숙성 —김수영론
이 성 혁 ······ 105

전경인의 정신에 따른 신동엽 시의 언어적 기호와 像
이 주 열 ······ 129

신경림의 시집 『농무』에 나타난 탈식민주의 연구
강 정 구 ······ 152

우주적 혹은 상징적 상상력 —박제천의 장자시를 중심으로
김 정 진 ······ 172

강한 투시력과 공고한 중심의 시 —허영자의 시 세계
이 건 청 ······ 195

III. 이탄의 시 세계 ······ 219

명석한 관찰과 삶의 이해 –이탄의 초기시를 중심으로
김 시 태 ······ 221

아름다운 변용의 미학 –이탄의 시
정 신 재 ······ 237

경험의 구체성과 보편세계의 변증법
한 영 옥 ······ 253

이탄의 초기시 고찰
신 주 철 ······ 270

IV. 1960년대 해외의 시문학 ······ 303

전후 영미시의 고찰 –1960년대를 중심으로
김 근 평 ······ 305

1960년대의 마그레브 시문학 소고
–알제리 문학과 카텝 야신을 중심으로
이 상 빈 ······ 329

1960년대 일본 현대시의 래디컬리즘
심 종 숙 ······ 355

I. 1960년대 한국시의 양상

▮ 〈안〉과 〈밖〉 그 혹독한 줄다리기
-1960년대의 시인과 시

▮ 1960년대 시문학의 전개와 특성

〈안〉과 〈밖〉 그 혹독한 줄다리기
1960년대의 시인과 시

정 진 규

1.

1960년대의 시인들이 지니고 있는 몇 개의 코드 가운데 가장 두드러지는 것은 〈안〉과 〈밖〉에 대한 인식과 선택이었다. 또는 그 만남과 극복을 위한 통로를 아프게 뚫어가고 있었던 점이다.

여기서의 〈안〉과 〈밖〉이란 흔히 우리의 시 의식을 형성하는 두 개의 큰 요인으로 말해지는 〈내포〉와 〈외연〉의 그것에 다름 아니지만, 그것은 개체로서의 자아와 집단으로서의 세계를 뜻한다. 그리고 당시의 시단적 경향으로는 〈시〉와 〈현실〉이라는 상관관계를 엮는 요소로써 대두되었던 상대적인 세계라고 할 수가 있다.

좀더 구체적으로 말하자면 1960년대에는 시 자체의 순수한 자율성으로서의 세계와 현실적 모순, 그리고 부조리를 비판하고 고발하는 사회적 기능으로서의 세계가 그 어느 때보다도 가장 첨예하게 대립 노출되고 있었으며 서로를 괴롭히고 있었음이 그것이다. (여기서 '괴롭히고 있었다.'는 말의 내면적인 의미는 그들의 선택과는 달리 상대적으로 서로가 서로를 거부할 수 없는 필연적인 어떤 긍정적 요인을 안고 있었다는 것을 뜻한다. 그것은 나중에 시는 획일적 선택이 아니라,

총체적 수용이라는 인식을 통하여 어느 정도 우리 시에 안정을 가져왔다고 할 수 있다.)

무엇이 이와 같은 선명한 선택을 가능케 했던 것일까. 이미 그것은 6·25라는 전쟁을 직접적으로 체험한 앞 세대에 의해서 인식되고 구체화된 것이며 하나의 연결고리 속에 놓이는 것이기도 하지만 1960년대는 또 1960년대대로 4·19라는 엄청난 유혈 혁명으로 막이 올랐다. 이와 같이 연속적으로 누적되어온 비극적 체험과 역사적인 상흔이 우리 시에도 새로운 인식과 체계, 또는 방법을 요구할 수밖에 없었을 것이다. 그러나 여기서 중요한 것은 1960년대가 앞 세대에 비해 〈안〉과 〈밖〉이라는 보다 분명한 선택 속에 있었다는 점이다. 물론 앞에서 지적한 바와 같이 앞 세대는 앞 세대대로 6·25라는 전쟁의 엄청난 체험을 통해, 그리고 일제 35년의 식민지 체험이라는 연계선상 위에서 새로운 인식과 가치의 발견을 위한 아픔 속에 있었겠지만, 숨 돌릴 겨를이 없는 상황이 가져다 준 지나친 강박관념과 패배의식이 어떤 혼미의 현상을 우리 시사에 노출하고 있었음을 지적하지 않을 수 없다.

1950년대의 작품들을 들여다보면 매우 다양하다. 직접적인 전장시(戰場詩)가 있는가 하면 풍자와 역설, 방법 노출의 모더니즘, 허무와 절망의 그림자를 짙게 깔고 있는 폐쇄주의, 그리고 엉뚱한 초기 낭만주의의 센티멘털리즘도 있다. 물론 이러한 세계들은 다양한 정신으로서의 개성적인 편차, 또는 창의적인 세계의 그것으로 일차 수용될 수도 있다. 그러나 보다 중요한 것은 그들이 엄청난 역사적 와중 속에서 노출될 대로 노출된 본질과 현상(안과 밖)의 모순과 괴리에 직면하고 있었으면서도 그것을 패배주의의 허무와 절망의 형태로만 수용하고 있었다는 사실에 있다. 이러한 당시의 현실적 상황이 정치적으로 또는 사회적으로 4·19혁명을 낳게 했고, 우리 시에도 하나의 새로운 분수령을 형성케 했다고 생각된다.

〈안〉과 〈밖〉, 그 명확한 인식과 선택, 또는 만남과 극복의 과정으로 이어지는 그들의 세계가 그것이다.

2.

우선 그 〈밖〉의 쪽에 비교적 선명한 인식의 연결고리를 두고 있었던 시인들로서 우리는 김지하, 이성부, 조태일, 김광협, 최하림, 김재원 등을 기억한다.

물론 이들에 앞서 1950년대의 시인으로서 1960년대에 들어 더욱 그들의 세계를 구체화시킨 김수영, 신경림, 신동엽 등이 있었다고 할 수 있으나, 하나의 집단적 흐름을 형성했던 것은 1960년대의 시인들이었으며, 그들은 그들 나름대로 새롭게 태어나고 있었다.

①
벼는 서로 어우러져
기대고 산다.
햇살 따가와질수록
깊이 익어 스스로를 아끼고
이웃에게 저를 맡긴다.

서로가 서로의 몸을 묶어
더 튼튼해진 백성들을 보아라.
죄도 없이 죄지어서 더욱 불타는
마음들을 보아라.

②
눈뜨고 가슴 열리게
먼 눈 썩은 가슴들 앞에서
번뜩임으로 있겠다! 그 고요함으로 있겠다!
이 칼빛은 워낙 총명하고 관용스러워서

③
남정네들이 낫을 간다.
낫이 무디어졌다고 슥삭슥삭
낫의 날을 세운다.
보리 한 단을 베어 넘기기 위해서
숫돌의 몇분지 몇분(分)을 축낸다.
뻐꾸기 소리와 꿩꿩장서방 소리가 와
낫의 날과 숫돌 사이에 와서 먹는다.
낫의 날과 숫돌 사이에 波濤소리가 와서 먹는다.
보리밭에 파도는 千波萬波로 들라퀸다.
에익, 파도를 넘자, 넘어서 가자.
남정네 한평생 까짓, 파도쯤이야.
시퍼렇게 날이 선 낫을 허리춤에 차고
이 세상 더러운 세상 까짓,
낫 한 자루, 그것이라도 휘두르며 넘어서 가자.

④
광산촌의 여인은 보고 있었다. 물에 뜬 붉은 바다
날빛 새들이 날아오르고 물결에 별들이
씻겨져 제 모습으로 갈앉고
상수리나무가 한 그루 흔들리고 있었다.
키 작은 사내는 밤새도록 술을 마시다가
일천 피트 어둠 속으로 사라져 갔으나
가도가도 막막한 어둠 뿐 모두 다 뜨내기와 갈보 뿐
낡아빠진 궤도차가 달리는 길목에서
어화와어화와 궤도차가 달리는 길목에서
우리들은 밤새도록 술을 마시고 젓가락을 두들기며 노래
불렀으나, 신참내기 전도사도 노래 불렀으나 가슴의
멍울은 풀리지 않고 싸움도 끝나지 않았다.

작자와 표제를 빼놓고 보더라도 위의 시들에서 우리는 공통된 세계를 발견한다. (①은 이성부의 「벼」, ②는 조태일의 「식칼론③」, ③은 김광협의 「千波萬波」, ④는 최하림의 「저녁 바다에서 아침 바다까지」이다.) 위 작품들의 화자들은 한결같이 사회적인 삶의 현장 속에 있으며, 그 의식은 개인적인 폐소(閉所)로서의 그것이 아닌 열려 있는 집단의식의 그것이다. 또는 패배주의의 그것이 아닌 날카로운 분노와 저항 정신을 표출하고 있다.

①의 '벼'는 곧 '백성들'이라는 집단을 상징하는 하나의 보조관념이다. 〈햇살이 따가와질수록〉 더욱 깊이 익고, 〈서로가 서로의 몸을 묶어〉 더 튼튼해지며, 〈죄도 없이 죄지어서〉 더욱 불타는 존재로서의 '벼'는 부정적인 어떤 상황 속에서도 굴함이 없이 살아가는 끈질긴 민중의 생명력 바로 그것을 뜻하고 있다. ②와 ③의 키워드라고 할 수 있는 '낫'의 원관념도 〈이 더러운 세상〉, 〈눈멀고 썩은 가슴들〉을 〈보리단 베어넘기듯〉 헤치고 나가고자 하는 '힘'의 그것이며, 그 속에는 날카로운 비판의식과 개혁적인 행동의지가 진하게 도사리고 있다. ④의 '광산촌'은 사실적인 광산촌으로만 끝나지 않는다. 그것은 〈풀리지 않는 멍울〉을 안고 살아가고 있는 삶의 현장에 대한 또 다른 비판적인 제시가 되고 있으며 끝낼 수 없는, 결코 좌절할 수가 없는 극복의 대상으로써('싸움도 끝나지 않았다.') 자리하고 있다.

그러나 이들 〈밖〉으로서의 시들이 1950년대의 그것들에 비해서 〈새롭게 태어나고 있음〉은 그 정신의 뼈대를 사회비판적이며 개혁적인 데 두고 있으면서도 양분된 목청을 안으로 거두어들이고 산문적인 진술을 시적인 표현으로 자리바꿈하려는 노력을 잃지 않고 있었음에서 비롯된 것임을 우리는 간과할 수가 없다. 지금도 우리 가슴에 남아 있는 성공한 그들의 시편들은 언어가 시의 예술성에 작용하는 힘을 아울러 동심원(同心圓) 속에 두는 그런 위치에서 씌어진 작품들이었다.

단순한 우국적 토로이거나 개탄의 범주를 벗어나지 못하는 비분강개의 그것은 현실이 우리의 정신에 가져다주는 긴장과 고통을 편리하게 면제 받으려는 안이한 자세의 그것으로, 일차성의 그것으로 인식되어질 수밖에 없다. 적어도 '시'라는 본질적인 입장에서는 그렇다.

가령, 사회적인 여론과 정치적인 충격까지도 불러일으켰던 김지하의 풍자시 「五賊」이 준열한 고발정신을 담고 있으며 그 표현과 형식에 있어 우리의 전통적인 판소리 사설을 원용하고 있다는 중요성에도 불구하고 성공한 시로서의 범주에 넣기를 꺼리게 되는 것을 생각하면 그 이유는 자명해 진다.

위에 인용한 시편들 가운데서도 이성부의 「벼」가 성공적으로 읽히는 것은 처음부터 '백성'들의 끈질긴 생명력을 사실 그대로 노출시키지 않고 그것을 '벼'로 사물화 하는 상징체계를 잃지 않았기 때문이며, 김광협의 「千波萬波」 속의 '낫'이 시적인 구상감을 획득하고 있음 또한 마찬가지이다. 「千波萬波」의 '낫'이 시로써 살아나고 있음은 그 날카로운 물리적 기능에만 있지 않다. 그 시적 상승의 대목은 〈뻐꾸기 소리와 찡찡장서방 소리가 와/낫의 날과 숫돌 사이에 와서 먹는다./낫의 말과 숫돌 사이에 波濤 소리가 와서 먹는다.〉에서 비롯되고 있다. 뻐꾸기 소리, 찡찡장서방 소리(장끼가 앉았다 날면서 내는 울음소리를 우습게 표현하는 말), 파도 소리를 함께 둠으로써 숫돌에 낫을 가는 농부가 자리하고 있는 공간이 구체화 되고 있으며, 특히 〈~와서 먹는다.〉의 '먹는다.'는 매우 뛰어난 시적 공간을 창출해 내고 있다. 여기서의 '먹는다.'는 음식 따위를 '먹다'의 그것도 아니고 소리를 듣지 못한다는 뜻의 '귀가 먹다'의 그 '먹다'도 아니다. '잘 들다', '잘 맞다', '잘 배어들다', '잘 발라지다' 등의 조화, 수용, 교응 등의 의미와 감각을 함께 지니고 있는 아주 뛰어난 우리 말 가운데 하나이다. 결국 김광협의 '낫'은 그런 소리들까지도 함께 '먹는' 아주 예리하고 초월적인 존재로 다시 태어나고 있다. 그런 힘의 존재이다. 최하림의 '광산촌'도 그것이 '막막한 어둠'의 공간으로 우리의 가슴에 짙게 각인될 수 있었던 것은 '상수리나무 한 그루'마저 흔들리고 있음을 보아낸 화자의 예리한 눈과 '신참내기 전도사'마저도 술을 마시고 함께 노래를 불러야 하는 그런 공동의 아픈 현장을 그가 놓치지 않고 보아낸 바로 그 눈에 있다 할 것이다.

이처럼 〈안〉과 〈밖〉의 문제는 그 인식의 바탕으로써만이 아니라, 시의 성패를 좌우하는 본질적인 문제로 1960년대의 시에 대두되고 있었음을 우리는 확인할 수가 있다. 그러니까 그것들(안과 밖)은 배타적인 관계로서가 아니라 상보적인 관계로 은연중에 자리 잡고 있었다는 이야기이다. 본인들은 선택적인 의지 속에 있었다고 하나 작품 그 자체에서 나타나고 있는 바와 같이 현실을 중시하는 시인들도 '시'라는 본질을 방기할 수는 없었다는 사실에 우리는 동의하지 않을 수가 없다. 〈안〉과 〈밖〉의 혹독한 줄다리기, 그 팽팽한 밧줄 위에 1960년대의 시는 놓여져 있었다고 할 수 있다.

3.

〈밖〉의 시인들과는 달리 〈안〉의 각도에서 순수한 시의 자율성을 추구한 시인으로서 우리는 우선 《現代詩》 동인들을 떠올릴 수가 있다. 1965년 6집부터 새롭게 구성된 동인들로 재출범을 보았던(1957년 10월 창간된 《現代詩》는 2집까지 한국시인협의회의 기관지였으며, 3집부터 5집까지는 전봉건 주재의 동인지 형태를 취하고 있었다.) 《現代詩》는 이른바 〈내면의식의 추구〉라는 비교적 선명한 에꼴을 형성하고 있었는데, 허만하, 황운헌, 김영태, 이유경, 주문돈, 정진규, 이수익, 이승훈, 박의상, 김종해, 마종하, 이건청, 오탁번, 오세영 등이 바로 그들이다.

이들과 서로 다른 개성적인 편차를 지니고 있었지만, 〈안〉의 세계를 천착했던 1960년대 시인으로서 우리는 또한 황동규, 마종기, 정현종, 박이도, 이근배, 강계순, 민 영, 김원호, 김후란, 허영자, 김선영, 이탄, 박제천, 강우식, 오규원, 홍신선, 유승우, 신규호, 최하림, 김여정, 김초혜, 박현령, 이가림, 이경희, 유안진, 김석규, 천양희, 강은교, 강인한, 박정만, 신대철 등의 중요한 작업들을 기억한다.

특히 이들은 순수한 모국어의 세대들로 우리말이 지니는 시어적 기능의 확대와 정착에 크게 기여한 것으로 평가될 수 있다. 좀더 구체적으로 말한다면 이들은 1950년대에 이르기까지 지시적이며 설명적인 기능에 다분히 머물고 있었던 우리의 시어들을 보다 적극적으로 암시적이며 상징적인 세계로 확대해갔다고 할 수 있다. 이로 인하여 우리 시에서 그 어느 때보다도 이른바 〈난해성〉이 크게 논란되었던 시대가 1960년대이기도 했었지만, 그것은 단순히 난해성의 각도에서만 운위되었어야 할 문제는 아니었다. 언어는 동시적으로 지시적 기능과 암시적 기능을 지닐 때, 보다 총체적이며 상승적인 세계를 제시할 수 있다. 그것이 시어의 본질이기도 하다. 따라서 1960년대의 이들이 이러한 기능을 수용했다는 것은 새로운 감각과 의미를 우리 시에 열어보였다는 것으로 평가되어야 마땅하다. 새로운 의식 공간의 열어 보임, 또는 그 구축이 거기에 있었다. 익숙하지 않은 세계라는 점에서 난해성이 지적되었다면 그것은 큰 문학적 오류에 해당된다.

또한 이들은 〈밖〉의 시인이 빠지기 쉬운 편내용주의(偏內容主義)로부터 시를 완강히 지켜왔다고 할 수 있다. 당시의 사회적 정치적 흐름으로 보아서 이른바 삶의 윤리와 양심의 문제는 결코 기피할 수 없는 시대적 또는 역사적 내용이기는 했으나, 그러함들이 일부에서 도식화되고 획일화된 주장, 조잡하고 생경한 언어로까지 나타나고 있었음은 바람직한 것이 아니었다 여기에 예술적 긴장과 승화를 주려는 노력을 지속해 온 〈안〉의 시인들과 그 작품들은 표현에 있어서뿐만 아니라 의식의 자율성을 지킨 하나의 보루였다고 할 수 있다.

물론 그들의 경우에도 어떤 작품들에는 또 다른 편향성이 없지 않았다. 그러나 앞서 〈밖〉의 시인들의 경우에서 말했던 것처럼 그 비중과 표현방법은 다르다 할지라도 〈안〉과 〈밖〉의 또 다른 줄다리기를 통하여 자신의 세계에 이르고 있었던 시인들이 그들이다. (여기서의 '또 다른 줄다리기'란 그들이 대상으로 삼은 〈밖〉이 앞의 시인들의 경우처럼 사회적이며 시대적인 것에만 국한하고 있지 않았음을 뜻한다.)

①
가연성 유황분의 그 끝을
가볍게
그슷는다.

불이 튈 잠재를
비위처럼 건드린다.

확, 댕기는
점화의
始發.

이 순간은
아마
神도 바람을 모았을 것이다.
(중략)
사랑이여,
우리의 눈길이 마주치는 순간
외길로 표류하는 피의 감전을
그대 또한 느끼는가.

②

친구들의 늦은 저녁 방문, 형광등 고장, 촛불로 소주를 태움, 서로의 뜨거운 확인. 거품을 물고 있는 주전자의 입. 붕글붕글 붕글어터지는 물방울. 쉬이쉬이 숨는 헛김 우리는 끓는 주전자처럼 머리를 펄럭거리며 슬픔을 나누고 충돌을 사랑하고 피를 꿈꾸고 죽음 앞에 꽂히는 깃발을 그리워했다. 그리움에 피를 물들이며 삶을 확인하였다.

③

全身을滿月의활로꾸부려
音樂의불붙는시위에살을먹이네
배는
한몫의 樂器
弦과弦사이에櫓를넣어휘저을적마다
밤무지개를타오르다떨어지는
波濤소리
못보던새들의울음이天地에가득차고새들의깃은
물살속에서퍼덕이네
航海中의배는
무심히돛폭을펼쳐바람의空閨를채우네.

④

고요한 幻想의
出張所
뜰, 뜰의
달콤한 구석에서
言語들이
쉬고 있다.
抽象의 나뭇가지에
살고 있는
言語들 중의
몇몇은

위험한 나뭇가지 사이를
날아다니다
떨어져 죽고,
나의
고장난 수도꼭지에서도
뚜욱 뚜욱
言語들이 죽는다.

⑤
밤이 자기의 心情처럼
켜고 있는 街燈
붉고 따뜻한 街燈의 情感을
흐르게 하는 안개

젖은 안개의 혀와
街燈의 하염없는 혀가
서로의 가장 작은 소리까지도
빨아들이고 있는
눈물겨운 욕정의 親和.

부분적으로 인용한 앞 작품들은 이수익의 「성냥개비」, 마종하의 「주전자의 꿈」, 박제천의 「莊子詩 그 하나」, 오규원의 「몇 개의 現象」, 정현종의 「交感」 등에서 손에 잡히는 대로 뽑아 본 것인데, 그 시선들이 구체적인 밖의 사물들이나 상황으로부터 출발하고 있을지라도 한결같이 대상들의 〈안〉쪽에 가 닿아 있다. 그리고 거기서 발견한 불가시적(不可視的)인 어떤 '힘'으로 〈밖〉의 대상들을 동질화시키고 있다.

이를테면 ①의 '성냥불'과 '사랑'은 본래 사실적으로는 독립된 개체의 것들이며, 이질적인 존재이다. 그러나 여기서는 하나가 되고 있다. 그들이 하나가 되게 하는 힘은 바로 〈불〉이라는 뜨거움의 공통적인 속성에 있으며, 그 뜨거움에 오는 순간의 총체적이며 전경적인 감각에 있다. 이러한 '힘'의 발견은 지시적이며 가시적인 〈밖〉의 현상만으로는 불가능하다. 그것들은 〈안〉에 잠재되어 있는 어떤 정신이며 감각이기 때문이다. ②의 경우도 마찬가지다. 〈끓는 주전자〉의 구체적인 현상과 아픈 삶을 살아가는 작중 화자와 친구들의 내면의식이 하나로 만나지고 있다. 〈끓는〉이라는 그 현상이 지니는 내면적 속성이 서로 다른 〈안〉과 〈밖〉의 세계에 다리를 놓아 주고 있다. ③에서는 '航海中의 배'가 그냥 사실적으로 배로만 끝나지 않는다. 배는 하나의 악기이며 노(櫓)는 그 악기의 활로써 다시 태어난다. 그리고 거기 음악('波濤소리', '못 보던 개의 울음')이 흐른다. 이러한 다시 태어남은 '航海中의 배'의 그 항해형태와 악기의 연주형태가 지니는 구체적인 유사성에서도 비롯될 수가 있지만 그 본질적인 힘은 잠재된 유사성을 발견해 낸 〈안〉쪽으로의 시야에 있다. ④와 ⑤에서도 우리는 〈안〉과 〈밖〉의 팽팽한 줄다리기, 그 만남에 이를 수가 있다. 〈언어－새들－죽음〉＝〈나의 언어－수도꼭지의 물－죽음('뚜욱뚜욱')〉의 등식적(等式的)인 설정을 통해 나의 언어로서의 〈안〉과 현실의 언어로서의 〈밖〉이 하나로 만나고 있으며, '街燈'과 '안개'라는 두 개의 이질적인 존재가 '밤'이라는 정감적인 시간의 이미지를 빌어 적극적으로 서로를 빨아들이고 있다('안개의 혀', '街燈의 혀').

이상에서 살펴본 바와 같이 이들 〈안〉쪽의 시인들이 만나고 있는 〈밖〉의 세계는 물론 앞서 지적한 대로 저들 〈밖〉의 시인들이 구체적으로 선택했던 사회적이며 정치적인 세계와는 그 궤를 달리하는 것이라고 할 수 있다. 그러나 '삶'이라는 보다 총체적인 대상으로서의 〈밖〉인 만큼 궁극적으로는 같은 것이라고도 말할 수 있을 것이다.

아무튼 〈안〉쪽의 시인들이 그 내면세계의 천착을 통하여 이질적인 사물, 이질적인 상황으로서의 대상들을 하나의 세계로 다시 태어나게 했음은 새로운 의식 공간의 확대이며 새로운 시어기능의 개발이라는 점에서 매우 중요하지 않을 수 없다.

4.

시인들 저마다의 개성적인 편차를 무시하고 이렇게 〈안〉과 〈밖〉이라는 양분법에 의해 1960년대의 시를 나눈 데에는 아마도 큰 무리가 있었을 것으로 여겨진다.

그러나, 1960년대는 그럴만한 이유를 분명히 안고 있었던 것으로 판별되었기 때문에 나름대로의 의도성을 끝내 버릴 수가 없었다. 앞서 지적한 대로 1950년에 대한 변증법적인 극복이 필요할 정도로 우리를 몰아붙이고 있었던 것이 사실이었다고 생각된다. 그것은 순수냐, 참여냐의 문제로 1960년대의 중요한 이슈가 되기도 했지만 비단 시에만 국한되는 문제가 아니었던 것이다. 문학이 그랬고 시가 그랬고 사회가 그랬다. 아무튼 1960년대의 시인들은 〈안〉과 〈밖〉의 첨예한 충돌과 그 극복을 위한 아픈 시간 속에 놓여졌었다고 할 수 있다.

1960년대 시문학의 전개와 특성

박 정 호

I. 1960년대 시문학의 형성 배경

1. 문학외적 상황의 전개

1960년대 문학은 문학사적으로 중요한 의미단락의 하나이다. 계수화된 시대구분에 따른 문학사적 논의가 단순한 수치에 의한 인위적 구분이 아니라 세부적 구체성을 확보한 문화적 지형도로서 의미망을 확보하는 것은 이 시기의 문학이 새로운 역사의 전환점이면서 당대의 새로운 시대정신을 구현하고 있기 때문이다. 이 시기는 해방직후의 이념적 혼란과 6·25로 인한 전란의 소용돌이를 마무리 짓고 현대사의 새로운 장을 전개시키는 출발점으로 문학사적으로는 자유와 민주라는 새로운 시대정신을 구현하면서 문학 내적으로 의미 있는 변화가 이루어졌다. 새로운 문학의 등장은 실패한 혁명과 성공한 정변이 초래한 정치사회적 변동을 반영하며, 파행적 근대화 및 대중문화의 지각변동에 따른 의미 있는 정신사적 변화와 궤적을 같이한다.

1960년대를 하나의 의미단락으로 보는 가장 중요한 사건은 1960년

4·19혁명과 1961년 5·16 군사 쿠데타이다. 이 시대의 벽두에 펼쳐진 두 사건은 당대의 역사적 모순과 시련을 내포하면서 '자유'와 '평등'의 가치구현, 민족주의와 분단 현실에 대한 관심고조, '잘 살아보세'로 상징되는 산업화의 진전 등으로 시대정신을 새롭게 갱신하는 계기가 되었다. 4·19혁명은 부정부패의 청산이라는 역사적 의미와 함께 문학사에서도 혁명적 변화를 초래하여 전후문학을 청산하고 새로운 시대정신을 불어넣었다. 혁명은 비록 실패했지만 암울한 시대적 상황에 대한 불안과 절망에서 야기된 실존의식을 문학과 현실에 대한 새로운 역사인식으로 대체하였다. 즉 전쟁의 피해의식과 무기력에서 벗어나지 못하던 한국사회에 자유와 권리에 대한 자기 각성, 사회적 현실에 대한 비판의식, 민족과 역사에 대한 신념을 재확인 시켜주었으며 새로운 사회에 대한 열망과 꿈을 불어 넣는 계기가 되었다.

또한 5·16 군사 쿠데타는 자유주의 민주체제에 대한 도전이었지만 1960년대 중반 이후에 산업화로 경제 개발을 가속화시키면서 경제체제와 대중문화의 시스템을 바꾸어 놓았다. 이촌향도로 집약되는 인구의 대이동이 이루어지고 신흥재벌이 출현하였으며, 다른 한편으로는 소외계층 또한 양산되었다. 산업화가 진전되면서 인간 존재의 사회적 조건에 대한 문제의식이 대두되어 문학의 역사적 사회적 참여를 본격적으로 논의하게 되었고, 우리 문학사에 있어 치열한 참여문학 논쟁을 재점화하였다. 이와 같이 1960년대는 사회적 격동기라는 문학 외적 조건으로 인하여 참여시 또는 민중시의 발생론적 구조가 성립되었으며, 민중에 대하여 새롭게 조명하고 가치를 깨닫게 해 주었으며, 근대산업사회를 맞이하면서 소외계층에 대한 연민과 애정의 공동체의식이 생겨나 1970년대 민중문학의 발판을 마련해놓았다.

다음은 대중문화의 지각변동을 들 수 있다. 1960년대 민간방송의 시작과 더불어 대중문화는 가요와 영화로 무게중심을 이동하였으며 문화지도를 바꾸어 놓았다. 이 시기의 대중가요는 민요와 트로트 일색이던 대중가요계에 새로운 충격을 주었는데 그 주도세력은 미8군 클럽을 주무대로 활약하던 가수들이다. 이들에 의하여 1960년대의 대중가요는 기본적인 2/4박자의 트로트에서 슬로우록이나 폴카, 맘보, 트위스트 등 다양한 리듬이 국내에 소개 되면서 많은 변화를 불러일으켰다. 이시기에는 최희준, 길옥윤, 조영남, 김상희 등의 대학생 출신 가수들이 음반작업에 참여하였고 음악적 경향도 다양해졌다. 이미자의 기러기 아빠, 오기택의 고향무정, 김세레나의 갑돌이와 갑순이, 남진의 어머님, 나훈아의 강촌에 살고싶네와 같이 전통적 농촌사회에 기반을 두었거나 이촌 향도과정에서 빚어진 아픔을 노래한 부류가 있는가하면 도시의 낭만이나 세련된 감각을 노래하는 부류가 있었다. 앞의 부류가 아직 민요적 정서나 감각을 촌스럽게 간직하고 있었다면 뒤에 오는 현미의 밤안개, 패티김의 초우. 배호의 돌아가는 삼각지, 정훈희의 안개는 근대적 도시의 모더니즘을 반영하면서 도회의 비애를 노래하였다. 또 이와 함께 최희준의 맨발의 청춘, 남일해의 빨간 구두 아가씨, 김상희의 대머리 총각, 오기택의 아빠의 청춘은 근대화의 경쾌한 리듬감이 배어있는 정서를 반영하고 있다. 또한 영화산업의 경우 1960년대 들어 군사정권의 제도적인 통제와 외압에 의한 침체기를 맞이하였으나 문예영화의 붐과[1] 지

---

1) 전반기의 문예영화들은 강열한 문제의식의 소산으로 거의 리얼리즘 경향을 띄는데 후반부에는 군사정부의 우수영화 보상제도와 함께 성장한다. 이 제도는 외화수입 스크린쿼터를 위해 한국영화를 제작하게 되었고 결과적으로 한국영화는 검열에 의하여 위축되고 외화는 범람하게 되는 결과를 낳는다. 이시기에 제작된 중요한 작품을 보면 유현목의 '김약국집의 딸들'(박경리원작) 신상옥의 '벙어리 삼룡이'(나도향원작), 1964년 김수용의 '갯마을'(오영수원작) 김수용의 '안개'(김승옥원작), 1968년 최하원의 '나무들 비탈에 서다'(황순원원작) 등이 있다. 이는 척박한 영화제작 환경에서 수준 높은 문예물들이 다수 만들어 졌다는 것은 커다란 수확이며 문예물의 적극적인 장르 교섭이 이루어졌다는 점에서 긍정적이나 보상제도의 폐지 이후 1970년대 초에 문예영화를 찾아보기 힘든 것은 자생력 없

속적인 춘향전의 패러디를 주목할 만하다. 검열의 강화로 문제의식을 담은 작품이나 리얼리즘의 미학을 추구한 작품, 진실성과 사회성 그리고 비판을 담은 작품은 점차 사라지고, 문예물 중심의 멜로드라마와 오락 액션물들이 범람하였다. 문예영화의 붐은 장르교섭으로 주목할 만하며, 특히 사극영화의 제작 붐에 의하여 만들어진 몇 편의 춘향전[2]은 박재삼, 서정주, 전봉건의 춘향시편과 함께 주목된다. 이처럼 대중문화의 다양성은 한국사회의 분화와 감각의 세련미를 반영하면서 한국문화의 새로운 전환을 가능케 한 바탕이 되었다.

더욱이 이 시대는 해방이후 한글교육을 받은 세대들이 문단의 신인으로 대거 유입되고 정치적 열정이 경제적·사회적 관심사로 구체화되면서 현실에 다각적인 사유가 이루어지고 언어에 대한 정밀한 논의가 이어진다. 한편으로는 당대의 현실적 문제들에 대한 적극적 관심 표명, 즉 상황에 대한 시적 응전방식도 구호나 선동을 넘어 미학적 도발이나 지성에 대한 탐색을 추구하기도 하고, 다른 한편으로는 미군이 쏟아낸 원서와 함께 묻어 온 모더니즘에 의하여 언어와 추상적 서정성에 대한 진지한 논의가 이루어진다. 또한 자연이나 인간을 노래하던 전통적 서정시의 영역에도 변화가 이루어져 도시의 일상이 중요한 시적 대상이 되었고, 자연시 또한 시대적 풍경의 변화와 함께 삶의 이치를 담아내는 방법의 변화가 이루어졌다. 이 시기는 순수와 참여라는 치열한 공방전을 통하여 다양한 문학 경향이 경쟁적으로 공존하였으며 본격적인 복수 문단시대, 즉 문학의 다양화가 전개된 시기였다.

는 문화의 종말을 확인시켜 주는 것이다.

2) 안종화 감독(1958)의 춘향전, 이경춘 감독의 탈선 춘향전(1960), 홍성기 감독의 춘향전(1961) 신상옥 감독의 성춘향(1961), 이동훈 감독의 한양에서 온 성춘향(1963), 김수용의 춘향(1968), 이어령 감독의 춘향전(1971) 등 춘향전처럼 지속적으로 각색된 영화는 유례를 찾아보기 어렵다.

2. 문단의 형성과 시문학의 전개

1960년대는 이와 같이 해방후 교육받은 세대가 전문성을 갖추고 전쟁과 혁명의 반전을 거리감을 확보하고 논리적으로 응전하기 시작하였던 시대이다. 문학의 경우도 대중화와 출판 등의 관계를 함께 논의하면서 전문적인 문단을 형성해나갔으며 동인지와 문학잡지를 다양하게 생산해냈다. 새로운 세대는 기성 문단과 다른 문학을 요구하였고 전문성을 갖추고 대중과 호흡할 수 있는 매체발행에도 적극적이었다. 1960년대 초반에는 『60년대 사화집』(1961), 『현대시』(1962), 『시단』(1963), 『신춘시』(1963), 『돌과사랑』(1963), 『新年代』(1963), 『여류시』(1964) 등의 시전문지가 발행되었으며 후반기 들어 논리적 기반을 갖춘 『창작과 비평』(1966)과 『68문학』(1968) 등이 등장하면서 논의를 예각화하고 새로운 전환의 계기를 마련해나갔다. 이들은 『산문시대』 창간 동인들과 함께 한국문학의 강단비평과 실제비평을 이끌어간, 이른바 4.19세대 비평가들로 염무웅, 백낙청, 조동일, 김주연, 김치수, 김현, 김치수, 김윤식, 김현 등이 여기에 해당한다. 이들은 문학에 대한 인식을 새롭게 하였으며 내용미학과 형식미학에 대한 전문적인 논의로 기존의 『현대문학』과 『자유문학』의 논리와 경향을 넘어서는 새로운 문학운동을 선도하였다. 더욱이 『사계(四季)』, 『시학』, 『영도(零度)』, 『시와 시론』 등의 동인지와 함께 시의 시대를 열어나갔으며 현대시의 면모를 확립하고 본격적인 복수문단 시대의 다양하고도 새로운 문학운동의 전개하였다.

먼저 벽두의 정치적 격변은 시대적 풍향을 먼저 감지한 시인들이 문학의 역사적 책임과 사회적 기능에 대한 능동적 역할을 강조하는 계기가 되었다. 이로 인하여 예리한 촉수를 가진 시인들이 시대적 현실과 역사적 상황에 대한 책임감을 자각하고 문학의 사회적 기능을 강조하게 되었다. 김수영, 신동엽, 김광섭, 이성부, 문병란 등은 4·19 정신을 문학적으로 구현하고자 하였으며, 이들은 현실의식과 역사의식을 시상의 원천으로 삼아 현실을 직시하고 부조리한 사회를 비판·고발하면서 불합리한 현실을 개진하려는 일련의 작업을 계속하였다.

다음은 지성을 바탕으로 시어에 대한 탐색과 새로운 실험을 시도하면서 관념을 형상화하는 모더니즘적 경향을 들 수 있다. 이들은 언어에 집착하여 의미와 무의미, 상징과 은유 등 신비평적 과제에 정력을 쏟았으며 형식실험을 시도하였다. 이 시들은 난해성이라는 필연적 부작용에도 불구하고 언어의 시적 가능성이 영역을 확대하고 다양한 실험을 통하여 현대시의 논리를 강화하고 내포를 풍요하게 하였다. 기성 시인으로는 김춘수의 의미실험, 김구용의 장시 등이 여기에 해당하며 현대시 동인들인 이승훈, 김영태, 오세영, 이건청, 이유경, 허만하, 정진규, 오규원 등이 한국시의 새로운 영역을 넓히는 실험에 적극적이었다. 이들에게 관념과 지성은 시의 형상화 원리로서 언어예술 그자체로 미학적 목적이 되어 많은 시인들이 풍자적·유희적 태도를 취하기도 했다.

마지막으로 시문학의 본질적 영역에 대한 탐구로서 생명의식 또는 서정주의로 회귀하는 경향이다. 여기에는 기존의 청록파 시인이나 유치환, 김현승, 서정주 등이 가세하여 전통적 세계나 역사와 고전 및 자연을 시적 대상으로 삼아 문학의 순수성을 옹호하고 역사나 사회적 변동과 관계없이 존재하는 영속적 삶의 정서를 시화하였다. 박재삼, 박성룡, 김종삼 등의 중견시인들과 1960년대에 생명감각과 서정의 아름다움을 추구한 이탄, 민영, 김종해, 정진규, 박이두, 김원호, 이가림, 강우식 등이 여기에 해당한다. 특히 황동규는 순수서정을 노래하지만 모더니즘의 언어의 울림을 틈입시켜 서정시의 새로운 영역을 개척하였다. 김후란, 허영자, 김초혜, 유안진, 김지향 등의 신진여성시인들의 등장도 1960년대 전통서정시를 풍요롭게 하였다.

이러한 제 경향들은 시사적 맥락에서 볼 때 전후 문단의 정서적 폐쇄성과 문화적 추수현상을 극복하고 시대적 방향을 감지한 중견 시인들과 신세대 시인들에 의해 새로운 문학을 수립하는데 디딤돌이 되었다. 이들은 당대적 현실과 문화를 반영하면서도 다양한 모색과 실험으로 한국문학의 외연을 확장하고 내포를 풍요롭게 하면서 다음세대에 펼쳐질 민중시와 해체시의 발판을 마련하였으며 서정시의 영역을 확대·심화하였다.

II. 시의 역사적 응전과 실천

1. 참여문학론의 향방

1) 민족현실과 문학의 전통논의

1960년대 참여문학론은 현실에 대한 인식을 확고히 하면서 문학적 실천을 모색하는 가운데 이루어졌다. 4·19혁명은 민족현실에 대한 진지한 성찰을 요구하였으며, 현실과 동떨어진 채 외래사조를 추종하던 문학을 반성케 하였다. 1950년대 전쟁의 상흔을 이데올로기나 외래사조에 기대어 노래하던 문단현실을 반성하면서 당대 상황이 야기된 역사와 현실을 개혁대상으로 삼아 적극적인 문학 활동을 탐색하고자 하였다.

전후문학의 극복은 문학이 삶과 무관한 초월적 지위에서 이루어지는 것이 아니라 현실에서 출발하여 현실로 귀환한다는 새로운 인식에서 이루어진다. 전대의 대중화론이 독자를 단순한 소비자 또는 무교양인으로 보고 계몽대상이거나 문학 외적 대상으로 파악한 것과 달리,

참여론은 문학을 역사와 현실에 대한 신념을 표출하는 생산의 장이며 현실 개혁의 장으로 인식하였다. 현실성에 대한 새로운 접근은 전통성과 현대성에 대하여 새로운 인식을 열어 놓았다. 전통성은 이제 민족 현실을 직시하는 집체성이 개입되고, 현대성은 새것 지향성을 넘어서 당대 현실에 대한 리얼리티와 역사적 전망을 확보하는 방향에서 논의되기 시작하였다.

순수문학의 전유물인 전통성이 이제 막연한 과거의 유산이 아니라 민족문학의 정통성 측면에서 논의되었다. 따라서 이제 전통은 단순한 과거의 추수가 아니라 계승과 발전을 통하여 변화와 발전을 의미한다는 인식의 전환을 가져왔다. 더 이상 전통은 개인적 정서에 기반한 과거에 대한 회상을 의미하지 않았다. 전통에 대한 새로운 접근은 과거 회귀적 관점을 벗어나 집체적 현실을 새롭게 인식하고 민족 전체의 총체적 삶을 형상화하는 방향에서 이루어졌다.

민족현실에 대한 논의는 1950년대 후반 조윤제의 현대문학의 전통성 논의에서[3] 출발하여 전후문학의 역사인식 결여를 반성하고 새로운 계승방향 설정으로 나아간다. 조윤제에 이어서 문덕수, 유종호, 백철, 김현, 조동일[4]이 참여한 전통론의 향방은 전통의 의미와 향방에 대하여서는 서로 이견을 보이기도 했지만 한국문화 전반에 걸친 역사적 재인식을 요구하고 고전문학이 아닌 현대문학에서 전통성을 논의한다는 점에서 공통적이다.

---

3) 조윤제, 「현대문학의 전통성」, 『자유문학』(1958. 5).

4) 전통론에 대한 논의는 조윤제의 앞의 글을 시발로 하여 다음과 같은 차례로 이어졌다.
문덕수, 「전통과 현실」, 『현대문학』(1959. 4).
유종호, 「우리 문학 전통의 확립」, 『세계』(1960. 3).
백　철, 「세계문학과 한국문학」, 『사상계』(1962. 11).
김　현, 「한국문학과 전통의 확립」, 『세대』(1966. 2).
조동일, 「전통의 퇴화와 계승의 방향」, 『창작과 비평』(1966, 여름).

전통론이 주로 비평가 중심으로 논의되어 창작과의 긴밀성이 다소 떨어지지만 민족문학의 정통성과 관련하여 이루어졌다는 점에서 1960년대의 짧은 전통성 논쟁은 새로운 전기를 마련한다. 이전의 전통논의가 주로 시간적 차원에서 논의되어 과거의 계승이나 단절이냐를 논의하였으나 이시기의 논의는 민족문학의 개념을 끌어들여 특수성과 보편성의 개념으로 전환하고 현대문학사를 전통성에 입각하여 민족문학사로 편입하였다는 점에서 새로운 문학사 연구의 가능성을 열어 놓기도 하였다. 특히 현대시에서 내재적 전통을 확인하고 보편성과 개별성으로 문학사의 공간적 자각을 확인한 것은 현대시의 향방을 막연한 새것 추구에서 민족과 민중 현실을 직시할 수 있도록 바꾸어 놓은 것이라 할 수 있다.

2) 개혁대상으로서의 현실

1960년대의 순수참여 논쟁은 가까이는 1950년대 대중화론의 연장선상에서 시의 사회적 기능에 대한 모색이며, 거슬러 올라가면 1930년대 세대논쟁과 해방기의 좌우익 논쟁에 이어지는 현실주의 논쟁 중의 하나이다. 참여문학론은 문단 내부적으로 볼 때 한국현대문학사의 현실주의 논쟁의 일환이지만, 문학 외적인 현실로서 4·19 시민혁명과 5·16 군사쿠테타에 의한 역사적 전복, 공업화와 경제개발에 따른 대중문화의 형성, 도농의 분화와 궁핍화를 반영하는 것이다. 또한 이러한 패러다임의 전환은 전통적인 교육열에 의한 지식의 대중화와 해방 후 미국식 실용주의 교육을 받은 한글세대의 성장과 이들에 의한 감각과 사고의 전환에 힘입은 것으로 보인다.

참여문학론은 이어령, 김우종 등의 평론가에게서 시작되어 서정주, 이형기, 김수영 등의 시인들이 참여하면서 본격화되었다.[5] 참여문학

---

5) 이어령, 「작가의 현실 참여」, 『문학평론』(1959. 1).

론을 시단으로 한정시킬 때 논쟁은 서정주와 홍사중, 김우종과 이형기를 축으로 전개되었다. 논의과정은 문단의 신진세력과 기성문단, 평론가와 시인의 축으로 문학의 역사성과 보편성, 사회성과 예술성을 두고 대립하는 양상을 보였다. 서정주의 「사회참여와 순수개념」은 신진비평가의 참여론에 대한 기성 시인의 반응이라는 점에서 주목을 끌며 당대의 현실참여주장을 일제시대 사회주의 문학과 연결시키면서 카프문학을 '모자라는 시골뜨기 설바람난 것들'의 '쓰레기 소각품'이라고 악평하고 1930년대 순수문학을 극찬하고 있다. 홍사중은 이에 대하여 「작가와 현실」을 통하여 오늘날 시인은 '보편적 인간'이 아닌 '역사적 인간'을 노래하며 오늘의 문학은 현실을 떠나서 존재할 수 없다고 응답하였다. 따라서 서정주는 '비겁하다 하리만치 너무나도 약삭빠른 처세술'을 반영한 시인이며, 그의 「사회참여와 순수개념」은 '역사적 통찰력과 신념이 결핍'된 결과라고 논박하였다.

다음은 김우종의 참여론과 이형기의 순수론의 대결로 이루어진다. 김우종은 「도피와 도착」, 「유적지의 인간과 그 문학」, 「순수의 자기기만」 등을 통하여 참여문학론을 주도하는데 당대의 한국이 '고독한 운명 속에 살고' 있다고 보고 한국적 비극을 해결하기 위한 특수성을 강조한다. 그는 당대의 문학은 비극적 운명을 극복하고, 절망을 초극하는 의지의 인물로 행동하는 인간형을 형상화하여야 한다고 주장하였

김우종, 「도피와 도착」, 『현대문학』(1961. 6).
서정주, 「사회참여와 순수개념」, 『세대』(1963. 6).
김우종, 「유적지의 인간과 그 문학」, 『현대문학』(1963. 11).
이형기, 「문학의 기능에 대한 반성」, 『현대문학』(1964. 2).
홍사중, 「작가와 현실」, 『한양』(1964. 4).
김우종, 「순수의 자기기만」, 『한양』(1965. 5).
김붕구, 「작가와 사회」, 『세대』(1967. 11).
김수영, 「지식인의 사회 참여」, 『사상계』(1968. 1).
김수영, 「실험적인 문학과 정치적인 사유」, 조선일보(1968. 2. 27).

다. 그는 순수문학을 거부하고 운명과 대결하는 의지의 인간형으로 암울한 현실 속에서 절망과 무력감에 빠져 있던 전후문학의 한계를 극복하고자 하였다. 이에 대하여 이형기는 「문학의 기능에 대한 반성-순수옹호의 노트」를 통해서 김우종의 논리를 반박하고, 순수문학은 '반정치주의 문학'일 수 있지만 현실외면 또는 비현실의 문학이 아니라고 주장한다. 따라서 순수문학은 정치와 절연된 문학이 아니라 '당의 문학'에 항거하는 '인간성 옹호 문학'이라고 역설한다.

이후 순수-참여 논쟁은 이어령과 김수영을 통하여 혼전의 양상을 띠면서 격화되고 공방전을 거듭한다. 김수영은 「지식인의 사회 참여」를 통하여 참여론을 옹호하고 이어령은 「서랍속의 불온시를 분석한다」[6]를 통하여 참여를 주장하지만 실은 검열제도나 정치현실의 문제점을 작가의 책임만으로 문제 삼음으로써 사실상 불온한 전환이 이루어진다. 이후 김수영의 죽음으로 논쟁이 계속되지 못하였지만 당시의 사회적 현실과 역사의식, 민족적 운명의 문제를 내포하면서 문학의 보편성과 특수성, 작가와 독자의 소통을 통한 의미 재생산 등 의미 있는 논쟁으로 문학사적 의미를 확보하였다. 그러나 참여론은 현실에 대한 인식으로부터 제기된 논쟁이었지만 점차 불순한 반공논리에 의하여 옥조이는 시대적 현실로 인하여 생산적인 토론은 숙제로 미루어 놓았다.

2. 참여시의 전개

1) 참여시의 형성

참여문학론은 문학이 역사와 현실에 대한 신념을 표현할 수 있어야 한다는 주장으로 당연하게 받아들이게 하였다. 또한 이 논의는 민족현실과 민중현실을 주목하면서 소비대상으로서의 대중론의 방향을 바

6) 이어령, 「서랍속의 불온시를 분석한다」, 『사상계』(1968. 3).

꿔 전통론으로 전개시켰으며 민족 문학의 전통과 그 계승에 대한 각성도 새롭게 제기하였다. 이제 전통문학 또는 순수문학이라는 명제하에 개인적인 정서 영역에서 자족적인 것으로 만족되어 오던 문학의 영역이 역사와 현실의 한 복판으로 다시 내세워진 것이다. 이로써 한국문학은 전후문학의 위축된 상상력을 벗어나 전쟁의 피해의식으로부터 자유로워지게 된다.

김수영과 신동엽은 4·19와 5·16의 정치적 소용돌이와 민중에 대한 탄압 속에서 사회 현실을 비판하고 고발한 시인들의 선두에 서있다. 두 시인은 비판적 지성과 낭만적 서정성으로 서로 다른 방향에서 현실주의 시의 영역을 확대하였으나, 두 시인 모두 1960년대 시인으로 시사적 의미가 집약되며 참여시의 핵심축을 형성한다. 또한 둘 다 모두 1960년대가 가기 전에 생을 마감하였으며 4·19와 5·16의 충격과 영향을 고스란히 드러내는 현실 인식에 근거하여 적극적으로 변혁의 의지를 작품 내에 반영하여 1960년대 시인으로서의 의미를 더한다. 이와 함께 혁명시인 박봉우, 신진시인으로 민중시 시대를 예고하는 조태일과 이성부가 시의 사회성과 시인의 역사적 책무를 실험하고 있었으며, 최하림, 김준태, 문병란의 시작도 시단의 새로운 흐름으로 감지되었다.

1960년대는 혁명과 산업화로 요약될 수 있는 시대이다. 혁명은 민주주의와 역사의 향방에 대하여 관심을 증대시켰으며, 5·16으로 좌절되었지만 단기간에 걸쳐 향유할 수 있었던 사상, 언론, 집회, 결사의 자유는 예술과 문화 전반에도 큰 영향을 미쳤다. 5·16 군부쿠테타가 일어나기 직전 4·19혁명을 계기로 하여 문단에서는 그때까지 금기시되어 오던 이데올로기 비판을 비롯하여 문학의 현실 참여적 가능성을 확대하였다. 최인훈의 「광장」(1960)이 6·25전쟁 이후 처음으로 이데올로기의 고착성에 회의를 표명한 소설이었다면, 김수영·박봉우·신동문·신동엽 등은 시로써 4·19혁명의 의의와 혁명 이후의 새로운 변화를 고창한 시인들이다. 4·19혁명 직후에 나타났던 문학의 현실참여정신은 5·16 군사정변 이후 다시 제약받았고 반공이데올로기의 된서리를 극복하고 새로운 민중시, 민족시로 거듭나기 위해서는 새로운 도전에 직면해야 했다. 또한 3공화국이 내세운 근대화는 실상 정치·언론부문 등의 근대화를 외면하면서 물질적인 풍요를 지향하는 산업화의 방향으로만 전개되었다. 때문에 산업화는 물화로 인식되었고 정신적인 자유를 지향하는 지성인들과 대립·갈등하였다. 이로 인한 도시의 팽창, 발전은 노동시장의 개편과 자본과 인권의 대립 등의 문제를 낳았고, 문인이나 지성인들은 시대고를 자신의 문제로 고민하였고 지적 실천을 다각도로 모색하게 되었다.

특히 1960년대 초반의 『새벽』이나 1966년에 창간된 『창작과 비평』은 1960년대에는 일반적인 의미의 참여문학을 후원하기에 힘을 기울였고, 1970년대에 들어서는 참여문학 중에서도 민중문학의 개념을 세웠으며, 이념상으로는 평등의 가치를 고조시켰다. 또한 『비평작업』, 『청맥』, 『한양』의 순수·참여 논쟁은 문학의 유희적 기능과 교훈적 기능 및 상상적 기능과 인식적 기능을 새롭게 인식하면서 문학의 사회적 책임을 주장하는 목소리를 문단 밖으로 내보내게 되었다. 이때 참여문학은 주로 신진 시인들에 의하여 주도되었으며 김수영, 신동엽, 이성부, 조태일 등은 문학사의 새로운 시대적 방향을 예고하였다. 이외에도 현실의 비리를 묵과하지 않았던 시인 유치환은 예외적으로 현실에 대한 강력한 반응을 자신의 시에 담아내 이채롭다. 그는 현실의 비리를 집중적으로 비판·고발하거나, 참여문학의 영역을 넓히기 위해 활동한 참여파 시인은 아니었지만 4·19혁명 직후에 『뜨거운 노래는 땅에 묻는다』를 발간하였으며, 자유당 치하의 어지러운 세태에 분노를 금치 못한 작품 『칼을 갈라』 등 어려운 시기에도 의연히 지사적 풍모와 예언자적 자세를 견지하였다.

5·16이후 산업화의 효율성만을 강조하면서 비민주적이고 반민주적인 제약과 인권의 침해가 있었으나 산업화로 인한 새로운 형태의 사회문제들이 등장하여 문학에 대한 새로운 인식이 요구되었으며 지성사적 반성이 뒤따랐다. 4·19혁명 직후 참여문학에 왕성한 의욕을 보여주었던 신동문, 김수영, 신동엽 등은 시작을 통하여 참여시의 가능성을 새롭게 제시하였으며 1960년대 등단한 조태일, 이성부 등은 유행하던 모더니즘에서 벗어나 현실을 새롭게 조망하고 개혁대상의 현실에 주목하였다. 4·19기념시 「아! 신화같이 다비데군들-1960.4.19한낮에」로 널리 알려진 신동문은 1960년대 초반 『새벽』 편집장에 이어 『창작과 비평』 창간 발행인으로 참여시와 시론을 보급하는 데에 크게 기여하였다. 1965년 군사정권의 민정이양이 실현되지 않자 "잘못된 시대에 맞서 홍경래는 혁명을 일으켰는데, 잘못된 혁명정권 아래서 시나 쓰고 바둑이나 두고 있는 자신이 밉다"며 시 「바둑과 홍경래」를 끝으로 절필하여 문단에 충격을 주기도 했다. 김수영은 1950년대 모더니즘을 표방하였으나 「어느날 고궁을 나오며」와 같이 비판적 지성으로 우리 사회를 직시하는 시를 썼다. 그는 미성숙한 우리 사회를 시인의 정직성과 책임으로 인식하고 비속어와 요설의 산문정신을 시에 도입하여 예술적 시와 비판적 산문의 결합을 꾀하였다. 민족주의, 반외세, 반전쟁의 시각에서 시를 썼던 신동엽은 「껍데기는 가라」, 「錦江」, 「산에 언덕에」와 같은 작품으로 한국시단에 새로운 활력을 불어 넣었으며 「종로5가」와 같은 시로 소외계층에 대한 새로운 인식을 선보였다. 신춘문예로 등단한 조태일과 이성부는 1970년대 민중시를 예고하는 새로운 역사의식과 현실비판적인 시를 써서 시단의 주목을 받았다. 이외에도 동양고전에 지적 기반을 두고 현실 비판적인 시를 쓴 김관식이나 산업화가 야기한 생태적 문제를 통하여 현실비판적 시를 쓴 김광섭도

참여시에서 빼놓을 수 없는 시인이다.

2) 현실비판과 공동체적 전망

참여시인들은 현실에 대한 냉철한 비판적 지성과 공동체에 대한 낭만적 전망을 보여주었다. 김수영은 자아와 현실에 대하여 냉정한 시선으로 비판적으로 성찰하였으며, 박봉우는 뜨거운 시선으로 현실에 대한 적극적 발언을 시에 담았다. 두 시인 가운데 김수영이 반자유적이고 비민주적인 현실에 대하여 타협을 거부하고 사회성 짙은 시를 썼다면, 신동엽은 민중들의 생명력을 긍정하면서 민족공동체에 대한 낭만적 동경을 시화하였다.

먼저 김수영의 경우를 보면 그는 1950년대 모더니즘에서 출발하여 소시민의식과 지적 현실인식을 바탕으로 개성적인 실험을 하였으나 4·19를 전후로 참여시의 선두주자로 나섰다. 소시민적 비애를 담담하게 노래하던 시인은 「하..... 그림자가 없다」와 같은 작품으로 4·19가 필연이었음을 입증하고 있다.[7] 4·19 이후 김수영은 「푸른 하늘을」 이후 「풀」에 이르기까지 현실 참여의 시작(詩作) 활동을 본격적으로 전개한다. 먼저 후반기 동인의 1950년대식 모더니즘의 세례를 받은 김수영은 1960년대 들어 세상의 허위에서 자아의 진실을 탐색하면서 시대와 교감하였으며, 지적인 위의를 갖추고 시민의 자유를 옹호하고 비판적 지성으로 상처받은 민족적 자존심을 치유하고자 하였으며, 지식인의 허위를 벗고 일상에 대한 진지한 반성을 보여주었다.

> 푸른 하늘을 제압하는 / 노고지리가 자유로웠다고 / 부러워하던 / 어느 시인의 말은 수정되어야 한다. // 自由를 위해서 / 飛翔하여 본 일이 있는 / 사람이면 알지 / 노고지리가 / 무엇을 보고 / 노래하는가를 / 어째서 自由

7) 백낙청, 「살아있는 김수영」, 『민족문학의 새 단계』(창작과 비평사, 1988), p.276.

에는 / 피의 냄새가 섞여 있는가를 / 革命은 / 왜 孤獨한 것인가를 // 革命은 / 왜 고독해야 하는 것인가를 //「푸른 하늘을」 전문

이 시는 혁명에 대하여 직접적 언술을 피하는 대신에 기성 시인의 시적 발언에 강력한 이의를 제기하면서 시작된다. "시인의 말은 수정되어야 한다"는 이의 제기로 시작되는 이 시는 상징적 수법을 통해 4·19 혁명의 의미를 역사적·철학적 관점에서 추구한 대표적 작품이다. 자유의 나무는 피를 먹고 자란다는 이탈리아 정치가 마티니의 말을 연상시키는 2연의 "자유에는 피의 냄새가 섞여난다"는 구절은 기실 "혁명은 왜 고독해야 하는 것인가"에 대한 답이 된다. '노고지리'의 풍유(allegory)를 통해 투쟁으로써 쟁취해야 하는 자유의 적극적 능동적 개념을 "수정되어야 하는 어느 시인의 말"로써 드러낸다. 노고지리는 자유를 위해 노래하는 것이고, 자유는 한가로운 비상으로 얻어지는 것이 아니라 피의 냄새가 나는 헌신적인 투쟁의 산물이다. 즉 "역사는 자유를 얻기 위한 투쟁과정이며, 따라서 혁명은 고독한 것"이라는 인식은 인간적 삶의 본질적 가치를 회복하려는 철학적 사색의 소산인 것이다.

현실에 대한 비판은 자신에게도 엄격히 적용되면서 설득력을 얻는다.「어느 날 고궁을 나오면서」에 이르면 김수영은 자신을 비판 대상으로 선택하여 참여의 문제를 제기한다. 비판적 지성은 자신의 소시민성을 드러내면서 통렬한 자기반성을 보인다. 이 시에서의 반성은 자의식적인 모더니스트가 지니는 결백성으로의 자기 확대가 아니라 '자유를 이행하지 못하고 있는' 동시대인들에 대한 자유이행의 요구로 볼 수 있다. 나로 지칭되는 시적 화자는 현실을 직접적으로 탄핵하는 직선적 어조가 아니라 자신의 소시민성에 빗대어 얘기함으로써 동시대인들의 자각을 요구한다. 김수영은 허위와 겉멋을 거부하고 오히려 멋있어 보이려는 욕구를 지나칠 정도로 억압하면서 시적 진실을 드러낸

시인이다. 시인은 부정한 절대권력이나 거대한 부정의 실체에 직접적으로 대항하지 못하고 자신의 주변부에 대해서만 욕설이나 하고 옹졸하게 반항한다. 시인은 욕설과 비어를 쓰기도 하는데 이것은 자신의 속된 모습을 드러내기 위한 의도적인 장치이다. 마지막으로 시인은 자신의 정신적 왜소를 풀, 먼지, 바람 등 미미한 것들에 대조시켜 자신의 모습을 극단적으로 비하시키고 있다. 시인은 부조리하기 짝이 없는 세계에서 현실의 벽을 넘어 시적 완성을 도모하고자 하나 오히려 그 안에 갇혀 구속받고 현실의 벽에 부딪쳐 좌절한 자유의지를 통해 거대한 부정에 대하여 에둘러 비판하고 있는 것이다. 못난 자신을 비판함으로써 외부 세계의 거대한 부조리를 비판하고 소시민적 근성에 대한 자기반성을 통하여 김수영은 우리의 도덕적 양심을 일깨우고 스스로를 돌아보게 한다.

「어느 날 고궁을 나오면서」, 「아 한국문학사」처럼 자기풍자를 통하여 부조리를 비판하고 양심을 일깨운 시인은 「시여 침을 뱉어라」라는 시론을 통해 전통적 서정시를 부정하고 현실성을 지향하는 과감한 산문정신을 도입할 것을 주장하여 참여시론의 모체를 정립하기도 하였다. 주로 지적인 태도에 입각한 현실비판의 관점을 견지한 시인 김수영은 후기에 들어 「풀」과 같이 단순한 문체를 사용하여 민중의 끈질긴 생명력을 상징적으로 그려내었으나 개혁에 대한 확신이나 낙관적 전망에 이르지 못하고 삶을 마감하였다.

1960년대 시단의 김수영과 함께 두 개의 중심축을 형성하는 신동엽은 역사를 새로운 비전에 의하여 재해석하고 비판하면서 민족적 운명에 대한 뜨거운 사랑을 맑은 감성과 고운 언어로 노래한 시인이다. 신동엽은 「그의 행복을 기도드리는」, 「금강(錦江)」, 「껍데기는 가라」, 「누가 하늘을 보았는가」, 「봄은」, 「산에 언덕에」, 「아니오」, 「종로5가」, 「진달래 산천」 등의 대표시를 남겼으며, 1970년대 민중시와 민족시의 시운동 이전에 전초를 보였다는 점에서도 시사적 의의가 크다. 그의 시는 4·19를 통하여 역사와 만나게 되고 한일 협정 비준반대 서명에 참여하면서 적극적 현실 참여로 이어져 「발」, 「4월은 갈아엎는 달」 등을 발표하여 1960년대의 역사적 사실이 시인의 시적 진실로 이어지는 대표적 1960년대 시인이 되었다. 1959년 조선일보 신춘문예에 「이야기하는 쟁기꾼의 대지」가 당선되어 데뷔하면서 그는 원시공동체에 대한 동경과 복고적 낭만성을 드러내었지만, 4·19이후 혁명을 직접 시적 대상으로 삼아 『학생혁명시집』을 편집 출판하면서 정신혁명이 아니라 실제적인 투쟁이 역사에의 변혁을 가능케 한다는 믿음을 키워나갔다. 김수영이 지적인 방식으로 현실참여적인 시세계를 개척했다면, 신동엽은 서정적인 관점에서 민중의 역사적 전통을 형상화함으로써 참여시의 또 다른 영역을 확립하였다.

그는 독특한 역사의식과 민족문제에 대한 사유를 4·19를 통해 한 단계 성숙시킴으로서 원대한 민족적 비전을 제시하는, 그러면서도 여전히 여리고 고운 서정으로 세상을 포용하려 했다.[8] 이 같은 시적 지향점은 반외세, 반독재로 나아갔으며 민족시와 민중시의 새로운 전형을 선보였다. 「껍데기는 가라」는 주지적, 상징적 시어를 통하여 순수하고 원초적인 겨레의 건강성을 보여주고, 겨레의 주체적 의지를 통하여 새로운 이념과 문명비판을 시도하고 있다.

> 껍데기는 가라. / 사월도 알맹이만 남고 / 껍데기는 가라. // 껍데기는 가라. / 동학년 곰나루의, 그 아우성만 살고 / 껍데기는 가라. // 그리하여, 다시 / 껍데기는 가라. / 이 곳에선, 두 가슴과 그곳까지 내논 / 아사달 아사녀가 / 중립의 초례청 앞에 서서 / 부끄럼 빛내며 / 맞절할지니 // 껍데기는 가라. / 한라에서 백두까지 / 향그러운 흙가슴만 남고 / 그, 모오든 쇠붙이는 가라. // 「껍데기는 가라」 일부

8) 염무웅, 「김수영과 신동엽」, 『뿌리깊은 나무』(1977. 12).

이 시에서 껍데기는 마지막 연에서 쇠붙이로 드러나 있을 뿐 구체화 되어 있지는 않다. 다만 그것이 무엇인지 문맥 내에서 추출해보면 4월 혁명의 '알맹이', 동학 혁명의 '아우성', 혼례청에서 맞절하는 아사달 아사녀의 '부끄러움', '향그러운 흙가슴' 등과 상반되는 개념으로 이해된다. 이렇게 보면 껍데기는 허위, 비리, 불의, 외세 또는 문명 등의 부정적 요소이며 쇠붙이는 총칼이나 기계적 문명 또는 이와 함께 도입된 외세로 볼 수 있다. 혁명이 있었지만 이미 5·16을 지나며 4월 혁명의 민주화 열망이 퇴색해 가고, 동학 혁명의 민중적 열망도 소진되어 가고 있는 현실적 여건에 대한 시인의 안타까움은 17행중에서 6행이나 동일한 어구를 명령형으로 반복할 정도로 강력한 거부의 몸짓을 보이며 이를 직설적으로 표현하고 있다. 그럼에도 불구하고 외침이 구호가 아닌 직관이 되어[9] 선동적으로 느껴지지 않는 것은 '순수언어'로서의 '맑음과 고움'이 직설적 저항적 시적 구성과 대조적 조화를 이루기 때문이다.[10] 특히, 마지막 연은 우리의 국토를 상징하는 '한라에서 백두까지'라고 말함으로써 분단의 비극적 현실 상황을 정면에서 다루고 있다. 이것은 동서 냉전의 부산물로 시작된 분단의 비극이 결국은 동족 간의 피비린내 나는 전쟁을 거쳐 고착화되었음을 상기시켜 주는 한편, 반드시 극복해야 할 민족적 과제임을 일깨워 주는 것이다. 아울러 '모오든 쇠붙이'라는 표현을 통해 현실 상황을 힘의 논리를 앞세운 무력으로 규정함으로써 4월 혁명을 무너뜨리고 등장한 군사 독재 정권을 비판하는 한편, '향그러운 흙가슴만 남'은 참다운 의미의 '인간 세

---

9) 조태일, 「신동엽론」, 『창작과 비평』(1973년, 가을호).
10) 성민엽, 「민중적 자기긍정의 시」, 이대학보(1983. 6. 13).
얼핏 상반된 개념인듯한 요소를 동시에 갖추고 있는 시인이기에 「껍데기는 가라」와 같은 저항성이 명료한 시조차도 함부로 선동적이라며 폄하 할 수 없도록 만드는 것인지도 모른다. 더 나아가 신동엽의 '순수언어'로서의 '맑음과 고움' 이면에는 시적 구성에 있어서의 '거칠음'이라는 대조적인 측면이 내재되어 있다.

상'이 도래하기를 바라는 간절한 마음을 노래하고 있다. 김수영이 "두 가슴과 그곳까지 내논 / 아사달 아사녀"가 울리는 죽음의 음악소리가 들린다"고 말하며 "참여시에 있어서 사상(事象)이 죽음을 통해서 생명을 획득하는 기술이 여기 있다"고[11] 격찬한 바 있는 「껍데기는 가라」에서 민족공동체에 대한 소망을 발원하고 있다. 또한 그는 「산에 언덕에」에서 "그리운 그의 얼굴 다시 찾을 수 없어도 / 화사한 그의 꽃 / 산에 언덕에 피어날지어이" 회상적 어조로 진달래 산천에 감도는 민중들의 넋에 대한 그리움을 노래했다.

그의 시는 "민족적 순수성의 회복과 민족적 동질성의 확인에 가장 높은 가치를 두고" "이 땅에 사는 이들에 대한 깊은 신뢰와 사랑, 앞날을 꿰뚫어보는 예리한 안목에 바탕"[12]하여 역사와 현실을 직시하는 통찰력과 야무지게 표현하는 시정신으로 우리의 가슴을 푸근하게 하는 '공동체적 사랑'[13]을 노래하면서 '민중적 서정성'[14]의 전형을 이룬다. 얼핏 단순하고 평이해 보이지만 그의 시는 투철한 민족의식과 뚜렷한 역사의식 외에도 맑은 감성과 고운 언어, 여린 가락의 서정까지 갖추고 있어 생명이 길고 큰 힘을 갖는다.

그는 역사의 이면에서 역사의 근원을 생각하면서 비극적 현실에 정서적 일체화를 꾀하면서 역사적 낙관성을 잃지 않고 반문명적 시원의 공간에 친환경적 공동체를 열망하였다. 그의 시가 「껍데기는 가라」와 같이 선동적 명령법을 구사하면서도 정치적 구호에 머물지 않고 시적 계시가 되는 것은 그의 훈훈한 시정과 보편적 인간애에 의하여 민족문학적 과제를 인류적 차원의 과제로 확대되어 있기 때문이다. 그는

---

11) 김수영, 「참여시의 정리」, 『창작과 비평』(1967년, 겨울호).
12) 신경림, 「역사의식과 순수언어—신동엽의 시에 대해서」, 한신대학보(1981. 4. 15).
13) 김종철, 「신동엽의 탄탄한 시정신과 민중적 서정성」, 외대학보(1982. 4. 22).
14) 신경림, 「민중적 서정성」, 『마당』(1982년, 4월호).

4·19에서 비롯된 민족문학의 현 단계 작업을 인류적 차원의 비젼으로까지[15] 확대시킨 1960년대의 선도적 시인이다.

4·19의 강력한 파장 속에서 김수영·신동엽과 함께 1960년대의 대표적인 사회 시인으로 부상한 박봉우 시인은 전후의 분단 현실에 대한 날카로운 응시와 함께 분단 극복의지를 보여줌으로써 전후시에 민중의식을 투영시킨 시인이다. 「진달래도 피면 무엇하리」에서 민중혁명으로서 최초로 성공적이었던 4·19의 진정한 뜻이 왜곡되고 변질되어 가는 당대 현실에 대한 절망과 탄식을 노래하면서 4·19정신에 비추어 비판적 자기 성찰을 보여주었으며[16] 무애행 또는 자기 해방을 통한 자유의 길을 일깨워 주는 참 자유인의 계보의 한 중심에 놓일 수 있다. 그는 분단 현실을 인식하고 민족의 현실을 직시하고 심각한 반성의 목소리로 인간 본연의 서정을 회복하려는 '참여시'와 맥락을 같이 하는 시인으로[17] 直情的인 진지성으로 현실을 포용하여 국토와 역사, 민족의 일체감을 실감하는 혼의 작업[18]에 동참하였다.

박봉우는 남북회담을 노래한 「쌩똥문명」, 「잡초나 뽑고」, 「또 파고다공원론」, 「경제학교수휴강」, 「1969년의 코스모스」, 「설렁탕들」, 「악법을 외면한다」, 「대법원앞에서」 등에서 그의 통일 염원과 애국정신을 볼 수 있다. 그리고 4·19혁명이 미완으로 끝나고, 사람들의 기억도

---

15) 백낙청, 「민족문학의 현단계」, 『창작과 비평』(1975. 봄).
흔히 말하는 조국의 자주평화통일은 여기서 한갓 정치적 구호가 아닌 드높은 시의 경지, 보편적 인간옹호의 경지에 다다른다. 사람을 죽이고 누르는 통일, 살벌한 쇠붙이의 지배를 위한 통일이 아니라 알몸의 아름다움에 대한 믿음과 강토의 "향그러운 흙가슴"에 대한 사랑에 근거한 남북통일은, 분단된 한국민족의 염원인 동시에 인간의 가능성에 대한 하나의 새로운 계시(啓示)가 될 것이기 때문이다.

16) 김재홍, 「문학과 시대정신」, 『한국문학』(1985. 4).

17) 윤여탁, 『한국전후문학의 형성과 전개』(태학사, 1993).

18) 구중서, 『분단시대의 문학』(전예원, 1981).

흐려지고 혁명의 본질이 왜곡되어가는 실태를 보면서 박봉우의 시는 현실비판적인 모습을 띠기 시작한다.

> 이러한 어처구니없는 詩人大會를 / 光化門 네거리에서나 / 釜山 돗대기 시장에서 / 한번 했으면 特等이 되겠는데 / 망할 놈의 詩人大會는 없고 / 엉터리 詩人들이 3백이고 5백이 되는 / 이 나라 풍경 / 제 조국은 좀먹어 들어가도 / 詩人이라고 히히덕거리고 / 기묘한 정치들을 한다.// —「地平에 던져진 꽃」 일부

그의 많은 시제가 의미하듯 현실 비판적이고 냉소적인 시선을 거두지 못하는데, 특히 문화인, 시인에 대한 비판은 더욱 예리하고 자성의 목소리를 높인다. 분단 이후 또 4·19혁명의 좌절 이후 문단 개편 과정에서 현실개혁적 지성인들이 사라지고 새로운 문인 그룹의 형성에 그는 조소를 보낸다. 그의 시 「1960년대의 휴지통과 詩論」에서 그는 "나는 祖國이 있습니까 / 몇 백명되는 詩人들에게도 / 祖國이 있습니까"하고 설의적 질문을 던지는데 어조가 강고하고도 비장하다. 그에게 시는 조국과 떨어질 수 없는 불가분의 것이고 시인은 조국을 위해 정열을 태울 수 있을 때 진정한 의미를 부여받을 수 있다.

그의 시는 격정적 어조로 시적 주체의 넘치는 감정을 숨김없이 드러낸다. 직설적 어조로 단조로워질 수 있는 한계를 상징적인 이미지의 배열과, 산문적인 진술을 통해 얻어지는 활발한 리듬과, 시인의 의지를 엿볼 수 있는 어조[19] 등을 토하여 대상에 대해 가지고 있는 시인의 진정성을 드러낸다. 그는 1957년 첫 시집 『휴전선』을 선보인데 이어 1959년에는 『겨울에도 피는 꽃나무』를 출간하였다. 1960년 4·19 의거가 일어나자 4·19를 노래한 최초의 시 「젊은 화산」을 발표했고, 학생들이 흘린 피를 헛되이 하지 않기 위해 젊은이들은 단결하여 사태에

19) 권영민, 『한국 현대문학사』(민음사, 1993).

대처해야 한다고 주장했다. 그러나 4·19가 미완의 혁명으로 끝이 나자 박봉우는 4·19 이후 「소묘」 연작 『4월의 화요일』(성문각, 1962)을 써나가면서 새로운 각성을 보여주었고 이를 계기로 현대문학 신인상을 수상하기도 하였다. 이 무렵 그는 시동인지 『零度』에서 전후의 황무지를 딛고 자라난 신세대의 참신한 감각과 지성을 보여주는 데 선구적 역할을 하였다. 「진달래도 피면 무엇하리」는 이 땅에서 민권, 민중 혁명으로서 최초로 성공적이었던 4·19의 진정한 뜻이 왜곡되고 모독되며 변질돼 가는 당대 현실에 대한 절망과 탄식을 노래한 데 의미가 있다. 또한 흥분과 격정으로 들떠서 온갖 수사적 미문과 관념적 구호로 일관했던 당대 4·19 시와 나날이 변질되어 가는 4·19 정신에 대한 비판적 자기 성찰을 보여주었다.

그의 노래는 혁명의 불완전성을 슬퍼하면서 시인의 정신, 혹은 '신화' 속에 잠든 원죄의식을 이끌어 내려는 절규에 가깝다. 그는 역사앞에서 역사적 책임을 통감하고 목놓아 운 시인이다. 그에게 시인은 매우 특별한 존재이며, 당대의 삶을 주도하는 지성인의 표상으로 간주된다. 따라서 시인의 신화는 역사의 힘이 되며, 혁명을 완성하는 견인차 역할을 해야 하는 것이다.[20] 그럼에도 불구하고 당대의 시인들은 지사적 면모보다는 시인대회나 따라 다니고 시의 사회적 책임과 역할을 몰각하고 있다. 그는 『P.네루다 시집』을 번역하면서 서문에서 '시는 빵과 같은 것으로서 모든 사람에게 나누어지지 않으면 안된다고 알고 있다'는 네루다의 연설을 인용하고 시인은 스스로를 행동할 때 의의를 지닌다고 역설하였지만 그의 절창은 홀로 뜨거워져서 더욱 애절하다.

---

20) 박봉우, 「나를 위한 노우트」: 나의 어머니와 다정한 나의 이웃인 인간가족에게 눈을 부릅뜨고 맹세합니다. 내가 지금 여기에 서서 공부한다는 것은 시를 공부하는 것이 아니다. 정치를, 경제를, 철학을, 의학을, 과학을, 법률학을, 사회학을, 신학을 .....그리하여 나의 〈시를 위한 창〉으로 향한다.

3) 민중의 원초적 생명력과 저항성

1960년대 참여시에서 새로운 흐름을 형성해나간 신진시인들은 전라도 출신 청년 시인들이다. 조태일, 이성부, 김준태, 문병란 등의 시인들은 소외된 민초들의 야성적인 힘과 저항성을 인식하고 한국현대시의 새로운 방향성을 설정해나갔다.

조태일[21]은 원초적 생명력과 저항정신으로 당대 민중의 삶을 구체적이고 생동감 있게 그려낸 시인이다. 김수영에 의하여 신동엽의 대를 이어 투박한 체취가 미덕으로 전복되는 시를 쓰고 있다고 평가받은 바 있으며,[22] 더 나아가 1960년대 참여시의 대표적 존재로 여겨지는 김수영의 세계를 벗어나 야성적인 힘과 역사적 소명의식으로 민중적 연대감을 획득하였다고[23] 평가받았다. 신춘문예 당선작 「아침 선박」은 '출항, 출발, 떠남 등으로 변주되는 진보에의 열망'을 담은 작품으로 '기'를 통해서 '전진, 선봉, 투쟁 등의 이미지를 어렴풋하게 함축'하고 있다.[24] 그는 데뷔작에서 드러나듯이 나보다 우리에 관심을 가지고 공동의 관심사를 향하여 나아갈 준비가 되어 있는 것이다. 그의 출세작은 시인의 역사에 대한 출항이었으며 이후 식칼론과 조국으로 이어지는 시편으로 보아 민중들의 역사에 대하여 '펄럭일 기를 바쳐야 할' 다짐이었다고 할 수 있다. 이후 그는 『신춘시(新春詩)』 동인으로 활동하였으며, 「눈깔사탕」(1966), 「필요한 피」(1970), 「식칼론」(1970), 「반란(反亂)하는 빛」(1970), 「국토」(1971) 등 많은 문제작들을 발표하였다. 그

21) 조태일은 경향신문 신춘문예(1964)에 시 「아침 선박(船舶)」이 당선되어 등단하였으며, 『아침 선박(船舶)』(선명문화사, 1965), 『식칼론(論)』(시인사, 1970)을 상재하고, 『시인』 誌를 주재하였다.

22) 김수영, 『김수영전집』 2권(민음사, 1981), p.388.

23) 신덕룡, 「깨어있는 정신, 움직이는 시」, 조태일, 『다시 山河에게』 해설, (민음사, 1991).

24) 김경복, 「힘의 시, 생명의 노래, 역사의 기록-조태일시의 의미」, 『생태시와 넋의 언어』(새미, 2001).

는 등단초기부터 남성적 어조와 거친 호흡이 느껴지는 시로 한국시단에 역동감을 부여하였으며, ROTC 장교답게 모국어, 국가, 나라, 칼, 무적 등 충직한 협객의 기상을 드러내었다. 그러나 시적 기상이 호방한 그의 시국관은 일반적 장교들의 호국관과 달리 현실참여적이고 민중성이 강한 시선으로 현실의 비리에 대하여 고발과 저항의 정신을 주제로 삼고 있어 이후 1970년대 폭 넓은 민중적 정서의 확대를 가능하게 한 시적 성과[25]를 이룩하였다.

> 내 가슴 속의 어린 어둠 앞에서도 / 한 번 꼿꼿이 서더니 퍼런 빛을 사방에 쏟으면서 / 그 어린 어둠을 한 칼에 비집고 나와서 / 정정당당하게 어디고 누구나 보이게 운다. / 자유가 끝나는 저쪽에도 능히 보이게, / 목소리가 못 닿는 저쪽에도 능히 들리게 / 한 번 번뜩이고 한 번 울고 / 번개다! 빨리 여러 번 번뜩이고 / 천둥이다! 크게 한 번 울고 / 낮과 밤을 동시에 동등하게 울고 / 과거와 현재와 까마득한 미래까지를 / 단 한 번에 울고 칼끝이 뛴다. / 만나지 않는 내 가슴과 너희들의 / 벼랑을 건너 뛰는 이 無敵의 칼빛은 / 나와 너희들의 가슴과 정신을 / 단 한 번에 꿰뚫어 한 줄로 꿰서 쓰려뜨렸다가 / 다시 일으키고, 쓰러뜨리고, 다시 일으키고 / 메마른 땅 위에 누운 나와 너희들의 國家 위에서 / 아직 오지 않은 미래를 끌어다 놓고 / 더욱 퍼런 빛을 사방에 쏟으면서 / 천둥보다 번개보다 더 신나게 운다 / 독재보다도 더 매웁게 운다. // 「식칼論 4」

첫 시집에서 먼저 「4월의 메모」나 「여름 군대」와 같이 사회성 짙은 작품을 선보였지만, 「식칼론」 연작에 이르러 조태일의 정치의식은 명료한 언어를 획득한다. 이 연작에서 칼의 이미지는 '낡은 세계의 어둠을 가르는 빛', 곧 혁명을 상징한다. 그런데 그 칼은 전통적인 이미지에서 나아가 조태일의 현실적 낭만주의를 반영하고 있다. 김우창이 지

25) 권영민, 「전후상황의 극복과 지양」, 『한국현대문학사』(민음사, 1993).

적한대로 "식칼의 원리는 뼉다귀, 살, 혼과 같은 온전한 육체에서 나오며, 뒤틀리고 억눌린 정서가 아니라, 절실한 눈물을 흘릴 줄 아는 사람의 것"이다. 그런데 그 칼은 복수와 원한의 피가 아니라 '어진 피'로 갈았다. 진정으로 어진 사람만이 사람을 미워할 수 있다. 부제 '헌법을 위하여'에서 짐작하듯이 이 시는 아마도 박정희의 3선 개헌에 반대하는 것인데, 이처럼 근원적인 차원을 깔고 있기 때문에 단순한 정치적 저항시를 넘어서 한반도의 과거·현재·미래를 꿰는 온전한 의미의 혁명시로서 싱싱하다. 이와 같이 조태일의 시는 유장한 역사에 대한 신뢰를 기반으로 하여 뇌성과 같은 강한 어조와 거친 호흡으로 현실의식과 저항정신을 노래하고 있다. 그는 등단초기부터 현실의식이 강한 시를 썼으며, 사람답게 사는 세상을 노래하면서 이를 방해하는 요소들에 대한 저항을 담고 있다. 특히 삶의 순결성을 파괴하는 제도적인 폭력에 맞서서 쓴 「식칼론」은 시대적 삶에 대응하는 시인의 자세와 역사의식이 잘 반영된 작품이다. 여기서 '식칼'은 권력에 맞서 싸우는 도구로서, 나만의 것이 아니라 남과 공유하는 무기로서의 의미를 지니고 있다. 조태일은 관념이 우선시되던 1960년대 시단에서 현실에 주목한 시인으로 민족현실과 민중에 대한 깊은 각성과 통찰로써 현실에 적극적으로 응전했다는 측면에서 이채롭다.

이성부[26]는 첫 시집 『이성부시집』(시인사, 1969)을 내놓으면서 사회·역사적 상상력과 예술적 상상력을 밀도 있게 결합함으로써 역량

26) 이성부는 1959년 광주고등학교 재학시 전남일보 신춘문예에 「바람」이 당선되었고, 다시 1962년에 『현대문학』에 「열차」 등으로 추천이 완료되어 등단하였다. 그럼에도 그는 1967년 동아일보 신춘문예에 「우리들의 양식」이 당선되어 문단에 재등단하였으며, 그는 『태광』, 『순문학』의 동인으로 활동하며 이후 김현, 최하림, 이탄 등과 함께 『영도(零度)』와 『시학』의 동인으로 활동했다. 이후 동아일보 재등단 이후 계간지 『창작과 비평』, 『68문학』의 동인으로 참여하면서 당대의 암울한 사회적 분위기를 반영하는 현실참여적인 시세계를 확립해나갔다.

있는 1960년대 시인으로 주목받았다. 그의 시는 주로 사회적인 삶, 역사적인 삶의 문제에 관심을 기울이면서도 서정의 신선함과 상상력의 내밀함을 탐구하는데 집중되어 왔다. 특히 「전라도」 연작(1968)은 참여시로의 출발점으로 주목할 만하다. '전라도, 백제, 광주'로 불리는 그의 시적 출발점은 영혼과 육체의 뿌리로의 '귀향'을 통해 이루어진다. 이 귀향은 전라도로 상징되는 압살된 역사로의 귀의이며 여기에서 시대의 혹독한 어둠을 응시하고자 하는 자세로 고난과 초극이라는 주제로 나타난다. 귀향은 시대고 속에서 이루어지기 때문에 "두려움을 무릎 쓰고"(「전라도4」) 귀향한다. 그리고 이 귀향은 과거로의 단순한 회귀가 아니라 절실한 현실적 실천의 문제이기도 하다.

> 아침노을의 아들이여 전라도여 / 그대 이마 위에 패인 흉터, 파묻힌 어둠 / 커다란 짐의, 끝남이 나를 부르고 / 죽이고, 다시 태어나게 한다. / —「전라도2」에서

> 노인은 삽으로 / 榮山江을 퍼올린다 바닥이 보일 때까지 / 머지 않아 그대 눈물의 뿌리가 보일 때까지 / 노인은 다만 / 성난 사랑을 퍼올린다 (…중략…) 불은 짊어지고 있는데 / 아직도 논바닥은 붉게 타는데 / 바보같이 바보같이 노인은 바보같이 —「전라도7」에서

전라도 연작은 유년의 고향에 대한 추억이지만 전라도나 영산강 등의 무대가 단순한 회상을 넘어서는 것은 민중들의 고난의 역사와 정한을 담아내고 있기 때문이다. 그에게 전라도는 아침에도 노을이 지는 비극적 고향이면서 '성난 사랑을 퍼올리'는 능동적이고 적극적인 민중의 역사가 살아 숨쉬는 곳이다. 여기에서 그의 시는 유년시절의 추억을 넘어서서 변두리로 밀려난 소외된 서민들의 정한으로 공감대를 확대해나가면 민족의 정한으로 상징성을 지닌다. 그에게 귀향은 '노여움

의 푸른 잠'(「전라도1」)과 '아침노을의 아들'(「전라도2」)과 같은 모순에 대한 인식이며 '죽이고 다시 태어나는' 새로운 각성의 기회이기도 하다. 이성부 시가 부정의 정신, 비판의 정신이 바탕을 이루면서도 동시에 긍정의 철학, 사랑의 정신이 짙게 관류하고, 현실과 삶에 절망하면서도 그로부터 일어서려는 강한 생명력과 극복의지를 내포하고 있는 것도 이 때문이다.[27] 이성부는 전라도로 통칭되는 소외된 삶들에 대한 강력한 옹호의 정신 또는 신뢰를 보이며 지식인의 부끄러움으로 시적 진실성을 확보한다. 조태일은 첫 시집 『이성부시집』에 대한 단평에서 그의 시의 특징에 대해 이 아픈 시대를, 이 숨막힐듯한 상황을 실감나게 호흡하여 살기 위해서 삶을 어떤 고여 있는 상태가 아니라 움직이는 상태에서 그 움직임의 정면으로부터 파악하는데 있다고 보고, 그의 시의 동적인 이미지는 철두철미하게 늘 저항의 연속으로 비판의 연속으로 이어지는 강한 사회적 의미를 가진다고 평가하였다. 그러나 시행을 급히 조작하기 위해서 사용한 무책임한 단어들이 문제라고 표현의 한계를[28] 지적하였다. 이어서 그는 절대권력의 지배하에 있는 당대의 정치상황을 역사적 공간으로 환원하여 암유를 통하여 폭정과 탄압으로 고통당하고 상처받는 암흑의 땅을 형상화한다. 여기에서 그는 땅에 기대어 사는 민초들의 생명력을 신뢰하며 그들의 생명력을 어둠의 시대를 견딜 수 있는 희망의 원리로 받아들인다. 역사적 암유를 통하여 어둠의 시대를 비판하고 민중들의 생명력을 신뢰하면서 자기부정과 자아성찰을 감행하면서 새로운 세계로의 진입을 시도한다.

27) 김재홍, 「부정정신과 희망의 변증법」, 『한국현대시연구』(민음사, 1989).
28) 조태일, 「고여있는 시와 움직이는 시」, 『창작과 비평』(1970, 여름).

III. 현대성의 확장과 심화

1. 모더니즘시의 전개

1960년대 모더니즘은 김춘수, 김구용, 성춘복 등의 기성시인과 신진 시인들인『현대시』동인들에 의하여 전개되었으며, 전대와 달리 시적 주체와 거리두기와 실존적 자아의 미학적 모더니티를 중심과제로 하고 있다. 김춘수는 모더니즘의 가장 두드러진 특징인 '모든 원칙의 부정'과 '영원한 변화'의 조류를 타고 부단히 자기 갱신을 감행하면서 1960년대의 다른 모더니즘 시인들과 달리 중견 시인으로 자신의 시세계를 확보하였다. 그는 시작 초기『구름과 장미』(1948),『늪』(1950) 시절에서부터 존재에 대한 관념적 탐색을 거듭해 왔으며, 1960년대 들어「타령조」에서 일상적 자아에 눈을 돌리고 본질적 자아에 대한 탐문을 하게 되었다. 김춘수의 선도적 실험은『현대시』동인들에 의하여 확대 계승발전 되었다.

『현대시』동인 그룹 1960년대 시단에서 모더니즘 시운동의 주체이다. 이들은 1962년에 결성되어 1972년에 해체되었으며[29] 한국 현대시사에서 새로운 서정시의 발현에 강력한 영향을 미쳤다. 이들이 발행한 동인지는 초기에 '半同人誌 半詩誌的 성격'을 지니고 있었기 때문에 동인을 명확히 규정하는 것은 어렵지만, 26집을 내는 동안에 김규태, 김영태, 김종해, 마종하, 민은식, 박의상, 오세영, 오탁번, 이건청, 이수

29)『현대시』는 처음에는 부정기적으로 간행되다 1964년 6월 6집을 발행하면서 동인지 체제를 갖추고 시론과 시세계에 있어서의 뚜렷한 동질감을 표명한다. 1년에 2권에서 5권까지 동인지기 발행되면서 활발한 문학활동을 매개하다가 1972년 3월 26집을 끝으로 종간되었다. 다수의 시인들이 참여하였으나 박의상, 이수익, 이승훈, 이유경, 주문돈 등 5인이 동인의 중심이 되어 6집부터 26집까지 지속적으로 활동하였다.

억, 이승훈, 이유경, 이해영, 정진규, 주문돈, 허만하, 황운헌(가나다순) 등의 시인이 참여하여 탈이념, 탈전통의 새로운 시운동을 전개해 나갔다. 이들은 초기에 서정시의 방법적 새로운 사조나 구체적 시운동을 표방하지는 않았지만 동인지를 발행하면서 새로운 시인집단으로 성장해났고 6집에 이르러 언어에 대한 탐구를 바탕으로 내면적 리얼리티를 포착하겠다는 방향성을 선언하였다. 이 같은 선언의 이면에는 당대 현실에 대한 치열한 고민과 열정적 응전을 표방한 시운동과 선을 긋겠다는 것으로 보이며 내면성 탐구를 통해서 기존의 서정시 차별화를 시도한 것으로 보인다.

『현대시』에 참여한 시인들은 하나의 동인을 표방하되 의도적인 통합 노력을 배제하고 "언어와 내면 탐구"라는 내적 형식과 질료에 천착함으로써 당시 시단을 주도하던 참여시와 선을 분명히 하면서 기존의 서정시와 다른 시운동을 전개하고자 한 청년시인 집단이다. 이들은 현대성을 표나게 내세우면서 기존의 서정시와 차별화를 시도하면서 동시에 문학의 외적 상관물보다는 형식과 질료의 방법적 개신으로 새로운 시를 표방하였다. 이들이 새로운 시의 사조를 표방하지 않은 것[30]은 4·19혁명 이후 본격화된 새로운 시운동과 선을 긋는 행위이지만 '언어에 대한 탐구'를 전면에 내세운 것은 역시 새로운 청년 집단의 자기 확인이라는 점에서 혁명 이후 세대다운 도전이라 할 수 있다. 이로써 1960년대 시단은 순수·참여 논쟁을 통한 본격적 복수 문단 시대 즉 더불어 다양한 경향의 시가 나타나게[31] 되었다. 이로써 김춘수의 독보적 작업과 더불어 1960년대 시문학은 내면 탐구와 형식 실험을 통해 언어의 가능성들의 영역을 확대시켜 현대 시사에 괄목할 만한 깊

30) 허혜정, 「60년대 〈현대시〉 동인들의 시운동과 시사적 위치」, 『현대시학』(현대시학사, 1996. 6).
31) 김준오, 「순수와 참여의 다극화 시대」 감태준 외 28인 공동 집필, 『한국 현대 문학사』(현대문학사, 1989), pp.312~324.

은 자국을 남겼다

이들은 8집 서문에서 '리리시즘을 지지'하되 그 '변형적 조형을 실험'한다고 공표함으로써 서정성과 현대성의 결합을 목표로 하였으며[32] 언어의 실험을 통하여 미적 근대성을 선취하고자 하였다. 이 때문에 『현대시』 동인들의 일련의 작업은 모더니즘 시운동으로 논구되었는데 이들의 시는 1930년대의 순수시와 다르게 내면 탐구와 언어 실험을 두 축으로 삼아 세계 상실의 추상화와 절대 은유에 이르게 되었으며 1950년대 모더니즘시와 달리 1960년대만의 본격적이고 집단적인 내면 탐구의 추상화라는 점에서 시사적 의의를 지닌다고[33] 평가받고 있다.

참여시 운동을 주도한 시인들이 예술 밖의 세계를 향하여 비판적 지성을 견지하고자 하였다면 현대시를 중심으로 한 시인들은 "시 자체의 순수한 자율성을 옹호"하였으며 "부조리를 비판하고 고발하는 사회적 기능에 주력한 밖의 시인들에게 예술적 긴장감과 승화를 통하여 문학 '안' 의 노력을 견지"하였다고 할 수 있다.[34] 또 다른 동인은 해방 이후의 시론사를 개관하는 자리에서 동인들의 시적 관심은 현실에 대한 미적 비판에 대한 신뢰를 토대로 자본주의 사회 속에서 자기의 동일성을 미적으로 증명하고자 한 것이었다고 진술하였다. 특히 정치적 전근대화에 대한 직접적인 투쟁보다는 경제적 근대화가 환기하던 현대성, 말하자면 농경적 삶의 원리가 해체되기 시작하면서 최초로 마주치는 자본주의적 삶의 내용들을 미적으로 비판한 순수성을 강조한 바 있다.[35] 이와 같이 1960년대 현대시 동인들은 '자아'의 문제를 주

---

32) 고형진, 「〈현대시〉의 중심 잡기와 방법적 갱신」, 『현대시학』(1996. 6).

33) 김준오, 「현대시의 추상화와 절대 은유」, 『현대시사상』(1995, 가을호), pp. 143~161.

34) 정진규, 「〈안〉과 〈밖〉 그 혹독한 줄다리기」, 『현대시학』(1988. 7), pp.169~178.

35) 이승훈, 「광복 50주년 우리 시론의 흐름」, 『시와 시학』(1995, 여름호) pp.164~

목하고 주체의 반성적 목소리로 실존적 자기 성찰을 모색하였다. 이에 더 나아가 시 자체의 존재적 의의를 탐구로까지 심화되어 관심영역이 현대시의 형식 문제와 시어의 문제로 확대된다. 이러한 새로운 시도는 정치적 사회적 혼란 속에서 모더니티의 진정성을 문학적으로 내면화한 계기로 새로운 질서를 형성하였다.

현대시 동인을 중심으로 한 1960년대 시단의 새 바람은 동인지의 느슨한 규약에 의한 반동인지적 성격 때문에 이들의 시세계는 다양한 개성이 발현된다. 이들의 복잡하고 다양한 시세계는 대략 언어 미학에 주력하면서 서정성을 구현하고자 한 오세영, 이수익, 정진규 등의 시세계와 모더니티의 실험적 구현에 주력한 이승훈, 오규원, 김춘수의 전위적 시작과 환상성에 천착한 이건청, 김영태, 허만하의 시작 활동 등의 다양한 궤적이 존재한다.

2. 무의미시와 추상의 존재화

1) 관념의 존재화와 무의미시

1960년대 모더니스트들이 시작에서 가장 중요하게 받아들인 것은 언어와 존재이다. 이들에게 시는 언어에 의한 존재 탐색이었다. 김춘수는 언어를 존재탐구 방법이자 목표로 여겼으며, 이승훈은 자아 탐구를 무의식적 언어 실험을 통해 실현하고자 하였으며, 오규원이 언어를 통해서 자신의 절대적 현존을 추구하였다.

김춘수는 언어의 의미론적 자질을 주시한 시인이다. 그는 1950년대 모더니즘시단의 주류인 후반기 동인들과 거리가 있었지만 전봉건, 김구용, 김종삼, 박희진, 김광림 등과 같이 언어파에 속하는 시인들과36)

165.

36) 김현, 「시와 암시; 언어파의 시학에 관해서」, 『김현문학전집 3』(문학과 지성

같이 의미를 중요시하는 영·미시의 전통을 수용하여 의미있는 실험을 보여주었다. 김현은 「존재 탐구로서의 언어—김춘수론」[37]을 통해서 그의 존재 탐구를 위한 언어적 실험을 주목하고 그의 시가 문학의 당대적 좌표를 구성하는 것뿐만 아니라 문학적 본질을 문제 삼음으로써 지속적인 영향력을 확보하고 있다고 지적한 바 있다.

김춘수 시인은 한국현대시와 전통을 고찰하는 자리에서 서정시의 근간이 되는 김소월을 "한번은 경례하고 지나가야 하는" 한국문학의 파수병으로, 이상을 "악동과 같은" 애정의 대상, 그 의식 세계를 극복해야 할 대상[38]으로 보았다. 이상을 극복대상으로 삼았다는 것은 그의 지향점이 모더니즘에 있었다는 것이며 그는 실제로 시적 대상에 대한 정서적 표출보다 언어와 이미지 등의 시적 형식에 대하여 주목하였다.

> 현대의 무의미시는 대상을 놓친 대신에 언어와 이미지를 시의 실체로서 인식하게 되었다고 할 수 있다. 그 가장 처음의 전형을 우리는 이상의 시에서 본다.[39]

현대시의 의미론적 자질이나 내용미학을 떠난 언어실험을 염두에 둔 무의미시는 "논리와 자유연상이 더욱 날카롭게 개입하게 되면 대상의 형태는 부서지고, 마침내 대상마저 소멸한다. 무의미의 詩가 이리하여 탄생한다."라고 정의된 바 있다. 여기서 알 수 있듯 그가 무의미시라 칭한 시는 이미지를 초월하려는 연상의 방법이 극대화하여 전개된 시이다. 무의미시는 액면 그대로 의미가 없는 시가 아니라 지시대상과의 관계가 절연되어 있거나 주제의 집중을 회피한 실험적 시라

사, 1991), pp.53~55.

37) 김현, 「존재 탐구로서의 언어－김춘수론」, 『세대』(1964. 7).

38) 김춘수, 「시인론을 위한 각서」, 『김춘수 전집-시론 2』(문장사, 1983), pp.98~113.

39) 김춘수, 「한국 현대시의 계보」, 같은 책, p.369.

할 수 있다. 김춘수의 시적 실험은 초기 시작에서 관념적 자아의 탐색에서 1960년대 인식의 시를 거쳐 무의미시로 이동하는데 『타령조 기타』는 이같은 변화를 보여주는 시집이다. 인식의 시는 시인의 감정이 극도로 절제되고 대상화된 이미지가 주체가 된다. 시적 대상이 시적 주체와 분리되어 감정이입이나 비유적 이미지 대신 묘사적 기술로 대상의 미학적 자질을 드러내고자 하였다.

> 눈 속에서 초겨울의 / 붉은 열매가 익고 있다. / 서울 근교(近郊)에서는 보지 못한 / 꽁지가 하얀 작은 새가 / 그것을 쪼아먹고 있다. / 월동(越冬)하는 / 인동(忍冬) 잎의 빛깔이 / 이루지 못한 인간(人間)의 꿈보다도 / 더욱 슬프다. //「忍冬잎」 전문 『타령조·기타』(1969)

이 시는 김춘수의 시중에서 단형의 시로 비교적 전통적 서정시와 같이 시적 대상이 시제로 정해져 있고 이미지에 집중된 시이다. 그러나 끝의 3행을 제외하면 시적 대상이 무엇인지, 시적 주체가 무엇을 말하고자 하는지 전혀 알 수 없을 만큼 이 시는 비유적 이미지를 철저히 배제한 풍경 묘사로만 일관하고 있다. 결구의 풍경 묘사는 시제에서 드러난 인동 잎을 드러내며 지금까지 묘사된 시적 대상에 대한 주체의 감정이입이 이루어진다. 일상적인 사물을 구체적인 설명 방법으로 '무엇'인가를 '말하려'하지 않는 대신, 시인의 가슴에 떠오른 어떤 관념을 압축된 풍경 묘사를 통해서 이렇게 '보여 줄' 뿐이다. 그리고 김춘수 시인의 시에 제시된 관념은 특정한 의미를 갖지 않은 무상(無想)의 관념을 지향한다. 따라서 이 시의 언어는 언어가 구체적 경험세계를 지시하는 것도 아니며 사용자와의 관계도 차단한 채 언어 자체를 절대화한다. 이러한 전제하에서 보면 후반부는 풍경을 바라보는 화자의 감정이 반영된 것으로 일체의 관념과 설명을 배제하겠다는 시인의 의도에 아직 못 미친 것이다.

이후 그는 「샤갈의 마을에 내리는 눈」과 같이 경험적 현실의 구체성과 거리가 먼 추상적 세계를 그려내는가 하면, 「처용단장」처럼 심상만을 제시하는 서술적 이미지에 초점을 맞춘 무의미시로 어떤 관념이나 사상을 내포하거나 지시하는 것이 아니라 이미지에 의한 분위기만을 제시하고자 하였다. 「타령조 1」에서도 시적 주체는 외롭고 쓸쓸한 병을 앓고 있는 부재의 존재로 "겨우 콧잔등이나 입언저리를 발견하고" 어둠 속을 지쳐 헤매면서 '병'이 되는 존재이다. 부재의 존재에 대한 기술은 서술적으로 구체적 정황으로 포착되지만 사랑은 주변부에서 맴도는 부재의 존재에 대한 서술적 정황의 콜라주일 뿐 서사적 의미망을 확보하는 것은 아니다. 이와 같이 그는 타령조와 같은 전통적 형식이나 처용과 같은 인간세계에 관심을 가지고 감정이나 관념을 직접적으로 대상화하면서 일상적 세계로 나아가지만 사랑의 부재로 자아와 세계는 하나로 융합하지 못하고[40] 환상적 이미지를 제시하는 데 그치고 만다.

이처럼 이 시기에 김춘수 시인은 경험적 세계의 구체성을 거부하고 무의식적 세계의 몽환적 이미지를 서술적으로 이어가는 작업에 충실하였다. 그는 한 때 「부다페스트에서의 소녀의 죽음」과 같은 역사적 현실을 주목하기도 하고, 타령과 같은 전통적 형식이나 처용과 같은 역사적 소재 등 어느 시기보다도 시적 대상을 시인 자신과 가까운 인간 세계와 전통에 관심을 가졌지만 그것은 역사와 현실에 대한 관심이라기보다 다양한 문예형식에 대한 미학적 탐색으로 보인다. 그가 차용한 전설이나 인물은 역사적이거나 사실적 의미가 거세된 채 단순히 이미지의 변용을 위한 수단으로 인식되기 때문이다. 그는 세계를 현실 속에서 파악하고자 하는 것이 아니라 순수관념으로 인식하거나 자신

---

40) 이인영, 「대상 세계와 자아의 부정을 통한 세계인식」, 『1960년대 문학연구』(깊은 샘, 1998).

이 제외된 자의적 공간으로 설정하여 이미지에 의한 정서적 반응만이 존재하는 시를 썼다.

2) 순수추상의 존재화

김춘수의 시적 주체나 시적 대상이 구체적 현실적 의미와 관계없이 서술적으로 기술되는 '부재의 존재화'는 이미지에 의하여 창조하는 낭만적이고 환상적인 독창적인 시적 공간이며, 이 같은 실험은 이승훈과 오규원에 의하여 이어진다.

이승훈은 내면 탐구를 통하여 이성에 의해 억압된 무의식을 드러내고 무의식적 언어 실험을 통하여 한국 현대시의 영역을 심화하고 확대하였다고 할 수 있다. 문홍술이 해방 후 현대시사에서 비이성적 반담론을 주목하고 가장 문제적인 동인지로 『현대시』 동인들을 꼽고 그 역할을 강조했을 때[41] 그 내면 탐구와 무의식적 언어 실험의 중심에 이승훈이 있다할 수 있다. 이승훈의 초기 시작에서 가장 중요시되는 자아 탐구와 무의식적 언어 실험은 그가 현실보다 현실의 내면성에 천착하여 내면 의식을 포착하여 표현하려 노력한 결과이다. 그는 현대시를 'unreality'로 정의하고 그것은 '현실과는 전연 별개의 세계 즉 A world by itself'이기 때문에 현대시는 '재구성된 reality'의 인식과 표현에 힘써야 한다고 주장한다.[42] '내면의 리얼리티'를 추구하겠다는 현대시 동인 공동의 시론(6집)과 동일선상에서 그는 '내면의 리얼리티'를 추구

---

41) 문홍술, 「해방 후 50년 시동인지의 역사」, 『시와 시학』(1995, 여름).
비이성적 반담론, 이것은 근대화를 이끌어 온 핵심 동력인 인간 이성 중심주의 사고가 이제는 인간마저 도구화하는 도구적 이성으로 전락했고, 그 도구적 이성이 지배 담론의 핵심에 자리잡고 있다는 판단 하에 도구적 이성에 의해 억압되고 있는 비이성적이고 무의식적인 측면을 드러냄으로써 지배 담론을 내부에서 전복시키는 방법이다. 이 계열체는 1950년대의 모더니즘 운동, 1960년대의 언어 실험파를 거쳐 오늘날 해체주의로 연결되고 있다.

42) 이승훈, 「현대시의 내면성」, 『현대시』 10집, (1966. 7).

하기 위해서는 '지성의 통제'하에 방법론을 모색하여야 하고 논리적으로 정의될 수 없는 상황을 표현하기 위하여서는 보여주기로 시적 방법론을 구축할 수 있다고 한다.

> 나는 우리 현대시가 당도해야 할 저 현실의 극명한 재발견에 필수적으로 대응하는 지성, 혹은 비평 양식이라는 개념으로 나타나는 어떤 〈방법론적 힘〉에 먼저 관심을 기울이고 싶다. (…) 이 시인에게 있어 모든 작품을 이루어나가는 방법론적 힘, 또는 지성은 '아이러니'인 듯하며 특히 현실을 향하는 눈으로서 이것은 의의를 갖는 듯하다. (…) 현실에서 이 시인이 발견하는 '아이러니'는 이제까지의 직접적인 진술 내지는 발언으로만 끝나기 일수던 대개의 한국시에 비하여 충분히 새로운 기도이며 하나의 성과라 생각되며 시집 여러 곳에서 나타나는 이러한 현상은 이 시인의 앞으로의 목표선정 및 그 가능성을 짐작케 한다.[43]

한국시의 방법론적 개신에 관심을 가지고 있던 그는 스스로 부재를 존재화하기 위하여 언어의 실험을 감행한다. 그래서 그는 외연적 현실보다는 내면세계에 대한 조응하려 하였고, '가르침'보다는 '보여줌'에 치중하여 내면에 투영된 다양한 이미지를 제시하고 비논리적 이미지의 병치를 통하여 미적 현대성을 갖추고자 하였다. 언어를 사물화한 시 「어휘」에서 이 같은 노력이 구체화 되었다.

> 그는 의식의 가장 어두운 헛간에 / 부는 바람이다. / 당나귀가 돌아오는 / 호밀밭에선 / 한 되 가량의 달빛이 익는다. // 한 되 가량의 달빛이 / 기울어진 헛간을 물들인다. / 안보이던 시간이 / 종에 맞아 / 떨어지는 새의 머리인 것을, / 보았다. 그때 나는 / 가느다란 배암이 되어 / 신의 헛간을 빠져나가고 // 오 빠져나가고, / 나는 손이 없는 손으로 어루만졌다. / 안 보이는 시간이 / 울고 있었다. // 「어휘」 전문

---

43) 이승훈, 「현실과 아이러니」, 『현대시』 14집 부분, (1967. 10).

이 시에서는 자연친화적 공간적 이미지가 이미지의 근접성에 의하여 서사적 상황으로 전개되는 듯하다. 그러나 배경이 되는 공간적 이미지가 '_이다', '익는다'와 같이 시간성이 결여된 서술형을 사용하고 또한 부재의 시간과 나의 등장에 의하여 현실적 서정시에 대한 기대는 깨어지고 만다. 3연에서 시제의 역접이나 시간의 전면적 등장은 이미지의 근접성마저도 허용하지 않는 비논리적 자동기술로 전개된다. 시적 대상 자체를 구체적 사물이 아닌 추상적 범주를 설정하고 현대시의 방법론은 지성의 통제 하에 이루어져야 한다고 주장했던 이승훈은 이 시에서 시적 대상도 구체적 사물이 아닌 추상적 범주로 설정하고 내면에 투영된 이미지를 언어를 통해서 보여주고자 했다. 특히 'unreality'의 추구는 '안 보이던 시간', '없는 손' 등 내면에 투영된 비대상의 이미지로 드러난다. 외적 현실과 절연된 또는 논리적 연관성을 배제한 내면의 리얼리티는 '바람, 당나귀, 호밀밭, 달빛, 시간, 배암, 손' 등의 파편화된 이미지의 병치로 나타난다.

파편적 이미지의 결합은 '여러 가지 영상을 한 화면에 짜 넣는' 사진 예술 기법의 하나인 몽타쥬처럼 유기적 조화보다 파편화된 단면의 선명성이 강조된다. 이 같이 파편적 이미지의 느닷없는 결합은 외적 현실의 투영이 아닌 내면적 자아의 표현에서 기인한다. 또한 의식세계에서의 논리적 일관성을 부정하고 무의식 세계에서 이루어지는 '데빼이즈망'(depaysment)[44]처럼 기존의 의미를 버리고 전혀 새로운 의미를 지

---

44) 김영철, 『현대시론』(건국대 출판부, 1997).
초현실주의는 통상적이고 인습적인 연상과 단절하고, 가장 먼 거리에 있는 심상과 결합해서 독특한 유추를 발견함으로써 새로운 의미를 창출하고자 했던 것이다. 이러한 수법으로 제시된 것이 데빼이즈망이다. 데빼이즈망은 현시적이고 일상적인 의미에서 연관성이 전혀 없는 동떨어진 사물끼리를 서슴없이 한자리에 모이게 하는 것이다. 사물의 존재와 현실적이고 합리적인 세계를 박탈해 버리고 새로운 창조적인 관계를 맺어주는 것이다. depaysement의 동사인

니도록 의미론적 변화를 추구하고 있다. 부재의 존재는 의식의 헛간에 부는 바람, 떨어지는 새의 미러인 안보이던 시간, 없는 손으로 어루만지기, 안 보이는 시간의 울음 등과 같이 내면에 투영된 비대상의 이미지로 변용되고 무의식 상태의 이미지의 결합으로 새로운 서정세계를 보여주고 있다.

모더니즘의 핵심적 성격을 나타내는 추상시는 김춘수를 중심으로 활발하게 전개되었으며, 1960년대 시단에서 추구한 시적 '순수'도 '추상'과 동일시되기도 하였다. 이승훈이 추상의 자리에 부재를 대입하였다면, 오규원은 순수추상을 구체화하여 보여주고자 하였다. 오규원의 초기시는 구체적 현실세계를 모방하지 않고[45] 1960년대 모더니스트들과 같이 추상의 세계 즉 무의식의 내면 탐구나 사물이 주체가 되는 세계에 주목하였다.[46]

현실에 대한 추상의지가 가상 세계의 창조를 통해 이루어진다는 것은 언어의 이데올로기성에 대한 거부이자 언어의 지시성에 대한 불신에서 비롯된 것이다. 「현상실험」에서 암시된 바와 같이 언어의 소통의 현실에 대한 오염을 수반한다. 따라서 시가 현실세계와 절연된 완전한 절대성을 지향하기 위해서는 언어 역시 현실적 체험으로부터 절연된 순수한 형태라야 한다. 궁극적으로 이 순수 언어는 스스로를 오브제로 삼고 자기 자신만을 지시하는 자율기호를 지향한다. 순수한 내면세계에 대한 욕망은 그의 시가 외적 이미가 제거된 순수 기호들 사이의 자의적인 배열과 기술적인 나열, 탈시간적 구성과 유기적 체험의 해체 등 모더니즘 미학의 특징을 잘 보여준다고 할 수 있을 것이다. 이는

---

depaysent는 나라(환경, 습관)를 바꾼다는 뜻을 가진 것으로서 본래의 의미를 버리고 새로운 의미의 옷을 입힌다는 뜻을 가지고 있다.

45) 정끝별, 앞의 글, 동아일보(1994. 1. 1).

46) 김준오, 「현대시의 추상화와 절대은유」, 『문학사와 장르』(문학과 지성사, 2000), p.30.

초기 시쓰기에서 자율기호를 향한 형식적 특징이 '데포르마시옹 시학'을 통해 구체화되는 양상으로 전개된다.[47] 데포르마시옹이란 미술사의 그것처럼 감각적으로 인지 가능한 실재 세계를 부분들로 해체하고 분해하여 예술작품내에서만 자족적이고 자율적인 비실재적 형상체가 된다. 오규원은 근대적 현실과 재현 미학에 부정과 회의를 동시에 수행하면서 재현적 묘사를 거부한다. 대신 그는 추상과 관념의 세계를 증명이나 서술부에 본질을 향한 실존적 기투를 시도한다. 이때 모던이스트로서의 미학적 준거점은 '대상을 투명하게 자각하는 것'이었고 그것은 대상이 되는 불투명한 관심이나 심상을 '구체적인 사물로 치환시키거나 의물화, 의인화시켜 추상성을 구상성으로 바꾸어 놓는 시어가 중음이 된다.

그의 초기는 「몇 개의 현상」, 「분명한 사건」과 같이 시제를 보면 구체적 이미지나 서사가 확보되어 있을 것으로 보이나 실상은 구체적 리얼리티의 확보나 의미의 논리적 진술은 거부하고 있다. 시의 유기성을 강조하는 전통적 시관에 대한 배반은 통일성의 원리를 해체시키고 불연속적 이미지의 몽타주를 통해 초현실적 분위기를 유도하여 독자들에게 시니피에로부터 해방된 시니피앙의 유희에 참여할 것을 권한다. 자유연상에 의한 창조적 이식의 해방은 초현실적 이미지의 몽타쥬적 결합과 난해한 은유의 수사학으로 이루어진다. 「분명한 사건」의 경우 제목은 구체적 시적 상황이나 배경묘사가 기대되나 '죽음이 느닷없이 행인의 뒷덜미를 치고 갔다'는 심증만 있을 뿐 일관성 있는 흐름이나 시상의 전개가 발견되지 않는다. 시 전체가 모호하고 환각적인 분위기로 나무들, 밤, 보리냄새, 헛기침과 같은 시적 기호들이 시인의 의

47) 최현식, 앞의 글, p.173. 1960년대 신진 모더니스트들의 시세계를 조망하는 이 글은 데포르마시옹 시학을 통해 시인들이 만들고자 하는 '자유'의 내용이 무엇인가에 초점을 두고 있다. 이 자유의 내용은 현실에 대한 시인들의 미적 태도와 연관되는 문제로 이것에 따라 세계의 본질이 달라진다는 것이다.

식에 따라 자유롭게 배치되어 낯설고 이질적인 느낌을 준다.

낯설게 하기를 통하여 서정시가 도달한 새로운 영역인 추상[48]의 세계에서는 시간을 공간으로 바꿔 "하얀 공간, 낱말도 없는 문장, 어느 삭막한 나라"의 이미지가 병치되어 공간 중심적으로 제시되는 것이다.[49] 이미지의 병치는 기실 몽타주 기법에 의한 것인데, 이것은 시인이 논리적 일관성이나 시간적 순차성에 의한 통일성을 해체하고 불연속적 이미지를 조합하여 환상적 분위기를 낳고 있다. 그래서 여기에서는 관념적인 것에서 현실적인 것, 물질적인 것, 생명적인 것을 읽어내 동일시하는 은유가 중요한 시적 의장으로 선택된다.

> 떨어지는 순간 / 빛은 / 하얀 空間에 / 꽃병도 없이 어딘가 꽂힌 / 꽃이 된다. / 낱말도 없는 / 文章에 / 꽂힌 / 한 송이의 / 꽃이 된다. / 고층의 건물이 / 四方으로 / 훨훨 날아 다니는 / 젊은이들이 / 中風에 걸린 / 개를 타고 돌아 다니는 / 어느 / 삭막한 나라에는 / 神의 / 손에서 풀려나오는 순간 / 빛은 / 미친 듯이 확확 타는 / 꽃이 된다. // -「몇 개의 현상」중에서

김춘수의 「꽃」의 영향이 확인되는 이 시는 은유에 의하여 관념적 대상을 구체화시키고 있다. 오규원은 관념적일 수 있는 '빛'이라는 현상을 구체화시키기 위해 꽃의 형질을 활용하고 있다. 추상적이고 불확실한 빛은 '하얀 공간', '낱말도 없는 문장', '어느 삭막한 나라의 신의 손'을 배경으로 인간의 관념 속에서 구체성을 획득해 나가며 구체성을 확보한다. '빛은 꽃이 된다'라는 은유 전제를 기조로 하는 이 시는 "하얀 공간에 꽃병도 없이 어딘가에 꽂힐" 때 "낱말도 없는 문장에 꽂힐" 때 또는 "신의 손에서 풀려나오는 순간"에 빛은 꽃이 되는 것이다. 즉 시인은 빛이라는 관념을 하얀 공간이라는 구체적 처소에 꽂히는 순간

48) D.람핑, 장영태 역, 『서정시; 이론과 역사』(문학과 지성사, 1994), p.240.
49) 이승훈, 앞의 글, p.65.

또는 신의 손에서 풀려나오는 물질로 가정하고, 보다 구체성을 지니는 관념적인 어휘를 사용하여 시적 긴장감을 유발하면서 빛은 꽃이다라는 존재론적 의미를 수용하도록 형상화한다.

이처럼 오규원의 초기시는 관념적인 현상이나 단어, 상태에 의미를 부여하기 위해 존재론적 은유를 사용하여 관념으로 형상된 이 세계의 불명확한 공간과 의식을 구체적 단어를 통하여 확장시키고 있다. 그의 시는 돌연한 상상이 있을 뿐 의미상의 인과 관계나 논리적 일관성을 찾기 어렵다. 그의 시는 이미지들 사이에 연속성과 통일성을 파괴, 교란시킴으로써 구체적인 메시지를 거부하고 계기적 순차성이나 구체적 문맥이 소거된 돌연한 이미지들이 환기하는 비밀스런 아우라를 간직하고 있다. 이러한 시쓰기는 부분적으로 세계에 대한 성찰이나 주관적 판단이 개입되지 않은 순수 내면의 표박으로 환상적 리얼리티를 지향한 결과로 보인다. 즉 주체가 추구한 내면은 언어의 내부에 존재하는 추상적 세계로 의미있는 추상적 언어로 관념을 소거한 메시지의 여백을 이미지로 표현하여 추상의 새로운 리얼리티를 창조한 것이다.

3) 탈장르와 상호텍스트성

모더니즘시인들은 구체적 사물이 아닌 관념의 세계를 시적 대상으로 삼았다. 이들은 다른 예술 영역에 관심이 많았고 특히 서양의 추상화에서 영감과 방법을 얻었다. 김춘수, 김영태, 이승훈은 초현실주의 미술과 상호텍스트성이 발견되는 시인들이다. 김춘수의 「샤갈의 마을에 내리는 눈」은 처음부터 초현실주의적이고 몽환적인 화가의 추상세계를 시적 대상으로 삼아 그의 청색 시대 그림들에 나타난 성서적이면서도 사랑이 충만한 공간 속의 아름다운 남녀의 모티프, 천사 이미지, 올리브 열매 등의 이미지로 낭만적이고 서정적인 공간을 창출해내고 있다.

샤갈의 마을에는 3월에 눈이 온다. / 봄을 바라고 섰는 사나이의 관자놀이에 / 새로 돋은 정맥이 바르르 떤다. / 바르르 떠는 사나이의 관자놀이에 / 새로 돋은 정맥을 어루만지며 / 눈은 수천 수만의 날개를 달고 / 하늘에서 내려와 샤갈의 마을의 / 지붕과 굴뚝을 덮는다. / 3월에 눈이 오면 / 샤갈의 마을의 쥐똥만한 겨울 열매들은 // 다시 올리브빛으로 물이 들고 / 밤에 아낙들은 / 그 해의 제일 아름다운 불을 / 아궁이에 지핀다. //「샤갈의 마을에 내리는 눈」전문,『타령조·기타』(1969) 수록

이 시는 3월에 내리는 의외의 눈이 자아내는 낭만적이고 신비로운 세계를 관조하는 시인의 정서로 독창적인 시적 공간을 창조한다. 마르크 샤갈의 그림을 제재로 하여 그림속의 다양한 이미지를 조합하여 지속적으로 관심을 기울여온 이미지에 대한 인식을 드러내면서도 낭만적인 정서를 표출하고 있다. 이 시는 '꽃'을 주제로 한 인식론적이고 존재론적인 초기 시와는 달리 이미지가 중심이 되어 샤갈의 그림처럼 따뜻하고 낭만적이며 신비로운 분위기가 그대로 살아 있는 시적 공간을 제시한다. 1960년대 모더니즘시인들에게 샤갈의 몽환적 초현실적 분위기의 그림은 시적 영감의 근원이었다. 김영태의「관능」또한 초현실주의의 영향권내에 있다.

날개가 달린 / 샤갈의 시계속에 / 들어있는 나의 아내는 / 일각대문안에서 / 낮과 밤의 /드라마를 공연한다 / 샤갈의 시계속에 들어가 / 내가 태협을 감으면 / 팽창해지는 나의 아내는 / 안방에서 대청으로 / 대청마루에서 건너방으로 / 낮과 밤의 /드라마를 공연할 때 / 아내의 태협이 풀어지면, 되감는 / 관능의 손가락은/ 샤갈의 시계속에들은 / 사랑의 추를 / 일제히 흔들리게 한다 / 나의 아내는,/ 불가사의한 벼슬이 / 온몸에 돋아나고 / 시각을 망각한 / 내 사랑의 추는 / 일각대문안에서 / 샤갈의 시계속에 들어가 / 풀어져버린 아내의 / 관능의 태협을 되감는다 //「관능-유태인이 사는 마을의 겨울 Ⅳ」전문

시제에서부터 샤갈의 그림과의 상호텍스트성이 인정되는 이 시는 화집처럼 선명한 색채와 환상적 구성을 보인다. 또한 초현실주의 시의 수법 가운데 하나인 신비의 수법을 보여준다. 이 시에서 나와 나의 아내는 분열된 자아의 모습으로 의식과 무의식의 세계가 교차된다. 날개가 달린 시계 안의 아내는, 시간이 가역성을 가지는 공간에 있기에 무의식의 세계에 있다. 이에 반해 나는 시계의 바깥에서 태엽을 감는데 이곳은 상대적으로 의식의 세계가 된다. 이 두 세계는 관능에 의해 통합되고 통합은 초월적 상태에 머물거나 초월로 이어지지 못하고 아내의 벼슬과 내 사랑의 추는 반복과 순환을 거듭한다.

이처럼 김영태는 샤갈의 이미지와 동화적 요소의 환상적 배치를 차용한 한편의 추상화를 보여주고 있다. 이 추상화에서는 언어의 초월적인 상태로의 전진은 곧 추상적인 세계로 진입을 뜻하며 이는 언어가 현실을 지시하는 게 아니라 현실과는 관계가 없는 자율성의 세계를 지향한다는 뜻이다. 자율성의 논리에 따라 기호와 지시물의 일대일 관계는 파기된다. 여기에서 기성 언어가 갖는 고정관념을 깨고 새로운 의미를 창출하는 데포르마시옹의 시학을 보여준다. 기호는 그 자체로서 하나의 가치를 지닌 대상이 된다는 것이다. 일상 언어는 억압된 정신과 혼돈의 세계를 표현하기에는 이미 그 기능을 상실하였고 따라서 '언어의 초월적인 상태'로 전진하는 것만이 현대적인 삶의 문제를 드러내고 그럼으로써 시의 현대성을 확보하는 일이 된다.

김영태시인은 '새것지향성'에 의하여 모더니티를 추구한 시인이다. 그에게 새로움은 절대적 가치를 부여받는데, '절대적으로 새로운 시'는 선의의 파괴를 토대로 이루어지며[50] 실험을 통해 얻어지는 시이다.

---

50) 김영태, 「NOTE」, 『현대시』 12집 전문, (1967. 4).
자기의 변모를 확인한다는 것—. 이것은 거의 숙명적인 일인지도 모른다. 유쾌한 권리이고 발전적인 해체다. 자기 변모 뒤에는 가끔 항간에서 논의되는 〈실험적이라는 단서〉가 붙지만 그러나 선의의 파괴가 없이 전진은 이루어지지 않

그래서 그는 현대적인 시를 제작하기 위하여 '언어의 연구에서 언어의 초월적인 상태로 전진'하여야 한다고 주장하였다. '선의의 파괴와 초월적 상태로 전진'은 기존의 형식미학에 대한 반발로 일종의 다다이즘과 초현실주의의 수용이라 할 수 있다. 김영태는 새로움을 파괴와 초월을 통해 추구하고자 하였으며 이 파괴는 미학적으로 전통적 시관을 거부하고 이념적으로 논리와 이성적 결합을 중시하는 현실주의에 반발한다. 파괴와 초월은 바로 유기적 결합을 강조하는 전통적 시관에 대한 반발과 논리와 이성적 결합을 중시하는 현실로부터의 일탈로 나타난다. 미술을 전공한 화가 시인인 김영태는 파괴와 초월을 다다이즘과 초현실주의를 받아들여 전통을 거부하고 이국적 취향과 환상성을 추구하였다. 특히 김영태는 미술과 문학의 과감한 장르 교섭이 이루어지는 상호텍스트성을 지향하는데 그가 시도한 초현실주의는 1930년대의 모더니즘이라 할 수 있는 이미지즘에 의한 회화성 도입과 크게 차이가 있다.

3. 서정시의 방법적 자각

1) 실존적 자아의 감각적 이미지

현대시 동인들이 추구한 리리시즘과 모더니즘이라는 두 개의 중심축에서 오세영, 이수익, 이유경, 정진규 등은 전대의 모더니즘 시인들의 문명 비판과 미학적 근대성 추구라는 큰 틀에서 벗어나지 않으면서 시적 주체의 서정적 발현 초점이 맞춰져 있다. 고형진이 현대시 동인들이 리리시즘에 바탕을 두고서 이미지와 기교라는 현대적 방법, 내면 탐구라는 현대적 방법을 개척하였다고 평가하였을 때[51] 이들이 그

는다. 전진은 새로운 방향이다. 새로운 미지의 탐색이다. 절대적으로 새로운 시—. 그리고 시가 현대적이어야 한다는 말은 진리다.

중심에 있는 시인군이다. 이들은 이미지와 기교를 통한 방법적 혁신을 꾀하면서도 서정성에 집착하였다. 이들보다 선행한 문학사적 연표에는 장형화의 실험을 거듭한 전봉건, 김구용이 있고, 동인들 밖에는 황동규와 정현종의 시세계가 주목된다.

전봉건은 새로운 언어와 시정신을 구현한 시인으로 1960년대 현대시동인들의 서정시의 방법적 자각에 선행한다. 그는 전후시단에서 서정주, 김영랑의 추천으로 등단하였지만 새로운 형식미학을 추구하면서 시적 성취를 보였다는 점에서 눈여겨 볼 필요가 있다. 오세영은 전봉건의 시를 전쟁 서정시, 즉 인간의 의식을 해체시키는 경향을 보이는 내면화된 서정시[52]로 설명한다. 그의 시는 전쟁이 단순한 소재적 차원을 넘어 시인의 시적 정신을 탐구하는 하나의 계기로 설정되어 있으며, 모더니즘과 실존의식, 그리고 에로티시즘 등이 혼재되어 있다. 그가 서정주와 김춘수와 동시에 비교되어 논의되는 것은 그의 시가 기교주의적이면서 휴머니스트로서의 면모를 함께 아우르고 있기 때문이다.

전봉건은 『사랑을 위한 되풀이』(1959)를 비롯한 세 권의 장시집을 펴낸 바 있다. 1950년대의 시적 출발기와 본격적 전개기에 해당되는 1960년대 후기 사이를 매개하는 장시의 존재는 전봉건 시의 지속과 변모에 대한 중요한 참조점이 된다. 장시에 대한 관심과 실천은 비단 장시집 속의 작품에만 국한되는 것은 아니라 시의 출발기에서부터 장형의 구조를 통한 주제의 직접적 표현에 지속적인 관심을 가져 왔다. 장시집은 이러한 관심이 보다 뚜렷한 목적의식 하에 구조화된 결과라고 할 수 있다. 그리고 전봉건의 장시는 서사적 파노라마보다는 뚜렷한 주제의식 하에 내면화에 집중하였다는 점에서 1960년대다운 특성이

51) 고형진, 앞의 글, pp.93~105.
52) 오세영, 「한국 전쟁 문학론」, 『한국 근대문학론과 근대시』(민음사, 1996).

있다. 「춘향연가」는 본격적인 장시로 「사랑을 위한 되풀이」와 마찬가지로 생명을 중시하는 프롤로그로 시작하여 생명의식과 사랑의 완성을 그려내고 있다. 여자의 운명이라는 인식을 전경화하여 생의 완성은 사랑에 의하여 가능하다는 인식을 보이고 있다. 「춘향연가」는 춘향전의 설화를 기본서사 구조로 채용하여 서술성을 확보하지만 그것은 춘향이 옥중에서 자신의 사랑을 갈망하는 독백체의 진술로만 한정된다. 그래서 전체 이야기는 감옥에 갇힌 춘향의 독백과 환상을 통하여 전개되며, 또한 독백과 환상은 구속과 자유, 그리고 사랑의 완성이라는 테마를 효과적으로 극화시키고 있다.

> 원색 / 사진의 / 상륙전 공정대원 / 풀빛 가슴팍에 걸린 자동소통 검은 총구로부터 / 풀빛 어깨 위에 펼쳐진 하얀 하늘까지 / 그 거리는 / 한 뼘도 채 되지 않았다. // 1960년대의 가장 무덥고 긴 어느 날 우리가 보는 풀빛은 / 대체로 이러한 상황이었다. // 「속의 바다 · 10」 전문

이 작품은 여성의 원색적 이미지가 전경화되고 있다. '여자'의 이미지가 강조되고 있는 것은 전봉건 시 세계의 간과할 수 없는 특징이다. 연작시 또는 장형화된 시편들 속에는 어딘가에 숨어서 여자의 행동과 외양을 묘사하고 있는 화자가 등장하고 있다. 원색의 화보가 환기하는 도색적 이미지로 시선을 끌면서 강렬한 사랑과 생명을 이야기하는 이 시 역시 여자의 이미지로 생명성을 강조하고 있다. 태고의 신비를 간직한 채 모든 생명의 근원인 바다의 이미지는 여성의 자궁이 함의하는 생명의 기원이라는 이미지와 유사하다. 그의 시 세계에 두드러지는 원색의 이미지, 즉 신체에 대한 적나라함의 이미지는 도색적인 것이라기보다는 생명의 원초적 형태에 보다 가깝다. 그러나 현실은 사랑과 생명을 불가능하게 하는 '박제된 새'의 현실로 점철되고 있다. 그리하여 '풀빛 가슴팍에 걸린 自動小銃 검은 銃口로부터 풀빛 어깨 위에 펼쳐진

하얀 하늘까지' '그 거리는 한 뼘도 채 되지 않'는 것이다. 전봉건 시 세계의 정신적 트라우마로 작용하는 전쟁과 문명, 이를 상징하는 것이 자동소총의 검은 총구일진대, 영원한 생명의 자궁인 자연과 한 치도 구별되지 않는 밀착된 거리로써 검은 총구와 모순적인 결합을 유지하고 있는 것이 '1960대의 가장 무덥고 긴 여름날'의 상황이다.

사랑과 생명을 노래하면서도 이를 장시의 구조를 통해 서사화하려고 하는 전봉건의 시심은 강렬한 이미지와 상징적 구도를 통해 산문의 상투성과 진술 편향을 효과적으로 넘어서고 있다. 이는 통상적인 장시와 전봉건의 그것을 구분해주는 주요한 변별적 자질이다. 어쩔 수 없는 생래적 서정과 분명히 설정된 주제의식의 천착이 이를 가능케 하는 동력일 것이다. 생명과 사랑의 끈질기고도 깊이 있는 천착은 전봉건 시를 그 어느 것보다 진정한 휴머니즘의 산물이라고 말할 수 있는 증표이다. 전봉건의 장시들은 자연 그대로의 모습인 생명, 인간의 꿈으로만 한정되지 않는 본연의 사랑은 서사시적 기획하에 펼쳐질 것으로 장시화되지 않을 수 없다. 시인이 인간의 역사, 인간의 본질을 탐구하기 위한 지속적 관심을 보였을 때 형성된 장시들은 좌절과 낙망 속에서도 다시 당위로서 되풀이하여야 하는 사랑과 영원한 생명에 대한 믿음을 보여준다. 이 같은 믿음은 개인의 사랑을 넘어선 집체적 현실을 축약하고 있지만 역사나 현실을 향한 서사적 진술보다는 언어와 내면 심리에 관심을 쏟으면서 1960년대 모더니즘이 실존적 자아의 자기 투영이 보다 강하게 표출된다.

전봉건과 같이 전쟁과 현대문명의 문제를 비판적으로 시화하면서 모더니즘의 방법적 자각을 보여주는 시인으로 오세영이 있다. 그는 전대의 모더니즘 시들이 보여주는 알타이, 알콜 등의 외래어와 문명어를 즐겨 사용하며 문명비판적 시각을 갖고 있다는 점에서 전대의 모더니스트들을 따르지만, 감각적 서정시를 추구하였다는 점에서 새롭다. 그는 문명 비판이라는 거대 주제에 매달려 비판의식과 교술적 의도로 장형화를 추구하지 않고 감각적 이미지의 생산에 집중하였다. 오세영에 이르면 전쟁이라는 역사적 상흔 또는 혁명과 같은 정치적 격변도 감정의 도가니에서 벗어나 객관적 상관물을 통하여 감각화된 이미지로 표현된다.

> 타버린 情神들은 어디 갔는가 / 가령, 雪原에 버려진 장미꽃 하나 / 혹은, 알타이에 떨어지는 햇살, / 바람과 소나기, 그리고 6월은 / 불탄다. // 내 살 속에서 희미한 불빛들이 / 뛰어가고, 알콜이 출렁이는 바닷가에서 / 이십세기는 불을 지핀다. /物質이 흘린 / 피. 싸늘한, // 實用의 새는 날 수 있을까, / 어두운 내 얼굴을 날아서, 찬서리 내린 굴뚝과, / 機械들이 죽은 무덤을 넘어서 / 어제의 어제를 넘어서 / 달에, 도달할 수 있을 것인가, // 電線에 걸린 달, 인간의 숲 속에서 / 電話가 울고, 아흔아홉 마리의 이리가 운다. // 저것 보라면서, / 불타는 서울의 술집들을 가리키면서 // 어디로 갈 것인가, 타버린 情神의 재 / 죽음, 혹은 창조의 불빛. //「불1」 전문, 『반란하는 빛』 수록[53]

오세영 시인은 먼저 「불」에서 전쟁의 상흔이 가시지 않은 시대를 살아가는 문학청년답게 비관적 전망과 함께 전쟁과 문학과 술의 이미지를 결합하여 불타는 “서울의 술집들을 가리키면서 / 어디로 갈 것인가, 타버린 정신의 재 / 죽음, 혹은 창조의 불빛”(「불」 일부)으로 시적 모색의 여정을 보여준 바 있다. 불타는 청춘에게 감지된 ‘타버린 정신’은 이 시가 부정의 정신이 지배적이며 불타는 유월과 실용의 정신으로 암시되는 한국전쟁과 근대문명에 대한 비판의식이 개입되었음을 의미한다. 오세영은 시작 초기에 내면의식의 환상적 추구와 언어실험에 주력하였는데[54] 이 시 역시 구체적 정황보다는 실존적 성찰을 내면

53) 이 시집은 원래 1970년에 처음 출판되었으나 1997년 문학동네사에서 다시 간행되었다.

의 이미지로 전환하여 '불'의 이미지를 변용하고 있다. 이 시를 전체적으로 지배하고 있는 것은 부조리한 현실에 대한 실존적 성찰이다.

실존적 성찰은 부조리한 현실에서 기인한 불연속적이고 파편화된 이미지의 연속으로 표현된다. 시인은 역사적 상흔이나 일상의 마취성과 불감증 등의 비정상적인 현실을 벗어나기 위해 "잠이 오지 않는 밤,/ 수면제를 한 알, 혹은 러시아산 워카에 취해"(「불면」) 보내거나 "약을 먹는다, 아스피린 한 알,/ 뜨거운 의식을 수건에 적시면/ 볼그레 상기한 먼지를 닦아"(「열병」)내기도 한다. 현대시 동인들에게 당대의 현실은 실존의식과 부조화를 이루거나 관념적 괴리를 메울 수 없는 상태지만 현실에 몰입하거나 좌우되지 않고 자신이 세례받는 지적 관념에 투과시켜 관념어와 감각적 이미지의 결합으로 시화된다.

2) 감수성의 혁신과 기법의 참신성

모더니즘 시운동의 집단적 근원지가 현대시 동인이라면 이들 밖에서 우리 시의 모더니티를 키워온 시인이 황동규와 정현종이다. 이들은 전통적 서정시의 영역에서 벗어나지 않으나 기법의 참신함과 새로운 감각적 시어로 주목받았다.

다양하고 폭넓은 시세계를 펼쳐온 황동규 시인[55]은 세련된 감수성과 지성을 바탕으로 한 견고한 서정의 세계를 노래해 한국시의 인식론적 방법의 지평을 넓혀 놓았다. 데뷔 초기에는 「즐거운 편지」를 비롯해 첫 시집 『어떤 개인 날』(1961)에 실린 연작시 「소곡」과 「엽서」 등 사랑에 관한 서정시를 주로 썼다. 이 서정시는 사랑과 우수를 그렸

54) 김재홍, 「오세영, 사랑과 존재의 형이상」, 『현대시인비판』(시와 시학사, 1994), p.403.

55) 1958년 서정주(徐廷柱)에 의해 「시월」 「동백나무」 「즐거운 편지」가 『현대문학』에 추천되어 시인으로 등단한 황동규는 1960년대에만 『어떤 개인 날』, 『비가』, 『평균율』과 같은 세 권의 시집을 상재하였다

다는 점에서 전통적인 서정시의 세계에서 벗어나지 않지만 구체적 대상을 지니지 않은 막연한 사랑을 노래한다는 점에서 추상성을 시적 순수로 본 모더니즘시와 일치한다. 그의 초기 시세계는 "구체적인 계기를 갖지 않는 우울한 마음의 얼룩"으로 "적요하고 삭막하고 쓸쓸한 마음의 풍경은 어떤 모호하고 몽환적인 정서"를 유발시킨다.

> 눈 멎은 길 위에 떨어지는 저녁 해, 문 닫은 집들 사이에 내 나타난다. 아무것도 움직이지 않는다. 나는 살고 깨닫고 그리고 남몰래 웃을 것이 많이 있다. 그리곤 텅 비인 마음이 올 거냐. 텅 비어 아무 데고 이끌리지 않을 거냐 우는 山河, 울지 않는 사나이, 이 또한 無緣한 告白이 아닐 거냐. 개인 저녁, 하늘을 물들이는 스산한 바람소리 뻘밭을 기어다니는 바다의 소리, 내 홀로 서서 그 소리를 듣는다. 내 진실로 생을 사랑했던가, 아닐 건가.
>
> 「어떤 개인 날」에서

시집명과 동일한 시집의 대표작은 未明에, 薄明의 풍경, 저녁 무렵 등 확정적이지 않은 시간관념과 밤과 낮 사이의 모호한 시간을 선택하여 미묘한 마음의 울림을 전달하고자 하였다. 저녁해, 문닫은 집, 텅 비인 마음, 우는 山河, 스산한 바람소리 등 전통적 서정시의 풍경과 크게 다르지 않지만 슬픔은 전통적 애한과 달리 댄디 보이의 막연한 슬픔이거나 지적 우울로 보인다. 외부의 풍경을 통하여 내면을 드러내는 전통적 서정시의 문법을 따르지만 시인의 내면적 반응의 기호로서 작용하는 사물들의 의미는 전대의 서정시와 사뭇 다르다. 시인은 "아무래도 나는 무엇엔가 얽매여 살 것 같으다"라고 고백하고 있지만 얽매임이 애절하지 않고 오히려 시인의 자발적 선택에 의한 이끌림으로 보인다. '누구', '아무 것'과 같이 대상이 정해지지 않은 대명사의 사용이나 미명, 박명과 같은 경계선상의 시간의 설정 또는 산하, 바다와 같은 특정하지 않은 공간 등은 새로운 세대의 마음의 풍경이면서 새로운 감각의 방황이라 할 수 있다.

그는 전통적 서정시의 연애감정을 시화한 시인이나 〈엽서〉에 나오는 '바흐의 미뉴엣'이나 올갠 등이나 '어떤 개인 날'과 같은 서양음악의 표제어 선택 등 서양음악의 영향을 받아 또 다른 감수성을 선보인다. 또한 〈기항지1〉에서처럼 W. H. 오든의 영향이 감지되는 소네트의 14행 형식을 차용하고 주관주의적 설명 대신 객관주의적인 묘사를 선택하여 '교훈화된 풍경'을[56] 제시한다. 그는 전통적 서정시의 순정성을 계승하면서 새로운 현실감각에 의한 시적 인식과 형상화의 방법적 자각을 통하여 한국시의 새로운 서정성을 개척하였다. 개인의 서정이나 자연스러운 마음의 표출이라는 서정시의 영역에 미적 거리의 설정이나 반어 및 역설로 새로운 시대의 서정시의 복합적인 의미 창출을 선도하며 한국현대시의 새로운 면모와 전형을 보여주고 있는 것으로 판단된다.

1965년에 『현대문학』으로 등단한 정현종은 황동규와 같이 언어적 기법의 참신성과 새로운 이미지 사용 등의 시적 방법의 참신함으로 문단의 주목을 받은 바 있다. 『작가세계』는 "1960년대 중반부터 오늘에 이르기까지 지칠 줄 모르는 창조의 에너지를 과시하면서 지속적으로 펼쳐지고 있는 그의 시세계는 일상성의 차원을 초월한 도취와 깨달음의 경지를 끊임없이 추구하면서 그러한 초월에의 꿈을 가로막는 힘으로 인한 분노와 아픔을 아울러 노래한다. 이러한 특징을 갖고 있는 정현종의 시들은 그것 자체로서 이미 한국 현대시의 한 높은 봉우리를 형성할 뿐만 아니라, 그의 다음 세대에 속하는 시인들에게 커다란 영향을 미친 점에서도 집중적인 주목을 받을 필요가 있다고 생각한다"라며 그의 특집을 다루는 취지를 설명한 바 있다.

정현종은 1960년대 언어의 실험적 특징을 대표하는 시인 중의 한 사

56) 김우창, 「시에 있어서의 지성」, 『창작과 비평』(1967, 봄).

람으로 1960년대의 시적 경향을 대표한다고 해도 과언이 아니다. 김현은 한 평론에서 "정현종의 시사적 자리는 1950년대를 휩쓴 서정주의 토속적 여성주의를, 유치환·박두진·김수영의 한문투의 남성주의와 서구적 구문법에 의지한 개인주의에 의해 극복한 곳에 있다"라고 진단한 바 있다. 그는 또한 서구적 어법과 한자어의 사용을 정현종 시의 언어적 특성으로 꼽으면서 실존주의 철학, 베를렌느의 시, 민요, 유행가의 패러디화를 지적하였다.

이상섭은 정현종의 언어적 특징을 "말의 방법적 '망가뜨림'"이라고 명명하면서 "독자의 습관적 기대를 교묘히 이용하여 정현종은 자기가 할 발의 힘을 한껏 증폭시키고 있다"라고 말한다. 또한 노래가락, 상투어, 기독교적 모티프 등의 알려진 구절의 삽입 등을 지적하면서 정현종 시가 방법상으로 "재치있음, 능청스러움, 놀이스러움의 인상을 준다" 면서 그의 "말놀이" 즉 펀(pun)현상을 지적하였다. 김준오는 정현종이 언어를 생명을 가진 유기체로까지 신성시하고 있으며 이러한 인식이 "사물에 대한 내면적 접근, 삶과 죽음에 대한 철학적 사유"라는 진지하고 무거운 주제를 "쾌락주의적 경지로까지 변용"시키는 원동력이 되고 있다고 평가한 바 있다.

IV. 순수 서정의 계승과 변화

1. 전통의 계승과 순수 서정의 변화

1) 전통의 계승과 향토성

1960년대 한국문학을 논할 때 새로운 변화만을 주목하다보니 참여시와 모더니즘시를 두드러지게 강조하는 경우가 많다. 그러나 어느 시대의 문학이든 새로운 변화뿐만 아니라 문학사의 지속적인 측면을 함께 고찰할 때 온전하게 고찰 할 수 있을 것이다. 1960년대 시단 역시 당대의 새로운 변화를 적극 수용했을 뿐만 아니라 전통을 계승하면서 새로운 변화를 통해서 당대의 문학을 풍요롭게 하였다. 현대시사의 지속을 담당한 한 축은 전통을 계승하면서 개성을 발현하여 순수 서정시의 변화를 꾀하고자 하였다. 참여시단의 시인들이 어두운 현실에 맞서 싸우고 고발하는 것이 문학의 역할이며 시인들의 책무라고 생각할 때, 이들 순수시파는 전통적인 문학을 온전하게 계승하면서 사회 현실과 무관하게 시의 본질과 예술성, 순수성을 옹호하며 시작에 전념하였다. 여기에 동참한 시인들은 서정주, 박목월, 박남수, 문덕수, 조병화, 박성룡, 박재삼, 전봉건, 이탄, 이성교, 허영자, 김후란, 유안진 등이 있다. 이들은 현실에 대한 참여뿐만 아니라 문학 내적인 급격한 변화를 추구하는 실험과도 거리를 유지하면서 자신의 생래적 정서에 충실하며 순수 서정의 영역을 확대해나갔다.

순수서정시에서 가장 큰 특징은 전통을 탐구하려는 시적 경향이다. 이는 해방이후 한글로 교육받은 세대들이 청년문화를 형성하면서 민족주체성을 확인하려는 의지가 강해졌고 4·19이후 전통에 대한 관심이 증대되었다. 더욱이 미군부대에서 흘러나온 외서나 서구 대중문화의 유입에 따른 외래사조의 유입, 전쟁으로 인한 민족적 정체성의 훼손, 방송이나 영화 등을 통한 대중문화의 형성 등에 대한 반작용으로 우리문화에 열의가 뜨거워진 것도 이와 무관하지 않다. 또한 당대 구미에서 논의되던 '전통론'의 영향에 힘입은 한국문학에서의 대중화 및 전통론과도 무관하지 않은 것으로 보인다. 이 경향에 속하는 시로는 서정주의 「신부」, 「선운사 동구」, 「영산홍」, 「견우의 노래」, 「한국종소리」, 박재삼의 「흥부의 가난」, 「은행나무 그늘에서」, 「추억에서」, 「자연」, 이동주의 「뜰」, 「한」, 「春恨」, 「언제까지나」, 박희진의 「초록의 시」,

「북한산 진달래」 등이 있다. 이들 시편은 우리나라의 전통이나 자연을 대상으로 고유의 정서를 노래하였다는 점에서 전통의 부활과 관련이 깊다. 전통에 대한 관심은 동양사상이나 샤머니즘과 같은 토착신앙, 전통적 운율이나 시형 또는 애·원·한의 정서 등에 걸쳐 다양하게 나타나며, 이들은 자연이나 고향의 토속적 삶 속에서 자신의 실존을 확인하면서 자신의 시작을 계속하였다.

전통의 계승과 순수서정을 보여주는 1960년대 시의 또 다른 특징은 향토성이다. 서정주의 전통성이 지역을 통하여 역사적 향토성을 구현하였다면, 박목월의 전통성은 방언 사용을 통하여 민중들의 삶과 정서로 표현되었다. 이들은 경제개발과 더불어 시작된 이향의 문제나 당대의 대중가요가 보여주는 향수와는 달리 감정표출을 자제하고 지적 통어에 의하여 향토성을 구현한다. 서정주 시인의 향토성은 불교에 기반을 둔 토착신앙의 魂交와 靈通을 통하여 구현되었으며 설화적 진실에서 시적 발상을 구한다. 박목월의 향토성은 『경상도의 가랑잎』에서 고향의 사투리를 구사하면서 음악성을 통하여 구현된다. 그의 향토적 취향은 압축과 간결미를 특징으로 하는 초기시의 음악성과 다른 사투리의 서술문체로 향토적 생활의 구체적 모습을 전달하고 현실인식을 드러낸다.

순수 서정의 세계에서 주목해야 될 사실중의 하나는 고전에 대한 관심의 확대와 전통적 장르의 부활이다. 이 시기에 춘향전이 집중적으로 제작 되었고 「춘향이 마음」, 「춘향연가」, 「처용단장」 등 문학적 전통을 상기시키는 시편들이 이 시기에 집중적으로 쓰여졌다. 또한 시조가 부활되어 우리의 전통적인 정서를 계승하면서도 현실에 대한 다양한 인식과 현대적 감각을 살린 현대시조가 원숙한 경지에 이르렀다. 김상옥, 이호우, 정완영, 이영도에 의해 주도되었으며, 현상문예의 태동, 시조 전문지 창간, 본격적인 시조문학 연구 등으로 새로운 전성기를 구가한다. 1955년 창간된 『현대문학』은 창간 이후 시조 및 장시 등 다양한 형식 실험에 앞장섰는데 동아일보의 현상문예 부활로 기존 시조시인들이 발표지면을 확보하고 신진 시조 시인이 배출되기 시작하였다. 특히 1960년 박병순의 『시조』, 이태극의 『시조문학』등 시조 전문지의 창간은 1960년대 시조 중흥의 계기가 되기도 하였다.

2) 서경과 서정의 융합

순수서정시는 전통적 시작법에 충실히 따르면서 서경과 서정의 결합을 통하여 외적 대상과 내적 심리의 조응을 꾀한다. 전통적으로 시가 만물에 대한 감응을 드러내는 작업이라 할 때 시인은 자연이나 생활의 관찰 속에서 인간의 삶의 원리를 발견하고 사유의 궤적을 형상으로 드러내는 존재이다. 1960년대 시단에서도 대상에 대한 명상을 거듭하면서 서경과 서정의 융합을 통하여 시적인 사유나 삶의 철리를 드러내는 작업은 서로 방향에서 계속되었다. 이들의 시는 이질적으로 보이나 한편에서는 자연을 대상으로 다른 한편에서는 현실을 대상으로 관념과 이미지의 결합을 통하여 삶에 대한 성찰과 명상을 보인다.

1960년대 시단에서 자연시는 하나의 흐름으로 자리잡았다. 이 시들은 울릉도와 같은 국토나 나무, 해 등의 자연을 노래하였다. 그런데 이 자연시는 전대의 자연을 대상으로 흥취를 드러내는 고전시가와 환경에 대한 관심을 표명한 후대의 생태시와 변별된다. 이 시기에 쓰여진 자연의 시는 본격적인 생태적 관점이 발효되기 이전의 시이나 구시대의 자연을 벗삼아 살아가던 자연시와는 다른 유형의 시이다. 이들의 시선은 자연에 닿아 있으나 자연을 직접적으로 노래하기보다 서경과 서정의 융합을 통하여 삶에 대한 사유와 세상에 대한 이상을 표출한다. 자연시로 시적 출발점을 삼은 청록파 시인 박두진은 1960년대에 이르러 자연시의 전환을 가져온다. 『거미와 성좌』(1962), 『인간 밀림』(1963), 『하얀 날개』(1967)를 출간하면서 활발한 시작활동을 펼친 박두진은 '자유여 / 학살되어 바다 속에 버림받은 자유여!'와 같이 자연사물과 함께 결합된 관념어로 자연에 역사의식을 불어넣었으며 신앙의 깊이를 더하기도 하였다. 「해」, 「도봉(道峰)」과 같이 그의 자연시는 힘찬 어조로 박애주의적 이상과 현실에 대한 비판정신이 격정적으로 표출되었다. 김윤성 역시 『바다가 보이는 산길』(춘조사, 1959)과 『예감(豫感)』(문원사, 1970)을 내놓으면서 「나무」와 같은 자연을 표제로 하여 노래하지만 시적 대상은 순수한 자연물이 아니라 삶에 대한 사유가 된다. 박성룡 역시 『가을에 잃어버린 것들』(삼애사, 1969), 『춘하추동(春夏秋冬)』(민음사, 1970)의 시집을 내놓으며 자연을 시적 대상으로 삼고 있다. 그는 풀, 나무, 과일, 바람 등과 같이 자연물에서 구체적이고 본질적인 것을 찾아내고, 동양의 시적 전통과 같이 시적 대상 속에서 인간의 삶의 원리를 발견하고 서경과 서정의 융합을 꾀한다.

다른 한편에서는 자연 대신에 일상적 현실이나 도회적 삶을 되돌아보고 반성적 사유를 거듭하였다. 이들 역시 외적 대상을 통하여 삶의 이치를 드러낸다는 점에서 자연시와 공통적이나 대상이 자연이 아니라 도시나 일상이라는 점에서 차별화된다. 이들 시는 일상적 삶을 찬찬히 돌아보고 삶의 철학적 과제에 대하여 천착하고 삶에 대한 명상을 거듭한다. 김현승 시인은 삶의 형이상학적 과제를 이미지로 풀어놓아 이성적 과제를 심미적 대상으로 환원하였다는 점에서 눈에 띈다. 김현승 시인은 『견고한 고독』과 『절대 고독』을 내놓으면서 관념의 사물화 내지 물체화를 통하여 경험적 세계나 구체적인 존재 자체를 드러내기보다는 이들 세계가 갖는 의미차원을 드러내고자 하였다. 그는 영혼의 염결성을 유지한 고독한 지성의 시인이다. 이에 비하여 이탄시인은 삶의 주변과 일상속에서 사유의 궤적을 보여주는 시인이다. 그의 시는 소시민의 일상을 시적 대상으로 삼아 주변의 삶에서 제재를 구해오지만 반성적 명상과 인생에 대한 사색으로 현대시의 인생시를 계승하고 있다. 다작의 시인[57] 조병화는 삶과 죽음, 그리고 인생의 본질에 대한 광범위한 문제를 쉬운 일상적 언어로 표현함으로써 독자와의 공감을 넓혀 온 시인이다. 그는 전통적 서정시와 다르게 도회의 일상과 고독한 개인의 내면을 구체적으로 정감있게 표현하였다. 이들은 삶의 주변에서 시적 대상을 찾아 도덕관념이나 인생론 또는 신앙심을 시로 읊던 우리시의 전통의 한 축을 계승하면서 근대적 지성의 성찰과 도시화와 개인의 고독, 일상적 소시민의 명상 등을 통하여 서정시의 또 다른 영역을 개척하였다.

2. 시단의 형성과 전통장르의 부활

1) 새로운 순시시단의 형성

1960년대 벽두의 혁명과 관계없이 삶은 지속되었고 기존의 시인들은 자신의 영역을 지키면서 『현대문학』이나 자유문인협회 중심의 『자유문학』 등을 중심으로 활동을 계속하였으며 시대의 조수와 관계없이 한국시의 전통을 이어가고 있었다. 해방 후 한국시단은 분단으로 인한 문학지성 유출과 이데올로기의 갈등을 겪고 우편향 또는 탈이념의 시인들이 지켜나갔다. 1960년대 신진시인들의 등장 이전에 이미 활동을 계속하여온 시인들인 서정주, 김광섭, 박두진, 박목월, 조지훈, 김현승 등이 한국시사의 명맥을 이어나갔으며, 또 전후 문단에서 데뷔한 신진 시인들이 한국시단의 전통을 계승해나갔다. 이들을 좀더 세분하여 보면 이들은 도시문명을 비유적으로 그린 후반기동인, 주지적 서정성을

57) 1960년대에 출간된 시집만 해도 『밤의 이야기』(정음사, 1961), 『낮은 목소리로』(중앙문화사, 1962), 『공존의 이유』(선명문화사, 1963) 『쓸개포도의 비가』(동아출판사, 1963) 『시간의 숙소를 더듬어서』(양지사, 1964) 『내일 어느 자리에서』(춘조사, 1965), 『가을은 남은 거에』(성문각, 1966), 『가숙의 램프』(민중서관, 1968), 『내 고향 먼 곳에』(중앙출판공사, 1969) 등이 있다.

보인 송욱, 김구용 왕영경, 낭만과 서정을 추구한 김종삼, 정한모, 김종길, 이형기, 박희진, 전봉건, 조병화, 홍윤숙, 박용래, 박성용, 한성기, 고전적 정서에 의탁한 이원섭, 이동주, 박재삼 등으로 구분하여 볼 수 있다. 이렇게 보면 1950년대 시단은 1930년대 모더니즘을 계승하는 후반기 동인들을 제외하면 대부분의 시인들이 전통적 서정시의 범주에서 크게 벗어나지 않았다.

이후 5·16 쿠데타 이후 군사정권의 삼엄한 분위기하에서 언론 및 문예활동도 위축되었는데 변화를 추구하던 참여시인들의 활동은 제한되고 1950년대 신진시인들이 문학사의 지속적 측면을 보여주고 있었다. 이동주, 박재삼의 고전적 정서의 부활 및 김종삼, 정한모, 박성용 등의 주지적 서정시가 새로운 시대를 준비하고 있었다. 이러한 사이에 1950년대 등단한 젊은 시인들에 의하여 계간 및 반연간 형식으로 『六十年代詞華集』이 발간되었다. 박희진·성찬경·이종헌·구자운·이창대·박재삼·이경남·박성룡·이성교·강위석 등이 참여하였으며 참여의 목소리가 잦아든 문학사의 틈새를 메우고 있다. 동인지 이름이 의미하듯이 이들은 동시대의 젊은 시인이라는 공통점 뿐 다양한 시적 경향의 구성원이 참여하여 순수서정시와 모더니즘시의 발판을 마련하였다.

첫 사화집은 500부 한정판으로 나왔는데 창간 멤버가 되는 수록 시인들을 살펴보면 具滋雲, 朴在森, 朴喜璡, 成贊慶, 申基宣, 李敬南, 李鍾憲, 李昌大, 朱命永의 9인이다. 같은 해 12월에 나온 제2집부터는 朴成龍, 李姓敎, 李禧哲이 추가되었고, 다음 해인 1962년 3월에 나온 제3집에는 文德守, 李祭夏, 印泰星이 가세하였다. 이후 동인지의 인원은 차츰 늘어 1967년 4월에 '終刊號'라고 못박혀서 나온 제12집에는 위의 이름 이외에 姜偉錫, 范丈錞, 林鍾國, 鄭玄宗, 崔元圭, 許素羅, 호영송의 이름이 들어와 있다. 그러나 이밖에도 이 동인지에 참가한 시인으로

許儀寧, 金鍾元, 曺永瑞, 張炅龍, 金東彬, 金海錫이 있으며, 이로써 『六十年代詞華集』에 처음부터 끝까지, 또는 한두 차례만이라도 참가했던 시인의 이름이 총망라된 셈이다.

이들은 '시정신을 소중히 섬긴다'와 '시를 천직으로 대한다'를 모토로 결합하였는데 1967년까지 12집을 발행하면서 1960년대 동인시집 등장의 문을 열었다. 이후 『현대시』 동인을 비롯한 『新春詩』(1963), 『現實』(1963), 『靑眉會』(1963), 『詩亶』(1963), 『女流詩』(1964), 『現代詩』(1965), 『地下詩』(1967), 등이 쏟아져 나왔으니, 당시로서는 『六十年代詞華集』이 시단에 동인지의 성황을 여는 기폭제가 되었다는 것은(이것은 그 당시 피부로 느낄 수가 있었다) 지금 생각해도 즐거운 일이다. 『산문시대』, 『현실』, 『詩壇』, 『詩藝術』, 『新抒情』 등의 동인집이 연이어 등장했으며 당대의 시운동을 주도하였다.[58]

박희진(朴喜璡)은 1955년 『문학예술』로 등단하였으며 『室內樂』(1960년), 『靑銅時代』(1965년), 『微笑하는 沈黙』(1970년)을 잇달아 상재하면서 신진시인으로 활발한 창작활동을 펼쳤다. 박희진과 함께 『六十年代詞華集』을 주재한 성찬경은 박희진에 이어 1956년 『문학예술』로 등단하였으며 시집으로 '공상과 환상의 지적 건축의 구조 미학을 보여준' 『화형둔주곡』(정음사, 1966), '자연현상과 인간정신의 교감'을 노래한[59] 『벌레소리송』(문원사, 1970) 등으로 당대의 시단을 빛냈다. 박희진과 성찬경이 시적 실험을 하는 전향적 자세를 가졌으며 정현종, 이제하가 새로운 시의식으로 현대시를 예각화한 시인이라면, 朴在森은 전통적인 서정시를 일관되게 발표하였으며 구자운, 박성룡, 이성교는 재래적인 정서와 풍속과 윤리와 신앙과 사상의 중시, 회고적이며 소박한 자연에의 도취, 토속어의 애용 등을 특징으로 하면서 전통서정

58) 성찬경, 「나의 동인지 시절-六十年代詞華集」, 『문학과 창작』(2000. 8).
59) 이건청, 『해방후 한국 시인 연구』(새미, 2004).

시의 전통을 이어온 시인들이다. 이로 보아 구성인원들은 처음부터 어떤 '시적 생리'를 같이 하는, 또는 사회적 이념을 같이 하는 시인들끼리의 시운동을 목표로 한 것도 아니었다. 이들은 시적 체질과 성향은 자유롭게 하되 엄정한 작품의식 하에 이념이 아닌 문학적 진지성에 의하여[60] 하나가 되었으며 정진을 거듭하였다.

이 사화집은 제10집에 실린 金春洙의 평문에서 드러나듯 '자체의 입장으로는 무성격함이 그 성격적 특색'으로 하고 있다. 이들 동인집단은 시에 관한 특정 이념이 있는 것도 아니었으며 선언문이 따로 없었지만, 동인의 공통적인 생각을 정리한 제5집의 「同人의 白書」에 따르면 "시에 대한 겸허한 자세, 뜨거운 정열, 그리고 '좋은 시'를 씀으로써 시사에 이바지하고자 하는 간절한 염원" 등으로 요약된다. 이로 보아 이들은 특정한 이념이나 사조를 거부하고 보편적 정서와 전통적 작시법에 충실하였다. 또한 이들은 시의 진정성을 옹호하고 시인으로서의 성실성을 강조하면서 시단에 활력을 불어 넣고 문단의 시적 전통을 이어갔다.

2) 전통적 단형 서정시의 부활

1960년대 한국문단에서 주목해야 될 사건은 시조의 부활이다. 1960년대에 접어들면서 시조는 현상문예의 태동, 시조 전문지 창간, 본격적인 시조문학 연구 등으로 새로운 전성기를 구가한다. 1955년 『현대

---

60) 성찬경, 위의글. "이러한 이념 아닌 '자세'를 나타내는 것으로서 『六十年代詞華集』이란 이름은 매우 적절한 것이었다. 朴喜璡이 제안한 이 이름은 은연중 동인들의 자부심을 나타내기도 하였다. … 동인들은 『詞華集』을 서로 아주 마음에 맞는 좋은 '시의 수련장'으로 여겼던 것이다. 그리고 필자는 그만한 성과가 있었다고 믿는다. 물론 이것은 제3자가 평가할 문제이지만, 『詞華集』이 수확한 시가 우리 시의 내용을 풍성하게 하는 데에 이바지했다는 점을 필자는 의심할 수가 없다."

문학』이 창간 이후 시조가 활자화 될 수 있었고, 특히 동아일보 현상문예(시조)가 부활되면서 다시 신진 시조 시인이 배출되기 시작하였다. 『문장』지의 폐간과 함께 추천제도가 사라져 새로운 시조 시인의 등장이 어려웠었는데 1960년을 전후하여 각 신문의 신문문예현상모집에 시조가 부활되면서 시조시인의 관문도 다시 열리고 발표 지면도 늘게 되었다. 특히 1960년 박병순의 『時調』, 이태극의 『時調文學』 등 시조 전문지의 창간은 발표 지면을 확보해 주었으며 1960년대 시조 중흥의 계기가 되기도 하였다. 이어 이병기 회장의 한국시조작가협회(한국시조시인협회 전신)가 창립(1964)되어 기관지 『定型詩』를 발행하는 등 본격적인 시조문학운동을 펼쳐나갔다.

이 같은 시조의 부활의 배경에는 1950년대 후반에 조윤제, 이태극, 이병기, 구본혁, 장사훈 등 수많은 학자들의 연구가 디딤돌이 되었다. 이 시기를 전후한 시조문학의 연구로 주목되는 것은 사설시조에 대한 관심이 증대되었고 운율에 대한 정밀한 연구가 이루어 졌다는 것이다. 이 시기에 등장한 시조시인들은 사설시조와 같은 서민들의 정서를 반영하면서 현실과의 대응에서 새로운 반응을 보였다. 물론 이전에도 없었던 것은 아니지만 일군의 시인들에 의해 시조의 전래적 작시법에 대한 반성과 현대 시론적 접근 방법의 모색이었다. 이시기에 활동한 주요 시조시인으로는 이병기, 정완영, 이호우, 조운, 김상옥, 장순하, 이상범, 김제현, 서벌, 이근배, 윤금초 등이며 이들은 해방후 한국시조문학계를 이끌어온 주역이기도 하다. 1960년대 시조문학계는 화려한 전통의 부활과 계승을 확인할 수 있는 지점이다. 시조문학이 활기를 되찾으면서 시조 전문 동인지가 발행되기 시작했다는 사실도 1960년대 전통시의 부활에서 주목할 만한 사건이다. 『율』은 서벌과 박재두가 중심이 되었으며, 『청자』는 황희영과 김해성이 중심이 된 등단한 시인들로만 구성된 본격적인 동인지였다.[61] 두 동인지 활동은 전국에 산

재해 있던 동인활동의 활성제 역할을 하였으며, 기존의 동인지 활동과 새로운 동인 활동이 전개되면서 시조는 침체에서 벗어날 수 있는 계기가 되었고 시조의 전국시대가 이루어졌다.

시조문학은 이병기, 조운, 김상옥, 장순하, 서벌, 김제현 등에 의해 실험적 단계를 거치면서 오히려 현대시문학으로 존속할 수 있었다. 김상옥은 「近作三行詩抄」에서 시조 고유의 정형성을 그대로 유지하면서도 현대시조가 고시조처럼 가창 형식 대신 읽히는 형식을 제시하면서 시적 감동을 자아낼 수 있다고[62] 주장하였다. 또한 1960년대 벽두에 '5대 일간지 신춘문예 3개 부문(시조, 동시, 시) 석권'이라는 문단 신화를 만들며 등단한 이근배의 시조도 주목할 만하다. 이근배 시인은 이 시기에 「산하일기」, 「패랭이 꽃」 등의 절창을 남기면서 정신적 고향인 조국에 대한 애정을 표하였다. 「산하일기」는 짧은 시형 속에서 격렬한 감정을 표현하는 방법을 터득하였고 「패랭이 꽃」은 휴머니즘을 바탕으로 한 자유정신을 드러내면서, 그는 시조가 정서와 율감으로써 삶의 내면에 닿는 정형시이면서 자유시임을 증명해 보였다. 이처럼 1960년대 시조문학은 당대의 자유시가 절제를 잃고 지나친 언어실험과 난해성으로 흐르고 일부는 지나친 사회성 및 지나친 지적태도에 의해 서정성이 약화되자 이에 대한 반동으로 서정시의 공백을 메꾸어 갔다.

---

61) 김제현, 「광복40년 오늘의 문화예술 문학 · 時調-전통기법의 창조적 변용으로 독자적 시 세계를 구축한 시조문학」
http://www.kcaf.or.kr/zine/artspaper85 _07/19850705.htm

62) 김상옥, 「시조특집란-近作三行詩抄」, 『현대문학』(1968. 2).

3. 서정적 대상과 방법의 계승

1) 자연과 전통의 시

전통의 계승은 기성시인들에 의하여 이루어졌다. 1960년대 시단에서 전통적 서정시의 건재함을 보여준 서정주는 근원에 대한 탐색과 전통에 대한 새로운 개안을 보여주었으며, 청록파시인 박목월은 자연과 향토적 서정의 조화를 꾀하면서 사투리를 통하여 향토성을 새롭게 구현하였으며, 해방 후 새롭게 등장한 박재삼은 심층적 보편 정서의 계승을 선보였고, 허영자는 전통적인 여인상의 모순의 초극과 화해의 시정신을 드러내었다.

먼저 서정주의 경우를 보면 해방전 서구적 감수성과 탐미적 열정으로 생의 고뇌를 탐구하였으나, 1960년대 들어 『신라초(新羅抄)』(정음사, 1960)를 출간하면서 '신라정신'이라 명명한 한국적인 가치와 미학과 문화를 되살리고자 하였다. 니체적 열정과 생물학적 측면의 애니마가 충만한 시세계에서 전통으로 귀환하여 역사와 문화에 가졌다는 것은 시인 개인의 변화와 함께 자국의 역사에 대한 관심이 증대된 시대적 변화를 반영하는 것이다. 이같은 변화는 "탈역사성, 탈현실성을 공격받는 徐씨에게도 역사와 현실에 괴로워하던 '머언먼 젊음의 뒤안길'이 있었다"[63]라고 말할 수 있는 근거이기도 하다.

서정주는 1960년대 대학에 교편을 잡고 후학을 양성하였는데 이 때 한국문학과 한국의 전통에 관심을 갖게 된다. 이전에도 불교와 유교, 노장사장 등 동양적 전통과 토착적 샤머니즘의 융화를 바탕으로 시어를 가다듬고 새로운 감각을 선보인 바 있지만 그는 『신라초』(정음사, 1960)에 이르러 새로운 정신적 경지에 도달한다. 그런데 그에게 있어

63) 중앙일보, 1996년 9월 4일.

역사는 민족사에 대한 구체적 변화가 아니라 설화로서의 허구와 상상이었다. 이 시집에서 초월적인 비전의 신화적 거점이 되고 있는 신라는 역사적 실체라기보다 인간과 자연이 완전히 일체가 된 상상의 고향이라 할 수 있다. 그는 불교의 윤회 사상과 인연설에 관심을 갖고 불교사상에 기초를 둔 신라의 설화를 제재로, 영원회귀의 이념과 선(禪)의 정서를 부활시켰다. 이후 서정주는 이 신라정신을 신화, 전설, 민속적 삶, 나아가 일상적 한국인의 상상력에서 폭 넓게 찾으려 노력하였으며, 이러한 토속적 생명의 근원적 탐구로 나가가려는 그의 노력이 신라의 불교적 세계관으로 천착되어 나타난다. 그리고 이같은 신라정신에서 본격화된 불교정신은 1960년대 후반에 이르면 우주로 확산된다.

> 내 마음 속 우리 임의 고운 눈썹을 / 즈믄 밤의 꿈으로 맑게 씻어서 / 하늘에다 옮기어 심어 놨더니 / 동지 섣달 나르는 매서운 새가 / 그걸 알고 시늉하며 비끼어 가네 // 「동천」 전문

전통에 대한 관심에서 향가나 시조의 함축적 시형을 연상시키는 이 시는 시집 『동천』(민중서관, 1969)의 표제작으로 남성적 화자로 보이는 시적 주체의 사랑의 진정성이 자연에 의하여 이해되고 공감받는 정황을 그려내고 있다. 이 시기에 서정주는 한국문학을 주도하면서 신라 설화와 시조와 같은 전통적 문학에 관심을 갖고 시적 주체의 개인적 연애 감정을 우주로 확산시켜 나갔다. 이후 불교에 기초한 전통적 상징세계에 관심을 보이면서 동시에 종교나 세계관의 차원을 넘어 샤머니즘과 정령신앙에 기초한 우주적 공감을 추구한다.

서정주의 신라정신은 박목월에 의하여 경상도 언어의 시적 부활과 기독교 수용으로 이어진다. 박목월은 1960년대 이르러 『晴曇』(일조각, 1964), 『慶尙道의 가랑잎』(민중서관, 1968), 『어머니』(삼중당, 1968)을

내놓으면서 시작활동을 활발히 하였다. 자연을 대상으로 인생을 사색하면서 서정을 드러낸 시인 박목월은 이 시기에 이르러 자연을 통하여 삶의 실상을 제시한다.

이 시기에 목월의 시는 주로 자연을 시적 대상으로 하여 자신의 삶과 내면에 대해서 노래한다. 자잘한 삶의 애환부터 생의 본질적 문제인 삶과 죽음에 이르기까지 토속적 삶 속에서 자기 실존의 위상을 확인하려는 작업에 집중하였다. 특히 『경상도의 가랑잎』은 고향의 사투리를 구사하면서 초기시에서 보였던 음악성을 경상도 사투리로 되살려 놓았다.64) 박목월 자신이 '대화적인 형식의 시도'65)라고 명명한 방언 사용은 시의 음악성에 대한 새로운 시도이다. 압축과 간결미를 특징으로 하는 정제된 형식에 내용을 함축하는 특징을 지닌 초기시의 음악성과는 달리 이 시집에서는 사투리의 서술문체를 그대로 살려서 내용을 확보하면서 생활의 구체적 모습을 전달하고 현실인식을 드러낸다는 점에서 큰 차이가 있다. 경상도 사투리 자체를 시적 의미로 활용하여 그 속에 스며 있는 삶의 태도와 미학을 되살려낸다.

방언 사용은 창작방법론의 모색으로 보인다. 이것은 대화적인 방식만 시도되고 방언이 사용되지 않은 「下官」, 「同行」 등의 시와 비교할 때 확연히 드러난다. 방언은 일상어이자 구어로 구체적 삶의 실상과 다감한 생활 정서를 드러내기에 적합한 양식이다. 그래서 소월과 백석, 김영랑은 각기 서북방언과 호남방언을 사용하여 향토적 정서를 실감나게 표현한 바 있다. 그러나 경상도 지역의 언어는 감칠맛 나고 부드럽고 탄력적인 전라도 말과는 달리, 호흡의 단절성, 음질의 투박성,

---

64) 이숭원, 환상의 지도에서 존재의 탐색까지, 박현수 편, 『박목월』(새미, 2002), p.103.

65) 박목월, 박목월 육성대담, 1966년 8월 25일 방송. 『시로 여는 세상』(2003, 여름), p.192 재인용. "말이라는 것은 대화적일 때 가장 생동적이고, 또 대화를 주고받는 말이 말로써 하는 구실을 가장 생기 있게 하는 것이라고 생각합니다."

그리고 남성적 톤으로 인하여 본질적으로 시로 형상화하기에는 문제가 있었는데 박목월은 본질적인 한계로 보였던 그 문제를 극복하여 그것이 가진 시어로서의 가능성을 충분히 드러내 보였[66]을 뿐만 아니라, 어조와 주제의 면에서 새로운 경지를 열었다는 점에서 주목할 만하다. 박목월은 주변적이라 생각해 온 지방어를 과감하게 시의 중심부로 끌어올림으로써 방언에 의한 몸언어[67]를 통해 삶을 시의 전면으로 부각시키고 고향의 토속적 삶 속에서 자신의 실존의 위상의 확인을 시도한다. 박목월의 방언 사용은 그가 밑바닥에서 형성되어 온 생활인들의 말의 세계, 그러한 말의 매력을 다룬다는 것은 민중들의 삶과 정서에 관심을 가졌다는 것이다. 박목월 방언의 원형질적인 속성은 「사투리」라는 시속에 잘 함축되어 있다.

> 우리 고장에서는 / 오빠를 / 오라베라 했다 / 그 무뚝뚝하고 왁살스러운 악센트로 / 오오라베 부르면 / 나는 / 앞이 칵 막히도록 좋았다. // 나는 머루처럼 透明한 / 밤하늘을 사랑했다. / 그리고 오디가 새까만 / 뽕나무를 사랑했다. / 혹은 울타리 섶에 피는 / 이슬마꽃 같은 것을…… / 그런 것은 / 나무나 하늘이나 꽃이기보다 / 내 고장의 사투리라 싶었다. // 참말로 경상도 사투리에는 / 약간 풀냄새가 난다. / 약간 이슬냄새가 난다. / 그리고 입안이 마르는 / 황토흙 타는 냄새가 난다. 「사투리」 전문

이 시는 '무뚝뚝하고 왁살스러운' 경상도 방언의 거칠고 투박한 억양이 어떻게 향토적 서정과 정감있는 언어로 전환되는 정황이 잘 그려져 있다. '오오라베'라는 사투리의 어투 속에는 누이동생에 대한 애정뿐만 아니라 그 어감을 형성한 고향이 주는 그리움과 평화가 함축되어 있다. 오빠의 사투리가 주는 감정은 "앞이 칵 막히도록 좋았다."

---

66) 오세영, 「박목월론」, 『현대시와 실천비평』(이우출판사, 1983), p.103.
67) 진순애, 「박목월 시의 신화적 시간」, 박현수 편, 앞의 책, p.200.

고 말하는데 이 감정의 실체는 고향의 밤하늘·뽕나무·이슬마꽃과 같은 아름다운 정경과 풍물로 제시되어 있으며 다시 이것이 시인에게 풀, 이슬, 황토흙 냄새로 매혹적으로 다가온다.

이후 목월의 시에서는 자연표상이 인간의 삶의 의미로 기울어지는 변화가 나타나며 이와 함께 시적 대상에 대한 일인칭 화자의 개입이 적극화된다. 즉 『蘭、其他』부터 『경상도의 가랑잎』까지 주로 현재시점을 썼다면, 『어머니』에 이르러서는 일인칭 화자의 개입뿐만 아니라 과거시점에 의한 회상의 시선이 눈에 띈다. "아들이 컸잖는기요. 저 덩치 보이소. 며누리 보고 손자 보믄 사람 일 다 하는거로 유달리 넓직한 경상도 뽕잎에 밤이슬은 왜 이리도 굵은기요."(「노래」 전문)와 같이 자연보다는 삶의 모습이 확대되고 자연물은 인간의 삶을 되돌아보고 삶의 애환을 환기하는 장치이다. 1960년대 목월은 방언을 사용하여 시적 화자의 의식을 시적 근원으로서의 고향으로 되돌려 놓고[68] 있다. 그의 방언에 대한 태도는 "사람 사는 세상에 / 完全樂土야 있으랴마는 / 木器같은 사투리에 / 푸짐한 시루떡."(「푸성귀」 부분)에서 잘 드러나 있는데 사투리는 근원으로서의 고향 그 자체이며, 고향이 배태한 정신과 생명의 통로이다. 이와 같이 박목월은 1960년대 이르러 자연에서 인간으로 시적 주제가 전환되어 향토적 서정과 일상적 삶의 애환을 자연의 이미지로 그려내고 있다. 고향의 공간에서 방언의 정신을 체화한 인간형과 그들이 사는 공간의 구체적이고 전체적인 성격을 통하여 향토적 정감과 심성을 그려내면서 삶의 뒤안길에 드리워진 숙명적 존재인식으로 나아갈 때 그의 시는 점차 사변적이고 철학적으로 기울어

---

68) 금동철, 「박목월 시에 나타난 근원의식」, 『한국현대시와 수사학』(국학자료원, 2001), p.227.
박목월 시에 나타나는 향수의 미학은 후기시에서 고향으로의 회귀를 통해 드러난다고 하고, 주체 역시 고향에 도달해서 현실을 달관하면서 살아가는 존재가 된다고 파악하면서 고향이 자아의 내면 속에 육화되어 있음을 살피고 있다.

갔다.

박재삼[69]은 시대적 굴곡이나 사회적 변동과 거리를 유지하고, 설화적 소재를 사용하여 쉽고 평이한 시어로 전통적 정서를 노래하였다. 1960년대 그의 시는 한국인의 심성에 가장 보편적인 정서로 자리 잡고 있는 '한'과 긴밀한 연관성을 맺고 있다. 한국문학의 심층적 정서인 한에 침윤되어 있는 것은 그의 비극적 인식과 관련이 있다. 그는 자연의 규범성과 영원성은 인간이 성취할 수 없는 덕목이기에 현실에 대한 비관적 인식이 발생한다. 그는 역사적 사건이나 사회적 급변에 대하여 거리를 두고, '호젓이' 인간 존재의 근원적 성찰에 침윤한다. 시인의 비극적 현실 인식은 당대 현실에 대한 대응이 아니라 인간의 근원적 삶에 대한 성찰에서 나온 것이며, 스스로 자연이나 고전의 세계에 침잠하여 비극적 자폐를 추구한다. 시인은 혼잡한 현실이나 급변하는 사회적 변동에 눈을 돌리지 않고 인간의 마음에 내재한 순수성가 생명성의 추구로 이어진다.

> 화안한 꽃밭같네 참. 눈이 부시어, 저것은 꽃핀 것가 꽃진 것가 여겼더니. 피는 것 지는 것을 같이한 그러한 꽃밭의 저것은 저승살이가 아닌것가 참. 실로 언짢달것가, 기쁘달것가. 거기 정신없이 앉았는 섬을 보고 있으면, 우리가 살았닥해도 그 많은 때는 죽은 사람과 산사람이 숨소리를 나누고 있는 반짝이는 봄바다와도 같은 저승 어디쯤에 호젓이 밀린 섬이 되어 있는 것이 아닌것가. —「봄바다에서」 일부

박재삼 초기 시에서는 삶에 대한 비관적 인식이 두드러진다. 생명의 생성과 소멸, 영화와 몰락이 존재하는 '꽃밭'의 바다에서 인간 주체인

---

69) 그는 일본에서 태어나 폐허와 궁핍의 1950년대 문학적 생애를 시작하였으나 본격적인 시단활동은 군복무 후 구자훈, 박성룡 등과 함께 한 『60년대 시화집』 동인 활동 및 첫 시집 『춘향이 마음』(1962)을 출간하면서 이루어졌다.

'우리'는 섬처럼 유리되어 있다. 꽃(목숨)의 피고 짐이 우리가 기반해 있는 이승에 존재하는 것이 아니라 저승에 있으며, 저승의 삶은 꽃밭으로 표현될 만큼 '화안'하고 '눈이 부'신 화려함과 생명력을 소유한 것으로 표상된다. '꽃밭'은 '죽은 사람'과 '산 사람'이 숨을 나누는 융합의 '봄바다'로 비유되며 이 '봄바다' 역시 화사하게 '반짝이'고 있다. 그러나 실제 인간의 삶은 그곳에서 '호젓이' 밀려나 있다. 삶의 생성과 소멸은 '섬'과 접해 있고 또한 격리되어 있다. 마치 섬처럼 현실세계에 대하여 외진 곳에서 시인은 자연과 인간, 영원성과 순간성 등 존재의 근원적 문제에 천착한다. 시인은 자연이 세계에 몰입하여 인간의 근저에 자리잡고 있는 생명성에 천착하나 오히려 본원적 거리감에 의하여 "눈물 흘리는 것이 그야말로 많고도 옳은 일쯤 되리라" 라고 숙명으로 받아들이면서 비극적 자폐의 정당성을 확인하는데 그친다.

박재삼은 수동적 방어의식으로 현실의 고난에서 벗어나 자기만의 세계를 추구한다. 그의 시에서 '나'가 자주 등장하고 자의식에 사로 잡혀 있는 것도 비극적 자폐의 정황으로 포착된다. 김영철은 "1950년대 서정시를 대표하는 박재삼은 그의 독특한 언어의식과 시어 운용으로 개성적인 시 공간을 구축해 낸 시인"[70]이라 지적한 바 있는데 그는 물, 바다, 나뭇잎, 해, 달, 구름, 별, 바람 등의 시어를 즐겨 사용하고 있다. 그의 시 세계는 외부세계의 변화와 무관한 자리에서 나만의 순수서정이거나 자연물이나 고전의 세계에 침잠하여 있다. 변화를 거부하고 외부 현실과 무관한 비극적 자폐는 정서뿐만 아니라 리듬도 고전적이고 전통적인 시가 양식에 따른다. 사설시조의 유장한 리듬감이 느껴지는 「水晶歌」가 좋은 예이다. 「水晶歌」는 전통적 운율적 자질인 3음보와 4음보가 교차하는 리듬감뿐만 아니라 '~이었을레, ~ㄹ 따름, 아니엇을

70) 김영철, 『한국현대시의 좌표』(건국대출판부, 2000), p.142.

레, ~을까나' 등 유성음으로 이어지는 어미 변화를 통하여 우리 시어를 더욱 세련되고 섬세한 수준으로 끌어올려 놓았다. 그의 시는 시행을 구분하지 않고 서술적 정황을 보다 분명하게 전달하고자 하나 정서적 반응을 고조시키기 위하여 전통적 리듬감과 운율적 시어로 미학적 반응을 이끌어 내고 있다.

박재삼은 이와 같이 전통적 양식과 정서에 충실하여 민중들의 심층정서를 형상화하고 있으며, 자연과 고전을 통하여 동시대의 실존주의자들과 다른 서정시의 길을 걸어갔다. 그는 향토적 정서와 언어 및 전통적 유산을 바탕으로 해방이전 한국시가 보여준 서정시의 세련된 언어와 전통적 정한을 계승하였으며, 삶의 이치를 완벽하게 구현하여 영원하고 지순한 아름다움에 도달해 있는 자연의 세계로 나아감으로써 언어적 형식의 탁월성과 전통 서정의 계승이라는 시적 성과를 이루었다.

2) 지성에 의한 성찰

1960년대 서정시의 또 한 축을 형성하는 인생시는 지성에 의하여 삶을 성찰하고 인생을 반추한 시편들이다. 이러한 시는 전대에 윤동주, 이육사, 유치환 등의 시작을 계승하면서 존재의 의미에 대한 명상과 관조로 한국 현대시의 내면을 충만하게 하였다. 먼저 김현승은 인생을 성찰하면서 관념의 물화를 꾀하여 고독한 지성의 시를 계승하고 있다. 그는 영혼의 염결성을 바탕으로 한 기독교적 세계관을 시적으로 육화시키고자 하였다는 점에서 주목할 만하다. 이와 함께 박성룡은 자연을 시적 대상으로 하고 있으나 실상은 인생을 명상하고 관조한다는 데에서 김현승과 같이 이치의 시를 계승하고 있다고 할 수 있다. 또한 1960년대 신진시인인 이탄 시인은 현대적 삶의 일상을 시적 대상으로 삼아 독특한 자신의 사유의 궤적을 보여주고 있다는 점에서 주목할 만한 시인으로 문학사에 편재된다.

김현승[71]은 관념의 사물화 내지 물체화 경향의 시를 주도한 특이한 시인으로 경험적 세계나 구체적인 존재 자체를 드러내기보다는 이들 세계가 갖는 의미차원을 드러내고자 하였다. 그의 시는 일반적으로 형이상학적인 측면이 강한 시로 관념의 사물화 내지 물체화 경향을 지닌다고 지적하는 것[72]이나 견고한 이미지라고 말하는 것은 관념을 이미지로 전환하여 표현되었으며 이미지나 언어로 관념을 표현하고 있다는 말이다. 관념의 사물화 혹은 견고한 이미지란 환유적이기보다 은유적이라고 할 수 있으며, 이는 경험적 세계나 구체적인 존재 자체를 드러내기보다는 이들 세계가 갖는 의미차원을 드러내고자 하는 경향이 있는[73]은유적 세계관의 한 증거라고 할 것이다. 기독교 가정에서 성장한 그는 종교사상을 바탕으로 새로운 신앙시와 양심의 시를 개척했는데 종교적인 측면에서는 관념의 세계를 신앙적 정면대결 정신으로 극복하였고, 윤리적으로는 인간의 실존적 자아 탐구에 고뇌, 끝내는 신의 절대주의적 경지에까지 이르렀다. 그는 종교적 교리나 철학적 메시지를 담고 있으면서도 교술적 의도를 벗어나 관념을 육화하여 은

71) 일생을 올곧게 살아오면서 고독한 지성을 시에 담아 발표한 김현승은 해방전, 해방이후 몇 차례의 변화를 거치면서 1960년대 이후 『옹호자의 노래』(선명문화사, 1963), 『견고한 고독』(관동출판사, 1968), 『절대고독』(성문각,1970)을 내놓으며 활발한 시작활동을 보인다. 해방전 자연의 예찬을 통한 민족적 낭만주의 경향을 띠었으나, 8·15광복 이후 기독교 신앙에 기초하여 인간의 내면세계에 대한 탐색을 하였으며, 1960년대 중반 이후 사랑과 고독 등 인간의 본질을 추구하였다. 해방이후 『옹호자(擁護者)의 노래』를 발간한 1960년대 초까지 신과 인간의 문제로 고민하였으나 1960년대 중반 이후 그는 『견고한 고독』과 『절대고독』을 내놓으면서 기독교 신앙에 회의를 품고 고독의 본질을 추구하고 신의 구속으로부터 해방되어 자유를 얻고자 하였다.

72) 김우창, 「김현승의 시」, 『다형 김현승 연구』(보고사, 1996), p.153.

73) 김우창은 이런 측면에서 김현승의 시를 조소성이라는 말로 표현하고 있다. 김우창, 앞의 글, p.153.

유화된 이미지로 전환하기 때문에 도그마에 빠지지 않고 문학적 형상화에 성공하였다. 그의 시의 중심 사상이 된 고독은 신과의 거리감에서 비롯하였는데 여기에서 그는 절망이나 회의에 빠지지 않고 끊임없는 자아 탐색을 통하여 인간 생명과 진실을 노래하면서 보편적 진리에 도달하고자 하였다.

> 꿈을 아느냐 내게 물으면, / 플라타너스, / 너의 머리는 어느덧 파아란 하늘에 젖어 있다. / 너는 사모할 줄 모르나, / 플라타너스, / 너는 네게 있는 것으로 그늘을 늘인다. / 먼길 올 제, / 홀로 되어 외로울 제, / 플라타너스, / 너는 그 길을 나와 같이 걸었다. / 이제 너의 뿌리깊이 / 나의 영혼을 불러 놓고 가도 좋으련만, / 플라타너스, / 나는 너와 함께 신이 아니다! // -「플라타너스」 전문

이 시는 외래종인 플라타너스를 제재로 하여 고독하면서도 친근하고 맑은 어조로 자연을 노래하면서 정신의 높이가 느껴지는 시이다. 제재는 이질적이나 자연물에 감정을 이입하여 정서를 표출하는 수법은 우리 시가의 전통을 충실하게 계승하고 있다. 그는 플라타너스를 단순한 식물로서 바라보지 않고, 인간과 같은 생의 반려로 형상화하여 꿈과 덕성을 지닌 존재로 예찬하고, 그러한 자세로 삶의 길을 함께 가고자 하는 뜻을 노래한 시이다. 그의 시는 이처럼 자연물을 소재로 하여 이미지로 펼쳐지지만 시의 중심에는 사상이 자리잡고 있다. 그는 어려서부터 신앙과 양심, 그리고 도덕을 배웠고 이를 지키기 위해 노력하였지만 현실은 부정과 불의가 난무하여 양심과 도덕과는 거리가 멀자 종교와 윤리의식을 표현하기 시작하였다. 교과서에 실려 널리 알려진 「가을의 기도」는 모국어와 사랑과 고독을 신앙적 측면에서 수용한 시이다. 그는 이 시에서 신에 대한 자신의 의지를 확인하기 위한 기도를 하면서 반성과 고백, 요청의 기도로 경건한 삶의 가치를 추구하고 있다.

당신의 불꽃 속으로 / 나의 눈송이가 / 뛰어듭니다. // 당신의 불꽃은 / 나의 눈송이를 / 자취도 없이 품어 줍니다. /—「절대신앙」 전문

이 시는 1968년 12월 『세대』에 발표된 것인데 절대자에 대하여 귀의하고 있다. 서로 상극인 눈과 불은 절대자에 대한 완전한 믿음을 가지고 존재의 무화마저도 오히려 절대적 존재와의 일체화를 꾀한다. '불꽃'과 '눈송이'는 서로 상반된 사물이지만 '신'의 뜨거운 사랑과 인간의 신앙심의 '눈송이'는 서로 대립하지 않고 적극적인 선택에 의하여 뛰어들고 자취도 없이 품어주는 일체화가 이루어진다. 신앙심에 의하여 절대적 존재에 귀의함으로써 소멸이 오히려 종교적 사상으로 승화된다.

영혼의 기도를 하면서 신에게 다가가기 위한 기도를 게을리 하지 않던 김현승은 신에 대한 절대성을 의심하고 1960년 중반 이후 마침내 유일신은 존재하지 않는다는 회의를 낳는다. 그는 "시 「제목」을 계기로 하여 나의 시세계에는 적지 않은 변화가 일어났다. 나는 중기까지 유지하여 오던 단순한 서정의 세계를 떠나, 신과 신앙에 대한 변혁을 내용으로 한 관념의 세계에 발을 들여놓았다.…정신상의 문제로는 나는 인간으로서 새로운 고독에 직면해야 하였다."고 말한다. 그는 신에게 구원되기를 포기하고 신에게서 "떠날 것인가 / 남을 것인가" 고민하고, "나는 네게로 흐르는가 / 너를 거슬러 내게로 오르는가" 복종과 거역을 두고 갈등하며 불교적 사고를 드러내는 「심우도」처럼 "두손에 고삐를 잡을 것인가 / 품안에 안을 것인가. // 허물을 지고 말 것인가 / 허물을 물을 것인가" 하고 초월적 실재자와의 관계에서 갈등을 겪는다. 지금까지 초월적 실재자에 기대어 기도로서 평화를 얻고 위안을 삼던 그는 이제 절대자를 잃어버린 시인은 고독을 짐지게 된다.

신과의 단절은 자신을 고독의 시인으로 만들었고 1960년대 중반기 이후에 나온 시집 『견고한 고독』과 『절대고독』의 이 같은 고독에 대한 탐색의 결과이다. 중심 주제로 부각된 고독은 인간 존재의 기반이

면서 신을 잃어버린 자아의 구원에 이르기 위한 수단으로서의 고독에서 구원을 잃어버리는 구원을 포기하는 고독으로 전환된다. 이 견고한 고독은 인간 본질의 외로움이나 허무의식이 아니라 문학적으로 그의 시정신의 요체이며, 윤리적으로 참된 양심이 되고자 구원을 포기하는 고독이다. 그가 시집 『절대고독』의 서문에서 '고독을 표현하는 것은 나에게는 가장 즐거운 시예술의 활동이며 윤리적 차원에서는 참되고 굳세고자 함이 된다. 고독 속에서 나의 참된 본질을 알게 되고 나를 거쳐 일반을 알게 되고 그럼으로써 나의 대사회적 임무까지도 깨달아 알게 되므로"라고 말한 데에서도 알 수 있다. 이렇게 보면 시인의 고독은 신과 인간, 양심과 현실사이에서 선택된 것이며, 절대자나 영원을 대신하여 고독을 선택한 것은 인간 자신에 대한 책무와 신뢰감의 표현이다.

박성룡[74]은 1950~60년대 그의 시는 풀, 나무, 과일, 바람 등과 같이 자연물에서 구체적이고 본질적인 것을 찾아내고, 동양의 시적 전통과 같이 시적 대상 속에서 인간의 삶의 원리를 발견하고 서경과 서정의 융합을 꾀한다. 그는 우리말 시어를 골라 썼으나 한자어 시어도 자주 썼는데, 이 같은 파격과 실험도 전통적 정한의 세계에도 기울지 않은 온건하고 안정된 형태를 갖춘 특징을 보여 준다.

> 오늘따라 바람이 / 저렇게 쉴새없이 설레고만 있음은 / 오늘은 내가 / 네게 있는 모든 것을 여희고만 있음을 / 바람도 나와 함께 안다는 말일까. / 풀잎에 / 나뭇가지에 / 들길에 마을에 / 가을날 잎들이 말갛게 쓸리듯이 / 나는 오늘 그렇게 내게 있는 모든 것을 / 여희고만 있음을 / 바람도 나와 함께 안다는 말일까. / 아 지금 바람이 / 저렇게 못견디게 설레고만 있음은

74) 박성룡은 1956년 『문학예술』에 화병정경(花甁情景), 교외(郊外) 등이 추천되어 등단하였으며 1961년에 현대문학 신인문학상 수상하고, 『가을에 잃어버린 것들』(삼애사, 1969), 『춘하추동(春夏秋冬)』(민음사, 1970)의 시집을 내놓았다.

/ 오늘은 또 내가 / 내게 없는 모든 것을 깨닫고 있음을 / 바람도 나와 함께 안다는 말일까. //「바람부는 날」 전문 『한국전후문제시집』(1961)

우선 난해성이나 생경한 관념이 넘쳐 나던 전후시단에서 쉬운 언어로 보편적 진실을 표출한다는 점에서 이 시는 이채롭다. 바람이 불어가면서 무화의 세계로 변화되는 정황은 모든 것을 여의면서 삶의 무상성을 인식하는 과정과 상응한다. 바람은 실체가 없는 '무화(無化)' 자체이며 다른 것들도 쓸어 가며 무화시킨다. 내가 모든 걸 여의듯이 바람도 그렇다. 바람의 무화와 나의 상실의 동일시는 자연과 시적 주체의 교감(交感)의 바탕이 된다. 바람과 나의 동일시는 단순한 반복으로 되풀이 되면서도 바람도 나도 여의면서 깨달음을 얻는 과정을 통하여 변용되면서 반복의 단조로움을 극복하고 의미가 심화된다. 반복은 비유를 통한 구체성을 획득하고 더 나아가 '내게 없는 모든 것'이라는 모순 진술로 무소유의 경지를 한층 두드러지게 표현하면서 하나의 깨달음에 이른 명상적 태도를 강화한다. 이 시는 단순 반복의 담담한 서술, 명상적 어조, 형식의 단순성이 '버림'이라는 주제 의식과 성격상 동질성을 가지면서 집착에서 벗어나 모든 것을 버릴 때 진정한 자유는 획득된다는 초월적 명상에 이른다.

박성룡 시인은 앞의 시에서 드러나듯 유치환, 박목월, 박두진 등이 시인들과 같이 전통적 서정시를 써서 주목받았으며 박재삼, 이성교와 같이 1960년대 전통적 순수시단을 지켜나갔다. 일부시는 주지적 경향을 보이고 있지만 그는 일상과 자연의 평범한 소재에서 삶을 새롭게 인식하는 의미를 발견하고 무욕의 자세로 생명을 노래하였다. 그는 "…시인은 풀잎 하나를 제대로 노래할 때 그것은 온 우주를 노래한 셈이 된다. 구체적으로 본질적인 노래, 그러면서 보다 적확(的確)하고 아름다운 언어와 운율로 나는 이 세상 모든 것을 노래하고 싶은 것이다." 라고 시관을 피력하면서 작은 사물 하나라도 놓치지 않고 자세히 응시하고 통찰하였으며 자연에 대한 사랑과 삶에 대한 인식을 새롭게 하였다.

박성룡 시인은 전통적 시작법에 충실한 시인이다. 새로운 리듬의 창조나 시어의 개발에 동의하면서도 소화되지 않고 기계화된 새로움을 사양하면서 자연에 대한 애정과 사물에 착실한 관찰을 바탕으로 자신의 시세계를 구축하고 있다. 때문에 그의 시선은 주로 바람과 들꽃과 산맥 등 대부분이 자연에 향해졌으며 도시에서 생활하면서도 싱싱하고 생기 있는 삶을 동경하였다. 그는 데뷔부터 원숙한 톤으로 시적 전통을 확인하였는데 그가 시도한 새로운 실험은 한자어를 통한 시어의 개발과 새로운 개념의 발견에 있었다. 그는 不隨意筋(불수의근), 屈折率(굴절률), 科屬(과속), 保護色(보호색), 物質交代, 變溫動物(변온동물), 綠素(녹소), 鮮度(선도), 失語症(실어증), 修辭學(수사학), 食餌療法(식이요법), 抗生劑(항생제), IQ, 喬木限界(교목한계) 등 그때까지 詩에서 전혀 쓰이지 않던 말들을 과감하게 詩語로 차용했는데 이는 사물에 대한 지극한 관심과 자연과 인간 세상에 대한 과학적 관찰을 더한 말로 그의 시를 실상에 가깝게 하였으며 지극한 마음을 표현하였다.

신인으로서 예사롭지 않은 인생시를 쓴 이탄[75] 시인은 시대적 조류나 역사의 향방과 거리를 유지한 채 자신의 주변을 면밀하게 관찰하고 삶에 대한 진지한 성찰을 보여준다. 그의 첫시집은 「바람불다」, 「출항의 시」, 「집어등」과 같이 지적인 탐색과 모색의 여정이 보이는 시편들과 「딸기밭에서」, 「구름이 지나간 자리」, 「꽃과 병정」처럼 동시풍의

75) 이탄 시인은 1964년 동아일보 신춘문예에 「바람 불다」가 당선되어 등단하였다. 1960년대 등단 시인으로 데뷔 3년만에 첫 시집 『바람 불다』(장문사, 1967)를 상재한 뒤 이듬해 다시 현대문학사에서 『消燈』을 출간하였고 그해 제3회 월탄문학상을 수상하였다. 신춘시 동인으로 활동하였으나 유행을 따르거나 유파에 물들지 않고 주변의 일상과 지적 체험을 바탕으로 인생에 대한 성찰을 보여주고 있다.

시편 및 「이월이 짧은 까닭은」, 「특히 겨울저녁의 나무」, 「더러운 일기」 류의 일상에 대한 반성적 시편들로 채워져 있다. 「바람불다」 류가 습작시기의 모색을 보여준다면, 다음 두 부류는 이탄 시인의 새로운 시작 방향을 제시하고 있다. 이들 시편은 주변의 사물과 일상에 대하여 가벼운 물음을 던지면서 예사롭지 않은 사유를 보여주는 작품들이다.

동시류의 시편들은 일상적 소재와 삶에 대한 사유와 소년다운 순정한 시정을 보여준다. 조연현은 서문에서 "四十餘篇이 收錄된 이 詩集 속의 作品들을 보면 그 低流에 淸純한 童心이 흐르고 있음을 볼 수 있고, 그러한 童心은 意外로 圓熟한 成人의 達觀과 交流되어 있다. 이것은 희한한 能力이 아닐 수 없다."[76]라고 상찬하고 있는데 이는 이 시집의 상당부분을 차지하고 있는 동심의 시편을 두고 평가한 것이다.

> 구름 지나간 자리에 / 무엇이 남나 / 무엇이 남나 / 그렇게 봐도 / 눈에는 / 구름 한 점 / 비치지 않고 / 그저 하늘이기만 하네. // –「구름 지나간 자리」 전문

「구름 지나간 자리」와 같은 작품들은 동시처럼 단순하고 쉬운 시들이다. 그러나 구름이 흘러간 자리에 하늘만 남아 있다는 평범한 진리는 '원숙한 성인의 달관'으로 범상치 않다. 그의 시는 자연이나 대상에 대한 착실한 관찰을 바탕으로 하면서 명상이나 인생에 대한 관조를 담고 있다는 데서 동시와 차별화된다. 조연현은 이를 노련한 달관[77]이라 하였다. 「딸기 밭에서」와 같은 시는 역시 쉽게 읽혀지는 시이지만 예사롭지 않은 인식을 담고 있다. 관념어와 구체적 이미지의 결합

---

76) 조연현, 서문, 『바람불다』(장문사, 1967).
77) 같은 글, "이것은 어쩌면 한편의 동요나 동시일 수도 있다. 그러나 이것은 얼마나 老鍊한 達觀인가. 아직도 發言過剩에 걸려있을 三十以前의 젊음이 「그저 하늘이기만 하네」하고 여기에서 끊어 버리는 솜씨는 보통이 아닌 것이다."

이 돋보이는 이 시는 '향기 가득한 침묵'처럼 추상적 시어와 구체적 사물의 이미지가 어울려 딸기 한 접시의 인생론이 된다. 인생론적 시는 일상에 대한 탐색과 철학적 반성의 의미를 지닌다. 이 같은 일상에 대한 관찰과 반성이 일기 형식으로 쓰여진 「더러운 日記」는 젊은 시인의 순수한 시정과 정갈한 반성이 서술적으로 쓰여 있다.

그의 일상시는 세속적인 삶을 대상으로 하고 있으며 주변의 삶에서 제재를 구해오지만 속되지 아니한 것은 이와 같은 일상에 대한 반성을 담고 있기 때문이다. 그의 시는 관념을 물화하는 측면에서 문학사적으로 김현승과 같은 시인을 앞에 두고 있으며 동시와 같이 쉽게 쓰면서도 인생의 깊은 사색이 담겨져 있다는 측면에서는 윤동주와 같은 시인의 시적 경향을 계승하고 있다 할 수 있다. 그러나 그는 전통적 서정시와는 다른 일상을 시적 대상으로 삼아 주변의 풍경이나 일상을 시화하면서, 아주 다른 독특한 발상법으로 사적 체험을 바탕으로 한 사유의 궤적을 선보이고 있다. 박제천 시인은 『바람 불다』 시집을 소개하는 글에서 현실과 존재에 대한 현상을 풍경화처럼 묘사함으로써 숨겨져 있는 그것들의 본질이 서로 연결되어 새로운 얼굴을 드러내게 된다고 새로운 서정시의 출현의 의의를 말하고 있다.

더욱이 이 같은 시는 1960년대 들어 소설이나 가요, 영화 등에 일어난 일상을 예술적 대상으로 취하였다는 점에서 의의가 있다. 그는 역사적 흐름이나 새로운 사조의 도입과 거리가 멀어 문단의 주목을 받지 못하였지만 1960년대 이탄 시인의 등장을 눈여겨보지 않을 수 없는 것은 그가 바로 보통 사람들의 일상에 대한 진지한 성찰이 비로소 의미를 지닌 시대의 시인이라는 사실이다. 현대 문학사에서 일상의 소중함을 주목하고 작고 사소한 것들의 의미를 탐색하기 시작한 것은 1960년대 이후이다. 식민지 강점과 전쟁 체험이 압도하는 해방이전과 1950년대는 생존 자체가 문제시되던 시대였다. 1960년대 들어서 비로소 산다는 것이 생활의 문제가 되었으며 지나간 연대의 생존을 인간이라는 관점에서 사유하기 시작하였다.

1960년대 시인들은 드디어 일상이나 일과를 단순한 소품이 아니라 주제로 받아들여 고민하기 시작하였고 철없는 댄디스트들의 모더니즘과 다른 방식으로 사유하고 의식을 드러내었다. 소설사에서 김승옥의 「서울, 1964년 겨울」이 문제작으로 꼽히는 이유가 거기에 있으며, 1960년대에 시인들이 작고 사소한 것들을 그의 시적 출발점으로 삼고 있는 사실도 이 같은 맥락에서 관심을 끈다. 이탄 시인 역시 시적 출발점이 1960년대이며 1960년대에 이미 두 권의 시집을 상재한 바 있다. 시인의 시 의식 속에 포착되는 대상이 생활 주변의 사물들과 일상사라는 사실은 대상 자체의 사소함이나 흔함, 또는 일과성 등으로 훼손될 사항이 아니다. 그것들은 오히려 현실을 구성하는 부분 부분이며 소시민의 일상사도 사회나 현실을 조명하는 출발점이 되는 것이다. 그리고 삶의 진실이 여기에서 출발해야 된다고 믿는다면 작은 것들이 결코 작지 않고, 사소하다고 여겨진 많은 사물들과 일상사도 결코 사소하지 않을 터이다.78)

이처럼 이탄 시인은 당대를 살아가는 소시민의 일상과 삶을 살아가면서 겪는 자잘한 감정의 변화에 관심을 보였다. 그는 참여시니 순수시니 견해가 비등하였지만 관심이 없었으며 인생의 무상함이나 삶의 관조에 젖어들었다. 연작시 「消燈」은 존재라든가 생명이라든가 하는 문제들에 대하여 관심을 갖기 시작하면서 쓴 시편들이다.

> 꽃도 이젠 떨어지니 / 뜰은 사뭇 빈뜰이겠지. // 빈뜰에 / 내려 앉는 / 꽃잎 / 바람에 날려가고 / 한 뼘 심장이 허허해지면 / 우린 잘못을 지나 / 어떤

---

78) 박정호, 「소박한 일상성과 주지적 서술성」, 이탄, 『혼과 한 잔』(문학세계사, 1999), p.107.

죄라도 벌하지 말까. // 저 빈뜰에 / 한 그루 꽃이 없어도 / 여전한 햇빛. //「消燈 6」 전문

이 시는 유한한 존재의 소멸과 영원한 존재의 불변을 다루면서 삶의 경건성을 되새기게 하는 시이다. 꽃이 지는 것을 보고 생명의 유한성을 인식하면서 순진한 무죄의 삶을 다짐한다. 일상적 사건이나 사물에 대한 사소한 관찰을 바탕으로 시적 사유를 보여주는 이 시는 우선 친근하다. 또한 익숙한 것을 통하여 사유의 깊이를 드러내면서 새로운 명상에 이른다. 「흔들리며」에서는 흔들리는 버스안에서 졸면서 퇴근하는 모습을 묘사하면서 삶에 대하여 되돌아보고 또 새로운 내일을 생각해본다. "흔들리는 버스에 앉아 졸며 저녁신문을 들여다보며 집으로 돌아" 오며 "산다는 것이 얽혀 있는 것이 아닌 줄 알면서도 손바닥을 들여다보고 늘어가는 아버지의 주름살을 생각하다보면 밤도 이미 깊었습니다"라고 기술하면서 일상과 명상이 교직되어가면서 "우리집 냄새가 도는 골목길 / 두드릴 때 열어주는 것은 / 그래도 내일입니다" 하는 소시민의 일상속에서 작은 것들의 진실을 발견하고 사유의 궤적을 보여주고 있다.

이렇게 본다면 이탄 시인의 시는 쉬운 시이면서 쉽지 않은 시이다. 우리가 이 시가 쉬운 시라 할 수 있는 것은 평이성, 직접성, 일상성, 서술성에서 기인한다. 이 시들은 우리 주변의 사물들과 일상사를 시적 대상으로 하고 있다. 이는 흔히 작고 사소하다고 그냥 지나치기 쉬운 것들이지만 실제 그것은 현실을 구성하는 중요한 부부 부분들이다. 그래서 일상은 사소함, 흔함, 또는 일과성이나 반복성으로 도외시할 것이 아니라 삶의 출발점이 되는 것이며 문학적 성찰의 바탕이 되는 것이다. 이 같은 시적 출발점에서 감정을 표백하거나 의식을 서술적으로 진술할 때 시들이 쉽게 읽혀질 수 있다. 그러나 이 같은 사실이 이 시편들을 쉬운 시로 분류할 수 있게 만드는 것은 아니다. 그것은 시인이

시적 대상에 접근할 때 사실주의적이기보다 주지주의적으로 접근하기 때문이다. 많은 시편들이 용언 중심의 서술문을 시제로 하고 있고, 일반적 서술문을 흔히 사용하고 있지만 간단하지 않고 쉽게 드러나지 않는 진실을 드러내기 위해서 시인은 대상에 대하여 주지적으로 접근하고 있다. 이는 대상에 대한 냉정한 시선, 대상의 양면성을 드러내는 애매성, 이면적 진실을 드러내기 위한 시적 강제와 쉽게 연상되지 않는 사물들의 줄긋기로 독특한 이미지를 제시하는 병치 등을 통하여 드러난다. 다시 이 시편들을 돌아보면 작고 가벼운 일상을 시화하였지만 그 시 세계는 결코 작고 가볍지 않으며, 일상에 대한 진지한 성찰로 생의 전면적 진실을 거듭 탐색하여 문학의 지평을 확장시키고 있다.

V. 결　론

1960년대 시문학은 문학외적으로 4·19혁명과 5·16 군사 쿠데타에 의하여 역사적 분수령을 이루고, 문단내적으로 다양한 시운동에 의하여 문학사적 의미단락으로 자리매김한다. 새로운 역사의 전환점에서 한국사회는 역사적 모순과 시련을 내포하면서도 '자유'와 '평등'의 가치구현, 민족주의와 분단 현실에 대한 관심고조, 근대화로 불리는 산업화의 진전 등으로 새로운 시대정신을 구가하게 되었다. 또한 문단내에서는 새로운 세대의 등장이 기존 문단에도 변화를 이끌어냈으며 세대론적 전략에 의한 논쟁과 실험을 거듭하면서 새로운 문학을 형성해 나갔다. 새로운 문학의 등장은 실패한 혁명과 성공한 정변이 초래한 정치사회적 변동을 반영하며 파행적 근대화 및 대중문화의 지각변동에 의한 의미 있는 정신사적 변화와 궤적을 같이한다. 1960년대 벽두의 사회적 변동은 전쟁의 피해의식과 무기력에서 벗어나지 못하던 한국사회에 자유와 권리에 대한 자기 각성, 사회적 현실에 대한 비판의식, 민족과 역사에 대한 신념을 재확인 시켜주었으며 새로운 사회에 대한 열망과 꿈을 불어 넣는 계기가 되었다. 또한 산업화의 효율성만을 강조하는 근대화의 이면에서 이루어지는 비민주적이고 반민주적인 제약과 인권의 침해는 오히려 새로운 형태의 사회문제를 낳았으며 문화와 문학 일반에 대한 새로운 인식을 요구하여 지성사적 반성이 뒤따랐다. 1960년대 문학은 혁명과 더불어 문학의 사회적 책임을 자각하게 되었고, 산업화를 반영하는 대중가요의 분화처럼 다양한 미학적 시도가 있었으며, 전통적 시법에 충실한 기존 시단과 더불어 문단의 다원화가 실현되었다.

먼저 1960년대의 새로운 변화에 가장 민감하게 반영한 것은 참여시단이다. 신동문, 김수영, 신동엽 등은 4·19혁명 직후 참여문학에 왕성한 의욕을 보이며 문학의 역사적 사회적 책임을 실천하고자 하였다. 문학의 사회적 참여 가능성을 새롭게 제시한 이들의 문학적 성취는 신진시인인 조태일, 이성부, 최하림, 문병란, 김준태 등에 의하여 계승되었다. 참여시인들은 현실에 대한 냉철한 비판적 지성과 공동체에 대한 낭만적 전망을 보여주었다. 김수영은 자아와 현실에 대하여 냉정한 시선으로 비판적 성찰을 시화하였으며, 박봉우는 뜨거운 시선으로 현실에 대한 적극적 발언을 시에 담았다. 두 시인이 반자유적이고 비민주적인 현실에 대하여 타협을 거부하고 사회성 짙은 시를 썼다면 신동엽은 민중들의 생명력을 긍정하면서 민족공동체에 대한 낭만적 동경을 시화하였다. 이들은 우리 문단이 모더니즘의 미몽에서 벗어나 현실을 새롭게 조망하고 개혁대상의 현실에 주목하게 하는데 크게 기여하였다. 이들은 혁명정신이 낳은 자유와 민주의 가치를 고양하고 민중들의 생명력을 긍정함으로써 1970년대 민중시를 예고하였으며 새로운 역사의식과 현실비판적인 시로 민족문학의 새로운 장을 개척하였다.

참여시가 새로운 시대를 내용미학으로 수용하였다면 모더니즘시는 새로운 언어와 형식실험 등 미학적 반응을 통하여 변화를 꾀하였다. 이 시기에 모더니티를 실험한 시들은 1950년대 후반기동인의 실험의식과 1980년대 해체시를 연결해주는 매개체로서 시적 주체와 거리두기 및 실존적 자아의 미학적 모더니티를 중심과제로 삼아 미학적 자기갱신을 거듭하였다. 전대의 모더니즘 시들이 현대 사회의 현실을 반영하면서 변화의 조류를 타고 있는 문명 체험으로써 근대적 도시 산책과 새 것과의 조우를 표방하였다면 1960년대 모더니즘은 문명 자체에 대한 부정성을 기저로 하여 언어예술의 본질적 측면에서 의미의 다양한 변주를 실험하였다. 이 같은 실험의 전면에는 김춘수, 전봉건, 김구용 등이 배치되어 시적 대상을 추상화한 무의미시, 실존적 자아의 자동기술을 실험한 연작 장시를 선보였으며, 후방에는 『현대시』 동인을 중심으로 한 새로운 서정시 운동이 자리잡고 있다. 특히 김춘수의 실험의식과 현대시동인들의 집단적인 내면 탐구와 추상화는 한국현대시의 내연을 풍요롭게 하였으며 미학적 완성도를 높여 놓았다.

새로운 실험의 선두에 선 김춘수는 중견시인으로서 자신의 시세계를 확보하고, 새로운 모색을 통하여 당대 시단과 이후 한국시사에서 가장 큰 영향력을 발휘하였다. 그는 모더니즘의 가장 두드러진 특징인 '모든 원칙의 부정'과 '영원한 변화'의 조류 속에서 부단히 자기 갱신을 실험하여 무의미시론을 확립하였으며 언어에서 관념을 제거한 미적 순수성을 확보하고자 하였다. 이와 함께 현대시 동인들은 집단적으로 전대의 모더니즘 시인들의 문명 비판과 미학적 근대성 추구라는 큰 틀 내에서 시적 주체의 서정적 발현에 주력하였다. 오세영, 이수익, 정진규 등은 전대의 실존의식을 일부 공유하면서 해체시의 단초를 보이지만, 과격한 실험보다는 서정성에 주력하였다. 이들은 대체로 리리시즘과 모더니즘이라는 두 개의 중심축을 기반으로 언어 미학에 주력하면서 서정성을 구현하고자 하였다. 또한 이승훈과 오규원은 근대적 합리주의의 전복을 통해 모더니티를 구현하고자 한 시인들이다. 이들은 도구적 이성이 지배 담론의 핵심에 자리잡고 있다는 판단 하에 도구적 이성에 의해 억압되고 있는 비이성적이고 무의식적인 측면을 드러냄으로써 지배 담론을 내부에서 전복시키는 방법을 사용하였다. 합리적 설명이나 선명한 이미지 대신에 아이러니와 몽타주, 데빼이즈망'(depaysment)등으로 관념을 해체하고 자신만의 절대언어를 만들고자 하였다. 마지막으로 황동규와 정현종은 감각의 혁명과 기법의 참신성으로 새로운 시대의 온건한 형식미학을 확보하면서 한국시의 모더니티를 일신하였다는 점에서 주목된다.

참여시와 모더니즘시들이 새로운 시대를 새로운 시로 채워나갈 때에도 문단의 주류는 여전히 문학적 전통을 온전하게 계승하고자 사회현실과 무관한 순수예술의 본질과 미의식을 고집하면서 시작에 전념하였다. 여기에는 서정주, 박목월, 박두진, 박남수, 문덕수, 조병화, 김현승, 박성룡, 박재삼, 이탄, 이성교, 허영자, 김후란, 유안진 등이 있다. 이들은 현실에 대한 참여뿐만 아니라 문학 내적인 급격한 변화를 추구하는 실험과도 거리를 유지하면서 자신의 생래적 정서에 충실하며 순수 서정의 영역을 확대해나갔다.

순수서정시에서 가장 큰 특징은 전통을 탐구하려는 시적 경향이다. 이는 해방이후 한글로 교육받은 세대들이 청년문화를 형성하면서 민족주체성을 확인하려는 의지가 강해졌고 4·19이후 전통에 대한 관심이 증대되었다. 전통의 계승은 먼저 기성시인들에 의하여 이루어졌다. 1960년대 시단에서 전통적 서정시의 건재함을 보여준 서정주는 근원에 대한 탐색과 전통에 대한 새로운 개안을 보여주었으며, 청록파시인 박목월은 자연과 향토적 서정의 조화를 꾀하면서 사투리를 통하여 향토성을 새롭게 구현하였으며, 해방후 새롭게 등장한 박재삼은 심층적 보편 정서의 계승을 선보였고, 허영자는 전통적인 여인상의 모순의 초극과 화해의 시정신을 드러내었다. 전통적인 순수 서정시의 또 한 축을 형성하는 인생시는 문학적 지성에 의한 인생에 대한 명상을 담고 있다. 삶을 성찰하고 인생을 반추한 시편들은 조선시대 흥취 대신에 이치를 구현한 시들과 전대의 윤동주, 이육사, 유치환 등의 시작을 계승하면서 존재의 의미에 대한 명상과 관조로 한국 현대시의 내면을 충만하게 하였다. 먼저 김현승은 인생을 성찰하면서 관념의 물화를 꾀하여 고독한 지성의 시를 계승하고 있다. 그는 영혼의 염결성을 바탕으로 한 기독교적 세계관을 시적으로 육화시키고자 하였다는 점에서 주목할 만하다. 이와 함께 박성룡은 자연을 시적 대상으로 하고 있으나 실상은 인생을 명상하고 관조한다는 데에서 김현승과 같이 이치의 시를 계승하고 있다고 할 수 있다. 또한 1960년대 신진시인인 이탄 시인은 현대적 삶의 일상을 시적 대상으로 삼아 독특한 자신의 사유의 궤적을 보여주고 있다는 점에서 주목할 만한 시인으로 문학사에 편재된다.

이와 같이 1960년대 시단은 혁명적 참여부터 일상에 대한 관조에 이르기까지 다양한 사유의 궤적을 보이며 문화적 다양성을 확보하고 현대시의 내연을 풍요롭게 하였다. 문학사적 전통에 충실한 순수서정시와 새로운 역사적 변화를 문화적 실천으로 수용한 참여시가 문학사의 지속과 변화의 양극을 형성할 때 모더니즘시는 변화를 수용하되 미학적 모더니티로서 전환하여 문단의 균형을 확보하였다. 혁명과 산업화로 특징지어지는 시대적 특성을 적극 반영하는 1960년대 시문학은 전통적 양식의 부활에서부터 무의미시의 실험에 이르기까지 다양한 미학적 실험으로 문단의 다원성을 확보하고 현대시의 자기갱신을 성취하였다.

II. 1960년대 한국의 시인과 시

▮모더니티와 전통의 긴장 속에서 획득한 시의 엄숙성 -김수영론
▮전경인의 정신에 따른 신동엽 시의 언어적 기호와 像
▮신경림의 시집 『농무』에 나타난 탈식민주의 연구
▮우주적 혹은 상징적 상상력 -박제천의 장자시를 중심으로
▮강한 투시력과 공고한 중심의 시 -허영자의 시 세계

모더니티와 전통의 긴장 속에서 획득한 시의 엄숙성 —김수영론

이 성 혁

1. 서 론

김수영은 한국 문학사에서 몇 안 되는 행복한 시인 중의 한사람이다. 그가 생존할 1960년대에는 평자의 주목을 많이 받지 않았지만, 1970년대엔 '신화'가 만들어졌다고 할 수 있을 정도로 일급의 비평가들이 그의 시에 대해 논의하였다. 그러나 김지하가 김수영에 대해서 민요를 모른다고 하면서 민중의식의 부족함을 비판한 이후, 민족—민중문학 진영이 그의 소시민성에 대해 비판하기 시작한다. 그리고 민족민중 문학 진영이 1980년대 중반부터 문단의 큰 힘을 행사하고부터는 그의 시에 대한 논의가 문단에서 좀 뜸해진다. 그러나 1990년대 중반부터 김수영에 대한 논의가 다시 활발해지기 시작했다. 김상환 등의 철학자가 김수영의 시가 갖는 함의를 다시 세밀히 검토하고 있으며, 『작가연구』 1998년 5월호는 김수영의 시와 시론에 대한 젊은 연구자들의 논문으로 채워져 있다. 특히, 민족—민중 문학 진영의 대표지라 할 『실천문학』에서는 김수영에 대한 글을 연재하고 있다. 이 진영의 논자들의 김수영에 대한 관심은 기존에 주장했던 리얼리즘론에 대한 일정한 반성이자 앞으로의 모색을 위한 작업이라고 할 수 있다.

필자는 김수영의 시와 시론이 한국 문학사에서 일정한 획을 그은 성취를 이루어냈다고 생각해왔기 때문에 김수영에 대한 재논의를 환영한다. 그 논의들에 덧붙여 필자는 '전통의 생성'이라는 관점에서 김수영의 시에 접근하고 싶다. 전통은 역설적으로 새롭다. 전통은 고정되어 있는 것이 아니라 후대인의 관점과 문제의식에서 새로이 재구성되는 것이기 때문이다. 전통을 부정하고, 그 부정을 통한 생성이라는 급진적 관점도 있을 수 있으나 부정할 대상이 있어야 부정도 가능하다고 생각해보면, 전통은 문학 활동에 필수불가결한 것이다. 현 문단이 주도적인 문예 이념이나 계승해야 할 전통에 대해 합의를 보지 못한 채 안개 속을 걸어가고 있다면, 문학관의 어떤 토대를 다지는 것이 중요하다 할 것이다. 그 작업은 외국 문학 작품을 대상으로 형성된 이론을 통해서가 아니라, 바로 한국의 문학 작품을 현재 우리가 가지고 있는 시대적 문제의식 속에서 전통화하면서 생성되는 문학관 창출이어야 할 것이다. 김수영을 다시 논의하는 이유는 바로 여기에 있다.

"문학사적으로 김수영과 확실히 다른 시대에 살고 있다."고 하여 김수영을 지나간 시대의 시인으로 취급하는 태도는, 문학의 진로는 정해진 단계가 있다는 목적론적 사고에서 나온 것이다. 김수영의 문학을 지금도 사람들이 읽고 있다면 그 문학은 현재에도 계속 살고 있는 셈이 되고 더 나아가 현재에 살면서 미래의 문학을 생성시키는 자양분이 된다. 김수영의 문학에 대한 비판도 소중하겠지만, 현 상황에 있어서는 비판보다 그의 문학사상의 생성적인 면을 재포착하여 긍정적으로 수용해나가는, 그로부터 배우려는 자세도 필요할 것이다. 그러기 위해서는 김수영의 작품들을 관통하고 있는 통일된 사상을 포착하여야 한다. 이는 작품에 근거하면서도, 현재 우리에게 중요하다고 생각되는 것을 찾아내면서 읽어 나가는 독서가 필요할 것이다. 어쩌면 독자의 주관적인 편향이 들어간 독서일 수 있으나, 완전한 객관적 독서란 있을 수 없다. 왜냐하면 객관성에의 지향 역시 주관적인 것이기 때문이다.

2. 바라보기와 바로보기, 대상과 내면적 관계를 맺는 법

한 시인의 한 작품은 그의 다른 작품을 비추어 준다. 가령, 김수영의 「달나라의 장난」은 「헬리콥터」를 비추어 주고 「헬리콥터」는 「긍지의 날」을 비추어 준다. 그래서 그 시들의 연락(連絡)을 고찰하면서, 하지만 각각의 독자적 성질을 헤아리면서, 그 공통된 사상을 포착할 수 있어야 할 것이다. 한 시인의 시들을 전체적으로 고찰하기 위해서는 이러한 상호 조명을 염두에 두어야 한다.

김수영에 대한 많은 비평문들은 그의 시들을 관통하는 다양한 핵심 주제를 발굴했다. '자유', '사랑', '설움', '양심', '죽음', '책', '바로 봄' 등이 그것이다. 이런 주제들을 생각하면서 그의 사진을 바라본다. 아니, 김수영의 시를 따라가며 그 사진을 바로 보려 한다. 1983년판 『김수영 전집 2』 첫면에 실린 김수영의 독사진을 들여다보고 있으면 마치 김수영이란 사람을 다 알아버린 듯한 느낌이 든다. 소파에 팔을 걸친 상태에서 턱을 괴고 있는 사진이다.

우선, 어딘가를 바라보고 있는 김수영의 눈동자가 가장 먼저 주목된다. 그 눈동자는 사진 상단 중앙에 박혀 있어 사진의 균형을 잡고 있는 듯한 느낌을 준다. 흰자위는 주력(酒歷)이 꽤 되는 사람들에게 흔히 나타나듯 탁하지만, 검은 동자 중앙엔 무엇인가의 상이 또렷하게 하얀 점을 찍고 있어 초점이 흐려 있지 않다. 그의 두번째 시 「공자의 생활난」 이후 그의 시의 한 주제가 된 '바로 보마'라는 시구가 생각나는 눈동자이다.[1)] 사진에서 김수영은 무엇인가 '바로 보고' 있다. 그런데 그 눈동자는 또한 어딘가 위를 향해 있기도 하다. 김수영은 무엇인가 '바라고' 있기도 하는 것이다.

"내가 으스러지게 설움에 몸을 태우는 것은 내가 '바라는'(강조－인용자) 것이 있기 때문이다."(「거미」)[2]라고 김수영은 썼다. 바로 보는 것과 바라는 것, 이 두 태도는 과연 조화될 수 있을까. 바로 보면 볼수록, 바라는 것은 저기 멀리 있다는 것을 깨닫게 되지 않을까. 바로 봄과 바람의 부조화, 여기서 설움이 생기지 않겠는가. 몇 올의 머리카락이 흐트러져, 주름살이 만들어놓은 이마 위 한 횡선 위에 그 끝자락이 걸쳐있는 모습, 약간 패인 미간, 그리고 사진의 반을 차지하고 있는 하단의 러닝바람 상체는 전후 1950~60년대 삶의 설움이 아우라처럼 퍼져 있다. 옛 흑백사진이 그렇듯이 이 사진은 배경이 어두운데, 그 안의 김수영의 육체는 정말 "너무나 자주 설움과 입을 맞추었기 때문에/ 가을바람에 늙어가는 거미처럼 몸이 까맣게 타버"(「거미」)린 듯한 인상을 준다.

김수영의 시의 주 테마 중 하나는, 많은 논자들이 지적했듯이, '바로 보기'라는 테마다. 특히 초기의 시들을 살펴보면, 김수영은 어떤 사물에 대해 주관의 개입 없이 물끄러미 바라보는 태도를 지니면서 바로 본다는 '인식'을 얻으려고 한 것 같다. 그러나 '바로 보기'는 김수영의 눈동자가 알려주듯이, '바라는 것' 때문에 서러움에 빠진다.[3] 그런데

1) 이 테마에 가장 먼저 주목한 글은 김 현의 「자유와 꿈」(황동규 편, 『김수영 전집 별권』(민음사, 1983)에 실림)일 것이다.

2) 이 글에서 김수영의 시와 산문의 인용은, 시일 경우 괄호 안에 시의 제목만 기입하고, 산문일 경우 산문의 제목, 전집 2를 표시하는 2, 면수를 기입한다. 전집은 2003년 민음사에서 나온 김수영전집 1, 2를 말한다.

3) 김현 역시 위의 글에서 설움과 '바로 보기'를 연결시켜 논하고 있다. 그러나 그는 생활이 '바로 보기'를 방해하기 때문에 설움이 나온다고 보고 있으나(황동규 편, 앞의 책, 107면), 필자는 '바로 보기'의 대상이 바로 생활이며, '바로 보기'와 '바라기'의 긴장에서 설움이 솟아난다고 생각한다.

「달나라의 장난」은 돌아가는 팽이를 물끄러미 바라보면서부터 시가 씌어진다.

都會안에서 쫓겨다니는 듯이 사는
나의 일이며
어느 小說보다도 신기로운 나의 生活이며
모두 다 내던지고
점잖이 앉은 나의 나이와 나의 나이가 준 나의 무게를 생각하면서
정말 속임없는 눈으로
지금 팽이가 도는 것을 본다
그러면 팽이가 까맣게 변하여 서서 있는 것이다

팽이는 전통적인 아이들의 놀이이다. 무심한 유희이자 토속 놀이라는 점에서 팽이치기는 바쁜 현대의 삶, 즉 '도회'를 사는 성인들의 '소설보다 신기로운 생활'과는 대조적인 공간을 만든다. 이 공간을 어린아이고 어른이고 할 것 없이 물끄러미 바라보고 있다. 현대의 일상과 대조적인 공간이기 때문에, 이 '바라보기'의 상태에서 현대를 벗어날 수 있고, 그래서 '속임없는 눈'을 가질 수 있다. 하지만, 그것은 동심의 세계로 돌아가는 것을 말하지 않는다. 김수영의 시는 이 바라보기에 그치지 않는다는 점에 그 힘이 있다.[4] 동심의 세계로 돌아간다는 것은 돌아가는 팽이를 바라보면서 무심의 상태에 빠지는 것이다. 하지만,

4) 김수영은 당시 '참여파'의 시인들의 시가 상대하는 민중은 "바라보는—작가가 바라보는—군중이고, 작가의 안에 살고 있는 군중이 아니"어서 "작가와 함께 앞을 향해 세차게 달리는 군중이 아니라, 작가는 달리지 않고 군중만 달리게 하는 遊離"(「변한 것과 변하지 않은 것」, 2, 370면) 현상이 생긴다고 비판한 바 있다. 그의 비판은 민중을 그리는 것 자체에 겨냥된 것이 아니다. 바라보는 것과 바로 보는 것은 다르다. 그의 비판은, 군중을 그리기 위해선 군중을 바로보고, 군중이 작가의 내면에 살게 해야 하며, 그들의 움직임과 작가의 움직임은 함께여야 한다는 의미에서의 비판이다.

이와 달리 김수영은 '자신의 나이와 나이가 준 무게'를 생각하고 있다. 바라보기에 그치지 않고, 바라보기를 통해 어떤 인식을 얻으려는, 즉 바로 보려는 김수영의 시작 태도가 여기에서 나타난다. 나이의 무게를 도구삼아 이 도는 팽이의 의미를 인식하려고 하는 것이다. 그것은 결국 자신의 삶(나이의 무게)과 '봄'의 대상(도는 팽이)을 연관시키려는 의지이다. 도는 팽이 속에서 나의 삶은 어떻게 발견될까.

나이만큼 살아오면서 현대적 일상생활이란 껍데기를 다 '내던지고' 나면, 남아있는 삶이란 번잡스런 일에 쫓겨 다닌 자신, 쫓겨 다녀야만 했던 자신 자체일 것이다. 다시 말하면, 쫓겨 다니며 해야 했던 '일'이 아니라, 그 일을 해야 했던 '자신'인 것이다. 그것만이 무게를 나가게 할 것이다. '나의 일'이며 '생활'은 덧없이 변화하는 일상 속에서 쫓기듯이 갈아입어야 했던, 그래서 쉽게 내던질 수 있는 껍데기이다. 껍데기를 벗은 자신의 개인적 역사, 나이의 무게를 김수영은 도는 팽이에서 느끼고 있는 것일까. 그래서 그 팽이는 '까맣게 변'해 있다고 김수영은 쓴다. 너무 자주 설움에 입을 맞추어 까맣게 늙어가는 「거미」에서처럼. 위태롭게 돌고 있는 팽이에서 까맣게 변하여 서 있는 자신, 그러나 가만히 있지 않아야 하는, 즉 서서 돌지 않으면 쓰러지는 운명의 자기 자신을 바라본 것일 게다.

그러나 팽이는 '나' 자체는 아니다. 나는 생활과 일을 해야 하는, 현대적 삶의 굴레에서 벗어날 수 없는 사람이다. 현대적 삶을 내던진 무엇이 팽이라고 한다면 그것은 내 속에 있는 뿌리와 같은 것이라고 할 수 있다. 그것은 전통일 것이다. 또한 팽이가 전통놀이이자 아이들의 놀이라는 것을 생각한다면, 그것은 한국의 전통과 유년－뿌리를 상징한다고 볼 수 있다. 그렇다면 팽이는 한국의 역사－전통과 김수영을 만나게 하는 매개체인 셈이다. 그 만남은 외면적이 아니라 내면적으로 이루어진다. 김수영의 내면과 역사의 내면의 겹침을 통해, 이 시는 방

대한 시야와 수천 년의 깊이로 심화 확대되기 시작한다.

영원히 나 자신을 고쳐가야 할 運命과 使命에 놓여있는 이 밤에
나는 한사코 放心조차 하여서는 아니될 터인데
팽이는 나를 비웃는 듯이 돌고 있다
비행기 프로펠러보다는 팽이가 記憶이 멀고

팽이는 지금 數千年前의 聖人과 같이
내 앞에서 돈다
생각하면 서러운 것인데
너도 나도 스스로 도는 힘을 위하여
공통된 그 무엇을 위하여 울어서는 아니된다는 듯이
서서 돌고 있는 것인가
팽이가 돈다
팽이가 돈다

현대적 삶은 반복적인 일을 해야 하는 권태로운 삶이지만 끊임없이 자신을 변화시키지 않으면 살아나갈 수 없는 삶이다. 그 변화는 일상을 넘어서려고 하는 것이기도 하지만, 잘못하면 변화 자체가 일상적이게 되어, 변화 자체가 변화의 내용이 되는 추상적인 변화에 빠져버릴 수 있다. 변화는, 전통에 의지하지 않는다면, 변화를 위한 변화, 일상적인 변화를 낳는다. 현대적 삶의 일상성이란 바로 변화를 일상의 반복 속에 포섭시킨 삶의 특징을 말함이 아닌가. 시인은 일상의 반복적인 생활에서 벗어나기 위하여 '영원히 나 자신을 고쳐야 할 운명과 사명'을 생각하지만, 한 곳에 서서 끊임없이 돌고 있는 팽이는 그런 자신을 비웃는다고 생각된다. 그것은, 비행기 프로펠러와 같은 현대적 문화는 빨리 받아들이면서도, 엔진도 없이 혼자서 돌아야만 했던 팽이－전통－에 대해서는 기억이 먼 시인의 뿌리 없는 현대성을 꼬집는 것

같기 때문이다.

팽이가 시인 자신의 알맹이, 뿌리이자, 한국의 역사, 전통이라고 한다면, 그것은 현대적 일상 속에서 변화의 '운명과 사명'을 짊어지고 '방심조차' 할 수 없는 삶을 살아가고 있는 시인에게는 성인과 같이 생각된다. 수천 년 동안 이어 내려온 정신으로서의 성인. 그렇다면 팽이의 회전을 바라보고 있는 것은 성인의 정신을 바라보고 있는 것과 같다. 성인의 정신과 지혜는 시인에게 삶의 교훈을 알려줄 것이다. 그것은, 팽이에서 볼 수 있듯이, 계속 돌고 있어야 삶을 유지할 수 있다는 것이다. 그 쉴 수 없음, 그것은 서러운 것이리라. 하지만, 팽이는 스스로 돌고 있음을 보여줌으로써 '스스로 도는 힘을 위하여' '울어서는 아니 된다는' 것을 교훈으로 시인에게 전해준다. 전통이라는 것도 끊임없이 활동을 할 수밖에 없었다는 것 자체, 그것 아닐까. 이러한 통찰을 통해 전통과 나는 2인칭인 너와 나로 내면적으로 연결되고 '공통된 그 무엇을 위하'게 된다.

물론 이 교훈은 시인의 '바로 보기'를 통해 얻을 수 있는 것이다. 물끄러미 바라본다는 것은 시적 자아가 대상에 어떤 변화를 일으키지 않는 상태에 있다는 것이다. 그러나 '바라보기'를 통해 '바로 보기'에 이르렀을 때, 김수영은 대상과의 내면적 연락(聯絡)을 맺을 수 있었다.

「달나라의 장난」은 대상에 대한 응시에서 대상의 내면적 인식으로, 꿰뚫으며 나아가면서 대상과 자신과의 내면적 관계를 수립하는 김수영의 시적 방법의 하나를 보여 준 것이라 할 수 있다.[5] 이 방법을 또한 보여주고 있는 시 「헬리콥터」는, 어떤 응시의 태도가 드러나 있지는 않지만, 헬리콥터에 대한 '바라보기'를 거치고 난 후에 씌어질 수 있는

---

5) 그러므로 이 시에서 허탈한 페이소스를 읽은 유종호의 견해(이후 다른 평자들의 김수영론에서도 많이 발견되는 견해)는 김수영의 '방법론'에 대한 고려가 없었다고 생각된다.(유종호, 「다채로운 레파토리」, 황동규 편, 앞의 책 30면 참조.)

시이다.

一九五〇年七月 以後에 헬리콥터는
이 나라의 비좁은 山脈위에 姿態를 보이었고
그래도 제트機나 카아고보다는 늦게 나왔다
그렇지만 린드버어그가 헬리콥터를 타고서
大西洋을 橫斷하지 않았기 때문에
우리는 지금 동양의 풍자를 그의 기체 안에 느끼고야 만다
悲哀의 垂直線을 그리면서 날아가는 그의 설운 모양을
우리는 좁은 뜰안에서뿐만 아니라
심지어는 항아리 속에서부터라도 내어다볼 수 있고
이러한 우리의 純粹한 癡情을
헬리콥터에서도 내려다볼 수 있을 것을 짐작하기 때문에
「헬리콥터여 너는 설운 動物이다」

한국전쟁 이후에 한국에 등장한 헬리콥터는 전쟁 이후의 한국 역사 자체 아닐까. 한국이란 후진국에서의 근대성의 역사. 그러나 그 역사는 첨단 문물이라 할 제트기보다 늦게 나왔음에도 불구하고 '대서양 횡단'을 하지 못할 정도로 무능하다. 헬리콥터는 그러므로 '동양의 풍자'를 느끼게 한다. 최근의 문물이지만 능력 면으로는 이전 것보다 뒤진 헬리콥터와 같은 동양의 근대. 그래서 비애를 품고 있고 설운 모양을 하고 있다. 하지만 헬리콥터－동양의 근대는 바로 우리 눈앞에 보이는 것이다. 왜냐하면 그 속에 우리가 살고 있기 때문이다. 제트기는 날아가는 모습이 보이지 않는다. 하지만 헬리콥터는 뒤뚱, 수직선으로 땅을 쳐 오른 후 자신의 배를 까 보인 상태에서 열심히 프로펠러를 돌리며 날아간다. 그 헬리콥터의 모습을 우리는 쉽게 '내어다'볼 수 있으며, 헬리콥터도 우리의 모습을 '내려다볼 수' 있을 정도로 우리와 헬리콥터의 관계는 가깝다. 헬리콥터가 동양 속의 서양, 동양의 근대를 상

징한다고 말할 수 있다면[6], 헬리콥터를 보면서 동양의 서러운 근대를 볼 수 있으며, 역으로 동양의 근대를 통해 '항아리' 속의 '순수한 치정', 서러운 우리 자신을 볼 수 있기도 한 것이다. 동양의 근대와 우리의 삶은 서로 서러움으로 얽혀 있는 것이다. 그러나 헬리콥터는 서러운 동물이기만 한 것은 아니다. 헬리콥터가 자신의 배를 보여주면서 수직 이륙하는 모습에서는, 설움을 '과감'하게 보여주는 '선의와 긍지'가 있다.

> 앙상한 肉體의 透明한 骨格과 細胞와 神經과 眼球까지
> 모조리 露出落下시켜가면서
> 안개처럼 가벼웁게 날아가는 果敢한 너의 意思 속에는
> 남을 보기 전에 네 자신을 먼저 보이는
> 矜持와 善意가 있다.

김수영은 「달나라의 장난」에서 전통과 근대적 생활간의 모순 속에서 계속 '돌아야'한다는 설움을 '팽이'의 입장에서, 즉 전통의 입장에서 보여주었다. 여기서는 '헬리콥터'의 입장, 동양적 근대성의 입장에서 설움을 느낀다. 그리고 '팽이'와는 달리, '헬리콥터'에서는 안개처럼 '가벼웁게' 이륙하는 모습을 김수영은 본다. 헬리콥터도 자신의 프로펠러를 돌리지 않으면 추락한다는 면에서 돌지 않으면 축의 중심을 잃어쓰러지는 팽이와 같지만, 헬리콥터의 운동의 요체는 이륙이라는 점에 주목한 것이다. 이 이륙은 자신의 '배'를 스스로 보여준다는 면에서 설움만이 아닌 다른 의미를 줄 수 있다. 설움을 우리에게 그대로 보여줄 수 있다는, 부족한 자신－'앙상한 육체의 투명한 골격과 세포와 신경

6) 「헬리콥터」에서 동양의 근대화의 아이러니를 포착한 글로는 정과리, 「현실과 절망의 긴장이 끝간 데」, 『김수영』(지식산업사, 1981)과 김춘식, 「김수영의 초기시－설움의 자의식과 자유의 동경」, 『작가연구5』(새미, 1998. 5)가 있다.

과 안구까지'－의 구석까지 모두를 보여준다는 '과감한 너의 의사'는, 못생겼더라도 자신의 모습에 대한 긍지와 선의가 있기 때문에 가능한 것이다. 그래서 그것은 "自由의 精神의 아름다운 原形"이다.

3. 긍지와 설움 간의 모순, 자유와 현실의 변증법

자신에 대한 긍지는 자유를 얻는 것이다. 김수영은 헬리콥터에게서 그것을 발견하고는 "오늘에 네가 전하는 自由의 마지막 破片에/스스로 謙遜의 沈黙을 지켜가며 울고 있는 것이다"라고 쓰고 있다. 그리하여, 팽이와 헬리콥터를 통해 그 사물과 내면적 관계를 맺으면서 설움과 전통의 교훈과 현대적 생활 속의 긍지와 자유를 인식할 수 있었던 김수영은, 이젠 피로와 설움을 이겨나갈 수 있다.

> 너무나 잘 아는
> 순환의 원리를 위하여
> 나는 피로하였고
> 또 나는
> 영원히 피로할 것이기에
> 구태여 옛날을 돌아보지 않아도
> 설움과 아름다움을 대신하여 있는 나의 긍지
> 오늘은 필경 긍지의 날인가보다
>
> －「긍지의 날」 1연

팽이의 회전, 프로펠러의 회전, 반복되는 삶을 꾸려 나가야하는 순환이 가져오는 피로를, 이 시에서 김수영은 담담히 '영원'하다고 말하며 그 피로를 그대로 받아들일 수 있는 자세를 보여 준다. 피로의 받아들임을 통하여, 김수영은 피로가 주는 설움과 그 설움의 역을 통해 느껴지는 '아름다움을 대신하는' 긍지를 얻는다. 긍지는 "나의 源泉과 더

불어/나의 最終點"인데, 이 긍지의 상태에는 "波濤처럼 搖動하여/소리가 없고/비처럼 퍼부어/젖지 않는 것"이라는 상반성이 공존한다. 위에서 헬리콥터는 자신을 다 내보이면서 긍지와 선의를 얻는다는 것을 보았다. 즉 자기 자신의 모습에 구애받지 않고 자기를 다 내보일 수 있는 자유의 상태가 긍지였다. 이 자유의 상태는 이 「긍지의 날」에서 더 깊은 내용을 얻게 된다. 바로 요동과 소리 없음, 소나기와 젖지 않음의 상태이다. 순전히 백치 같은 무도 아니요 대책 없는 흔들림, 쏟아짐도 아니다. 있음과 없음이 공존하는 상태, 따로 따로 떨어져 공존하는 것이 아니라 둘이면서 하나인 상태이다. 이러한 상태를 통해 피로에 대해 역으로 생각하면 긍지를 위해 피로가 있는 것이 된다. 요동 속의 무, 비 속의 무, 움직임 속의 무의 획득, 이것이 바로 긍지이며 꽃이다.

그리하여
피로도 내가 만드는 것
긍지도 내가 만드는 것
그러할 때면 나의 몸은 항상
한치를 더 자라나는 꽃이 아니더냐
오늘은 필경 여러 가지를 합한 긍지의 날인가보다
암만 불러도 싫지 않은 긍지의 날인가보다
모든 설움이 합쳐지고 모든 것이 설움으로 돌아가는
긍지의 날인가보다
이것이 나의 날
내가 자라는 날인가보다

– 「긍지의 날」 3연

긍지의 날은 시인이 자라나는, 꽃으로 자라나는 날이다. 이 날은 모든 설움, 생활의 비애, 역사의 비애가 긍지라는 상태에 융합되면서 역으로 모든 것이 설움으로 돌아간다. 그러나 이 상태는 설움 자체가 긍지가 된다. 헬리콥터가 긍지를 얻듯이. 즉 헬리콥터가 자신의 못난 모습을 다 보여줄 때 긍지를 얻듯이, 설움을 인정하고 다 받아들일 때, 요동 속의 무음(無音) 상태를 얻는 설움은 긍지가 된다. 긍지는 자유이며, 이 자유를 얻을 때 시인은 한치 자란 꽃이 된다. 그리고 이때 피로와 긍지는 자신이 만들어낸다는 적극적인 의미를 가지게 된다.[7] 김수영은 이 자유의 상태, 자라나는 꽃의 의미를 더 '밀고' 나간다.

> 이것은 누구에게도 보이지 않을 글이기에
> (아아 그러한 時代가 온다면 얼마나 좋은 일이냐)
> 나의 動搖없는 마음으로
> 너를 다시 치어다보고 혹은 내려다보면서 無量의 歡喜에 젖는다
>
> 꽃 꽃 꽃
> 부끄러움을 모르는 꽃들
> 누구의 것도 아닌 꽃들
> 너는 늬가 먹고 사는 물의 것도 아니며
> 나의 것도 아니고 누구의 것도 아니기에
> 지금 마음놓고 고즈너기 날개를 펴라
> 마음대로 뛰놀 수 있는 마당은 아닐지나
> (그것은 골고다의 언덕이 아닌
> 現代의 가시철망 옆에 피어있는 꽃이기에)
> 물도 아니고 꽃도 아닌 꽃일지나
> 너의 숨어 있는 忍耐와 勇氣를 다하여 날개를 펴라
>
> －「九羅重花」 일부

---

7) 김상환은 일을 통해 자기 동일성을 획득하기 때문에 의식은 자기 속에서 피로와 긍지를 동시에 체험한다고 말하고 있다. (김상환, 「모더니즘 또는 사유의 금욕주의(III): 김수영과 풍경의 미학」, 『풍자와 해탈 혹은 사랑과 죽음』(민음사, 2000) 참조.)

꽃은 부끄러움을 모른다. 긍지의 상태, 자유의 상태 속에 꽃은 있다. 자유 속에 있으므로 그것은 누구의 것도 아니고 자신을 양육해 온 '물의 것'도 아니다. 그러한 자유의 상태는 또한 자기 자신도 아니다. 즉 꽃도 아니다. 그 꽃은 꽃이라는 자신에 대한 규정에서도 벗어난다. 자신에 대한 규정에서 벗어났을 때, 그때야만 진정한 자유를 얻을 수 있다. 그 꽃은 '글'이다. 시다. '누구에게도 보이지 않을' 시다. 그것은 타인의 시선, 자신의 시선에서도 완전히 벗어나 씌어진 글, 자유의 상태에서, 긍지의 상태에서 얻은 꽃이다. 그러므로 이 시는 나의 것도 아니며, 이 시가 긍지의 상태에 있을 시인 자신을 말한다면, 그 자유의 시인은 '나의 것'도 아니다. 그러므로 그 글은 '나'도 아니며 꽃도 아니다. 이 상태에 도달하기를 고대하는 심정을 시인은 '날개를 펴라'라고 표현하고 있다. 그것은 인내와 용기를 필요로 한다.

하지만 이 자유의 상태는 완전히 다다를 수 없는 것이다. 이 상태가 오기 쉽지 않다는 것을 '아아 그러한 시대가 온다면 얼마나 좋은 일이냐'라며 시인은 절망하듯이 시인하고 있다. 또한 이 꽃에게는 '현대의 가시철망 옆에 피어있기에 마음 놓고 뛰놀 수 있는 마당'이 없다. 시인은 속박 상태에서 자유를 추구한다는 모순에 처해 있을 수밖에 없다. 시인은 그러나 이 현실, 철조망 쳐진 '마당'을 무시할 수 없다. 시인의 기획은 바로 보는 것으로부터 출발했으며, 설움을 안고 설움 자체가 되는 것이 긍지의 상태이자 자유의 상태가 되는 것이었다. 시인은 그 상태를 더욱 밀고나가 완전한 자유의 상태－시 자체, 예술 자체의 상태－를 꿈꾸지만, 그렇다면 설움의 현실을 잃어버릴 수 있는 위험이 있게 된다. 그래서 시인은 이렇게 썼을 것이다.

> 뮤우즈여
> 詩人이 詩의 뒤를 따라가기에는 싫증이 났단다

고갱, 녹턴 그리고
물새

모두 다같이 나가는 地平線의 隊列
뮤우즈는 조금쯤 걸음을 멈추고
抒情詩人은 조금만 더 速報로 가라
그러면 隊列은 一字가 된다

— 「바뀌어진 地平線」 일부

4. 자유와 사랑, 존재의 시에서 행위의 시로

사진으로 돌아가 보자, '이게 김수영이다'고 고개를 끄덕이게 하는 상은 바로 사진 중앙부에 깊은 홈처럼 새겨진 그의 꽉 다문 입술이다. 패인 주름살을 동반한 다문 입술은 말하지 않을 것은 말하지 않겠다는, 그러나 무엇인가 말할 때는 절대 허튼 말을 하지 않고 천근 무게를 가진 말만 하겠다는 자기 다짐을 보여주는 듯한 인상을 준다. 그래서 그 입술은 그의 양심의 표징으로 느껴진다. 그는 자신의 비평 기준을 "그 시인의 양심이 살려져 있는지 아닌지를 식별하는 일"(「생활현실과 시」, 2, 261면)이라 하며 "양심이 없고 기술만을 구사하는 시"는 사기라고 질타한 바 있다.(「〈난해〉의 장막」, 2, 272-273면) 김수영의 입술은 그러나 완고한 느낌만 주지는 않는다. 왜냐하면 어두운 배경, 바로 보고, 또 바라고 있는 눈동자, 이마, 흰 러닝과, 검은 그림자가 배어 있는, 검게 탄 듯한 육체가 그 입술 주위를 둘러싸고 있어서, 양심—입술—이 설움 속에 고독하게 놓여 있다고 여겨지기 때문이다. 그래서인지 사진 전반에 쓸쓸함과 엄숙함이 묘하게 엉겨 풍긴다.

그 꽉 다문 입술은 바로 자유를 얻기 위한 고독의 상징일지 모른다. 그러나 입술 주위를 맴도는 설움의 아우라가 고독과 묘하게 어울리면서 김수영을 다만 고독한 예술가에 머무르게 하지 않는다. 그 고독은 무엇인가 찾는 자의 고독이다. 무엇인가 결합하려는, 사랑하는 자, 무엇인가 추구하는 자야말로 비로소 고독의 상태에 있다. 그러한 고독은 어딘가 위로 바라보는 그 눈을 통해 뒷받침된다. 무엇을 바라면서 바로 보려는, 날카롭지만 슬픈 눈. 무엇을 바라고 있었을까. 무엇과 결합하고 싶어 했을까. 그 눈은 사랑을 찾는 자의 눈이며, 그 절실함이 꽉 다문 입술의 고독을 낳는다. 김수영의 시는 자유의 상태와 설움의 현실 사이의 긴장 속에서 생겨난다.

자유와 설움의 현실이 결합되는 것, 자유의 현실 속으로의 삽입, 그것이 김수영의 사랑이 아닐까. 자유와 철조망 쳐진 현실을 결합시키려는 사랑. 사랑이 상태가 아니라 행동이라면, 현실에 대한 사랑은 바로 시인이 꿈꾸는 자유와 현실을 만나게 하는 행동일 것이다. 그래서 4·19는 김수영이 자유의 새로운 의미와 사랑의 의미를 깨닫게 한 사건이 될 수 있었다. 김수영은 4·19 때의 학생들의 행위에서 시의 경지를 보았던 것 같다. 북에 있는 문인 김병욱에게 보내는 편지에서, 4·19 때 터져 나온 행동들에 대한 김수영의 감동이 잘 드러난다. "나는 아직까지도 〈시를 안다는 것〉보다도 더 큰 재산을 모르오. 시를 안다는 것은 전부를 아는 것이기 때문이오."라고 이야기하면서 김수영은 4·19에 대한 얘기로 자연스럽게 넘어간다. 4·19에서 하늘과 땅 사이의 통일, 그 위대함을 느꼈고, 아무 두려움을 느끼지 못했으며, "나의 온 몸에는 티끌만한 허위도 없습니다. 그러니까 나의 몸은 전부가 〈주장〉입니다. 〈자유〉입니다."(「저 하늘 열릴 때」, 2, 163면)라고 말한다.

몸 자체가 허위 없는 주장, 자유일 수 있다는 것을 열렬하게 이야기한 이 대목은 몸 자체가 시가 될 수 있다는 발언으로 이어진다. "지금 이쪽의 학생들은 바로 시를 실천하고 있기 때문이오. 그리고 그들이 실천하는 시가 우리가 논의하는 시보다도 암만해도 먼저 앞서갈 것갈소. 그렇지만 나는 요즈음처럼 뒤따라가는 영광을 느껴본 일도 또 없을 거요."(같은 글, 164면) 이것이 4·19를 통해 김수영이 얻은 기쁜 통찰이다. 학생들의 시의 '실천', 그것은 순수하고 자유로운 행위이며, 허위 없는 행위이고, 몸 전부가 주장이 되어 "작열할 지점을 향하여/ 지극히 정확한 각도로 향하는" '포탄'같이 "자결과 같은 맹렬한 자유" (「조그마한 세상의 지혜」)의 행위라고 그는 보았다. 그 실천을, 자유의 통로라 할 '시'를 직접 행위하는 것이라고 김수영은 판단한 것이다.

그런데 그러한 행위는 사랑 없이 할 수 없다. '세계로의 개진'이라고 할 행위는 어떤 결합의 욕망 없이는, 즉 현실 속의 욕망이란 '산문'성 없이는 그 행위의 원동력을 얻을 수 없다. 그 욕망은 사랑이고 김수영은 그래서 사랑을 보았다고 쓴다.

> 어둠 속에서도 불빛 속에서도 변치않는
> 사랑을 배웠다 너로 해서
>
> 그러나 너의 얼굴은
> 어둠에서 불빛으로 넘어가는
> 그 찰나에 꺼졌다 살아났다
>
> 번개처럼
> 번개처럼
> 금이 간 너의 얼굴은
>
> —「사랑」

김수영이 자유 자체가 행동으로 나타났다고 보았던 4·19. 이 시는 그 4·19가 좌절되어가던 1961년에 씌어진다. 자유가 좌절되어가던 당시의 상황이 '찰나에 꺼졌다 살아났다'라든가 '금이 간 너의 얼굴'이라는 시어에서 볼 수 있듯 우울하게 반영되긴 했지만, 이 시는 자유의 행동을 사랑과 연결시킨 새로운 사유를 보여준다. 이 시를 4·19와 연관시켜 해석해본다면 다음과 같지 않을까. 사랑은 공기와 같이 일상적이어서, 어둠 속엔 어둡게 감추어져 있고, 밝음 속엔 밝아서 보이지 않는 것이라 평소 잘 보이지 않는다. 그러나 너, 4·19는 어둠에서 불빛으로 넘어가는 찰나에 꺼졌다 살아난 자유의 행위였다. 이 때 사랑―행위의 정체이자 4·19의 얼굴―은 번개처럼 자신을 보여준다. 그런데 4·19는 순간이고 찰나인 폭발이어서 그 얼굴은 금이 간 듯 보인다. 그러나 그 반짝하는 순간에 사랑을 발견한 점, 그리고 그 사랑이 어둠에서도 빛 속에서도 항상 변함없이 존재해 왔다는 것을 깨달은 점은, 「바뀌어진 地平線」에서와 같이 뮤우즈와 현실이 나란히 나아가는 것을 넘어 둘이 융합될 수 있음을 믿게 한다.

「사랑의 변주곡」에는 사랑에 대한 김수영의 사유가 집약되어 있다. 김수영은 "욕망이여 입을 열어라 그 속에서/사랑을 발견하겠다"라고 시의 서두를 쓴다. 이 욕망이 없을 때, 무엇과 결합하려는 '산문적' 시도가 없을 때, 사랑은 발견되지 않는다. 그가 결합하려고 하는 욕망은 지금 눈앞에 보이는 모든 사소한 것들, 아니 사소하기 때문에 사랑이 발견되는 것들이다. "도시의 끝에/사그러져가는 라디오의 재잘거리는 소리가/사랑처럼 들리고 그 소리가 지워지는/강이 흐르고 그 강 건너에 사랑하는/암흑이 있"다. 그리고 "이제 가시밭, 덩쿨장미의 기나긴 가시가지/까지도 사랑이다". 사랑은 이렇게 눈에 보이는 사물들 모두 사랑이어서 "벅차게 사랑의 숲은 밀려닥"친다고 시인은 말하고 있으며, 더욱이 "사랑의 음식은 사랑"이라는 것을, 사랑은 사랑을 먹고 자라며 사랑이 많을수록 더욱 무럭무럭 자란다는 것을 성찰한다. 그래서 사랑의 절도라는 것은 '열렬함'이다. 더 열렬해야지만 절도가 있게 되는 사랑인 것이다. 그런데, 「사랑」이란 시에서 보았듯이, 사랑의 발견은 찰나를 통해, 번개를 통해, 폭발을 통해서였다. 찰나에 사랑이 드러

난다. 그리고 사랑은 사랑을 먹고 살기에, 드러난 사랑을 먹으면서 사랑은 '만들어진다.'

間斷도 사랑
이 방에서 저 방으로 할머니가 계신 방에서
심부름하는 놈이 있는 방까지 죽음같은
암흑 속을 고양이의 반짝이는 푸른 눈망울처럼
사랑이 이어져가는 밤을 안다
그리고 이 사랑을 만드는 기술을 안다
눈을 떴다 감는 기술—불란서 혁명의 기술
최근 우리들이 四·一九에서 배운 기술
그러나 이제 우리들은 소리내어 외치지 않는다

사랑은 혁명이라는 눈을 떴다 감는 찰나, 밝음과 어두움이 교차하는 순간에서만 발현되고, 그래서 만들어진다고까지 할 수 있다. '소리내어 외치'는 것만이 사랑을 만드는 것은 아니라는 것을 시인은 알고 있다. 어두우나 밝으나 사랑은 변함없다는 것을. '죽음같은 암흑' 속에서도 반짝이는 고양이 '눈망울'처럼 사랑은 언제나 이어지는 것이다. 그 암흑 속의 사랑을 '단단한 고요함'이라고 시인은 표현한다.

그렇게 먼 날까지 가기 전에 너의 가슴에
새겨둘 말을 너는 都市의 疲勞에서
배울거다
이 단단한 고요함을 배울 거다
복사씨가 사랑으로 만들어진 것이 아닌가 하고
의심할거다!
복사씨와 살구씨가
한 번은 이렇게
사랑에 미쳐 날뛸 날이 올 거다!

일상생활을 꾸리는, 설움의 장소였던 이 도시에서 시인은 사랑을 배울 것이라고 아들에게 말하고 있다. 결국 이 피로, 이것은 넘어야 할 무엇이 아니다. 피로는 소중하게도 사랑이 자라나는 장소이다. 그 피로의 장소는 고요하지만, 사랑으로 단단하게 뭉쳐있다. 복사씨처럼. 시인은 이 단단한 고요함이 다시 한 번 미쳐 날뛸 날이 올 것임을 예언하고 있다. 그것은 4·19같은 사랑의 폭발적 행위, 자유의 상태가 아니겠는가. 사랑의 열렬성이 넘쳐날 때 그것은 미쳐 날 뛰는 '행위'를 낳는, 자유의 상태가 된다.[8]

이제 김수영에게 시는 자유 자체의 상태가 되기 위한 것만은 아니게 되었다. 자유라는 예술의 혼과 설움의 현실이 결합된 상태를 시는 바란다. 그것은 사랑을 추진력으로 삼아야 가능하다. 그런데 사랑은 욕망이자 힘이기도 한 것이므로 행위를 낳는다. 그래서 시는 사랑의 행위, '무엇을 위한' 행위가 된다.[9] 현실 속에 자유를 심는 욕망의 행위가 시가 되는 것이다. 다시 말해서 김수영이 꽃도 아닌 꽃, 자유의 상태 자체이기를 원했던 시는, 이제 사랑의 행위 속의 자유, '무엇을 위한 자유'가 된다. 그때의 자유는 현실 속의 자유, 소란으로서의 자유이다.

> 꽃을 주세요 우리의 苦惱를 위해서
> 꽃을 주세요 뜻밖의 일을 위해서
> 꽃을 주세요 아까와는 다른 時間을 위해서

---

8) 임중빈 역시 김수영의 시, 특히 「사랑의 변주곡」에서 사랑의 길은 자유의 길이라는 점을 읽고 있다.(임중빈, 「자유와 순교」(황동규 편, 앞의 책에 수록).) 이후 많은 논자들이 김수영의 시에서 '사랑'이란 주제를 읽는다. 필자도 이에 동의하는데, 이후 논의하겠지만, 필자는 「꽃잎 2」에서 보여준 '시의 존재'와 사랑이란 주제를 연결시켜 보려고 한다는 점에서는 다른 필자와 구별된다고 할 수 있을 것이다.

9) 백낙청은 김수영의 시가 " '행동의 도구로서의 시'가 아니라 '행동의 시' "라고 말한 바 있다(백낙청, 「김수영의 시세계」, 위의 책, p.41).

노란 꽃을 주세요 금이 간 꽃을
노란 꽃을 주세요 하얘져가는 꽃을
노란 꽃을 주세요 넓어져가는 소란을

노란 꽃을 받으세요 원수를 지우기 위해서
노란 꽃을 받으세요 우리가 아닌 것을 위해서
노란 꽃을 받으세요 거룩한 偶然을 위해서

꽃을 찾기 전의 것을 잊어버리세요
꽃의 글자가 비뚤어지지 않게
꽃을 찾기 전의 것을 잊어버리세요
꽃의 소음이 다시 들어오게
꽃을 찾기 전의 것을 잊어버리세요
꽃의 글자가 다시 비뚤어지게

내 말을 믿으세요 노란 꽃을
못 보는 글자를 믿으세요 노란 꽃을
떨리는 글자를 믿으세요 노란 꽃을
영원히 떨리면서 빼먹은 모든 꽃잎을 믿으세요
보기싫은 노란 꽃을

— 「꽃잎(二)」

여기서의 꽃이 「구라중화」와 같이 詩라면[10], 이제 시는 자유의 존재 그 자체로 드러나지 않는다. 꽃은 권유의 목소리를 동반하며, '—를 위하여' 존재한다. 1연을 보면, 꽃은 '고뇌'와 '뜻밖의 일'과 '아까와는 다른 시간'을 '위해' 존재한다. 시는 새로운 어떤 순간을 얻기 위해 존재한다. 뜻밖의 일, 즉 '아까와는 다른 시간'을 주어서 새로운 생각, 고민

10) 서우석은 이 시에서 시가 노란 꽃임을 명백히 보여준다고 한다(서우석, 「김수영: 리듬의 희열」, 위의 책, p.181).

을 하도록 하기 위해 존재한다. 하지만 2연에서 보듯, 시는 그 자체가 완성된 그 무엇이 아니고 이행의 상태를 보여준다. 그것은 하얀 꽃이 아니다. '하애져가는 노란 꽃'이다. 이 노란 꽃은 변화 중에 있으므로 '넓어져가는 소란' 자체이다. 완성 상태가 아닌 변화 중의 무엇인, 「사랑」에서 보았듯이 어둠에서 밝음으로 넘어가는 변화의 순간, 그 번개와 같은 찰나에 드러나는 그것이 바로 노란 꽃 자체이다. 그래서 노란 꽃은 금이 간 꽃이다. 시 「사랑」에서의 금이 간 얼굴처럼. 그래서 노란 꽃, 시는 혁명의 순간, 넓어져가는 소란의 순간을 포착하는 것이다.

3연에서 보듯이, 이 시를 받는다는 것, 그것은 원수를 지우기 위해서이다. 원수를 지우는 혁명을 위해서이다. 자유를 막고 있는 현실의 세력을 지우기 위해서이다. 그것은 결국 자유가 억압된 상태의 '우리가 아닌 것'이 될 수 있는 뜻밖의 사건을 위해 존재한다. 그럼으로써 우리를 얽매고 있는 상태에서 벗어날 수 있다. 자유의 상태에 돌입할 수 있다. 필연의 얽매임에서 벗어나 '거룩한 우연'과 아까와는 다른 시간 상태라는 자유의 순간을 얻을 수 있다. 그러나 이 순간을 얻기 위해서는, 4연에서 보듯이 꽃을 수동적으로 받기만 해서는 안된다. 시를 읽어내기 위해서는 우선 선입관을 버리고 시 자체로 시를 읽지 않으면 안된다. '글자가 비뚤어지지 않게' 말이다. 그래야 '넓어져가는 소란'인 시가 내는 소음을 들을 수 있다. 하지만 소음을 들음으로써 시의 글자를 다시 비뚤어지게 읽을 수 있다. 시의 공간 속에서 이행의 순간이자 행위의 찰나인 소란을 파악한다면, 사랑과 자유를 읽어낸다면, 시의 외연은 다시 다른 내포를 갖는 것으로서 '비뚤어지게'—소음 속에서—읽힐 수 있다. 이 과정은 시를 '찾기 전'의 삶, 즉 선입관이 지배하는 삶에서 벗어나야 가능하다.

결국 이 시는, 「구라중화」에서 보여준 자유 자체로서의 시의 추구로부터 더 나아가, '보기싫은 노란 꽃'—소란으로 이행하게 하고, 우연으로 이행하게 하고, 그리하여 자유로 이행하게 하는 사랑의 행위로서의 시―을 시인이 추구하고 있음을 보여주고 있다. 비록 그것이 '못보는 글자', '영원히 떨리는 글자'로 보일지라도 이 사랑의 꽃잎을 믿으라고 5연에서 김수영은 말한다. 사랑은 대상에 대한 믿음 없이는 추구될 수 없기 때문일 것이다.

5. 결 론

필자는 앞에서, 전통의 재구성이란 측면에서 김수영 시의 재논의 필요성이 있다고 주장하였다. 그런데 김수영 그 자신이 동양의 모더니티 속에서 전통을 어떻게 생각해야 하는가를 모범적으로 보여준다. 김수영은 돌아야만 하는 팽이에서 전통을 발견했으며, 헬리콥터에서 동양의 모더니티를 간파할 수 있었다. 그럼으로써 모더니티와 전통의 긴장을 '바로 볼 수' 있었으며, 김수영은 그 속에서 자유를 '바랄 수' 있었다. 김수영의 '바람'은 결코 허공에서가 아니라 전통과 모더니티가 긴장을 이루는 당대 현실 그 위에서 이끌어낸 것이었다. 그러기 때문에 '동양의 설움'을 '알' 수 있었고(설움은 그냥 느껴지는 감각적인 것이 아니다). 그 설움을 딛고 나아가려는 의지를 시에서 보여줄 수 있었다.

김수영이 설움을 피하지 않았을 때, 그는 역설적으로 긍지를 가질 수 있었다. 긍지 속에서 자유의 상태에 도달할 수 있었고, 자유를 더 밀고나가 '꽃이 아닌 꽃'의 상태, 어떠한 의도를 가지지 않는 상태, 존재 자체의 시에 도달하려고까지 하였다. 하지만, 자유의 상태에 도달하기 위해 설움을 잊어버린다는 것은 양심을 버리는 일일 수 있다. 그는 그 시라는 꽃이 가시철망 옆에 피어있다는 것을 항상 의식하고 있었던 것이다. 자유에의 '바람'과 현실의 '바로 봄'이 자유와 설움의 긴장을 해결할 수 있었던 것은 바로 사랑의 발견에서였다. 그 사랑은 자유 상태로서의 시를 지향하는 것이 아니라, 행동으로서의 시, 현실 속에 개진되는 시에로의 지향을 통해 가능했다. 사랑의 시는 이제 그 자체로 자유 상태의 시가 아니라, '-을 위한' 시가 된다. 그것은 그러므로 진행 중의 시이며, 개진 중의 시이다. 그 시는 존재의 시가 아니라 행위의 시이며, 그래서 소란을 일으키는 시이다. 김수영은 그 시에 대해 '하애져가는 노란 꽃', '보기 싫은 노란 꽃'이라고 표현했다. 김수영은 온 몸으로 온 몸을 밀고나가는 것, 그것이 시라고 보았다. 그는 철저히 시인이었다. 그가 철저히 밀고나갔을 때 도달한 것은 바로 '보기 싫은 노란 꽃'이란 시였다.

이러한 김수영의 문학 궤적이 우리에게 주는 메시지도 전통 속에서 모더니티를 보고 모더니티 속에서 전통을 보면서 자신의 세계를 만드는 치열한 문학 정신일 것이다. 그 긴장 속에서 김수영은 설움, 자유, 사랑을 배울 수 있었던 것이다. 문단의 전통을 재구성하는 작업이 현재 절실하다고 할 때, '김수영'이란 전통은 전통이란 것을 어떻게 사유하고 육화하고 대면해야 할 것인가를 가르쳐주는 전통이 될 수 있다. 그래서 김수영문학은 계속 살아남을 수 있고 또한 모더니티를 가질 수 있다. 어떠한 시대의 문학이라고 하더라도, 전통의 문제에 대면할 수밖에 없기 때문이다. 문학을 한다고 할 때, 김수영이 대면했던 것과 같은 전통과 모더니티의 긴장을 그 활동의 지반으로 삼을 수밖에 없지 않는가.

빛바랜 김수영의 사진은 그가 마지막에 도달한 노란 꽃 같다. 이젠, 사진 속의 눈동자, 이마, 입술, 러닝, 어두운 배경이 어우러져 풍겨낸 엄숙성을 이해할 수 있다. 사랑으로 인한 설움, 설움 속에서 바로 보는, 또한 자유를 바라는 눈동자, 바라는 것을 행하기 위해 다문 입술, 그것들은 사랑의 행동가로서의 엄숙성, 나아가 시의 엄숙성이었던 것이다.

전경인의 정신에 따른 신동엽 시의 언어적 기호와 像

이 주 열

1. 기호 · 상 · 텍스트 선택의 논리

1차적으로 사물이 언어적 기호로 대치[1]되고 언어기호체계로 성립,[2] 여러 가지 의미를 담고 있는 것이 작품이다. 작품이 익숙한 기호로 만들어져야 수용자에게 올바르게 전달될 수 있다는 얘기다. 또한 작품은 의미전달과 의사소통의 수단이 되는 언어를 가지고 어떤 사물의 형체를 본뜨듯 마음으로 느끼게 해주는 상(像)[3]을 필요로 한다. 그러므로 기호와 상은 문학예술의 총체적 구조로 전이하는 기본 구성요소라 할 수 있다. 언어의 전략적 운용 방식에 기호와 상이 기능한다는 말이다.

텍스트의 행렬에 등장하는 작은 단위인 음들의 접합은 시인이 의도하는 방향에 따라 의미를 형성하는 기호들로 재조직되고 그들 상호교환을 통해 텍스트의 성격을 일깨워준다. 이때 개개의 언어들, 즉 언어적 기호들은 시인의 정서적 방향을 가리켜 주는 신호의 역할을 하

1) Arnold Hauser, 황지우 역, 『예술사의 철학』(돌베개, 1983), p.368.
2) 최유찬 · 오성호, 『문학과 사회』(실천문학사, 1994), p.255.
3) 한국어사전편찬회 편저, 『국어대사전』(삼성문화사, 1990), p.865.

며 그 표식들이 차츰 긴밀성 있게 연쇄 관계에 놓이면서 기묘한 상, 즉 이미지를 이끌어낸다. 기호와 상은 그리하여 정서적 감응을 유발할 수 있는 정당성이 마련된다.

그러나 음성문자인 언어적 기호는 한 가지의 의미단위에 머물러 있지 않다[4]는 데 문제가 있다. 다시 말해 하나의 언어적 기호는 예술적 자장 내에서 많은 의미를 함의한다. 그렇기 때문에 문학예술인 "작품의 가치척도는 대체로 상투적인 것에서 상징적인 것으로 넘어가는"[5] 파급적 효과를 가진다.

기호는 절대적이라기보다는 임의적으로 부호·표지 등 어떠한 사물이나 의미를 가리키는 기표로 설명된다. 그래서 소쉬르는 기호를 기의(signifie)와 기표(signifiant)로 대체되는 '개념'과 '청각 이미지'를 결합한 것으로 규정짓고, 그것은 자의적이며 그 의미는 사회관습과 수용에 따라 결정된다[6]고 했다. 그런 까닭으로 언어는 음성적 자질에 따라 새로운 현상을 드러내는 과정에서 의미가 분해되기도 한다.

이렇게 유동적 각질을 띠는 언어는 작품 속에서 유연하고 복잡한 의미의 교차가 이루어진다. 기호세계의 문학작품[7]을 가능하게 하기 위해서는 각각의 언어들이 자기 이외의 타자적 언어와 결합하면서 새로운 세계를 길어올리지 않으면 안 된다. 기호는 외부세계의 여러 현상들 중 하나이며, 그 기호가 산출하는 효과 역시 외부세계의 경험에서 변주된다.[8]

문학에서 상은 상상력의 도움을 받아 구체적인 사물의 형체나 움

4) Jacques Derrida, 김보현 편역, 『해체』(문예출판사, 1996), p.58.
5) Roland Barthes, 김희영 역, 『텍스트의 즐거움』(동문선, 1997), p.157.
6) 프레드릭 제임슨, 윤지관 역, 『언어의 감옥』5판(까치, 1996), p.26.
7) 박인기, 「문학을 읽는 이유」, 문학과문학교육연구소, 『문학의 이해』제2판(삼지원, 2005), p.24.
8) V.N.볼로쉬노프, 송기한 역, 『언어와 이데올로기』(푸른사상, 2005), p.21.

직임으로 정의되는데 이는 이념적 실천으로 환원된다. 지각적·감각적·추상적 등 시적 요소들을 동원하여 시인은 삶의 에너지를 발효하게 되는 것이다. 그래서 상은 언어로 그려진 그림으로 개념화되는 심상(心象)에 포괄된다. 그렇지만 그것은 대상을 시각적으로만 재생하는 것에 그치지 않는다.[9]

시인의 의식에 의해 작동되어지는 상은 시각적 뿐만 아니라 청각적·촉각적 울림으로 실현된다. 그에 따라 상은 사물이나 인간적 삶의 실상을 왜곡할 수도 있고, 반대로 환상이나 공상 등 비현실적 형상들로 조작될 우려도 있다. 그러나 대체로 상은 기호들에 의해서 드러나며 언어의 풍요로움을 느끼게 해준다.[10] 여기에서 신동엽[11]의 작품들을 기호와 상으로 풀어내는 조건이 형성된다.

그의 작품들은 인간적 풍요로움을 지향하는 이성적 의사소통의 형태를 띤다. 그의 언어적 기호가 비록 상대적이고 불확정적일지라도 당대 현실의 이데올로기는 물론 사유능력을 발전시키는 예술적 가치로 되새겨보게 만든다.[12]

신동엽의 작품은 내재적·외재적 비평방식으로 접근할 수밖에 없다.

---

9) M.H.Abrams, 최상규 역, 『문학용어사전』(예림기획, 1997), p.163.

10) Roland Barthes, *IMAGE MUSIC TEXT*, Essays selected and translated by Stephen Heath(New York, 1977), pp.32~33.

11) 1959년 《조선일보》 에 「이야기하는 쟁기꾼의 大地」가 당선되었다. 1960년 「阿斯女」·「風景」·「그 가을」을, 1961년 시론 「詩人精神論」과 평론 「六十年代의 詩壇分布圖」를, 그리고 같은 해 「阿斯女」를, 1962년 「이곳은」·「별밭에」·「너는 모르리라」 등을 발표했다.

12) "사회적 가치를 획득한 대상만이 이데올로기의 영역으로 편입되어 형태를 얻고 정착할 수 있다. 이러한 이유 때문에 모든 이데올로기상의 액센트는 개인의 음성(말의 경우처럼) 혹은 여하튼간에 개인의 육체(발성기관)에 의해서 표현됨에도 불구하고 그것은 사회적인 액센트이며 동시에 사회적인 승인을 요구하고 그러한 승인에 의해서만 비로소 외부에, 즉 이데올로기 기호에 물상화되는 것이다." V.N.볼로쉬노프, 앞 책, p.41.

신동엽은 시를 "기술이기에 앞서 체질"[13]로 인식하였으며 서민적 의식에 기반으로 한 역사적 상황을 민족적 정서로 담아낸 까닭이다. 더구나 그가 시인으로 활동할 당시에 발표한 평론들에서 전경인(全耕人)의 정신을 강조하였는데, 이는 불안정한 삶을 역동적으로 극복 창출해 나가기 위한 시인 나름의 노력이었다고 하겠다.

신동엽에 의하면 인류의 근원은 노동의 삶이었으며 갈등과 대립이 없는 공동체 세계였다. 그러나 인위적 문명이 도래하면서 공동체 삶은 파편화되고 자연의 생명력을 상실한 인간의 기계화가 형성되었다. 그리하여 신동엽은 시에서 자연의 힘을 보여주는 '꽃'과 순수한 인간적 가치를 지닌 '아사녀'를 주요 기호로 사용하고 있다. '꽃'과 '아사녀', 이 두 언어적 기호는 신동엽의 문학적 향유방식에 닿아 있다.

그의 시세계는 자연적 생의 의지와 온전한 인간적 정신을 추구하는 것으로 나타난다. 따라서 신동엽 시의 언어적 기호들은 식물적이며 인명적이다. 또한 지리적이며 역사적이다. 그의 기호들은 시대와 조응관계를 이루면서 현재적 삶을 새롭게 인식하는 이미지 단층을 낳고 있다.

이렇게 그의 대부분의 작품은 철학적 사유를 바탕에 깐 사회적 인식의 심연을 담아내고 있다. 특히 『阿斯女』는 1963년 시인의 나이 34세에 발표한 것으로 왕성한 창작활동을 한 시기였으며 전경인의 정신을 엿볼 수 있는 작품집이다. 이 안에는 전경인적 상징성의 고리를 이루는 기호인 식물·인물·지명 등이 하나의 상으로 작용하고 있어 작품집의 성격을 알아내는 지표가 된다.

민족의 전통적 삶이 왜곡된 구조에 의해 해체되어 가는 과정을 추적하고 있다[14]는 점에서 그의 작품을 일면적이나마 세부적으로 해명할 필요가 있다. 따라서 본고는 신동엽이 역사적·사회적 문제를 문학적으로

13) 신동엽, 「60년대의 시단 분석도」, 『조선일보』(1961. 3. 30).
14) 권영민, 『한국현대문학사』(민음사, 1993), p.181.

진단한 글을 참조 삼아 그의 상상력 실체를 견인해내려 한다. 신동엽 시인의 평론이나 시론 등에서 강조되고 있는 논구들이 실제로 창작품에서 어떻게 발현되고 있는지를 탐색하는 것이 이 글의 목적이다.

2. '꽃'과 개별적 주체

신동엽 작품의 특성으로 사상과 서정이 잘 조화된 고유어가 두드러지게 나타난다[15]는 점을 들 수 있다. 이들 언어에 대한 포괄적인 시야를 확보하기 위해서는 정확하게 표현한 시인의 세계관을 먼저 살펴보아야 한다. 시적 형상의 질적 자질은 정신적·감성적 통일의 맥락 위에서 있는 것으로서, 신동엽 시인에 의해 선택된 언어들은 대체로 철학성이 내밀화되어 있다.

> 땅에 누워있는 씨앗의 마음은 原數性 世界이다. 무성한 가지 끝마다 열린 잎의 세계는 次數性 世界이고 열린 여물어 땅에 쏟아져 돌아오는 씨앗의 마음은 歸數性 세계이다.[16]

> 내일의 시인은 제왕을 실직케 할 것이며, 재주를 실업케 할 것이며 스스로 천기를 예보할 것이다. 그는 太虛를 인식하고 대지를 인식하고 인생을 인식할 뿐이며, 문명수 가지나무 위에 난만히 피어난 次數 世界性 空中建築 같은 것은 그 시인의 발밑에 다만 기름진 토비로서 썩혀질 뿐인 것이다. 次數性 世界가 건축해 놓은 기성관념을 철저히 파괴하는 정신혁명을 수행해 놓지 않고서는 그의 이야기와 그의 정신이 대지 위에 깊숙이 기록될 순 없을 것이다. 지상에 얽혀 있는 모든 국경선은 그의 주위에서 걷혀져 나갈 것이다. 그는 인간의 모든 원초적 가능성과 귀수적 가능성을 한 몸에 지닌 全耕人임으로 해서 고도에 외로이 흘러 떨어져 살아가는 한이 있더라도 문명기구 속의 부속품처럼 곤경에 빠지진 않을 것이다.[17]

---

15) 김창완, 『신동엽 시 연구』(시와시학사, 1995), p.53.
16) 『신동엽전집』개정판(창작과비평사, 2005), p.362.

신동엽의 문학적 지향은 현대 문명사회에 대한 거부감으로 전경인의 삶을 추구하고 그것을 토대로 인간 개개인들의 정신발달에 울림을 생성시키는 사회학적 상상력에 기초해 있다. 신동엽의 사회학적 상상력 중심에는 그리하여 자연적 삶의 태도가 간절하고 진정하게 놓여 있다. 인간은 자연스럽게 우러나오는 샘물 같은 존재다. 여기에서 대지는 그러한 자연적 인간이 활동할 수 있게 모든 것을 제공하는 생명 보존의 그릇이다. 그 속에서 인간은 조화로운, 즉 자아와 세계가 합일되어 작동하는 자연물과 연결된다. 이것이 신동엽이 말하는 차수성 이전의 원수성 세계다.

그러나 그렇게 서로의 생명을 교감하는 자연태들, 광활한 대지에 뿌리내리고 싹틔우고 꽃피우는 식물에 폭력성이 침투하기도 한다. 바로 인위적 제도에 의해서다. 자연의 생명을 키워내는 대지가 물질문명에 의해 황폐화되고 내일의 꿈조차 꿀 수 없는 상황이 펼쳐지고 있는 현재적 공간, 이것이 차수성 세계다. 생명체와 생명체 사이의 교화적 관계가 끊어진 채 비극적 운명에 맞닿아 있는 개체들의 삶은 죽음과 같다. 그러나 현대문명 발달로 인간성이 파괴된 기계적 인간은 생명의 위기감을 감지하지 못한 채 살아가고 있다. 그래서 누구든 자연인임을 자각하고 부정한 힘에 의해 지배당하고 있는 자아를 구해내야 할 시기가 온 것이다. 이 같은 상황에서 사회구성원 개개인은 어울림을 중요시하며 자기반성적 변화를 만들어가는 모습, 이것이 신동엽이 말하는 귀수성 세계다.

신동엽 시인의 상상력 근간은 그에 따라 '풀'과 '바람', '꽃'과 '소리'들이 움트는 대지에 있다. 자연적 삶의 형태를 되살려내기 위한 방편으로 결함과 한계를 지닌 현재의 문명세계를 갈아엎는 전경인의 자세를 도모하고 있는 것이다. 여기에서 식물의 기호란 씨앗, 초목, 꽃, 열매 등을

17) 『신동엽전집』, pp.370~371.

총칭[18]하는 것으로 이들은 시대적 과업에 참여하는 서민의 상을 띤다.

그의 시에서 식물의 기호로 씌어진 제재는 '알밤'(「그 가을」), '홍시감'(내 고향은 아니었었네」) 등의 열매류와 '森林'(「새로 열리는 땅」), '고목'(「힘이 있거든 그리로 가세요」) 등의 나무류다. 시인은 자연의 시각으로 이러한 식물의 의장들을 창출하여 근원적인 인간적 삶을 모색한 것이다. 그들 중 '꽃'도 자연의 개체로서 인간의 현재적 삶의 형태를 다양하게 드러내는 오브제이다.

'꽃'은 아름답지만 언제 어디서든지 비·바람에 의해 금세 시들어버리거나 식물에서 일탈되어버리는 나약한 존재다. '꽃'은 그리하여 원숙한 경지에 이르렀어도 강력한 힘들에 의해 쉽게 훼손되어지고 상처를 입는 서민으로 보게 된다. 시인에 의하면 그러한 삶의 해결은 대지의 생명체를 새롭게 키워낼 수밖에 없다.

갖가지 색깔로 피어난 꽃들은 아름다움을 지니고 있지만 온전하지 못한 주변의 상황에 의해 하루하루를 불안하고 위태롭게 살아가는 개별적 존재들이다. 그렇기 때문에 신동엽은 '꽃'에 완전한 형태의 삶을 구가한다. 말하자면 '꽃'은 씨앗을 잉태하고 그 씨앗들을 대지로 보내 새로운 면모로 거듭나게 할 수 있어야 한다는 것이다. 대지는 모든 만물을 조화롭게 창조하며 화해를 도모하는 인류의 공동체적 원천이기 때문이다.

> 文化的인 精神的인 結束을, 祖國의 實質的인 統一을 促進시킬 수 있는 것이라는 信念을 나는 가지고 있다.[19]

---

18) 김석환, 「신동엽 시의 기호학적 연구」, 『예체능 논총』(명지대학교예체능연구소, 1997), p.15.

19) 『신동엽전집』, p.399.

신동엽의 시정신은 민족의 주체적 변혁과 관련된다. 그리하여 그의 전경인의 역할은 민족모순, 계급모순을 변주[20]하고 제거하는 데 있다. 이는 인류문명 전체를 아우르는 선지자적 예지[21]에 의해 시도되고 있으며 시적 자아의 살아 움직이는 모습은 언어기호체계로 펼쳐진다.

그의 시에서 '꽃'은 객관 현실에서 독자적으로 긴장을 추스르는 메시지가 침전되어 있다. 말하자면 복잡하고 미묘한 현대사회 속에서 첨예한 갈등을 체현하며 삶의 격정과 열정에 불타는 서민의 삶이 인지되고 있다. 이러한 의미의 수용은 한편으로 '꽃'을 분열적 개체들로 파악할 수 있다.

1) 길가엔 진달래 몇 뿌리 / 꽃 펴 있고, / 바위 모서리엔 / 이름 모를 나비 하나 / 머물고 있어요 // 잔디밭엔 長銃을 버려 던진 채 / 당신은 / 잠이 들었죠. // 햇빛 맑은 그 옛날 / 후고구렷적 장수들이 / 의형제를 묻던, / 거기가 바로 / 그 바위라 하더군요. (「진달래 山川」 일부)

2) 노오란 무꽃 / 智異山 마을. / 무너진 헛간엔 / 할멈이 쓰러져 조을고 // 평야의 가슴 너너로, / 高原의 하늘 너머로, / 원생의 油田지대로, / 모여 간 탱크부대는 / 지금, 궁리하며 (「風景」 일부)

3) 허리 아래로 대낮, / 꽃 구렝인 / 눙치고, // 깊은 懊惱감춘 / 미쳤던, / 미쳤던, / 꽃 사발이여. // 스카아트 밑으로 / 天才는 흰 久遠 빛내며. // 한낮 꿀벌 뒤집혔다. (「미쳤던」 일부)

예시된 각각의 '진달래꽃', '무꽃', '꽃구렝이', '꽃사발' 등은 역사의식을 내장한 민족의 전통적 숨결들이다. 그러나 신동엽에 의해 보여지는 꽃들은 화려하거나 풍요롭지 않다. 그의 꽃들은 뒤틀린 삶 속에서 순

20) 신동엽, 신경림 편, 『꽃같이 그대 쓰러진』(실천문학사, 1988), p.166.
21) 강형철, 「신동엽 시의 시대의식 연구」, 『숭의논총』 제23집(숭의여자대학, 1999), p.184.

결한 마음을 안고 서럽게 숨쉬는 생명체에 불과하다. 이는 우리가 면면이 보아온 대로 국가의 주체가 아닌, 객체 즉 언제나 주변에 놓여진 서민들로 이해하게 된다.

서민적 삶으로 대변되는 신동엽의 꽃들은 억압적 힘에 대한 상실감이 극대화되어 나타난다. 그렇기 때문에 '꽃'이라는 언어적 기호는 공간을 배분하며 동류의식을 갖는 공동체적 의식 이전의 개별적 형태라 할 수 있다. 그러므로 '꽃'은 비나 바람 같은 대립적 대상과의 거리를 좁히면서 삶의 역동성을 보여주는 이미지가 아니라 숱한 좌절을 맛보는 인간의 상을 띤다.

'꽃'은 언어적 기호로서 신동엽 시에서 자아의 주체성을 찾기 위한 과정으로 현시된다. 하지만 부여된 가치체계는 개별적이며 분산된 삶의 형태이므로 차수성 세계임을 확증해준다. '꽃'은 그리하여 삶의 긴장과 연민의 줄기를 치고 있다. 그러한 표면적 표식은 시인의 거대한 사상적 깊이를 직시하게 한다. 즉 차수성 세계로부터 원수성 세계를 향한 시대정신을 구현하고 있다고 하겠다. 그러므로 신동엽의 '꽃'은 불어닥친 문명의 바람에 맞닥뜨려져 생명의 위협으로부터 일탈하려는 서민의 모습이라 할 수 있는 것이다. 곧 시대의 고비마다 희생당한 서민의 상이 '꽃'에 비쳐지고 있다고 하겠다.

신동엽의 시에서 꽃들은 자기의 영역을 확장시켜나가지만 집단적인 의미가 배제된 개별적 존재로서 시인은 이들의 이상적 삶의 확보를 꾀하고자 한다. 불안정한 개체적 서민들의 현실 대응을 문제삼는 것이다. 그래서 차수성 세계에서 원수성 세계로, 즉 차수성 세계에서의 '꽃'은 원수성 세계인 광활한 대지로 되돌아갈 것을 희구하면서 씨앗을 잉태시키듯이 서민들도 끊임없이 새롭게 태어나기를 갈구하는 것이라 할 수 있다. 그러므로 차수성 세계에서 '꽃'은 시인에게 있어 현실의 난관을 헤쳐나가는 데 유효한 기호로 작용한다. '꽃'이라는 언어적 기호는 결국 불합리한 현대문명에 의한 고달픔을 벗겨내며 고통스런 혼돈으로부터 일탈하고자 몸부림하는 표식이다. 그러기에 '꽃'은 역사적 비극성을 뛰어넘어 새로운 생명을 추동하고자 하는 시인의 모습으로 대치된다.

시 「山死」는 원시적 생명을 갈망하는 시인의 내면의식이 강하게 표출되는 작품이다.

> 불 달은 / 몸둥아리엔, / 꽃이 피었다. // 멍석 / 그늘, // 돌창을 / 던져라, / 꽂힌 / 바위. // 湖水 위엔 / 맑은 바람 // 아우성은 / 승리 높이 / 上天에 / 뻗고, / 죽음은 빛났다. // 숱한 낮, / 太陽 익은 / 陵線 따라 // 서린 / 입김 // 돌창을 꽂아라, / 푸른 / 동자. // 돌창을 꽂아라, / 푸른 / 동자. // 戀苦는 / 빛났다. // 새벽 / 벌 / 이슬 쏟은 // 네 발 / 문 / 獅子. // 죽음은 썩고 / 뿌리 적신 / 생 피. // 비단 젖 가슴 / 흙 밭 위에, // 억센 / 四肢, // 돌창을 꽂아라 / 푸른 동자. // 돌창을 꽂아라 / 푸른 동자. // 쓰러지지 않았다, / 魂은 / 뛰쳐 나와 / 하늘을 / 갔다. // 숱한 밤, / 멍석 딸기 골짝마다 // 꿈은,
>
> —「山死」

삶과 죽음을 반복하는 자연의 이미지를 환기시키는 이 작품에서 무한한 씨앗의 생산을 갈망하는 '꽃'을 보여주고 있다. 여기에서도 죽음이 확산되는 문명의 세계에 대한 강한 거부가 내포되어 있다. 그런데 이 시에서는 '새벽', '벌', '이슬'이 '꽃'의 씨앗에 대응되는 오브제들이다. 뒤틀린 세상에서 야기된 자연의 한계성을 인식한 시인은 그나마 피어 있는 '꽃'에 대한 존경심을 가지고 있다.

그래서 창조주의 뜻에 따라 '새벽'과 '벌'과 '이슬'이 대지로 쏟아져내리는 희망을 꿈꾼다. 이들은 대지에서 불화의 극치들을 무화해낸 노력의 결정체들로 섬김의 대상이다. 바람 잘 날을 간절히 바라는 산은 '꽃'이 떨군 씨앗이 썩어 문드러진 것과 함께 죽음에 닿아 있지만 그 죽음

은 진정한 생을 돋우는 원수성의 세계로 이해하지 않으면 안 된다. 그렇기 때문에 작품이 강력한 이미지와 역동적 분위기로 확산되는 느낌을 받는 것이다.

인용한 시에서도 '꽃'이라는 언어적 기호를 중심으로 대지의 기운이 발하고 있음을 느낄 수 있다. 시인은 부정한 역사적 시간과 공간을 구원하는 차원에서 강한 언어적 자질들을 동원해 놓았다. '꽃힌 바위', '맑은 바람', '서린 입김', '푸른 동자' 등이 그것이다. 이것들은 비탄에 젖은 서민들의 심리적 불안과 심화된 고통을 생동감과 부활의 의지로 갈아엎는 상징성을 지닌다. 그럼에도 '꽃'은 아직 질긴 생명활동을 통해 씨앗을 틔워야 하는 과제가 남겨져 있다.

신동엽은 이처럼 '꽃'을 위시하여 식물을 표상하는 생명력의 세계를 보여준다. 거기에는 네 가지의 원형질이 조화롭게 작용하고 있는데, 이는 시인이 추구하고자 하는 전경인의 내면적 삶으로 기능한다고 볼 수 있다. 이것을 기호론적으로 나타내면 다음과 같다.

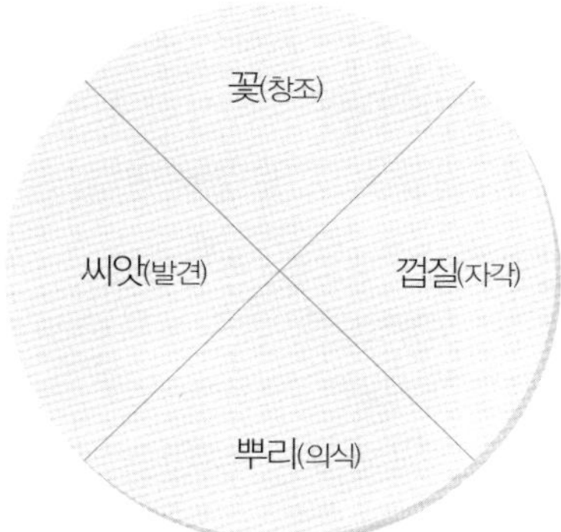

꽃 : 의식적 활동을 통해 소통행위를 벌여나가는 생
뿌리 : 역사적·사회적 의식을 바탕으로 적극적 삶 모색
씨앗 : 현실의 모순을 발견하고 새롭게 부여받은 생동성
껍질 : 세계의 변화를 자각하고 순수성에 입각한 마음을 비우는 생

위의 도식처럼 자신을 비우는 행위가 '껍질'로, 세계의 발견이 '씨앗'으로, 자아실현을 위한 능동적 수행은 '뿌리'로, 주제적 자아로써 현재의 불완전한 삶을 극복해나가는 것은 '꽃'으로 사유하도록 만든다. 여기서 '씨앗'과 '껍질', '뿌리'와 '꽃'은 각각 이질적이면서도 동질적인 가치로 순환 작용하는 성질로 보게 된다.

3. '아사녀'와 주체적 복원

신동엽 시는 사회구성원 간의 대립과 갈등을 목도하고 허무적 의식의 나약성을 뛰어넘어 강한 민족의식에 의해 씌어졌다. 그 근거를 기계적 문명·서구 추종주의 문제를 끊임없이 제기[22]한 데에서 찾을 수 있다. 또한 객관 현실에 능동적으로 대응해 나가는 가운데 자발적 민족어 구사와 민족본질주의적 시각에 의한 역사인식으로, 역사 발전의 주체가 되는 인물을 시에 상징화[23]시켜놓은 데서 근거가 확보되고 있다.

신동엽은 전경인의 역할을 염두에 두고 역사적 진실을 지속적으로 드러내는 행보를 하였으며 민족의 역사적 동질성을 띠는 신화적 인물들에 대한 존재가치를 작품으로 보증해냈다.

> 사실 全耕人的으로 생활을 영위하고 全耕人的으로 체계를 인식하려는 全耕人을 주워 모아야 한 사람의 全耕人的으로 세계를 표현하며 全耕人的인 실천 생활을 대지와 태양 아래서 버젓이 영위하는 全耕人, 밭 갈고 길쌈하고 아들 딸 낳고, 육체의 중량에 합당한 量의 발언, 세계의 철인적·시인

22) 김석영, 「신동엽시의 서구 지배담론 거부와 대응」, 『상허학보』14집(깊은샘, 2005), p.133.
23) 오정국, 『시의 탄생, 설화의 재생』(청동거울, 2002), p.113.

적·조합적 인식, 온건한 대지에의 향수적 귀의, 이러한 실천생활의 통일을 조화적으로 이루었던 완전한 의미에서의 全耕人이 있었다면 그는 바로 歸數性世界 속의 인간, 아울러 原數性世界 속의 체험과 겹쳐지는 인간이었으리라. (…) 인류의 여름철 지구 이곳저곳에선 이들 코스모스꽃이 불완전하게나마 몇 송이 피어났다. 그들은 세상을 알았고 인생을 알았고 그렇기에 자기 위치에서 가을로 돌아갔다. 佛經 著述人, 千言의 五發言人, 聖書 저술인, 이들은 무더운 여름날 호올로 피었다 쏟아져 돌아간 철 이른 꽃들이었다.[24]

민족의 역사를 바로 세우기 위한 방편으로 신동엽은 역사적 공간의 확장을 통해 시간적 구속이 없는 전경인의 자세를 강조하고 있다. 자신의 존재원리를 전경인에 두고 민족의 전통적 연속성과 통일성을 유지하기 위한 몸부림을 하고 있는 것이다. 그래서 인간정신의 승화로 발현[25]하고자 과거의 시간을 끌어올리는 데 주저함이 없으며 순수성과 토박성에 기인한 역사적 의미를 되새기는 것으로 파악할 수 있다. 시 곳곳에 백제의 설화적 인물을 등장시켜 민족의 고유한 정서를 드러낸 것이 그것이다. 중요한 것은 그가 상정시켜 놓은 인물이 지배계층이 아닌, 피지배계층이라는 점이다. 민족의 설화에 담긴 피지배계층의 인물을 향한 시선은 신동엽이 사회적 활동의 주체가 소수의 상류층이 아니라 다수의 하류층에 있다는 것을 인지시켜주는 것이며, 국가의 토대를 형성하는 주체가 피지배층임을 부각시키는 것으로 받아들여진다.

시의 구조 속에 내밀화된 백제 '아사녀'는 민족의 주체적 인물로 그려지고 있다. 이는 신동엽 자신이 신화시대라 일컬어지는 백제의 후손임을 주체적으로 인식한 후, 옛 문화를 복원하고자 하는 의식과 연계된다. 문명 이전의 시대, 즉 백제시대는 지주도, 특권층도 없는 평등한

---

24) 『신동엽전집』, pp.367~368.

25) 조병춘, 「김수영과 신동엽의 참여시 연구」, 『세명논총』 제4집(세명대학교, 1995), p.15.

세상[26]이었으므로 전경인적 체득에 의해 현대의 암담한 현실을 거부하고 "뭇 나뭇잎들을 한 씨알로 모아 가지고 우리들은 땅으로 쏟아져 돌아가야 할"[27] 곳, 바로 시인은 백제시대를 표본으로 삼고 있다.

> 모질게도 높은 城돌 / 모질게도 악랄한 채찍 / 모질게도 陰凶한 術策으로 / 罪없는 月給쟁이 / 가난한 百姓 / 平和한 마음을 뒤보채어 쌓더니 // 산에서 바다 / 邑에서 邑 / 學園에서 都市, 都市 너머 宮闕 아래. / 봄따라 왁자히 피어나는 / 꽃보래, / 돌팔매, // 젊은 가슴 / 물결에 헐려 / 잔재주 부려 쌓던 해늙은 餓鬼들은 / 그혀 逃亡쳐 갔구나. // 一愛人의 가슴을 뚫었지? / 아니면 祖國의 旗幅을 쏘았나? / 그것도 아니라면, 너의 아들의 學校 가는 눈동자 속에 銃알을 박아 보았나?— // 죽지 않고 살아 있었구나 / 우리들의 피는 大地와 함께 숨쉬고 / 우리들의 눈동자는 江물과 함께 빛나 있었구나. // 四月十九일, 그것은 우리들의 祖上이 우랄高原에서 풀을 뜯으며 陽달진 東南亞 하늘 고흔 半島에 移住오던 그날부터 三韓으로 百濟로 高麗로 흐르던 江물, 아름다운 치마자락 매듭 고흔 흰 허리들의 줄기가 三·一의 하늘로 솟았다가 또 다시 오늘 우리들의 눈앞에 솟구쳐 오른 阿斯達 阿斯女의 몸부림, 빛나는 앙가슴과 물구비의 燦爛한 反抗이었다. // 물러가라, 그렇게 / 쥐구멍을 찾으며 / 검불처럼 흩어져 歷史의 下水口 진창 속으로 / 흘러가버리렴아, 너는. / 汚辱된 權勢 咀呪받을 이름 함께. // 어느 누가 막을 것인가 / 太白줄기 고을고을마다 봄이 오면 피어나는 / 진달래·개나리·복사 // 알제리아 黑人村에서 / 카스피海 바닷가의 村아가씨 마을에서 / 아침 맑은 나라 거리와 거리 / 光化門 앞마당, 孝子洞 終點에서 / 怒濤처럼 일어난 이 새피 뿜는 불기둥의 / 抗拒…/沖天하는 自由에의 意志… // 길어도 길어도 다함없는 샘물처럼 / 正義와 울분의 行列은 / 億劫을 두고 젊음쳐 뒤를 이을지어니 // 온갖 榮光은 햇빛과 함께, / 소리치다 쓰러져간 어린 戰士의 / 아름다운 손등 위에 퍼부어지어라.
>
> —「阿斯女」

---

26) 장부일, 「한국현대시 장시의 전개양상 연구」, 『논문집』 제21집(한국방송통신대학교, 1996) p.69 참조.

27) 『신동엽전집』, p.371.

신동엽의 시에는 전반적으로 백제 유민의 찬란한 문화에 대한 회한과 무상감[28]이 배어있다. 이 시 역시 문명 이전 단계인 고대국가의 한 세계, 백제 설화의 모티프가 내재해 있다. 비문명 시대의 무소유와 인간성에 기초한 구성원 간의 사랑을 복원하고자 하는 시인의 정신을 짐작할 수 있다. 의미 다발적이고 복합적인 설화적 인물을 자신의 이상적 모태로 인식하고 현재적 삶의 질서를 모색하는 것은 현실과의 대결 위에서 세계의 진실을 드러내는 의미가 포함되어 있다. 설화에는 정신적 통찰을 할 수 있는 요건들이 구성, 지식체계를 전수하는 교육적인 기능이 내포[29]되어 있다. 설화를 문학의 사회적 기능에서 중요하게 다뤄지는 까닭이 여기에 있다.

'아사녀'는 신라의 땅에서 불국사 축조를 하는 남편 '아사달'을 기다리다가 불국사 가까운 못에 몸을 던져 부부의 사랑을 보여준 백제의 전승설화다. 시인은 이러한 내용의 설화를 확인시켜주는 데서 출발하여 나아가 '아사녀', '아사달'을 현대 피지배층의 역동적 구실을 제시하는 것으로 이해하게 된다. 새로운 질서를 구축하기 위해서는 전범의 기능을 견인하여 그것을 신성시하게 마련인데 신동엽은 '아사녀'를 그러한 언어적 기호로 설정, 한국 민족의 정신을 주체적으로 복원하려는 상을 갖게 하고 있다.

저 머나먼 '우랄고원'으로부터 시작된 우리 민족의 역사적 진실을 파헤침으로써 시간적 간극 속에서 민족의 정체성을 확인하는 의미 공간을 형성해내고 있다. 다시 말해 '아사녀'와 '아사달' 간 사랑의 몸짓을 신동엽 시인은 역사적 고비마다 떨쳐 일어난 피지배층의 결합으로 보고 있다. 3·1 독립운동과 4·19혁명, 이 두 역사적 사건은

---

28) 강현희, 「〈산유화가〉에 나타난 백제유민의 의식과 전통성 연구」, 『대전어문학』 제17집 (대전대학교 문과대학 국어국문학회, 2000), p.268 참조.

29) 강등학 외, 『한국 구비문학의 이해』 개정판(도서출판 월인, 2002), p.51.

외세 침략과 비민주적 지배집단에 대항한 피지배층의 주체적 투쟁으로 성격을 규정지어 놓은 것이다. 설화적 인물의 시적 형상화는 살아 있는 피지배층의 주체적 힘을 다시 환기시키고자 한 시인의 목소리이다.

'아사녀'는 반외세·비민주 속에서 은은히 살아 남아 있는 피지배계층의 힘을 상징하며 우리 민족이 지향해야 할 지표, 즉 자본의 힘에 의해 분산되고 대립과 갈등으로 소외되어 가는 하층민들의 삶을 치유하는 요소를 가진 기호이다. 따라서 '아사녀'라는 언어적 기호는 현실의 모순과 갈등을 발견해내고 그 흐름 속에서 시인의 내면에 독특하게 위치를 차지하고 있는 백제문화의 의미를 획득하고 있다. 그리고 그것은 한민족의식으로 고양된 혈통주의적 성찰에 의한 주체적 역사의 궤적을 보이고 있다. '아사녀'의 희생적 애정과 '아사달'의 장인정신을 드러낸 이유에는 신동엽이 주체적 민족의 소명감으로 혼란한 시대적 상황을 문제삼는 것이라 보아도 큰 무리가 없다.

신동엽의 시들은 어느 시대 어느 사회를 막론하고 절대고독한 자리에서도 끝끝내 희망의 끈을 놓지 않는 인간 개개인의 상을 비추어준다. 먼 백제시대로 거슬러 올라가 조상들의 생활 감정 속에서 싹튼 인간적 삶의 측면을 드러내는 시인으로부터 우리가 몸담고 있는 현실을 되돌아볼 수 있다. 그렇기 때문에 시인의 주체적 역사인식과 사회의식을 높이 살 수 있는 것이다. 동시에 백제의 '아사녀'·'아사달'의 진솔한 삶의 문제에 접근함으로써 피지배층의 정서를 이해할 수 있는 기반이 조성된다.

신동엽의 가장 큰 매력은 민족의 정체성을 설화적 인물로 대변하여 시의 주제를 강화하는 데 있다. 거기에 무기력한 소시민적 행태를 비판이라도 하듯이 강한 어휘를 동원, 살아 숨쉬는 시의 맛을 품어내고 있다. "높은 성돌", "악랄한 채찍", "음흉한 술책" 같은 어구들은 시가 강한 인상을 갖게 하는 데 효과를 발휘하고 있다. 상실되어가는 전통적 민족정신을 떠받치고 있는 인간적 순수성이 엷어지고 있음을 깨닫고 마음의 안식처를 찾을 수 있는 '아사녀'를 시적 상상력으로 삼은 것이다.

한편 신동엽 시의 내용적 층위는 교조주의적 이념 전달의 경향으로 비판받을 수 있는 소지가 충분하다. 그럼에도 불구하고 시인 자신의 사회사상을 예술적 감흥으로 전이시켜 미학적 진폭으로 흐르고 있는 까닭에 그러한 우려를 씻어내고 있다.

> 목메어 휘젔던 울창한 숲은 비젖은 빛나는 구름 밭에 휘저 오르고,
> 멍석딸기 무덤을 나와 찔레덤풀로 기어들은 渤海는 바위에서 성긴 숲으로 숲에서 다시 불붙는 태곳적 산불로 어울려 목숨과 팔뚝의 불붙는 천지로 타오른 그날 임진난리의 우렁찬 외침을 귀 기울여 보아라.
>
> 침을 삼키며 싱싱한 하늘로 올라 보아라.
> 이랑진 빨랫터 강마을마다 매듭 고흔 손으로 묻어진 어여쁜 地雷의 얼굴, 新武器의 오손도손한 살림살이를 구경하여 보려므나.
>
> 六月의 동산으로 올라 보아라.
> 밀짚모자 깃을 추켜 이마 훔치던 京釜線 街路樹 총 메인 少女.
> 참쑥 뭉쳐 꿀꺽이며 鴨綠江으로 濟州道로 바다로 골짜기로 반만년 쫓기던 민텅구리 죄 없는 백성들이 터진 맨발을 생각하여 보아라.
>
> —「阿斯女의 울리는 祝鼓」

한반도의 특수한 역사적·사회적 배경은 이 땅의 주인인 백성들에게 시대의 고비마다 희생적 삶을 살게 했다. 역사적으로는 끊임없는 외세의 침략이, 사회적으로는 신분차별과 이념적 대립이 민족의 동질성을 훼손시켜왔다. 그동안 정치위정자들에 의해 피지배층은 불구적

인 삶에서 벗어나지 못한 채 국가건설의 희생만을 강요받아온 것이 사실이다. 신동엽은 국가권력자들의 민족적 정체성의 부재의식을 문제삼으며 피지배층의 입장에서 실존적 고뇌와 우리 민족의 정체성의 절실함을 생성시키고자 한 의도로 「阿斯女의 울리는 祝鼓」를 노래하고 있다. 시적 화자는 남다른 민족애로 고난의 삶을 반추하며 민족의 미래에 대한 염원을 펼쳐내고 있다. 이는 시대변화와 함께 희석되어가는 공동체의식에 대한 각성을 촉구하는 의미가 있다. 그리하여 인용 작품은 현재 우리들에게 민족통일 열망의 퇴조현상을 직시하게 하여 다시 조국에 대한 자긍심을 추스르도록 하는 상이다. 행의 끝마다 반복적으로 쓰여진 명령형 어미가 그 역할을 담보하고 있다.

'아사녀'는 현재적 자연의 공간이 먼 옛날부터 꾸준히 이어져온 전통적 역사성을 지니고 있음을 가리킨다. 따라서 '아사녀'는 시적 자아가 잃어버렸던 민족의 주체성을 복원하기 위한 하나의 기호로 선택된 것이다. 민족 주체성에 대한 각인은 곧 불합리한 역사적 시간을 무화시키고 영원한 삶의 터전인 대지를 온전하게 가꾸기 위한 사회적 공간을 확대·심화시키는 것이라 하겠다. 백제의 설화적 인물 '아사녀'와 관계맺기를 보여주면서 시인은 조국에 대한 사랑의 집착을 보여준다. 그리하여 인용시는 인간적 삶의 복원을 모색하는 형상이라 하겠으며 여기에 사랑과 연민의 상징을 갖는 '아사녀'와 교감형성이 이루어지고 있다고 하겠다.

또한 인용시는 권력자들의 오만으로 불구가 된 나라를 구하려는 피지배층의 정신을 펴 올리고 있다. 신동엽이 설화의 인물을 시에 차용한 배경에는 "설화가 조상을 영광되게 하려는 사람들의 욕망"[30]과 지난 시대를 자연과 인간의 조화롭고 평화로운 원시적 형태로 파악한 때문이라 여겨진다.

---

30) 말리노우스키, 서영대 역, 『원시신화론』(민속원, 1996), p.31.

신동엽의 '아사녀'는 그래서 개별적 존재의 기호가 아닌, 시대적 상황의 장벽을 넘어서는 민족 전체의 기호로 씌어진 것이라 하겠다. 말하자면 '아사녀'는 우리 민족이 주체적으로 인간적 삶을 복원하는 지표로, 순수성에 기인한 현재의 모든 비극적 상황들을 거세하는 상으로 이해된다. "발해는 바위에서 성긴 숲으로 숲에서 다시 불붙는 태곳적 산물로 어울려 목숨과 팔뚝의 불붙는 천지로 타오른 그날 임진난리"에서 그렇다.

'아사녀'를 설화의 기호로 인식할 때, 그것은 전설의 측면에서 설명할 수 있다. 증거물로 뒷받침되는 사실적 근거와 허구적 내용과의 긴장관계가 전설의 문학적 구조[31]로 승인되고 있는 까닭이다. 신동엽의 시에서 씌어진 '아사녀'는 불국사 '무영탑'이라는 증거물과 허구적인 사랑이야기를 한데 엮어낸 문학적 진경이다. 신동엽 시인이 사회적 갈등문제를 역사성을 담지하고 있는 전설에 대응시킴으로써 전통적 문학세계를 습득하고 있는 것이다. 그리하여 신동엽은 서구적 문명에 의해 핍박받고 있는 민족의 삶을 비판하는 시적 성취를 달성하고 있다. 그래서 시인은 당당하게 "반만년 쫓기던 민텅구리 죄 없는 백성들이 맨발을 생각하여 보아라" 외치고 있다.

'아사녀'는 타자의 가슴을 끈끈한 사랑의 정으로 감아내 오랜 세월이 흐른 뒤에도 모두가 그를 그리워할 수밖에 없는 상이다. 신동엽은 현재를 사는 우리들에게 '아사녀'의 진실한 사랑이 어디에 있는가를 다음 작품에서 제시해주고 있다.

> 여보세요 阿斯女. 당신이나 나나 사랑할 수 있는 길은 가차운데 가리워져 있어요.

---

31) 강등학 외, 앞 책, p.123.

말해 볼까요. 걷어치우는 거야요. 우리들의 포등 흰 알살을 덮은 두드러기며 딱지며 면사포며 낙지발들을 面刀질해 버리는 거야요. 땅을 갈라놓고 색칠하고 있은 건 전혀 그 吸盤族들뿐의 탓이에요. 面刀질해 버리는 거야요. 하고 濟州에서 豆滿까질 땅과 百姓의 웃음으로 채워버리면 되요.

누가 말리겠어요. 젊은 阿斯達들의 아름다운 피꽃으로 채워버리는데요.

—「주린 땅의 指導原理」 일부

인위적 세계의 흔적을 걷어치우고 '아사녀'가 살던 형식으로 거듭나고자 하는 심정이 짙게 배어 있다. 우리 곁에 둘러쳐진 인위적 세계란 정치위정자들에 의해 고착된 조국의 분단이다. 신동엽은 이러한 사회구조를 비판적 시각으로 견인해 내면서 '아사녀'가 '아사달'에 대한 애틋한 사랑을 죽음으로 확인시켜주었듯이, 조국에 대한 사랑을 전경인의 목소리로 울려주고 있다. '걷어치우다', '면도질해 버리다' 등이 전경인적 울림이다. 이러한 단호한 목소리가 울림이 큰 것은 언어적 기호와 기호 사이 비유와 상징 등의 시적 요소들로 갈무리되어있기 때문이다.

그러므로 위의 작품은 민족정신을 잃지 않고 비극적 현실을 타파해 나가자는, 즉 전통적 가치가 내재된 민족의식을 주체적으로 복원하자는 소망으로 씌어졌다고 할 수 있다. 시인은 한민족의 문화가 깊게 서려있는 '아사녀'의 나라 백제를 동경하고 있다. 백제시대는 남녀 간의 지고지순한 사랑을 표출할 수 있을 만큼 자유스러웠지만, 시인의 현재적 삶은 그보다 못하다. 그래서 자유를 영위하는 삶을 갈망하고 있다. 신동엽에게 있어 이것은 집단적 정체성의 형성과 직결되는 문제[32]로서 우리 민족에 대한 미래의 전망을 문학적으로 획득하는 것이 된다.

인간 자체를 위협하고 있는 물질적 욕망들을 시인은 '흡반족'으로

---

32) 강계숙, 「신동엽 시에 나타난 전통과 혁명의 의미」, 『한국근대문학연구』(태학사, 2004), p.261.

대치시켜 놓고 있다. '흡반족'은 자본과 정치권력의 묵인 아래 인간성을 파괴하는 의미로 해석할 수 있다. 그리하여 '아사녀'는 역사적 단계마다 우리 민족의 정체성을 이어주는 기호이며 감성과 이성이 잘 조화되어 감정적이면서도 도덕적·윤리적 인간세계의 이미지를 갖는다.

감정적이면서도 이성적 영역은 '아사녀'의 행위에서 부유하고 있다. '아사녀'가 '아사달'에 대한 사랑의 감정을 외현적으로 쉽게 분출하지 않고 내면으로 녹여낸, 그리하여 고귀하고 숭고한 자기희생의 승화로 점화되고 있음이다. 범박하게 말해서 '아사녀'는 우리 민족이 근본적으로 사유하게 하는 인식의 틀이다. 사회구성원 간의 평등한 관계를 이루게 하는 기표로서 '아사녀'가 통시적이고 공시적인 성격의 의의를 가진다. 이를 그림으로 나타내면 다음과 같다.

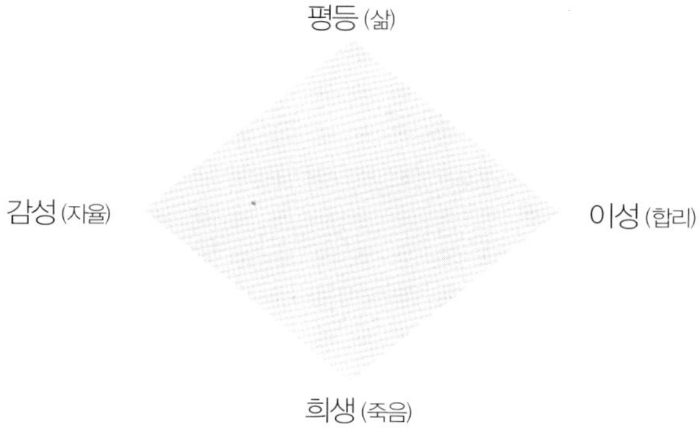

평등 : 원초적 생명의 토대가 되는 공동체의 세계
희생 : 지고지순한 사랑을 바탕으로 한 순수한 세계
감성 : 인간의 아름다움을 발산하는 자연적 통로
이성 : 진정성으로 타자와 교감하는 상식적 통로

도식화한 바와 같이 '아사녀'는 삶/죽음, 자율/합리를 담지한 평등·희생·감성·이성의 그물로 엮어진 구조의 상을 보여준다. 기호론적 관

점에서 추출된 이들은 신동엽의 작품에서 조화로운 삶을 펼칠 수 있는 모델들로 전경인의 정신을 담보해내는 동위태를 이루고 있다.

4. 결 론

이 논문은 언어적 기호와 상의 개념 아래 신동엽의 작품을 사회학적 상징으로 파악하고 구체적으로 씌어진 언어적 자질을 기호학적 관점에서 독해한 작업이다. 이를 통해 전경인의 정신으로 다져진 시인의 시적 상상력을 이해하는 열쇠가 될 것이다.

'꽃'과 '아사녀'는 순수성이 담지된 언어적 기호이며 시인이 인류의 시원적 공간에서 한민족의 인간적 원시성을 밀고나가는 상이다. 다시 말해 식물의 기호 '꽃'과 인물의 기호 '아사녀'는 각각 참다운 생명을 희구하는 이미지와 지고지순한 사랑으로 삶의 조화가 이뤄졌던 공간을 주체적으로 복원하려는 이미지를 지닌다. 이는 모순된 역사적·사회적 현실을 직시하고 국가의 주인인 백성의 힘으로 전복시켜야한다는 철학적 사유, 즉 인위적인 현대문명사회를 자연적인 원시적 사회로 되돌려놓아야 한다는 신동엽의 전경인적 사상이다.

'꽃'은 자연의 식물이다. 그것은 비나 바람과 맞닥뜨리면 금방 떨어져나가는 나약한 존재다. '꽃'은 그리하여 강력한 힘들에 의해 쉽게 훼손되어지고 상처를 입을 수 있는 서민들의 삶과 동일시된다. 시인은 그렇기 때문에 꽃들이 제각각 아름다움을 안고 있지만 주변의 부정한 힘들에 의해 위태위태하게 살아갈 수밖에 없는 개별적 주체들로 상정하고 있다. '꽃'은 씨앗으로 하여금 현재적 삶보다 나은 생을 생성시킬 수 있는 기호에 해당한다.

'아사녀'는 설화의 인물이다. 시인은 사회적 공간의 확장을 통해 순수했던 과거 우리 민족의 정신을 선망한다. 백제의 피지배계층으로서

'아사녀'를 민족적 주체의 상징으로 담보해내고 있다. 이는 특권층도 없고 모두가 평등한 삶을 가졌던 원시시대로 귀향하고자 하는 주체적 복원의 의미망에 연결된다. '아사녀'의 나라 백제를 이타적 사랑을 베풀 수 있는 여유와 원시문화로 인하여 인간의 절대적 가치인 자율과 평등이 보장된 사회로 파악하고 있기 때문이다. '아사녀'는 그리하여 인위적으로 만들어낸 국토의 분단으로 고착화된 민족의 이질성을 우리 민족의 힘으로 복원할 것을 강하게 발현하는 기호다.

따라서 민족의 주체적 역사성을 반영하는 신동엽의 언어적 기호는 자연적 창조를 발하는 시간적 계기성과 공동체적 삶의 가치를 추동하는 공간적 계기성이 동시에 작동하고 있다.

신경림의 시집 『농무』에 나타난 탈식민주의 연구

강 정 구

1. 서 론

이 글은 신경림의 시집 『농무』를 1970~1980년대에 제기됐던 민족민중문학의 시각이 아니라 정신분석학적인 탈식민주의의 시각으로 살펴보려는 의도를 갖는다. 그 동안 『농무』는 민족민중문학의 지지자들에 의해서 주로 분석, 평가되어 왔고 '민중'에 관한 상당한 연구 결과가 집적되어온 것[1)]이 사실이다. 그렇지만 민족민중문학의 시각은 다소 당위적인 민중 논의에 의거해서 『농무』를 바라보았기 때문에 이제는 새로운 독법이 요청된다.

정신분석학적인 탈식민주의의 시각은 『농무』에 나타난 시편들의 시간적 배경인 1950~70년대의 역사를 신식민주의로 규정하고, 이 시집을 신식민주의에서 벗어나려고 하는 텍스트로 읽고자 의도한다. 탈

1) 강정구, 「신경림 시의 서사성 연구」, 경희대 대학원 박사학위논문, 2003, pp.3~18. 참조. 주로 '민중'에 관한 논의는 백낙청, 조태일, 염무웅, 이광호, 조남현 등에 의해서 1970~1980년대에 진행됐다. 그리고 '민중' 논의를 바탕으로 한 '서사' 논의가 염무웅, 유종호, 고형진, 윤영천, 한만수, 박혜숙, 강정구 등에 의해서 1980~2000년대에 전개됐다.

식민주의는 (신)식민주의에 대한 거부와 저항을 통한 극복을 의미한다.[2] 이 때 정신분석학적인 탈식민주의란 파농F. Fanon이 『검은 피부, 하얀 가면』에서 보여주듯이, 민중의 무의식 속에 숨어있는 콤플렉스complex를 자각하게 만들어 주체성을 회복하고 탈식민하도록 하는 것을 의미한다.[3]

---

2) 고부응 외, 『탈식민주의:이론과 쟁점』(문학과지성사, 2003) 참조 ; L. Gandhi, 이영욱 역, 『포스트식민주의란 무엇인가』(현실문화연구, 2000) 참조 ; B. Moore－Gilbert, 이경원 역, 『탈식민주의! 저항에서 유희로』(한길사, 2001) 참조.

3) 탈식민주의는 정신분석학과 이론적 연계 관계에 있다. 그것은 마노니O. Mannoni, 파농에게서 확인된다. 여기에서는 파농의 탈식민주의가 정신분석학과 긴밀한 관계를 형성하고 있음을 살펴보면서 그 이론적 연계를 검증하고자 한다.
마노니는 식민 상황에서 지배자, 피지배자 사이의 관계를 '열등'과 '의존' 콤플렉스 관계로 이해한다는 점에서 정신분석학을 활용한다. 그에 따르면 식민지 원주민(피지배자)은 의존콤플렉스 때문에 식민지의 지배자에게 '의존'하고, 식민지 지배자는 열등콤플렉스 때문에 그것을 숨기기 위해서 타자(원주민)를 무시하고 지배하려는 병리적인 충동을 가지고 있다고 한다.
그런데 파농은 식민지 민중의 '열등함'이 마노니가 주장하듯이 피지배자의 근본적인 성향이 아니라 식민상황이라는 역사적, 문화적 상황의 산물이라고 주장한다. 그에 따르면 '열등콤플렉스'는 백인이 조장한 것이다. 백인의 차별 대우와 무시로 인하여 원주민은 스스로를 무가치한 존재로 인식하고 흑인으로서의 정체성을 부정한다. 이러한 상황을 극복하기 위해서 백인을 동경하고 백인의 가면을 쓰는데, 이것이 열등콤플렉스의 실체이다.
파농은 이 열등콤플렉스를 극복해야만 탈식민할 수 있다고 생각한다. 무의식의 작용인 열등콤플렉스를 찾기 위해서 피지배자의 언어, 행동(사랑), 관계(지배자·피지배자)를 분석하여 피지배자가 자신도 모르게 이 콤플렉스에 빠져 있음을 인식해야 한다. 식민지의 민중은 이러한 콤플렉스의 실체를 자각하여서 자기해방에 이를 수 있고 타자(지배자)에게 자기 존재에 대한 인정을 요구하여 자기정체성을 회복할 수 있다. 이처럼 파농의 탈식민주의는 콤플렉스에 빠진 자가 그것을 자각하여 자기해방에 이르는 정신분석학적인 방법을 활용하여 전개된다.
F. Fanon, 이석호 역, 『검은 피부 하얀 가면』(인간사랑, 1998), pp.11~293. 참조 ; 양석원, 「탈식민주의와 정신분석학-마노니와 파농을 중심으로」, 고부응, 앞의 책, pp.59~94. 참조 ; J. D. Nasio, 표원경 역, 『정신분석학의 7가지 개념』(백의, 1999), pp.11~177. 참조 ; A. Lemaire, 이미선 역, 『자크 라캉』(문예출판사, 1994),

민족민중문학은 작품 속의 민중을 바라보는 시각에서 정신분석학적인 탈식민주의와 다르다. 민족민중문학도 신식민주의에 대한 저항과 극복이라는 공통된 전제에서 출발하지만, 민중을 현실 변혁의 당위적 주체로 규정하는 경향이 강하다. 민중은 "피지배자·피압박자로서 역사의 주체"[4], 혹은 "역사적으로 자기 회복에 의해 다시 역사의 주인으로 되어 가고 있는 사회적 존재"[5]인 것이다. 한국의 역사에 적용하면, 분단 모순에 기인한 독재, 반자주, 부의 독점 등의 문제를 해결할 책임 있는 주체로 의도되어 왔고, 그 기본 구성원으로는 근대자본주의 사회의 노동자계급이 상정되어 왔다.

이러한 잣대로 신경림의 시집 『농무』를 읽는다면 그것은 난센스를 유발한다. 먼저 『농무』에는 '피지배자·피압박자'인 민중은 보일지라도 역사 변혁의 당위적인 주체로서의 민중은 거의 보이지 않는다. 그리고 노동자계급보다는 농민을 포함한 촌민과 도시빈민이 작품 속의 주요 인물들이다. 또한 그의 관심사는 농촌민[6]과 도시빈민이 겪는 가난한 삶의 고통과 울분이지 민주나 통일, 혹은 분단이 아니다. 이러한 것들 때문에 시인의 시는 〈창작과비평〉지에서 비판되기도 했다. 1978년의 한 좌담에서 백낙청은 "통일에 대한 뜨거운 정열"이 부족함을, 구중서는 "분단상황에 대한 체질적인 저항감이 없"[7]음을 각각 지적한 바 있

---

pp.114~120. 참조.

4) 백낙청, 「민중은 누구인가」, 『인간해방의 논리를 찾아서』(시인사, 1979), pp.146~167. 참조.

5) 박현채, 「민중과 문학」, 김병걸·채광석 편, 『민족, 민중, 그리고 문학』(지양사, 1985), p.75.

6) 농촌민이란 농촌에 사는 촌민을 의미하기로 한다. 농민은 농사짓는 사람, 촌민은 농촌·어촌·산촌에 사는 사람들을 의미하는 개념이다. 그런데 『농무』에는 '나'와 여러 등장 인물들 가운데의 다수는 농사를 짓지는 않으나 농촌에 살기 때문에 이들을 아우르는 개념이 요청된다.

7) 고은 외, 「내가 생각하는 민족문학(좌담)」, 『창작과비평』(1978, 가을), pp.290

었다.

이처럼 『농무』는 "민중문학의 한 구체적인 모델"[8]로 평가받으면서도 반대로 그들의 시각에 적합하지 못한 모순된 측면이 있다. 그것은 민족민중문학이 계몽의 시선으로 『농무』를 바라보았기 때문이다. 그 시선은 현실의 억압을 가까운 미래에 극복해야 함을 강조하는데, 시대의 현실 속에서 그 극복의 문제는 독재에서 반독재(민주)로, 분단에서 반분단(통일)으로의 요구로 제기되었다. 따라서 민족민중문학은 지배권력에 대한 대항권력, 혹은 지배담론에 대한 대항담론으로 기능했다. 염무웅은 이러한 측면을 "현실권력에 의해 탄압받는 주변적·저항적 담론"[9]으로 규정한 바 있다.

그렇지만 실제로는 그러한 '주변적·저항적 담론'이 극복의 당위를 계몽하는 또 다른 '억압'으로 작용해 온 것이 사실이다. '주변적·저항적 담론'은 통일과 분단이라는 관심에 논의를 집중시킴으로써 '또 다른 중심'이 되고, 성격이 다른 담론들을 '억압'하는데, 『농무』에 대한 평가에는 그 '억압'이 작용한 면이 없지 않다. 백낙청은 농촌의 현실을 반성하는 『농무』와 그 직후의 시편에 대해서 "반성이라는 것은 그 결과로 무언가 다른 게 이루어져야만 하는 거고 또 그러기를 우리가 기대하고 있"[10]다고 비판했는데, 이것은 시인에게 논의의 '주변'인 농촌에서 '중심'인 통일과 민주로 관심을 기울이라는 '억압'이다. 실제로 시인은 '억압' 이후의 시편들에 대해서 "노동시를 써야 한다 하니까 저도 노동시를 써봤고, 통일시를 써야 한다 해서 통일시를"[11] 써야 했다고

~304. 참조.

8) 조남현, 「「농무」의 시사적 의미」, 『문학과비평』(1988, 여름), pp.253~260. 참조.

9) 염무웅, 「민족문학의 상상적 경계들—그 착종된 역사성에 대하여」, 영남대인문과학연구소 학술회의 발표문, 2002.

10) 고은 외, 앞의 좌담, p.31.

고백했다.

이제는 『농무』를 읽을 때에 작품 속의 인물들을 역사 변혁의 당위적인 주체로 외부에서 규정하는 것이 아니라 내부에서 이해하는 것이 요구된다. 이것 때문에 변혁의 '의식'이 있는 자로 인물들을 미리 규정하지 않고 그들의 무의식을 살펴보는 것이 요청된다. 이 논문은 그 무의식을 분석하여 콤플렉스를 찾고 극복하는 과정을 추적하기로 한다. 콤플렉스는 의식적으로 찾을 수 없는 무의식 속의 복잡한 심리 과정을 말하기 때문에 정신분석의 방법을 통해서만 밝혀진다.

『농무』에는 농촌과 서울에 대한 복잡한 심리가 들어 있다. 농촌에서 소외된 화자는 서울로 탈향하려는 심리를, 또 서울에서는 농촌으로 되돌아가지 않으려는 심리를 강박적으로 보여주고 있다. 이러한 심리를 분석하기 위해서는 주요 인물들의 이야기를 정신분석하여 무의식의 구조를 밝혀낼 필요가 있다. 작품 속에 나타난 인물들—시적 화자 '나'를 중심으로 하는 농촌민들—의 말과 행동을 분석하고 농촌과 서울의 관계를 집중적으로 규명할 필요가 있다. 이 과정을 통해서 숨겨진 콤플렉스를 드러내어 시인이 말하고자 하는 주제의식을 재조명해야 한다.

이러한 방법으로 『농무』에 대한 몇 가지 오해가 풀릴 것으로 믿는다. 먼저 가장 큰 오해는 소재 '농촌'이 '주변적·저항적 담론' 속에서 '주변'이라는 점이다. 그러나 오히려 농촌은 '주변적·저항적 담론'의 '중심'으로써 그 가치가 있음을 지적하고자 한다. 두 번째의 오해는 『농무』는 농촌과 도시빈민가의 현실을 비판하기만 하는 텍스트라는 것이다. 그렇지만 시집에는 신식민주의가 전개한 근대화를 동경하고 전근대를 두려워하는 심리가 무의식적인 차원에서 구조화되어 있다. 이것을 '서울콤플렉스'라고 명명하여 분석해 볼 것이다. 세 번째의 오해는 현

11) 신경림·김사인, 「신경림의 시세계와 한국시의 미래(대담)」, 『오늘의 책』(1986, 봄), p.35.

실비판과 계몽이 『농무』의 본령이라는 것이다. 그러나 『농무』의 본령은 그러한 비판성 또는 계몽성보다는 실재와 상상의 분열 속에서 그 분열을 자각하고 스스로를 해방시키는 데에 있음을 밝힐 것이다.

2. 전근대에 대한 무의식적인 불안과 공포

『농무』에는 왜 농촌소외와 탈향의 이야기가 중심을 이루는가. 근대화에 따른 농촌의 소외 때문이라는 것은 표면적인 이유에 불과하다. 몇몇 시편을 분석해보면 전근대에 대한 화자의 무의식적인 불안과 공포가 숨겨져 있고 그것을 극복하기 위해 탈향의 욕망을 드러내는 것이 확인된다. 이 때 화자는 농촌민으로서의 자기주체성을 부정하여 분열된 자아의 양상을 보여준다. 이 장에서는 이 점을 치밀하게 분석하고자 한다.

1960~70년대의 근대화는 대외 예속적·종속적인 성격을 띤 신식민주의의 전략이었는데, 그 이면에서는 민중의 소외라는 심각한 부작용이 노출된다. 시인은 신식민주의의 지배 담론(discourse, 이야기)이 공적 영역에서 배제하고 금지한 그 부작용을 농촌민의 취언, 행동, 태도를 통해서 보여준다. 이것은 신식민주의에 맞선 '주변적·저항적 담론'으로서 중요한 의미를 갖게 된다.

신식민주의는 자신의 이야기(담론) 이외의 것은 배제하고 금지한다. "어떤 사회에서든 담론의 생산을 통제하고, 선별하고, 조직화하고 나아가 재분배하는 일련의 과정들"[12)]이 존재한다는 푸코M. Foucault의 말을 상기하지 않더라도, 신식민주의는 자신이 소외시킨 농촌에 대한 이야기를 방송과 일상의 영역에서 배척rejet하고 농촌민들의 소외와 울분에 대한 이야기를 공적인 문화에서 금지interdit시킨다. 농촌에 대

12) M. Foucault, 이정우 역, 『담론의 질서』(서강대출판부, 1998), p.10.

한 이야기는 농촌민의 타자성을 사상한 자기대화 또는 독아론이 되어 버린다.[13] 농촌은 전통을 보존한 공간, 그러나 별 의미가 없는 공간으로 취급되어 무관심 속에 저장되거나 술과 도박과 게으름이 난무하여 근대화가 되어야 할 공간으로 규정될 뿐이다.

그러나 『농무』에서는 그런 배제와 금지와 왜곡을 가로질러 농촌민이 근대화로부터 소외된 농촌의 현실을 취언의 방식으로 말하고 있다. 이 방식 속에는 근대화가 농촌공동체에 가하는 보이지 않는 거대한 폭력과 그로 인한 무의식적인 불안과 공포가 숨겨져 있다.

나라 은혜는 뼈에 스며
징소리 꽹과리 소리
면장은 곱사춤을 추고
지도원은 벅구를 치고
양곡 증산 13·4프로에
칠십 리 밖엔 고속도로
누더기를 걸친 동리 애들은
오징어를 훔치다가
술동이를 엎다
용바위집 영감의 죽음 따위야
스피커에서 나오는
방송극만도 못한 일
(중략)
펄럭이는 농기 아래
온 마을이 취해 돌아가는
아아 오늘은 무슨 날인가
무슨 날인가

—「오늘」 일부

13) 병곡행인, 송태욱 역, 『탐구1』(새물결, 1998), pp.10~27 참조.

위의 시에는 농촌에 대한 시각의 차이가 선명하게 대조되어 있다. 면장과 지도원은 농촌의 근대화를 지향하는 자들이다. 그들은 '오늘'을 "양곡 증산 13·4프로"라는 성과를 기념하는 축제의 잔치로 만들고 싶어한다. "곱사춤을 추고" "벅구를 치"는 그들에게 농촌은 "칠십 리 밖엔 고속도로"가 건설되고, "스피커에서 나오는 방송극"을 들을 수 있는 근대화가 진행 중인 공간이다. 그러나 그 근대화는 실제 농촌에서 전근대적인 문화와 경제의 구조를 바꾸어 놓지 못하여 오히려 농촌민들이 근대화에서 소외되었다는 인식만을 가지게 만든다. 시인의 표현대로 농촌은 "도저히 먹고 살 길이 없었"[14]을 정도로 '절망적'이었다. '나'는 그러한 근대화를 비난하고 비꼬는 자이다. '나'가 주목하는 농촌민들은 "누더기를 걸친 동리 애들"과 죽은 "용바위집 영감"이다. "동리 애들"은 "오징어를 훔치"는 굶주림과 가난을, "용바위집 영감"은 '방송극'에 떠밀린, 죽은 노인에 대한 동리 사람들의 무관심을 표상한다.

'나'의 무의식 속에서 농촌은 근대에 대조되는 전근대로써 이미지화된다. 근대화가 배제된 공간인 셈이다. '나'의 소외는 이 지점에서 발생한다. 이 때 근대화에 대한 비판의 이면에는 전근대에 대한 무의식적인 공포와 불안이 숨어있다. 근대화에서 소외된 농촌은 전근대로 표상되는데, 전근대는 "도저히 먹고 살 길이 없었"[15]을 정도로 생존의 위협이 된다. 위의 시에서도 전근대적인 농촌은 '가난'과 '죽음'이 난무하는 공간이다. "용바위집 영감"은 죽고 "동리 애들은/오징어를 훔"친다. 그러한 삶에는 희망이 없다.

'나'는 그것을 취언의 방법으로 말하고 있다. 이 취언은 합리적, 이성적으로 보이는 지배 담론의 화법을 비합리적, 감성적으로 거부하는 방식으로써 '주변적·저항적 담론'의 중요한 한 화법이 된다. 위의 시에서

14) 신경림·김사인, 앞의 대담, p.17.
15) 신경림·김사인, 앞의 대담, p.17.

"마을이 취해 돌아가는" 농촌민들의 모습 속에는 가난과 죽음이 거대한 그림자처럼 자신들의 삶을 억누르고 있고 머지않아 자신들에게도 닥칠 것이라는 무의식적인 불안과 두려움이 숨겨져 있다. "오늘은 무슨 날인가"라는 반문에는 잔치의 비극성과 소외에 대한 복잡한 심리가 들어 있는 것이다.

'나'는 이러한 무의식적인 불안과 공포를 극복하기 위해서 어떻게 하는가. 그것은 탈향의식으로 드러난다.

> 못난 놈들은 서로 얼굴만 봐도 흥겹다
> 이발소 앞에 서서 참외를 깎고
> 목로에 앉아 막걸리를 들이키면
> 모두들 한결같이 친구 같은 얼굴들
> 호남의 가뭄 얘기 조합 빚 얘기
> 약장사 기타 소리에 발장단을 치다 보면
> 왜 이렇게 자꾸만 서울이 그리워지나
>
> ―「파장」 일부

위의 인용에서는 화자가 농촌의 소외된 현실을 생각하다가 자신도 모르게 "서울이 그리워지"는 것을 토로한다. 화자는 파장 뒤에 길가를 서성인다. 농촌을 사는 자기 자신은 '못난 놈'이다. 그 이유를 위의 시에서 찾아보면 "호남의 가뭄", "조합 빚"과 같은 생활고에서 비롯하는 듯하다. 농촌의 현실은 가난에서 벗어날 수 없었던 듯싶다. 화자는 그러한 '얘기'를 이런저런 사람들과 말하다가 갑자기 "서울이 그리워"진다. 왜 그럴까. 탈향의식은 농촌의 생활고에서의 탈출하기이다. "비료값도 안나오는 농사"(「농무」)로부터 벗어나고 싶은 것이다.

그런데 이 탈향의식은 무의식의 차원에서 보면 전근대로부터의 탈출이 된다. 탈향은 농촌 소외에 대한 진정한 극복이 될 수 없다. 하지만 전근대로 표상되는 '농촌'에 산다는 불안과 공포로부터 심리적으로 탈출하고자 하는 의식인 것이다. 주사를 피해서 아랫말로 도망친 아내를 찾는 "나는 장정들을 뿌리치고 어느/먼 도회지로 떠날 것을 꿈"(「실명」)꾸는 구절이나, 화자의 아내가 가난과 두려움에 시달려 "3월 1일이 오기 전에/이 못난 고장을 떠나자고 졸라"(「3월 1일 전후」) 대는 구절도 이런 방식으로 이해된다.

탈향의 대가는 농촌민으로서의 자아를 부정하는 것이다. '나'는 소외된 농촌을 거부하고 서울에서 살고 싶다는 욕망 때문에 분열된다. 농촌민으로서의 자기동일성은 붕괴되는 것이다. '나'는 농촌을 소외시키는 근대화를 비판하지만 자신도 모르게 찾는 곳은 근대화가 한창 진행되는 '서울'이다. 그 '서울'은 어떤 곳일까.

3. '서울콤플렉스'와 자기분열

근대화에 의한 소외는 농촌과 도시에서 모두 나타나지만 농촌에서 상경한 『농무』의 인물들 중의 일부는 서울을 좋아하고 농촌을 싫어하는 경향이 있다. 이 경향은 의식적으로 설명하기 힘들다. 서울을 비판하면서도 서울을 좋아하는 이 심리를 분석하면 그들의 무의식에는 근대화가 진행되는 '서울'에 대한 동경과 전근대적인 '농촌'에 대한 공포가 구조화되어 있다. 이 장에서는 이것을 '서울콤플렉스'로 부르고자 한다. 이것은 상경한 도시빈민이 실제의 고통스러운 서울과 무관하게 무의식적인 차원에서 '서울'의 상상에 빠져 있으며, 실재와 상상 사이에서 자기분열의 양상을 보이고 있음을 의미한다.

'서울콤플렉스'는 농촌민이 지닌 탈향의식의 무의식적인 근거이다. 가난한 농촌을 떠나게 만드는 힘은 궁핍함에 대한 공포이자 그 극복에 대한 환상이다. 상경한 도시빈민들에게 있어서 현실의 서울은 삶의 기반이 전무한 공간으로서 농촌보다 더한 궁핍과 소외를 조장해 놓는다. 그러나 그들의 서울은 현실이 아니라 상상 속에 있다.

가) 이발 최씨는 그래도 서울이 좋단다
… (중략) …
술독이 오른 딸기코와 떨리던 손
늦 어린애를 배어 뒤뚝거리던 그의 아내
최씨는 골목 안 생선 비린내가 좋단다
쉴 새 없는 싸움질과 아귀 다툼이 좋단다
이발소에 묻혀 묵은 신문이나 뒤적이고
빗질을 하고 유행가를 익히고
허구헌날 우리는 너무 심심하고 답답했지만
최씨는 이 가파른 산동네가 좋단다
시골보다도 흐린 전등과 앰프소리가 좋단다
여자들이 얼려 잔돈 뜯을 궁리나 하고 돌아가는
동네에 깔린 가난과 안달이 좋단다
—「골목」 일부

나) 을지로 육가만 벗어나면
내 고향 시골 냄새가 난다
… (중략) …
거둬들이지 못한 논바닥의
볏가리를 걱정하고
이른 추위와 눈바람을 원망한다
어디 원망할 게 그뿐이냐고
한 아주머니가 한탄을 한다
삼거리에서 주막을 하는 여인
어디 답답한 게 그뿐이냐고
어수선해지면 대합실은 더 썰렁하고
나는 어쩐지 고향 사람들이 두렵다

슬그머니 자리를 떠서
을지로 육가 행 시내버스를 탈까
육가에만 들어서면
나는 더욱 비겁해지고

–「시외버스 정거장」

상경한 도시빈민들이 경험한 서울에 대한 심리가 위의 두 시에 나타나 있다. 가)에는 도시빈민인 '최씨'가 생각하는, 나)에는 농촌과 서울의 분기점이라고 할 수 있는 시외버스 정류장의 '대합실'에서 '나'가 느끼는 서울에 대한 생각들이 암시되어 있다.

가)에서 '최씨'의 서울은 구질구질한 현실에도 불구하고 아이러니하게 '좋'은 곳으로 나타난다. 현실 속의 서울은 "쉴 새 없는 싸움질과 아귀 다툼"이 반복되는 난장판이고 "너무 심심하고 답답"한 소외된 곳이다. 그 곳의 '최씨'는 "술독이 오"르고 "떨리던 손"을 가진 주정뱅이이고, "묵은 신문이나 뒤적"일 만큼 장사를 못 하는 도시빈민이다. '최씨'는 농촌보다 더 나을 것이 없는 이런 서울이 "그래도 좋단다". 그를 바라보는 시인은 '좋단다'라는 서술어를 반복시킴으로써 서울에 대한 그의 호감을 강조하고 있다.

여기에서 '최씨'가 '좋'다고 말하는 서울은 현실 속의 공간이 아니라 무의식적인 욕망의 기표로 파악되어야 한다. 그는 "남쪽 산골 읍내에서 여관을 했"던 농촌민으로서 아마도 근대화에 의해 소외된 가난한 농촌에서 벗어나고자 하는 꿈만으로 상경한 자일 것이다. 따라서 그의 '서울'은 현실 속에서는 가난과 소외 상태가 지속된 공간에 불과하지만 상상 속에서는 그 상태를 벗어나고자 하는 욕망의 기표가 된다. '최씨'는 그러한 욕망이 만드는 무의식적인 상상 속에서 자신이 소망하는 공간을 '서울'로 만들어 내고 있다. 위의 시에서 그가 '좋'아하는 것들은 오히려 한결같이 벗어나고자 꿈꾸는 것들이다. 그것들은 '최씨'가 무의식적으로 도달하고 싶은 '서울'이 어떤 곳인지를 반어적으로 알려준다.

'최씨'는 자기 자신을 성공한 서울사람으로 상상하고 그와 자기 자신을 무의식적으로 동일시Identification하는 것이다. 오늘은 이 구질구질한 '골목'에서 살고 있지만 가난과 소외를 극복한 성공의 이미지를 자기 자신에게 투사하고 있다. 그러한 이미지에 대한 욕망이 너무나 커버린 나머지 현재의 자아는 망각된다. 그는 미래에 성공할 자신의 이미지에 오늘의 자신을 일치시키고 있다.

한편 나)에서 '나'의 서울은 우연히 만난 '고향사람들'을 두려워하고 피해야 할 곳으로 암시된다. 나)를 읽으면 몇 가지 의문이 생긴다. 왜 '나'는 "을지로 육가만 벗어나면/내 고향 시골 냄새가" 나고, 시외버스 정거장의 '대합실'에서 만난 '아주머니'를 애써 외면하다가 '어쩐지' '두'려움을 느끼며, '육가'로 되돌아가 '비겁'함을 토로할까. '나'는 '나' 자신도 모르게 발생되는 상상과 느낌들에 당혹감을 느낀다.

이러한 상상과 느낌은 '나'의 무의식 속에서 "을지로 육가"(서울)와 그 대척점인 '고향'(농촌)이 대립되는 데에서 비롯된다. 위의 시에서 '나'는 상상 속의 농촌에 가까워질수록 두려움을 느끼기 때문에 상상 속의 서울에 머무르고자 한다. "을지로 육가"는 비약적인 근대화가 진행되는 서울로 상상되었을 것이다. 그래서 그곳을 '벗어나면' 상상 속의 농촌이 된다. "을지로 육만 벗어나면/내 고향 시골 냄새가" 나는 이유가 그 때문일 것이다. 또한 시외버스 정거장의 '대합실'에서 '고향사람'의 한탄과 답답함을 회피하는 것도 같은 이유이다. '고향사람'과 그들의 농촌 얘기는 무의식 속에서 서울의 대척점인 농촌, 혹은 근대의 대척점인 전근대를 의미한다. 그것은 공포이므로 "어쩐지 고향 사람들이 두렵"게 되고, "슬그머니 자리를 떠서/시내버스를 탈까"라고 고민하게 된다. 그렇지만 '나'는 그러한 도망을 통해 묘하게 '비겁'함을 느낀다. 이 '비겁'함은 농촌에 대한 공포를 회피한 데에서 생긴 자기 비판적인 감정일 것이다.

'골목'과 시외버스 정거장의 '대합실'은 서울에 대한 환상과 농촌에 대한 공포를 양가적으로 가진 공간들이다. '나'와 '최씨'는 모두 그러한 공간들 속에서 살아간다. 그곳은 현실의 서울과는 무관한 상상의 공간을 만드는 콤플렉스의 생산공장이고, 탈향하여 서울을 사는 자들이 현실의 가난과 소외를 망각하는 무의식의 밀실이다.

이러한 '서울콤플렉스'에 빠진 자들은 자기의 존재성을 스스로 分裂시킨다. 그들은 서울이라는 가난과 소외의 현실을 애써 무시하고 근대화의 환상에 자신의 소망을 일치시킨다. 그들은 자기 자신의 상상과 현실이 분열되었다는 사실도 자각하지 못한 채로 살아간다. 그들에 의해 근대는 자신의 어두운 이면을 감추고 지탱할 수 있다. 농촌에서와 마찬가지로 서울에서도 무의식적인 공포는 사라지지 않는다. 이 '서울콤플렉스'는

농촌(不好) ⟷ 서울(好)
‖ ‖
전근대(공포) 근대(동경)

으로 구조화되어 있다. 밑줄은 의식과 무의식의 경계를 의미한다. 자아는 의식적으로는 서울을 싫어하고 농촌을 혐오한다. 그의 무의식 속에서는 서울을 근대로, 그리고 농촌을 전근대로 표상하고서 근대에 대한 동경과 전근대에 대한 공포를 숨기고 있는 것이다.

그렇다면 이제 문제는 '서울콤플렉스'에서 어떻게 벗어날 수 있는가 하는 것이다.

4. 해방, 존재의 자각으로부터

민중의 진정한 해방은 존재의 자각으로부터 시작된다. 자신이 소망하는 것이 신식민주의가 의도한 결과라는 사실을 자각하지 않고서는 해방에 도달할 수 없다. 시인은 신식민주의를 극복하는 방법으로 '서울콤플렉스'에 빠진 존재가 실재와 상상의 분열 속에서 그 분열을 자각하고 자기 자신을 콤플렉스에서 해방되는 모습으로 형상화한다. 그것은 크게 두 가지 양상으로 전개된다. 하나는 농촌에 대한 공포를 조장한 원인이 되는 신식민주의에 맞선 인정투쟁으로, 다른 하나는 서울에 대한 환상이 거짓이었음을 적나라하게 밝히는 사실적인 서술로 나타난다.

먼저 근대화에서 소외된 농촌민임을 자각하고 신식민주의에 대한 인정투쟁으로 나서는 장면을 형상화한 시 「갈길」을 살펴보자.

> 녹슨 삽과 괭이를 들고 모였다
> 달빛이 환한 가마니 창고 뒷수풀
> 뉘우치고 그리고 다시 맹세하다가
> 어깨를 끼어 보고 비로소 갈길을 안다
> 녹슨 삽과 괭이도 버렸다
> 읍내로 가는 자갈 깔린 샛길
> 빈 주먹과 뜨거운 숨결만 가지고 모였다
> 아우성과 노랫소리만 가지고 모였다
>
> ―「갈길」

위 시의 전반부는 "비로소 갈길을 안다"라는 존재의 자각 부분까지이다. 「갈길」의 시간적 배경이 되는 1960~70년대의 농촌민들은 신경림의 말처럼 "앞으로 시골 사람들은 전부 죽게 될 것이다. 보나마나 우리 땅을 빼앗기고 고향에서 밀려나게 될 것이라는"[16] 심각한 경제적인 소외를 경험했다. 위 시의 시적 화자는 그 소외의 원인이 자기 자신들에게 있지 않고 신식민주의의 농업 정책에 있음을 '뉘우치'면서 깨달았을 것이다. 이러한 현실 상황에 대한 인식은 존재가 해야 할 일을 자각하게 된다. "맹세하다가/어깨를 끼어 보고 비로소 갈 길을 알"게 된다.

시의 후반부에서 존재는 자각을 통해서 신식민주의라는 절대적 타자에게 인정과 승인을 받기 위한 행동을 감행한다. "녹슨 삽과 괭이도 버"리고 "빈 주먹과 뜨거운 숨결만 가지고"서 목숨을 걸고 자유를 요구하고 있다. 헤겔G. W. F. Hegel에 따르면 "자유의 획득은 오직 생명을 걸음으로써 가능"[17]하다. 농촌민인 즉자적 존재는 농촌의 소외를 조장하는 신식민주의라는 타자를 의식함으로써 대자적 존재로 발전하고 있다. 시적 화자는 생명을 거는 실천을 통해 자신의 존재성을 타자에게 인정해 달라는 투쟁의 길을 나선다.

이러한 「갈길」의 인정투쟁은 시대 현실에 비추어 볼 때에 시인의 예언자적인 자의식에서 비롯되었다는 사실을 부정할 수 없다. 따라서 시인은 서울에 대한 환상이 신식민주의에 의해서 무의식적으로 조작된 결과임을 밝히는 데에 주목한다. 그것은 서울을 사실적으로 서술하는 것이다. 이제 서울은 신식민주의가 조작한 대로 동경의 공간이 아니라 소외가 한층 심화된 공간으로 밝혀진다.

> 나라의 은혜를 입지 못한 사내들은
> 서로 속이고 목을 조르고 마침내는
> 칼을 들고 피를 흘리는데
> 정거장을 향해 비탈길을 굴러가는
> 가난이 싫어진 아낙네의 치맛자락에

16) 신경림 · 김사인, 앞의 대담, p.20.
17) G. W. F. Hegel, 임석진 역, 『정신현상학』(지식산업사, 1989), p.261.

연기가 붙어 흐늘댄다.
어둠이 내리기 전에 산 일번지에는
통곡이 온다. 모두 함께
죽어 버리자고 복어알을 구해 온
어버이는 술이 취해 뉘우치고
애비 없는 애기를 밴 처녀는
산벼랑을 찾아가 몸을 던진다.

—「산 1번지」 일부

'산 1번지'에 사는 도시빈민들은 소외의 극단에 도달한 자들이다. 그들은 "나라의 은혜를 입지 못한 사내들", "가난이 싫어진 아낙네", "복어알을 구해 온/어버이", "애비 없는 애기를 밴 처녀"들로서 한결같이 삶의 의미와 비전을 잃어버린 채 절망에 빠진 자들이다. 그들의 서울은 아마도 그들이 성장했을 농촌과 거의 다름이 없을 것이다. 서울은 근대화의 소외라는 측면에서 보면 공간적으로 확장된 농촌일 뿐이다. 농촌이라는 것만 무시하면 시 「서울로 가는 길」에서 엿보이는 농촌민에 대한 서술은 위의 시와 상당히 유사한 태도를 보인다. 예를 들면 "그의 탄식이 스며 있"고 "힘 없는 뉘우침"과 "그의 아내의 눈물", 그리고 "가난과/저주의 넋두리"와 "절망과 분노의 맹세" 있다는 구절들이 바로 그것이다.

'산 1번지'는 환상의 뒤편에 숨겨진 도시빈민들의 비극적인 서울이다. 시인은 근대화의 희생양들을 똑똑히 바라보고 있다. 서울이 환상의 공간이 아님을 자각하면서 '서울콤플렉스'에서 벗어나고 있다. 서울에 대한 동경과 전근대에 대한 공포는 권력의 근대화 정책에 따라 조장된 일종의 허구였던 셈이다. 따라서 억압당한 존재성을 자각함으로써 근대화의 환상에서 스스로를 해방시키고 있다.

5. 결 론

신경림의 시집 『농무』는 정신분석학적인 탈식민주의의 한 텍스트로서 그 의미와 가치를 지녔다. 그 이유는 시적 화자가 신식민주의를 거부하고 저항하려는 탈식민주의적인 인식을 가졌기 때문이다. 시편들의 주요 인물들은 신식민주의가 전개한 근대화의 환상에 빠진 결과, 스스로가 그 환상을 원하고 있다고 오인하고 있었다. 즉 그들은 원인과 결과를 거꾸로 알고 있었다. 서울에 대한 동경과 농촌에 대한 공포는 자신의 심리적인 원인에서 기인한 것이 아니라 신식민주의의 정책이 조장한 결과였다. 시적 화자는 이러한 '서울콤플렉스'에 빠진 인물들을 자신과 타인들 속에서 발견하고, 콤플렉스를 자각하는 과정을 통해서 자기해방에 도달하려고 하였다.

이러한 탈식민주의적 독법은 민족민중문학 논의와는 달리 작품들의 무늬와 결을 좀더 세밀하게 살펴볼 수 있는 기회를 마련해 줬다. 먼저, 그것을 통해 『농무』가 '주변적 · 저항적 담론'의 '주변'이라는 기존의 생각을 부정했다. 이 시집에 나타난 '농촌'은 신식민주의의 근대화로부터 소외된 시적 화자가 그 소외를 비판하고 탈향을 모색하는 공간이었는데, 거기에는 근대화를 비판하면서도 동시에 근대화된 '서울'을 향하는 '나'의 아이러니가 있었다. 그것은 무의식 속에서 농촌이 전근대로 표상되고 전근대에 대한 불안과 공포에 시달리기 때문이었다. 그는 농촌민으로서의 자기 존재를 부정하고 서울사람이 되려는 무의식적인 욕망을 가지고 있었기 때문에 '서울'이 농촌소외의 유일한 출구였던 셈이다. 이러한 농촌의 소외 이야기는 농촌을 농촌만의 문제가 아니라 근대화, 신식민주의의 문제로 살펴봤다는 점에서 '주변적 · 저항적 담론'의 '중심'으로써 충분한 가치를 지녔다. 특히 「오늘」에서 보여준 취언은 비합리적이고 감성적인 방식으로 공적 언어에 저항하고 삶의 이면에 숨겨진 불안과 공포를 암시하는 중요한 '주변적·저항적 담론'의 한 화법이었다.

둘째, 근대화에 의한 소외는 서울과 농촌에서 동시에 나타나지만 인물들 중의 일부는 서울을 좋아하고 농촌을 싫어하는 '서울콤플렉스'에 빠져 있었다. 그들의 이야기를 분석해 보면 근대화로 상징되는 '서울'에 대한 동경과 전근대로 상징되는 '농촌'에 대한 공포가 무의식적인 차원에서 구조화되어 있음을 확인할 수 있었다. 「골목」과 「시외버스 정거장」에서 각각 나오는 '골목'과 '대합실'은 그러한 콤플렉스의 공간으로 표상되었으며, '최씨'와 '나'는 콤플렉스 때문에 실재와 상상 사이에서 자기분열된 모습을 보였다.

셋째, 『농무』는 현실비판적이고 계몽적인 목소리라기보다는 존재의 자각과 자기해방성을 강조하는 텍스트임이 확인되었다. 민중의 진정한 해방은 현실 변혁의 당위성을 내세운 계몽적인 주체를 통해서가 아니라 콤플렉스에 빠진 자기 존재를 자각하고, 그로 인해 스스로 해방하는 것을 통해서 가능한 것이었다. 즉자적 존재에서 신식민주의라는 타자를 의식함으로써 대자적 존재임을 자각하고 '갈길'을 깨닫는 시 「갈길」은 시인의 예언자적인 자의식을 통해 농촌민의 인정투쟁을 노래했다. 그리고 서울의 현실을 적나라하게 드러낸 시 「산 1번지」에서는 서울에 대한 환상이 거짓임을 자각함으로써 '서울콤플렉스'로부터 스스로를 해방시키고 있었다.

앞으로 이러한 탈식민주의적인 읽기는 신경림의 시편 전체로 혹은 민중시 전체로 확대될 필요가 있다. 신경림의 시세계는 『농무』 이후에 '서울'에서 멀어지는 방향으로 전개된다. 주로 민요기행이나 지방의 순례를 통해서 과거의 문화와 전통, 특히 이야기(설화)와 노래(민요)를 찾아내 작품의 소재로 활용하는 그의 작업은, 전근대인 농촌이 보존한 민족문화에 대한 가치와 의미를 현재로 복원하는 것이고, 그 복원을 통해서 (신)식민주의에 맞서는 민중의 근원적이고 본질적인 힘을 되살리는 것이다. 또한 1970~80년대에 발표된 많은 민중시의 경우에도 민중의 현실 자각과 자기 인식적인 해방은 당위적인 변혁의 방향이 아니라 그 자체의 내적 논리를 갖는 방향에서 기인한다. 그 해석은 이제 정신분석학적인 탈식민주의의 몫으로 판단된다.

우주적 혹은 상징적 상상력
박제천의 장자시를 중심으로

김 정 진

1. 서 론

시가 어디까지 아름다울 수 있는가에 대한 답으로서 한시인의 시편들이 오롯이 인용된다면 그것은 시사의 기록뿐만 아니라 개인이 시적 수준의 달성이라는 어마어마한 결실을 본 것이라 해도 과언이 아니리라. 박제천은『세번째 별』『꿈꾸는 版畵』『하늘꽃』『스물세살의 가을』등 네 권의 시선집을『莊子詩』『心法』『律』『달은 즈믄 가람에』『어둠보다 멀리』『老子詩篇』『너의 이름 나의 詩』『푸른 별의 열두 가지 지옥에서』『나무 舍利』등 아홉 권의 시집을 1940년의 시작생활 동안 부단히 발표해 온 시인이다. 그렇기 때문에 1960년대에 국한하여 박제천을 말한다는 것은 분명 어폐가 있다. 하지만 장자시에 관해서는 그것만을 말하는 것으로 박제천을 논하기에 충분하다고 할 수도 있다. 이러한 아이러니는 장자시의 위대함에서 온다.

1960년대에 주로 창작되고 1970년 첫시집으로 묶여 나온『莊子詩』는 당대 시인과 시에 관심을 둔 모든 이에게 놀라움과 희열을 주었다. "사람이 세상에 태어나서 같이 얼굴을 맞대고 살아간다는 것만큼 갸

륵한 恩惠도 없을진대 하물며 그 지극한 供養인 生時의 詩集을 머리맡에 놓아둘 수 있다는 것은 참으로 累世의 恩惠가 아니겠는가." 하는 윤후명 시인의 찬탄으로 그 놀라움은 이미 입증되었다.

.....(전략).....비틀거리는 내 발소리를 〈그때〉로 몰고 갈까. 地圖나 幻想的인 銅版畫에 魂을 흘리며 그로테스크하게 情緒를 부풀리던 〈그때〉. 스스로를 皇帝나 太陽에 비기기도 했던 稚氣의 〈그때〉. 그때는 늘 화려하지만도 안했다. 화려한 쇼윈도우 안의 차디찬 마네킹에나 내 愛情을 던져주면서, 자꾸만 나를 가난하게 만들던 호주머니 속의 銅錢소리와 함께 거리를 徘徊하던 〈그때〉. 집에 들어가면 房이 부족해 빈방을 찾아 옮겨다니던 〈그때〉. 결국, 부끄러움에서 도망갈 길은 없을 것같다. 카프카의 〈法道의 門〉이라는 꽁트를 떠올려 悲壯해 보아도, 귀동냥한 두자미의 '江上値水如海勢聊登述'의 한 귀절을 읊으며 서슬을 날려 보아도, 어디선가 〈아는 분〉의 웃음소리가 들려올 것 같아…[1)]

박제천의 추천완료 소감이다. 당시 『현대문학』의 시 부문 심사위원은 김현승, 박두진, 박목월, 서정주, 신석초, 유치환, 조지훈이었으며, 엄격한 3회 추천제로 단 1회에 2편 이상이 되더라도 1회로서 간주한다고 명시하고 있다. 신춘문예 당선조차도 1회 추천으로 받아들였다니, 『현대문학』의 위상이 어떠했는지 짐작할 수 있다. 박제천은 「빈사의 새」「심야의 방에서」에 이어 「벽시계에게」로 신석초에 의해 추천완료된다.

…朴君의 詩에는 다분히 天才的인 기이한 이미지가 있다. 이것은 現代詩가 대개는 치러야 하는 일종의 紅疫과도 같은 슈르的 手法의 影響에서 온 것인지도 모른다. 詩神의 자랑이 言語構成의 驚異性에 있다는 것은 말할 나위가 없다. 하지만 이것은 잘못하면 詩語를 조금은 狂的인, 非知的인 데로

1) 박제천, 추천완료소감, 『현대문학』(1966.7).

빠뜨릴 危險스러운 문턱이기도 한 것이다. 朴君이 만일 이같은 곁길에 들지 않는다면 깜찍스러운 將來性을 지니고 있다는 것은 약속하여도 좋을 것이다.[2)]

신석초는 박제천의 기교적인 표현주의에 대한 경계를 늦추지 않으면서 그의 천재성과 장래성을 갈파하고 있다. 작품 발표하기가 힘들었던 시절, 파격적인 지면 할애로 1970년 10월 『현대문학』에 발표된 서른 세 편의 「장자시」 연작은 한국 시단에 엄청난 충격을 주었다. 거의 모든 비평가들이 일제히 찬사를 보내고 「장자시」 일부를 재수록하고 있다.

…장자시는 동양적인 것, 한국적인 것을 현대시로 표현하는데 성공한 좋은 예가 될 것이다. 쉬르에 가까운 표현기법을 주로 하여 매편마다 독립된 한 편으로서의 통일과 조화에 흐트러짐이 없다. …이미지를 구성하고 있는 감각들이 신선하고, 쌓아 올리는 이미지와 이미지의 봐리에떼도 다양하다. 상상의 세계로 터무니없이 비약하지 않고, 필연적인 확대와 비약을 하고 있다. 감각과 상상과 언어구사, 이 세 가지가 모두 든든한 바탕 위에 자리하고 서로 유기적인 연관성을 잃지 않고 하나의 표현을 위해 최선을 다하고 있는 느낌을 준다. …박제천의 시는 구문이 정확하고 메타포에 의한 이미지들이 刻明하여 그 전달성이 강하다. 불투명한 이미지, 그것을 은폐하려는 구문의 不具性, 이런 것으로 현대시의 난해성에 편승하려는 似而非 시와 대조해보면 박제천의 시가 지니고 있는 安定性과 堅固性이 이해될 것이다.[3)]

「장자시」는 자유자재한 상상력과 은유의 도도함으로 이름 높다. 『장자시』에는 거대한 동양사상이 그 배경에 깔려 있다. 그의 여러 시집이 보여주듯 우리 민족사와 민족정신을 관통하는 동양사상이 그의 시 속

---

2) 신석초, 박제천 추천사, 『현대문학』(1966. 7).
3) 정한모, 『장자시』의 象徵性과 現代性, 『현대문학』(1970).

에서는 자유로운 정신과 상상력으로 바뀌어 현란하기 그지없는 불길로 타오르고 있다. 시인의 술회에 의하면 장자시 연작의 초고는 군 입대 시절에 마련되었다 하니 시인이 약관 무렵의 작품인 셈이다.

이처럼 장자시에 대한 다각적인 평가는 1960년대 말과 1970년대 초 이른바 우리시단을 떠들썩하게 한 문단 이슈였다. 여기서 논의할 바는 과연 장자시의 스케일과 미학적 견지가 어떠한지를 가늠하는 일이 된다. 그것은 과연 장자시의 정체가 무엇인지를 살피는 일이다. 과거 장자시의 환상성이나 동서양의 고전의 만남 등의 주제에 관한 연구는 상당량 진척되었다. 그러나 장자시의 해석에 관한 연구는 전반적으로 미진한 편이다. 본고의 초점은 장자시의 현란한 상징이 과연 무엇을 위한 것인가에 대한 천작에 놓여있다. 이 작업은 한국시단의 문학자산을 재평가하는 일일뿐만 아니라 1960년대 우리시의 위상을 재정립하는 계기가 될 것이다. 논의의 범주는 박제천의 첫시집인 장자시 서른세편으로 한정하였다.

2. 장자시의 상징성

장자시의 상징성은 기왕의 평가에서 확인되었다. 박제천의 시를 읽은 많은 독자들은 형식상으로 띄어쓰기를 무시한 시형식을 통해 연속적으로 탄주되는 현란한 수사와 어휘의 충돌, 그리고 그것이 빚어내는 황홀한 스펙트럼 그리고 어마어마한 규모의 상징 세계 앞에 놀라움을 금치 못했다.

현상의 숲, 상징의 숲을 지나 도달하는 이 새로운 세계에서 모든 힘이 균형하는 즐거운 리상 상태를 맛보고 상상력에 의하여 이루어지는 모든 괴물에 접하여 얻을 수 있는 새로운 전율의 감동을 보오들레에르가 노래한 것은 19세기도 중엽에 들어서서의 일이었다. 장자는 더욱 일찌기 만유(萬有)가 일원(一元)의 세계에서 출발하고 근원인 그 일원의 세계 속에 모든 것을 환원한다고 갈파(喝破)하였다. 장자가 노닐던 만유일원의 세계를 감각적으로 파악한다면 상징의 저편에 장자가 발견하고 그 속에서 유연(悠然)히 노닌 것은 기원전 2·3 세기의 일이었다. 박제천은 〈莊子詩〉에서 그러한 莊子의 세계를 현대적인 감각으로 파악하려 한 것 같다.[4]

> 꾸겨둔緣하나가녹이슨채바람에실려떠나가리니
> 잘가거라
> 萬里의뱃길을도든萬年이한마리누에잠이언만
> 뉘라손을붙잡으랴
> 가까이갈수록뜨거워지는한덩이金銀의말조차천수만의그림자로
> 이세상의여기저기를떠돌고있느니
>
> — 其四

박제천의 시 속의, 의미 말하자면 뜻은 장자시에 있어서 더 이상 언어의 의미가 아니다. 사물과 사상 그리고 그 본질에 다가서면 그것을 표현할 이미지와 그 언어 자체는 그것에 가까이 갈수록 뜨거워지는 한덩이 금은의 말이다. 하지만 그 금과옥조의 말은 장자시에 오면 그림자가 되고 만다. 장자기 사번을 읽노라면 박제천의 시창작상의고뇌가 그대로 느껴진다. 만리의 장도를 도든 엄청난 세월의 꿈인 시어는 시인이 찾아 해메이던 그 이미지를 담아낼 시어임에 틀림없다. 그러나 그 시어는 그 엄청난 열기로 다가온 금과 은의 보석과도 같은 시어이건만 알고보니 바닷가 여기저기에 그림자로 떠도는 그 단어였다. 그러니 말을 뒤집으면 아무데나 쓰레기처럼 돌아다니는 모든 언어는 제련된 저 뜨거운 금덩이와도 같은 시어가 되는 일이다. 이 증거로 이 시편

4) 정한모, 상게서.

은 적어도 시창작에 연관된 시라 단언할 수 있다.

장자의 사상이 감각이 되는 세계 다시 말해 이미지가 누적되어 상징체계가 되는 세계가 바로 장자시의 세계이다. 상징과 그 의미를 이해하기 위해서는 그 표상이 순전히 개인적 체험인지 또는 저장되어 있던 일반적인 의식적 지식으로부터 특별한 목적을 위해 선택되어졌는지를 아는 것이 필수적이다. 상징을 이해하기 위해서는 과학적인 언어로 구체화할 수 없지만 심리학자 스스로가 오로지 실제 경험을 통해서 배우게 된다. 때문에 작가 개개인의 상징적 의미화와 느낌은 다양한 상태로 나타나고 동일한 작가의 작품에서조차 상이한 상징이 나타나게 되는 것이다. 상징을 해석하기 위해서는 개개인 전체를 이해하려고 노력해야 된다. 개인의 문화적인 배경도 살펴보아야 되고 항상 개개인마다 새로운 사람이라는 생각으로 이해하려고 노력해야 한다. 그래서 상징의 표면만 다루는 동안은 일상적인 반응이 실제적이며 유용할 줄 모르나, 조금이라도 우리가 핵심적인 문제를 건드리는 순간, 생명 그 자체가 이에 개입하면서 가장 훌륭한 이론적 전제도 효과 없는 언어에 불과한 것이 되고 만다.

물고기의淸新한몸뚱어리를오려내는가위
비늘을터는에스쁘리
금을그어滿月을도려내는콤파스
망사로거는달빛
비타민瓶에서숨쉬는日光을촬영하네
바다에서떠오르는해붉은해
舊式의내사진기안에서춤추는피사체
壁에는中國의關雲長靑龍刀
번뜩이는칼날끝에바다가몸져앓고있네

— 其七

33편의 시를 관류하고 있는 사상이나 논리를 추상하지 않더라도 우리는 이 시편들이 지니고 있는 시로서의 아름다움은 상징의 체계로 환원되어 있다. 구체적 사물이 의미가 심상이 된 이미지로서 사상을 넘어서서 회화의 수준으로 다시 구체화된 장자시는 시인이 장자의 사상을 감각적 이미지로 바꾸어 그것은 이미 의미보다는 상징이 되었다. 물고기의 비늘, 만월의 월광, 일광의 붉은 빛 그리고 청룡도의 검광이 각기 번쩍이고 번득이고 있으나 만물을 담군 바다는 몸져 앓고 있다. 세상의 위대한 것들이 빛나고 제각기 위세를 뽐내도 실상 방안에 놓여있는 문방구류와 장식품에 불과한 것일지도 모른다. 이 시편 속에서 장자의 사상성 표현에서의 의미를 추구하는 것은 쓸데없는 일이 되고 만다. 시의 이미지 다루기 시어의 선정 그리고 시정신에 대한 아름다움이 그득한 것이다. 말하자면 시인의 에스프리를 다루는 요리법이지 에스프리의 이데올로기가 아닌 셈이다.

> 어둠은늙은나무도불붙이네
> 아닌밤의情炎에창포물에머리채를씻다가
> 나래옷만걸친알몸의女子들은銀河가까이흰젖줄을뿜어올리며
> 능금한알을던져도점점
> 부풀어오르는圓이되어桃花色
> 李箱의심장인양두근거리며거기가득차있네
>
> －其二十五

띄어쓰기를 무시하고 있는 형태도 이 시편에서는 독특하게 자리한다. 언어 이미지와 이미지의 연결의 긴장도와 형태가 잘 맞아떨어진다. 어둠과 불, 정염의 여인과 나신, 여신과 은하의 젖줄, 능금과 이상의 심장은 이미지의 짝을 이루며 시의 완성을 향한 이미지들이 마치 물고기 떼처럼 몰려들어 바다를 가득 차고 넘치는 이미지의 행렬을 보여준다. 자칫 형태소들이 의미를 넘어선 기호의 물결처럼 둥실둥실 떠다니는 느낌을 주는 이런 종류의 새로운 시도는 과연 색다르다. 표기상의 효과를 보는 낭송시의 리듬이나 톤이 급박하지 않고 한시를 대하듯 가라앉은 느낌을 주는 것고 당대로서는 대단히 기발한 시도이기도 하다.

이미지를 구성하고 있는 감각들이 신선하고, 다양성도 무애한 상상력의 세계를 뒷받침해준다. 진지한 자세로 장자적사상의 원천 속에 차분히 자리잡고, 그 현대적 해석과 시적 표현을 위해 치밀하고도 정치하게 세공적인 작업을 해 놓은 것은 기왕의 평가로도 충분한 대목이다.

꿈의열쇠를달궈내는풀무속불붙는房의불붙는쇳조각
불붙는寶石의심장에서낱낱이뛰어나와내살로파고들던幼年의쇳조각
머루다래모양의그흔적에확대경을비추면
달빛속의木琴소리로近郊의나무들도다가오고
靑山別曲도다가오고
나무들의樹液에젖은손가락집게에집혀나도樹液으로풀려지고마는
한폭의墨畵
내검은핏속을떠도는金銀의별들은모두幼年의선물이네
—其十三

장자시 전편에서 이미지가 쌍을 이루는 패턴은 이 시(제13)에 오면 보다 정치해진다. 완성된 한 편의 시를 향한 시인의 고뇌와 정성이 느껴지는 대목이다. 꿈을 알아내는 열쇠는 이미지상 금속이기에 풀무로 달궈 만들어야 한다. 그런데 풀무는 비어있다. 말하자면 하나의 방이다. 그 방속에서 불타는 쇠조각들은 단언컨대 시를 이루어낼 보석 같은 언어들이다. 그런데 그 기호들은 그림으로성의 이미지들은 〈머루다래모양의그흔적에확대경을비추면〉 나타나는 언어들이다. 그리고 그 언어들은 〈달빛속의木琴소리로近郊의나무들도다가오고, 靑山別曲도다가오

고나무들의樹液에젖은손가락집게에집혀나도樹液으로풀려지고마는, 한폭의墨畵〉이다 그 검은 빛은 어디에서 온 것인가. 마지막 줄에 나타난 유년의 선물에서 알 수 있듯이 비록은 그 빛이 검건 아니면 보석처럼 찬란하던 간에 그 이미지를 담은 나의 핏줄 속에서 나온 언어는 자신의 과거에서 비롯된 것이다. 그러니 박제천의 시는 박제천의 피에서 나올 수밖에 없는 일이 아닌가.

기호는 항상 그것이 표현하는 개념 이하의 것이고, 반면에 상징은 항상 그것의 명백하고도 직접적인 의미와 그 이상의 어떤 것을 나타낸다. 게다가 상징들은 역사적으로 자연발생적인 산물이다. 논리적 결론이나 계획적인 의도에 의한 합리성을 상징으로 규정할 수는 없다. 이성적 판단이나 생각에 환상적인 덧칠을 한다 하더라도 그것은 미지의 부분을 암시하는 상징이 아니라 그 뒤에 의식적인 생각과 연결되어있는 일대일의 관념대응인 기호인 것이다. 상징적인 생각이나 느낌 혹은 상징적 행위와 상징적 상황들은 그 성질이나 기원에서 개인적이 아니라 집단적일 수 있다. 때문에 이러한 상징들의 발현은 그 문화의 특수성이나 전통성 등과 연결되며 그를 감지한 작가에 의하여 시대정신에 흡수되거나 반발하는 경향을 띄기도 한다. 애초에 프랑스 상징주의자들은 예술의 본질적 원리를 사상에 감각적 형태를 씌우는 것이라고 선언했다. 상징주의의 목적은 물질세계와 정신세계 사이의 갈등을 해소하는 것이었기 때문이다. 상징주의 시인들은 시적 언어를 내면생활의 상징적 표현으로 여겼으므로 상징화된 언어는 의미화에 다름 아닌 것이다.

박제천의 장자시에 이룩하고 있는 시어의 상징성은 스스로도 후에 밝혀놓았듯이 난해하지 않다. 다만 아름다운 이미지들의 재구성이 현란할 뿐이다. 제13편에서 추구하는 바는 분명 시창작의 문제로 귀일된다. 언어의 조탁과 이미지의 연결은 시적 상징을 위한 끝없는 노력이다. 말하자면 장사시가 추구하는 것은 고차원적 정신세계도 아니고 거대한 인식의 규모도 아니다. 그것은 바로 시창작에 대한 가없는 노력이고 그 창작에 다름 아닌 상징화에 대한 언어의 승화인 것이다. 기왕의 평가에서 장자의 동양정신을 거니는 장자시에 대한 평가는 바뀌어야한다. 장자시 시편 속에서 장자의 사상성 표현에서의 의미를 추구하는 것은 번지수가 틀린 이야기이다. 장자시에는 시의 이미지 다루기 시어의 선정 그리고 시정신에 대한 아름다움으로 가득차있다. 말하자면 장자시는 그 상징적 기법을 통해 시인의 에스프리를 다루는 요리법을 말하는 것이 에스프리의 이데올로기를 말하는 것이 아니다.

3. 우주적 상상력

전장에서 박제천의 장자시의 본질이 시창작에 대한 고민이라는 가설을 장자시 제13에 의해 살펴보았다. 그런데 그 상징성은 장자에 걸맞는 규모와 그 엄청난 사유의 세계를 가름하는 아름다운 시에 대한 다각적이고 무범주하고 자유자재한 상상력이 필요한 것이다.

장자시에는 소요유(逍遙遊)의 붕새에 대한 이미지가 담겨있다.

북쪽 바다에 물고기가 있는데, 이름하여 〈곤〉이라 하였다. 곤의 크기는 몇 천 리나 되는지 알 수가 없었다. 이것이 변하여 새가 되면 그 이름을 〈붕〉이라 하였다. 붕의 등도 그 길이가 몇 천 리인지 알 수가 없었다. 붕이 한번 날아오르면 그 날개는 하늘에 드리운 구름과 같았다. 이 새는 바다에 태풍이 불면 남쪽 바다로 이동하게 된다. 남쪽 바다란 천지를 말한다. 붕이 남쪽 바다로 옮아갈 때에는 물을 쳐 올리되, 그 높이가 3천리나 되고, 회오리바람을 타고 구만리나 올라가 유월의 거센 바람을 안고 날아간다. 아지랑이나 먼지 같은 것은 생명체가 숨을 쉬면서 서로 불어내 보낸 것이다. 하늘이 파란 것은 그 본래의 색깔이 그러한 것일까? 그 멂이란 다함이 없는 것일까? 그 곳에서 아래를 내려다보아도 역시 그러할 것이리라.

무릇 물이 깊지 않다면, 큰 배를 띄울 수 없을 것이다. 한 잔의 물을 작은 웅덩이에 부어 놓으면 땅에 닿아 버리는 것은 물은 얕은데 배는 크기 때문이다. 바람이 쌓이되 두텁지 않다면, 그 역시 큰 날개를 떠받칠 힘이 없게 된다. 따라서 구만리 정도는 올라가야 바람이 날개 밑에 그만큼 쌓이게 되어, 그런 뒤에 지고 거리낄 것이 없는 뒤에야 붕은 남쪽으로 날아가게 된다.

이 곤이 붕이되는 대목은 장자시 제일편에 되살아나고 있다.

全身을滿月의활로꾸부려
音樂의불붙는시위에살을먹이네
배는
한몫의樂器
弦과弦사이에櫓를넣어휘저을적마다
밤무지개를타오르다떨어지는
波濤소리
못보던새들의울음이天地에가득차고새들의깃은
물살속에서퍼덕이네
航海中의배는
무심히돛폭을펼쳐바람의 空閨를채우네.

－其一

몸이 달이 되고 음악이 살이 된다. 새는 천지에 가득하고 깃털은 물속에서 날개짓하며 배의 돛이 천하공중에 가득 찬다. 그리고 그 우주는 일개 공규 즉 작은 방이 되고 만다. 우주의 창공은 가늠하기 어려운 엄청난 공간이이나 깨닫고 나면 작은 방에 불과한 것이다.

소요유편의 붕새의 등장 아래 상대적으로 벌레의 이야기가 나온다.

매미와 작은 새는 그것을 보고 웃으며 말한다. "우리는 있는 힘을 다해 팔짝 뛰어 날아서야 겨우 느릅나무 위에 올라 머물 수 있다. 때로는 거기에도 이르지 못하고 땅에 떨어지는데, 무엇 때문에 9 만리를 날아 남쪽으로 가는 것일까?" 가까운 교외로 나가는 사람은 세 끼 밥을 먹고 돌아와도 배가 여전히 부를 것이나, 백리 길을 가는 사람은 전날 밤에 양식을 절구에 찧어 준비해야 하고, 천 리 길을 가는 사람은 석 달 동안 양식을 모아 준비해야 한다. 그 두 마리의 작은 벌레가 그러한 사실을 어찌 알겠는가!

인간의 자유는 장자의 근본 주제였다. 자유를 알기 위해서는 속박을 알아야하고 큰 것을 이해하기 위해서는 작은 것을 알아야한다. 단순히 현실을 부정하거나 피안으로 초월하는 것이 아니라 인간이 현실의 구속과 속박에 직면해 지금 여기에 주어진 시간을 어떻게 살아야 하는가 하는 점이 더욱 절박한 과제였던 것이다. 따라서 철저한 현세주의자인 장주의 사상에는 인간들이 살아가는 모습에 관한 통찰과 직관적 예지가 종횡무진한 비유와 우화, 날카로운 풍자와 역설, 극적인 구성과 예술적 리듬을 통해 도처에서 번득이고 있다.

장자의 소요유가 보여주는 세계는 이처럼 상대적 세계관이다. 틀 밖으로 나온 엄청난 날개짓인양 자유의 형식으로 띄어쓰기를 무시한 시 형식을 통해 연속적으로 탄주되는 현란한 수사와 어휘의 충돌, 그리고 그것이 빚어내는 황홀한 스펙트럼은 곤이 붕이되는 장면을 연상시킨다.

漢籍갈피에서날리는智慧의숨소리
깨어있는나의안에서해를길어올리는두레박소리
출렁이는물속의아픔이손가락끝에서얼굴을드러내네
거슬러오를수없는時代
내여윈肋骨의틈에서해를밀어올리는莊子

그의바람이山갈치를떨어뜨리네山갈치가퍼덕이고햇빛은
槍처럼그것의등을꿰어바다로도로던질것이네.
— 其十一

박제천은 제 11번에서 자신과 장자의 만남을 형상화하고 있다. 그는 한적의 갈피에서 찾아낸 지혜의 숨소리와 바로 스무 살의 여윈 늑골의 틈에서 해를 밀어올리는 장자를 발견한 것이다. 거슬러오를 수 없는 시대에 그에게 장자는 스무 살의 감성을 폭발시킨 결정적 소재였다. 그는 연작시의 형식을 통해 장자의 세계를 내용으로 하여 시를 완성하고자한 것이다.

未明의하늘을거둬들이는저것明瞭히빛나는저것이太陽일까
무슨佩玉처럼귀를기울이고어두운방에앉아
손톱끝의어둠은손톱속에발톱끝의어둠은발톱속에거둬들이며
오롯한光彩로빛나는나도太陽일까
푸른해오라기의날개를단해바라기가눈높이를날아다니고
한톨빛의씨앗은눈에서익어수천수만의민들레꽃실을房가득히뿜어내는데.
— 其十二

장자시는 동양적인 것, 서구적 미학과 동양적인 혹은 한국적인 것을 현대시로 표현하는 데 성공한 작품이다. 초현실적인 표현기법을 떠올리게 하는 이미지 구성과 감각적 표현들은 과거의 여타시에 비해 그 신선함이 놀랍다. 감각적 구성과 상상력, 그리고 이미지의 나열은 가히 시창작의 교과서라 해도 과언이 아니다. 더더욱 빛나는 부분은 시의 유기적인 연관성하의 형상화이다. 특히 시어에 대한 탐닉과 시의완성에 대한 시인의 고뇌는 시를 출산하는 사모로서의 시인이 하나의 표현을 위해 최선을 다하고 있는 느낌을 주는 것이다.

박제천의 시는 구문이 정확하고 메타포에 의한 이미지들이 각명하여 그 전달성이 강하다. 불투명한 이미지, 그것을 은폐하려는 구문의 불구성, 이런 것으로 현대시의 난해성에 편승하려는 사이비 시와 대조해보면 박제천의 시가 지니고 있는 안정성과 견고성이 이해될 것이다.

정한모 선생의 평이다. 우리는 감각과 상상과 언어구사라는 바탕과 안전성과 견고성, 그리고 현대시의 난해성에 편승하려는 사이비 시가 아니라는 지적은 설득력이 있다.

공간과 상식을 초탈한 언어의 자유자재한 변화는 시 탐구에 다름 아니다. 박제천 시의 특질을 이루는 것은 기왕의 시적 이미지를 넘어서는 새로운 이미지로 언어와 상징체계를 만든다는 점에 있다. 장자의 사유처럼 수천년을 격하여 언제나 자유롭고 언제나 틀을 넘어서는장자적 시세계의 지향에 박제천의 장자시가 놓여 있는 것이다. 이것은 시를 더 이상 관조의 대상으로서 시를 쓰는 것이 아니고 시인이 고뇌한 창작과정까지 포함하여 시를 완성하는 새로운 패러다임을 보여주는 것이다.

『장자시』에는 주지하다시피 장자의 원전을 인용하거나 그 비유를 전제하거나 해석하지 않았으며 장자 철학이론을 시에 드러내지도 않았다. 다만 장자를 빛나는 감성과 상상력으로 수용함으로써 시라는 창조적 산물을 빚어냈다. 장자시의 우주적 상상력의 요체는 시의 본질과 장자의 자유정신의 합일이고 그것은 박제천식의 시정신인 것이다.

박제천은 사물 즉 언어가 갖는 속성을 드러내지 않은 채 사물을 바라보는 관점과 시의 내적 형상화를 이루기 위해서만 장자 제물론을 끌어들인다. 시(是)가 있다고 하는 것은 곧 비(非)가 있는 것이고, 비(非)가 있는 것은 곧 시(是)가 있는 것이다. 그러므로 성인(聖人)은 하늘의 입장에서 바라본다. 이것은 시비의 한계를 넘어 하늘의 입장에서 보아야 한다는 관점이다. 상대론적 우주관이다. 서로의 인과관계를 벗어나 사물을 바라보고 상상의 세계를 펼쳐나가는 소위 그가 말하는 상상력 훈련, 드넓은 세계로의 비약과 전혀 무관한 사물과 사물, 이미지와 이미지의 융합을 꾀하는 것이다.

> 손톱끝의어둠은손톱속에발톱끝의어둠은발톱속에거둬들이며
> 오롯한光彩로빛나는나도太陽일까
>
> —其十二

손톱 끝의 어둠과 나와 태양은 다르지 않다. 손톱 끝의 어둠은 우주적 어둠이고 발톱 속으로 거둬들여진 광채는 태양과 광채인 것이다.

장자의 철학논리를 내적 구조로 세우고 사물을 바라보는 관점으로 수용한 그는 독자들에게 선명한 이미지의 스냅을 제시할 뿐 주제를 강요하거나 강조하지 않았다. 그저 새롭게 바라보기만 하면 되는 있는 그대로의 바로 그것이 『장자시』의 본체인 것이다.

우리의 시적흐름에서 볼 때 「장자시」는 대단히 독특한 위치에 놓인 시집이다. 그 시집은 이전의 어떤 경향이나 유파, 통시적 질서에도 편입되기 어렵다. 전통적 서정시나 사회 참여시가 아니면서 철학적이거나 종교적인 형이상학적 시편들과도 다르다.

「장자시」는 마치 거대한 이미지 백화점처럼 공간전체에 늘어선 혹은 매장에 매력적으로 치장된 현란한 이미지의 물결과 만나게 된다. 따라잡기 힘들 정도로 빠르게 전개되는 시상의 진행은 누구도 예측하지 못한다. 더러 상상할 수 없는 이질적 사물들이 혼융되어 화합하고 충돌하는 별들이 벌이는 엄청난 우주쇼와도 같은 스텍터클한 일대 장관이 연출된다. 그 이미지는 자유자재한 심상들의 연결이고 그 심상의 스케일은 우주공간을 뛰논다. 이처럼 눈부신 수사는 장자의 자재함을 닮아 있다. 그러나 박제천은 그 우주공간에서 장자의 철학을 강요하거나 모방하여 보여주지 않는다. 장자시에서 박제천이 말하는 바는 시정신으로 치장한 시창작의 정이 전쟁양상으로 나타나는 시창작의 모습이다. 그는 스스로 이러한 세계를 〈물에서 타는 내 오뇌〉라고 표현한다. 타오르는 물을 건너가는 한 척의 배이다. 그의 시편 서른 세편은 이 창작의 과정 즉 이미지를 잉태하여 자유로운 태아로 출산하는 시인의 고통이다 그것은 다시 말해 고뇌의 공간을 항해하는 시정신의 통과해야하는 과정에 다름 아니다. 그의 모든 시에는 그러한 고통과 그 과정을 이겨낸 아름다운 결실이 나타나고 있다.

현과 현 사이에 노를 넣어 휘저으며 항해하는 배는 밤 무지개를 타오르다 떨어지는 파도소리를 들으며 운하를 날아가는 것이다. 그리고 그의 시창작을 상징하는 배는 결국에는 무심히 돛폭을 펼쳐 바람의 공규를 채우게 된다. 이러한 시의완성은 가히 우주적이라 할만하다.

> 지나쳐가고지나쳐가는象形의아름다운音程들
> 고물께서소리죽이고흐느끼는바닷물문득
> 머리위에높이떠피어나는물보라꽃에저희넋을실으나
> 뉘라볼수있으랴
> 虛空에서서꽃잎날리고꽃잎날려꽃잎날거니
> 바다아래꽃게의거품이그꽃잎들을삼킬뿐이네.
>
> ― 其二

관념과 감각, 음악 모티브와 항해 모티브, 시각 이미지와 청각 이미지가 현란하게 교차하는 이 시는 독자로 하여금 시인이 초대한 환상여행에 자신도 모르게 참가하도록 빨려 들어가게 만든다. 그러나 현상계의 이 모든 화려함은 결국 마지막 행 〈무심히 돛폭을 펼쳐 바람의 空閨를 채우네〉에 의해 無로 환원되고 만다. 즉 〈불붙는〉〈타오르다〉〈퍼덕이네〉 등의 동적이고 격렬한 움직임을 일순간에 제어하고 항해 중인 배는 초연하게 나아갈 뿐인 것이다. 이것은 「장자시 그 둘」에서 〈虛空에 서서 꽃잎 날리고 꽃잎 날려 꽃잎 날거니〉의 아름다움에의 경사가 결국 〈바다아래 꽃게의 거품이 그 꽃잎들을 삼킬 뿐이네〉의 허무로 조화롭게 귀결되는 것과 동일하다고 하겠다. 순간순간 모습을 바꾸는 우주 삼라만상의 운행처럼 박제천의 시에서 이미지는 피어났다 스러지며, 그 뒤를 이어 또 다른 이미지가 연달아 피어났다가 스러진다. 나타나면서 부서지고 부서지면서 다시 나타나는 이 황홀한 어지러움 속에 장자=시의 화자는 몸을 맡기고 흘러간다. 그것은 이미지의 작위적 조합으로 충격을 노리는 서구의 초현실주의자들의 방법론과는 엄격히 구분되는, 동양적 예지의 자유로운 유희이자 소요라고 하겠다. 「장자시」 서른 세 편에 걸쳐 이러한 창조적 긴장이 일관된다고 볼 수는 없지만, 그리고 부분 부분 지나치게 난삽한 구절도 없지 않지만 이 시편에서 보여준 강인한 정신의 높이와 광활한 상상력의 너비는 한국시사에서 거의 유례가 없다고 여겨진다.[5] 남진우의 이러한 지적은 이미지에 있어 상당량 설득력을 지닌다.

> 나는 지구가 결국 우주에 떠 있는 하나의 별에 지나지 않는다는 생각을 한시도 잊어 본 적이 없어요. 여기서부터 나의 세계인식은 시작된다고 볼 수 있죠. 동시에 별은 현실에 대한 반대를 의미하기도 하죠. 현실적인 억압에 대한 해소의 상징물이 하늘에 반짝이는 별로 나타났다고 볼 수 있어요. 내 시에 가끔 나오는 〈신선〉도 그래요. 이것을 흔히 현실로부터의 도피라고 보는데 내 생각은 그렇지 않아요. 나는 억압의 해소로 보거든요.

이러한 시인의 자언처럼 장자시의 우주적 상상력은 시적 소재에서 시정신이라는 주제의식으로 형상화된 것이다. 현실 억압의 해소는 체념이 아니다. 그것은 스스로 밝히고 있듯이 현실의 도피가 아니기 때문이다. 도피는 비겁한 이미지를 지닌다. 마치 자아가 현실과 아무런 상관이 없는, 혹은 현실에 대한 고려를 전혀 하지 않는 허구적 세계를 지향하는 도망한 자의 모습이기 때문이다. 하지만 해소는 정신의 문제

5) 남진우, 「별 사이를 항해하는 배」, 『문학과창작』(2005, 여름).

이다. 현실의 고통을 그대로 받아들이면서 초극하는 자의 예술혼은 도망간 자의 영혼이 아니다.

장자시의 우주론적 상상력은 시창작의과정과 시정신을 지탱하는 시인의 영혼을 지탱해주는 질료가 되는 것이다.

4. 초월 혹은 이탈

통상 박제천의 장자시는 환상성이라는 단어와 함께 지칭된 바가 적지 않다. 『장자시』에서의 그 막힘없는 환각에의 몰입과, 그것을 실어 나르는 현란한 언어와 이미지 때문에 그러한 언급이 종종 당연하게 인구에 회자되는 것이다

지나쳐가고지나쳐가는象形의아름다운音程들
(중략)
虛空에서서꽃잎날리고꽃잎날려꽃잎날거니
바다아래꽃게의거품이그꽃잎들을삼킬뿐이네.

위의 〈장자시 제이〉의 띄어쓰기를 무시한 시행은 엄청난 속도의 초고속정을 타고 바다 위의 바위들의 형상들을 순식간에 감상시키는 장면 혹은 우주공간을 초고속으로 활공하는 우주선과 수많은 별들의 우주쇼를 일별하는 경험을 느끼게 한다.

〈지나쳐가고지나쳐가는象形의아름다운音程들〉물리적 거리감과 속도감 그리고 음향적 감각이 어우러져 이미지와 감각은 순간순간 창조되고 매순간 재현된다.

감각을 재현하기위해 일상의 질서관 혹은 기왕의 시적 이미지의 질서를 순식간에 넘어서는 속도감은 그의 시를 일컬어 포스트모더니즘의 속도라 칭해도 문제가 없을 듯하다.

이러한 속도감과 탈질서화는 시간과 공간이 뒤섞인 채 까지 박탈된 채, 전 우주적인 통찰로 확대된다.

> 바닥모를깊이의안을헛짚을때가바로病의처음이네
> 바다가까운낭떠러지의풀집에누워
> 바닷속의한점바위의검은돌빛으로꿈을굳히네
> 사뭇소용돌이를이루는깊이에돌뿌리를내리고
> 가슴을흔드는피는그대로금이되어
> 금마다바닷물을들이네
> 雨雷가말하는天上의所聞
> 魚身에번뜩이는龍宮의빛깔
> 病의처음에마지막을알때뉘라몸을도사리지않으리.
>
> —其三

「장자시」는 이처럼 장자의 소요유에 나오는 곤이라는 대붕이 거느리고 있는 시간의 유장함과 공간의 엄청남을 통해 인간의 보잘 것 없음을 넘어선다. 바닥 모를 깊이의 안은 무엇을 위해 우리가 알아차려야하는 일일까? 우리가 말하는 하늘의 소문은 우리가 깨달아야하는 시의 어떤 부분인가. 그러니까 우리가 진정으로 찾아야하는 시정신의 세계는 무엇인가에 대한 대답으로 장자시는 초탈을 등장시킨다. 그것은 결코 장자에 대한 주석이나 재해석이 아니다. 보다 진정한 시에 대한 장자를 빗댄 시정신인 것이다.

통상 문학은 병든 자의 노래로 규정되었다. 그 병을 처음 안 것은 시인의 입문이다. 그리고 그 병 속에서 시를 찾아 헤매는 이미지 잡이는 어부처럼 그 언어를 찾아다닌다. 바다 가까운 풀집에 누워 시라는 물고를 잡으려는 시인은 바닷속의 금과 천상의 소문을 듣는다. 시인이라면 누구라도 시의 영감이 왔을 때 무릇 초자연적으로 예민한 짐승처럼 도사리기 마련인 것이다.

精液처럼끈끈한손길의말을버리면
꿈의껍질이벗겨지고하이얀腦骨만햇볕에쪼그라드네
想像의날랜눈이슬그머니소매에가둔
天體의여러별들그것들이이마를맞대어나르던죽음의
반짝인빛이었네.

—其十

시인의 에스프리는 일상을 일탈하여 극도로 예민해져있다. 하지만 일상에서 보면 해골처럼 무의미한 것이다. 정액처럼 끈끈한 손길의 말은 시를 쓰려고 준비한 시어이다. 그것은 이미 끈끈해진 일상의 언어임에 틀림없다. 그러나 그 말 다시 말해 이미지를 그려낼 시어를 버리고 나면 꿈은 사라진다. 뇌골을 내리쬐는 빛만이 있을 따름이다. 그러나 어디에도 얽매이지 않는 시인의 에스프리는 이미 미련을 버린 터였기에 천체의 별빛을 찾아낸다. 그리고 결국에는 그 빛의 정체가 죽음의 빛인 것을 알아차린다.

생명을 탄생시키는 빛은 죽음을 나르는 빛인 것이다. 지독한 아이러니 같지만 삶과 죽음이 하나인 것을 깨닫는 초월적 인식이 있은 후에야 가능한 단계를 시인은 노래한다. 그러나 이러한 탄생과 죽음은 우주론적 논의에 속하지만 〈끈끈한 손길의 말과 이마를 맞댄 죽음〉은 바로 시인의 정체성과 통하는 증거이다. 그것은 바로 시의탄생과 시의 죽음인 것이다.

노래의부채를버리네
젊고늙은모든노래를묻어버리네
불붙는여름을멀리보낸뒤
피리소리스며窓戶紙를이루고완자문살로나뉘어지는
水銀은달빛
山巾이나흰종이에그리고있네

몇마리딱다구리가그렇지그렇지나무를두들기네.

－其十八

앞의 시와 유사한 십팔번 시도 역시 초월과 이탈을 통해 시를 이룩하는 모습을 그린다. 노래는 시이고 부채는 시를 둘러싼 모든 조건이다. 그걸 다 보린다면 무엇이 남겠는가. 시에 관한한 욕망이나 규칙이나 명시인들의 창작방법론이나 격렬한 시에 대한 논쟁조차도 모두 버린 후 그 모든 것을 벗어난 다음 〈피리소리스며窓戶紙를이루고완자문살로나뉘어지는, 水銀은달빛, 山巾이나흰종이에그리〉는 그림보다 훌륭한 시가 있겠는가. 당연히 딱따구리가 찬탄하며 장단을 맞출 일이 아니겠는가.

장자시 전편에 흐르는 이러한 일탈과 초월성은 다음의 몇 가지 특성을 지닌다.

먼저 띄어쓰기를 없애고 컴팩트하게 각시행을 처리한 것은 일상적이 시에 비해 속도감과 난해함을 준다. 그것은 현실의 틀을 넘은 작은 규칙이탈이 된다. 그것은 자유로운 형식이기도하지만 전략적으로 이탈을 통해 얻는 자유의 내용이 되기도 한다.

둘째로 장자시가 추구하는 시창작의 방법론은 기왕의 방법 일체를 버리는 초월 혹은 일탈의 미학인 것이다. 감각을 재현하기 위해 이미 예전에 사용한 시적 이미지의 질서를 순식간에 넘어서는 속도감과 재구성은 시간과 공간을 넘어서는 우주적인 규모인 것이다.

5. 결 론

본고의 초점은 장자시의 정체가 무엇인지를 살피는 일이었다. 과거 장자시의 환상성이나 동서양의 고전의 만남 등의 주제에 관한 연구는 상당량 진척되었지만 장자시의 해석에 관한 연구는 전반적으로 미진한 편이었기 때문에 장자시의 현란한 상징이 과연 무엇을 위한 것인가에 대한 천작을 위주로 이글이 쓰여졌다. 그 결과 본고의 도출내용은 장자시는 시창작 본보기라는 결론으로 압축할 수 있다.

박제천의 장자시에 이룩하고 있는 시어의 상징성은 결코 난해하지 않다. 다만 아름다운 이미지들의 재구성이 현란할 뿐이다. 장자시가 추구하는 바는 분명 시창작의 문제로 귀일된다. 언어의 조탁과 이미지의 연결은 시적 상징을 위한 끝없는 노력이다. 말하자면 장사시가 추구하는 것은 고차원적 정신세계도 아니고 거대한 인식의 규모도 아니다. 그것은 바로 시창작에 대한 가없는 노력이고 그 창작에 다름 아닌 상징화에 대한 언어의 승화인 것이다.

시인의 자언처럼 장자시의 우주적 상상력은 시적 소재에서 시정신이라는 주제의식으로 형상화된 것이다. 현실 억압의 해소는 체념이 아니다. 그것은 스스로 밝히고 있듯이 현실의 도피가 아니기 때문이다. 현실을 거부하는 허구적 세계를 지향하는 도망한 자의 모습이기 때문이다. 하지만 해소는 정신의 문제이다. 현실의 고통을 그대로 받아들이면서 초극하는 자의 예술혼은 도망간 자의 영혼이 아니다. 장자시의 우주론적 상상력은 시창작의과정과 시정신을 지탱하는 시인의 영혼을 지탱해주는 질료가 되는 것이다.

장자시의 일탈과 초월성은 형식상 띄어쓰기 없는 시행을 처리한 것은 일상적이 시에 비해 속도감과 난해함을 준다. 그것은 현실의 틀을 넘은 작은 규칙이탈이 된다. 그것은 자유로운 형식이기도하지만 전략적으로 이탈을 통해 얻는 자유의 내용이 되기도 한다.

또한 장자시가 추구하는 시창작의 방법론은 기왕의 방법 일체를 버리는 초월 혹은 일탈의 미학인 것이다. 감각을 재현하기 위해 이미 예전에 사용한 시적 이미지의 질서를 순식간에 넘어서는 속도감과 재구성은 시간과 공간을 넘어서는 우주적인 규모인 것이다.

결국 박제천의 장자시는 시를 창작하는 시인의 고뇌와 그 창작과정의 보고서라 감히 말할 수 있는 것이다.

강한 투시력과 공고한 중심의 시

허영자의 시 세계

이 건 청

1.

허영자는 1938년 경상남도 함양군 휴천면에서 許壬斗와 鄭蓮葉의 장녀로 태어났다. 허영자는 지적으로 연마된 공고한 구조의 서정시로 새로운 서정의 지평을 열어 보여준 시인이다.

허영자가 시에 관심을 갖게 된 것은 중학교 시절부터였다. 국어 담당의 담임 교사에게서 시 지도를 받으면서 습작을 하기 시작했다고 한다. 경기여고 재학 중엔 교사였던 시인 노문천에게서 시적 감화를 받을 수 있었고, 시적 재질을 연마하면서 상상력과 감수성을 키워나갔다. 그가, 시적 재질을 인정받으면서 본격적인 격려를 받게 된 것은 숙명여자대학교 국문학과를 거쳐 대학원 과정을 공부하면서였다. 김남조, 곽종원, 정한모, 조연현과 같은 문단 인사들의 강의를 수강하면서 등단의 꿈을 실현해가게 된 것이다.

허영자가 시단에 등단하게 된 것은 『현대문학』에 「道程 連歌」(1961. 2), 「戀歌 3首」(1961. 9), 「思母曲」(1962. 2)등의 작품이 발표되면서부터이다. 추천자는 박목월이었다. 허영자의 저서 목록은 다음과 같다. 개인 창작 시집으로 『가슴엔 듯 눈엔 듯』(중앙문화사. 1966), 『親展』(문원

사. 1971), 『어여쁨이야 어찌 꽃뿐이랴』(범우사. 1977), 『빈 들판을 걸어가면』(열음사. 1984), 『조용한 슬픔』(문학세계사. 1990), 『기타를 치는 집씨의 노래』(미래문화사. 1995), 『목마른 꿈으로써』(마을. 1997)등이 있으며 시선집으로 『그 어둠과 빛의 사랑』(열음사. 1985), 『이별하는 길머리엔』(문학사상사. 1968), 『꽃피는 날』(자유문학사. 1987), 『말의 향기』(고려원. 1988), 『아름다움을 위하여』(문학세계사. 1980), 『암청의 문신』(미래사. 1991)등이 있다. 산문집으로 『한송이 꽃도 당신 뜻으로』(문학예술사. 1978), 『아름다운 삶을 향하여』(문학세계사. 1980), 『사랑의 이름으로 너에게 묻는다면』(중앙일보사. 1985), 『인생은 아름다운 사랑이어라』(자유문학사. 1985), 『내일 우리가 이별할지라도』(청맥. 1986), 『사랑과 추억의 불꽃』(자유문학사. 1986), 『우리 무엇을 꿈꾸었다 말하랴』(백상. 1987), 『내가 너의 이름을 부르면』(학원사. 1983), 『영혼을 노래하며 아픔을 나누며』(학원사. 1985), 『슬프지 않은 뒷모습은 없다』(청맥. 1989), 『블르뉴 숲의 아침 이슬』(청산. 1993)등을 비롯한 많은 수상, 수필집들이 있다. 그의 시집들과 그의 시에 관계된 평문들을 집대성하여 갑년에 펴낸 『허영자 전시집』(마을. 1998)은 그의 시 전모를 살펴볼 수 있는 좋은 자료이다.

2.

허영자의 시를 다음과 같이 3단계로 나누어 살펴보려 한다. 제1기는 자아의 주관에 투영된 시적 대상과의 교감을 노래해 보여준 시집 『가슴엔 듯 눈엔 듯』, 『親展』, 『어여쁨이야 어찌 꽃 뿐이랴』의 세계, 제2기는 자아의 주관이 밖을 향해 열리기 시작하면서 개인사적 서정이 객관화의 과정을 보여주기 시작하는 시집 『빈 들판을 걸어가면』, 『조용한 슬픔』의 세계, 제3기는 현실세계의 다양성에로 관심을 넓혀 보여준 시집 『기타를 치는 집씨의 노래』, 『목마른 꿈으로써』의 세계이다.

2-1

허영자는 시집 『가슴엔 듯 눈엔 듯』, 『親展』, 『어여쁨이야 어찌 꽃뿐이랴』에서 자아의 내면에 투영된 대상과의 교감을 노래해 보여주었다. 이 시기의 시인은 섬세한 감성으로 시적 대상에 근접해가고 있는데, 시적 대상들은 모두가 먼 곳에 있으며 드높이 우러르는 곳, 경외의 자리에 있다. 그런데, 시인은 그런 시적 대상을 보고자 하는 간절한 열망을 지니고 있으며, 모든 일상이 그리움의 대상이 되어 있다. 그렇기 때문에 그리움의 대상을 보려는 자아는 늘 겸허하게 자신을 다스리며 지극한 마음으로 대상을 접해간다. 그리고, 허영자의 시적 대상은 이 우주에 존재하는 모든 것들로 확산되면서 가치를 구현한다.

그윽히
굽어보는 눈길

맑은 날엔
맑은 속에

비 오면
비 속에

이슬에
꽃에
샛별에

임아

이
온 삼라만상에

나는
그대를 본다

—「임」

허영자가 노래하는 그리움의 대상으로서의 〈그대〉는 세계에 두루 존재하는 모든 대상들을 통해 확인되는 것들이다. 이 우주에는 온통 〈그대〉만 존재할 뿐이고 〈나〉와 무관한 것은 아무 것도 없다. 어디에서나, 〈그윽히 / 굽어보는 눈길〉과 만난다.

이 시의 화자가 이처럼 모든 대상 속에서 그대를 보는 것은 물론, 인식 주체로서의 〈나〉의 내면이 그대만으로 충만하게 차 있다는 사실을 반증하는 것이기도 한 것이다. 〈그대〉만을 향한 간절한 열망으로 바라보는 세상 삼라만상들은 〈그대〉를 투영하고 있으며, 〈그대〉 자체가 되어 있는 것이다. 그렇기 때문에 맑은 날은 맑은 날 속에서 그대를 보고, 비가 오는 날에는 역시 비 속에서 그대를 보게 되는 것이다. 〈이슬〉에도 〈꽃〉에도 〈별〉에도 〈그대〉가 있을 뿐인 것이다. 허영자의 〈그대〉는 이런 우주 속의 삼라만상일 뿐만 아니라 때로는 피로 맺어진 혈육이기도 하다.

1. 은나비
   손톱 발톱 잦아지게
   남 유다른 세월에

   짚동 한숨은
   소금 부벼 삭이고

   엄니 엄니
   울 엄니는
   나래도 빛나는
   나비라 은나비

2. 눈밝애 귀밝애
   다음에

죽은 다음에도
또 세상 있으믄

자비하신 석가세존
그 말씀대로
삼월에 제비 오는 세상 있으믄야

엄마야 오늘같이
바느질하는 엄마 곁에서
바늘에 긴 실 꿰어드리지

새아씨적
옛말은
인두에 묻어나고

어룽진 앞섭자락 섧디 섧은 눈빛을
물려줄테지

이 다음에 죽은 다음에도
이런 세상에

엄마는 울엄마
나는 또 까망머리
엄마 딸 되리

눈 밝애 되리야
귀밝애 되리야

3. 해빙기
우수절
남녘 바람에

강얼름 녹누만은

엄니 가슴 한은
언젯 바람에
풀리노

눈 감아
깊은 잠 드시고야

저승 따
다 적시는
궂은 비로 풀리려나

―「사모곡」

어머니를 그리움의 대상으로 한 위의 시는 우리 시사의 「사모곡」들 중에서도 돋보이는 작품이다. 이 시가 돋보이는 것은 시적 정서의 곡진함에서 연유된다. 〈짚동 한숨은 / 소금부벼 삭이고〉에서 간난의 어머니 한 생애를 〈소금에 부벼서 삭인〉 쓰리고 아픈 것으로 받아들이고 있음을 볼 수 있다. 그리고, 그런 어머니를 〈은나비〉라는 시적 상관물로 인식해 낸다. 그리고, 그런 어머니 가슴에 맺한 〈한〉의 정서가 해빙기를 맞아 〈저승 따 / 다 적시는 / 궂은 비로 풀리려나〉라고 노래한다. 저승과 지상을 다 적실 만큼 어머니의 〈한〉이 크고 깊은 것이기도 하겠지만 또한 어머니의 〈한〉이 지상의 모든 땅을 다 적시는 것은 물론, 저승까지도 적시면서 온갖 생명을 일깨워내는 전능한 비가 되어 내릴 수도 있다고 한다.

이 시의 화자는 어머니 앞에서 마냥 어리기만 한 딸이다. 그래서, 이 시적 화자의 목소리도 그런 아이의 것이 되어 있다. 〈자비하신 석가세존 / 그 말씀대로 / 삼월에 제비 오는 세상 있으믄야 // 엄마야 오늘같이 / 바느질하는 엄마 옆에서 / 바늘에 긴 실 꿰어 드리지〉나 〈이 다음에 / 죽은 다음에도 / 이런 세상에 // 엄마는 울 엄마 / 나는 또 까망머리 / 엄마 딸 되리 // 눈밝애 되리야 / 귀밝애 되리야〉. 이런 구절들은 다정하게 우러르는 모녀간의 지극한 사랑의 모습을 보여준다. 이승을 떠난 저승에서까지 어머니 곁에 있으면서 눈귀 어두운 어머니의 바느질 실을 꿰어드리겠다는 술회나 다시 태어나도 어머니의 딸로 태어나겠다는 술회에서 지극하면서도 다감한 사랑의 모습을 보여준다. 〈엄마야 오늘같이 / 바느질하는 엄마 곁에서〉, 〈엄마는 울 엄마 / 나는 또 까망머리〉의 어조는 이미 성인으로 성장한 시인의 목소리가 아니다. 그것은 어머니의 한없이 어리기만 한 '딸'의 목소리다. 이런 어린 딸의 어조가 이 시를 더욱 곡진한 것이 되게 한다.

허영자의 이 시는 전통 시가의 리듬을 적절히 원용함으로써 노래로서의 감흥을 적절히 실어내 보여주고 있다. 전통리듬의 4음보와 3음보가 적절히 교차, 원용되면서 어머니를 기리는, 시적 정서를 훌륭하게 운반해 낸다. 특히, 종결어미 〈있으믄야〉, 〈테지〉, 〈되리〉, 〈되리야〉, 〈녹누만은〉, 〈풀리노〉, 〈풀리려나〉와 같은 것들은 호흡을 적절히 배분해주는 역할을 함으로써 이 시의 운율에 일조하고 있음을 알 수 있다.

허영자 초기시에서의 자아는 이처럼, 대상에 대한 간절한 그리움의 열망을 지니면서도 또한, 스스로를 부끄러운 자아로 인식하는 양면성을 지니는 것으로 보인다.[1] 이런 양면성은 자아의 내면에 심각한 긴장을 유발하고 있어서 자신을 〈떫고 비린〉 것이거나 〈그 불길 다스려

1) 허영자는 이 시기의 시에 대해 이렇게 피력한 바 있다.(허영자, 「나의 대학생 시절」, 『허영자 選隋筆』, p.556). "20대의 관념적인 사랑, 그 못 견딜 열병을 앓아보지 못한 사람은 아마 없을 것이다. 물질적인 것, 육체적인 것, 관능적인 것을 배제한 순수한 물과 같은 사랑, 편협하고 기형적이며 정신에 치우친 사랑, 그것이 어떻게 나의 영혼과 육체를 초췌케 하던가는 지금에 와서도 무어라 말할 수 없을 정도이다."

다스려 / 슬프도록 소슬한〉 것으로 인식시킨다. 김재홍은 허영자의 시의 핵심 모티프를 〈사랑과 모순〉, 〈목마름과 절제〉라고 지적하면서 그의 시에 등장하는 〈님〉이나 〈그대〉가 삼라만상으로 치환되고 있음을 지적하였다.[2] 대상에 대한 적극적 응전과 겸허한 침잠 사이에서 번민하는 시적 자아를 준렬하게 통찰해 낸 초기 시편들은 한국 서정시의 높은 성취를 보여준 것으로 파악된다.

이 맑은 가을 햇살 속에선
누구도 어쩔 수 없다
그냥 나이먹고 철이 들 수 밖에는

젊은 날
떫고 비리던 내 피도
저 붉은 단감으로 익을 수 밖에는

―「감」

불길 속에
머리칼 풀면
사내를 호리는
야차같은 계집

그 불길 다스려 다스려
슬프도록 소슬한 몸은
현신하옵신 관음보살님
―이조 항아리

―「백자」

---

2) 허영자 시선집 『말의 향기』(고려원, 1988) 해설

위의 시들은 삶의 열정과 그렇게 분출되어 나오려는 열정을 제어할 수밖에 없는 현실 사이의 갈등이 노래되고 있다. 허영자는 이런 내적 갈등과 힘든 응전을 벌이는데, 이 응전의 중심에 그가 발견해낸 시적 상징이 놓여 있다.

「감」은 삶의 열정과, 그런 열정이 제한될 수밖에 없는 현실 규범 속에서 빚어지는 오뇌의 현실이 스스로 내적 성장을 거치면서 온전한 존재로 성숙되어간다는 현실을 보여준다. 〈이 맑은 가을 햇살 속에선 / 누구도 어쩔 수 없다 / 그냥 나이 먹고 철이 들 수밖에는〉에서 허영자는 시적 자아가 지니는 갈등의 내면을 투시해 보여준다. 그런데, 이 시인은 자신의 내면을 바라보는 방식을 생명의 근원 법칙 속에서 찾아낸다. 그것은 떫고 비리던 풋감이 단감으로 성숙해 가는 과정 속에서 찾아진 해법이다. 〈누구도 어쩔 수 없다〉는 진술 속에 사랑의 숙명성과 필연성이 포함되어 있다. 진정한 존재로의 성숙은 신의 영역에 속한 것이고, 신의 섭리 속에서 온전한 자기 구현이 가능하다는 깨달음에 이르고 있다. 〈떫고 비리던 내 피〉도 신의 섭리 속에서 완성될 수밖에 없다는 깊은 깨달음도 그런 인식에서 비롯된 것이다. 상징으로서의 〈감〉은 그런 시적 인식을 온전하게 수렴하면서 시적 내포로 확산시켜주는 공고한 정서의 중심이 되어 있다.

「백자」에서 노래되는 사랑의 본질은 매우 적극적이며 열정적이다. 앞의 시 「감」이 숙명론적인 자기 통찰에 의한 것이었다면 「백자」의 그것은 스스로 불길 속에 몸을 던져 온전한 존재로 완성되어 가는 사랑의 본질이 발견된다. 불길 속에 머리를 풀고 사내를 호리는 험한 몰골의 귀신같은 계집이지만, 그런 불길의 가혹한 통과의례를 지내고 나면 관음보살의 온전한 은혜로움으로 완성될 수 있다. 마치, 진흙의 질박함이 백자 항아리로 변성되어 완성되는 것과 같다. 시적 상징으로서의 〈백자〉는 사랑의 열정과 완성의 본질을 투시해 보여주는 시적 상징이다.

시적 상징으로서의 〈감〉이나 〈백자〉는 단시이면서도 사랑의 본질을 깊이 있게 통찰해내고 있다. 허영자의 서정을 보다 견고하게 하고 내포를 확산시킨다. 시인은 서정을 자신의 개인사와 연관시키지 않음으로써 시적 내포의 범주를 넓게 한다. 김종길은 허영자의 시에 개인적 내력이나 생활의 외형이 직접 들어 나는 일이 없음을 지적하면서 그런 사실성을 배제하고도 진한 감동을 창출해 보여줄 수 있다는 데에 허영자 시의 특성이 있다고 지적한 바 있다.[3)]

허영자는 시집 『가슴엔 듯 눈엔 듯』, 『親展』, 『어여쁨이야 어찌 꽃뿐이랴』자아의 내면에 투영된 대상과의 교감을 노래해 보여주었다. 허영자의 시적 대상은 이 우주에 존재하는 모든 것들로 확산되어 나타난다. 허영자 초기시에서의 자아는 대상에 대한 간절한 그리움의 열망을 지니면서도 또한, 스스로를 부끄러운 자아로 인식하는 양면성을 지니는 것으로 보인다. 이런 양면성은 자아의 내면에 강한 긴장을 유발한다. 특히, 시적 상징의 적절한 원용을 통해 시적 서정을 공고하게 하고 있으며, 내포를 확산시켜 보여주었다. 대상에 대한 적극적 응전과 겸허한 침잠 사이에서 번민하는 시적 자아를 준렬하게 통찰해 냄으로써 한국 서정시의 높은 성취를 보여준 것으로 파악된다.

2-2

허영자는 시집 『빈 들판을 걸어가면』, 『조용한 슬픔』에서 자아의 주관이 밖을 향해 열리기 시작하면서 시적 대상들이 객관적인 것들로 바뀌어지기 시작하였다. 이 시기의 시에는 지나간 과거가 비옥한 상상의 토양이 되어 나타난다. 허영자의 시적 상상력이 과거를 토대로 한 작품들이 많아졌다는 사실은 2·30대의 〈떫고 비리던〉 목마름과 갈등

3) 김종길, 허영자 시의 특질

의 시기를 지나 스스로를 성찰할 수 있는 시기에 도달하고 있음을 보여주는 것으로 볼 수 있다. 그리고, 그는 〈우연히 던져진 존재〉로서의 자신을 발견하면서 자신의 삶을 최선을 다해 버텨가려 하였다.[4] 실제로 이 시집들에 수록된 시편들이 허영자의 육신의 나이 40대를 지나면서 창작된 것들임을 생각해보면 이런 점을 쉽게 알 수 있다.

꽃피는 봄밤에는
마음도 열리거라

옛날에 앓던 열병
새로 또 아려 오고

옛날에 기쁘던 일
새로 눈물 겨웁구나

임의 말씀 들리는
꽃피는 봄밤

목숨이 목숨이 이토록 향그런 봄밤
—「봄밤」

변산 바닷물은
하오 다섯 시에도
오히려 따스하였습니다…

엽서를 읽으며
나는 울고 싶었다

4) 허영자, 「시를 위한 산문」, (허영자 시집, 『조용한 슬픔』)

기명색 노을 지는
하오 다섯시
인생은 이렇게 저무는데

느닷없어라
가슴 속 깊이
출렁이는 파도 소리.

—「변산 바다」에서

위의 시의 화자는 치열했던 삶의 열정을 얼마쯤 벗어난 자리에 있다. 삶을 객관화할 수 있는 거리를 확보하고 있으며, 〈옛날〉을 지나간 시간으로 바로 볼 수 있는 자리에 있다. 그렇다고 해서 이 시의 화자가 삶의 열정과 목마름으로부터 완전히 벗어나 있는 것은 아니다.

앞의 시 「봄밤」의 화자는 옛날의 열병이 〈또 아려〉오는 아픔을 앓고 있으며, 〈눈물 겨움〉을 감내하면서 꽃피는 봄밤을 지내고 있기 때문이다. 그러나, 이 시의 화자가 치열했던 삶의 현장으로부터는 조금쯤 물러서 있으며, 목숨이 〈향그런〉 봄밤의 정취까지를 느끼는 자리에 있게 되었음을 알 수 있다. 그러니까, 위의 시는 치열했던 삶의 현장으로부터 물러서 있게 된 화자의 복합적 심리가 상승적으로 작용하고 있다고 볼 수 있는 것이고, 〈아리고〉 〈눈물겨움〉의 아픈 정서를 〈향그런 봄밤〉의 정취로 받아들이는 사람의 내면에 어리는 시적 긴장이 두드러진 효과를 이뤄내고 있는 것이라고 생각된다.

뒤의 시 「변산 바다」의 화자는 지금 심적 격랑 속에 던져 져 있다. 이 시의 화자가 심적인 격랑에 휘 몰리게 된 것은 아직 연소되지 않은 삶의 여운 속에서 〈엽서〉를 읽게 된데서 연유된 것이다. 이 엽서는 저무는 인생의 한 켠으로 비켜서 있는 시적 화자에게 까맣게 잊고 살던 새로운 공간을 펼쳐 보여주고 있다. 〈변산 바닷물은 / 하오 다섯시에도 / 오히려 따스하였습니다…〉의 〈오히려〉가 주는 의미의 파장이 비상하게 확산된다. 왜냐하면 하루 해가 기우는 시간인 〈하오 다섯시〉의 바닷물이 한낮의 그것보다도 오히려 따스하다는 진술이 〈하오 다섯시 / 인생은 이렇게 저무는데〉와 조응하게 되기 때문이다. 저무는 인생을 〈하오 다섯시〉 쯤으로 자각하고 있는 이 시의 화자가 〈느닷없어라 / 가슴 속 깊이 깊이 / 출렁이는 파도소리〉에서처럼 새삼스런 감정의 격랑에 휩싸이고 있는 것이다.

아, 어쩌면
꽃처럼 살고싶었는지 모른다

아니 어쩌면
잎처럼 지고싶었는지 모른다

붉디붉은 그 향기가 아니라면

푸르디 푸른
그 숨결이 아니라면

두엄더미! 두엄더미!

아지랑이 질펀히
젖어 오는 봄 들판

문둥이처럼 썩고 있는
두엄더미!

—「두엄」

느티나무여

세월이 어루만짐 굳은 껍질
옹이지고 구멍뚫린
우람한 몸통이
놀랍구나

반 넘어 말라죽은 그 몸통이
화관처럼 받들어 올린
푸른 가지 연한 잎새들이
놀랍구나

가지와 잎새가 드리운 쉼터
고단한 나그네가 다리를 쉬어 가는
널따랗고 편안한 그 그늘이
참으로 놀랍고도 놀랍구나.

—「느티나무」

이 시기의 허영자는 삶의 근원으로의 하강을 보여주기도 한다. 허영자가 삶의 근원으로 깊은 하강을 시도하게 되는 것은, 밖을 향해 자기를 표명하고자 했던 이제까지의 관점을 바꾸게 되면서 스스로 내면 성찰의 기회를 가지게 되는데서 연유되고 있는 것으로 보인다. 삶을 통찰하는 눈의 깊이와 넓이가 깊고 넓어지면서 스스로의 삶의 의미를 〈두엄〉과 〈그늘〉 같은 것으로 인식해내고 있다.

두엄은 스스로를 썩혀 새로운 생명을 밀어 올리는 자양분이 된다. 〈그늘〉은 스스로의 품안에 쉴 자리를 만들어 곤곤한 사람들에게 휴식처를 만들어준다. 시인이 자신을 〈두엄〉과 〈그늘〉로 인식하게 된 것은 스스로에 대한 통찰의 결과이다. 꽃 향기나 나뭇잎의 푸르른 숨결을 따라 살고 싶었던 날들을 반추하면서 자신을 아지랑이 속에서 문둥병처럼 썩고 있는 두엄더미로 인식한다. 스스로의 삶의 열정 앞에 한계가 가로 놓여 있음을 절감하면서 거름이 되어 썩는 자아를 상정하고 있다. 물론, 그렇게 썩은 시적 자아는 봄 들판의 새 생명을 키우는 비옥한 자양이 되어 새로운 생명으로 태어나기도 할 것이다.

뒤의 시 「느티나무」에서 시인은 시적 자아를 늙은 느티나무로 인식한다. 굵은 껍질과 옹이, 구멍 뚫린 몸통, 그리고, 반쯤은 죽어 있으면서도 새 잎을 피워내는 나무 - 이것이 좌절과 갈등을 겪으면서 현재에 이른 시적 자아의 자기 인식이기도 할 것이다.

허영자의 언어는 극도로 절제되어 있다. 시의 언어가 극도로 절제된다는 것은 시적 형식에 대한 시인의 의식이 매우 준엄하다는 사실을 보여주는 것이다.

젖은
모래톱의
물새 발자국

바닷물도
다 못 지운
물새 발자국.

―「그대에의 추억·II」

〈물새〉와 〈바다〉의 대비를 통해 현실을 투시해 보여주고 있다. 〈물새〉는 〈바다〉를 삶의 터전으로 하여 살아간다. 그곳에서 먹이를 얻으며 그 위에 펼쳐진 하늘 위를 날면서 삶을 영위해 간다. 물새는 그 삶의 흔적을 모래톱에 남긴다. 그러나 물새가 모래톱에 남긴 발자국은 밀려오는 파도에 씻기게 마련이고 그렇게 해서 지워져 버린다. 그런데 허영자는 바닷물로도 지우지 못한 물새의 발자국이 있음을 안다. 뜻깊은 삶의 족적으로 깊게 패인 추억은 깊이 새겨진 흔적들로 남기 마련이며, 그런 삶의 족적들은 물로써는 결코 지워질 수 없는 것이다. 허영자는 바닷물로도 지워지지 않는 〈발자국〉이 〈그대에의 추억〉이라고 한다. 극도로 절제된 언어들이 추억의 광막한 지평을 향해 열려져 있는 셈이다.

허영자는 시집 『빈 들판을 걸어가면』, 『조용한 슬픔』에서 개인사적 서정이 객관화의 과정을 보여주었다. 이 시기의 시에는 시인의 과거 체험들이 상상의 토양이 되어 있다. 치열했던 삶의 현장으로부터 물러서 있게 된 화자의 복합적 심리가 상호 상승적으로 작용하면서 시적 긴장을 이뤄내고 있다. 이 시기의 시는 또한 삶의 근원으로의 하강을 보여주기도 한다. 시인이 하강을 시도하게 되면서 삶을 통찰하는 깊이와 넓이가 깊고 넓어지면서 스스로의 삶의 의미를 파악해내고 있다.

2-3

허영자는 시집 『기타를 치는 집씨의 노래』, 『목마른 꿈으로써』에서 다양한 현실에의 관심을 보여주었다. 나이 들어감에 대한 긍정 속에 파악된 존재 탐구로부터, 이국 풍물에 대한 관심, 일상 현실과의 조우를 통해 새롭게 발견하는 시적 자아의 모습이 노래되었다. 이제 허영자의 시적 자아는 노년기에 접어들면서 세계 속을 활보하게 되었다. 그러면서 현실과 세계로 눈을 넓혀가고 있는 것이다. 사랑의 대상들을 향한 개인적 조응의 시로부터 보편적 인간의 문제, 현실문제에로 관심의 범주를 넓혀가고 있는 것이다.

캄캄한 밤중이
저기서 온다
긴 비를 끌고

푸른 제복에 싸인

검은 어둠이
저기서 온다
쓰레받기를 끌고

어지럽게 널린
종이, 개똥, 담배꽁초
붉게 취한
소음과 포도주의 거리를

조용히 쓸며 닦으며
성자처럼 걸어가는
흑인 청소부.

—「흑인 청소부」

위의 시가 노래하는 것은 삶의 페이소스이다. 허영자의 페이소스는 외국 여행 중에 만난 〈흑인 청소부〉를 통해서 환기된 것이다. 〈흑인 청소부〉는 숙명적으로 차별화된 현실에, 그것도 숱한 제도적 제한 속에서 사는 사람들이 대부분이다. 허영자는 흑인 청소부를 통해서 도시의 우울을 형상화해 보여주고 있으며, 참 가치를 상실해가고 있는 현대 도시의 진실이 어디에 있는가를 보여주고 있다. 이 시가 보여주는 현대 도시의 페이소스는 매우 각성적인 이미지가 되어 있다. 〈캄캄한 밤중이 / 저기서 온다 / 긴 비를 끌고 // 푸른 제복에 싸인 / 검은 어둠이 / 저기서 온다 / 쓰레받기를 끌고〉. 빗자루와 쓰레받기를 들고 걸어오는 흑인 청소부의 이미지는 문명화된 현대 사회의 문제를 보여주는 하나의 은유가 되어 있다.

쓰레기와 소음으로 뒤덮인 도시를 〈조용히 쓸며 닦으며〉 지나가는 흑인청소부에게서 〈성자〉를 발견해내고 있는 것이다. 섬세한 감성으로 〈사랑〉과 〈그리움〉을 노래해 온 허영자 시의 큰 변모이다. 허영자의 시적 관심은 사회에서 소외된 사람들에게도 주어지고 있다.

얘야

천만년 말없이 솟아 있는
높은 산 아래
노래하며 흘러가는
시냇물이 있는 것을
너는 알지

위로 뻗어나는
황홀한 구름
저 눈부신 잎새들을 위하여
땅 속깊이 길을 찾는
뿌리가 있는 것을
너는 알지

얘야
낮에는 우리 몸을 덮혀주는
햇빛이 있고
밤에는
우리 마음 덮혀주는
달빛이 있는 것을
너는 알지.

—「너는 알지-뇌성마비 소녀에게」

한 올 한 올
그대가 뜨는 쉐터는
먼 나라 소녀의
아름다운 입성이 되리

햇빛 화안한 날

엄마 아빠의 손을 잡고
나들이 가는 소녀의
벅찬 기쁨이 되리

공교한
그대의 손끝에선
끝없이 이어지는
쉐하르자드의 이야기

봄, 여름, 가을, 겨울
계절이 수 놓이고
해와 달
무수한 별들이 돋아나고

한 올 한 올
그대가 뜨는 쉐터는
시린 가슴을 덮히는
따뜻한 선물이 되리

―「근로자의 손을 위한 노래」

뇌성마비 소녀나 근로자는 모두가 힘든 삶을 살아가고 있는 사람들이다. 〈뇌성마비 소녀〉나 〈근로자〉들에게 위로의 뜻을 전하게 된 것은 그가 지속적으로 노래해 온 〈사랑〉이 근본적으로 범 인간적 세계로까지 심화되었음을 보여주는 것이다. 애초에 그는 그의 시 「임」에서, 그가 노래하는 사랑이 삼라만상 모두를 향한 것임을 밝힌바 있었다. 이제, 허영자는 〈뇌성마비 소녀〉를 위하여 이 세상 만물들이 상호 조화 속에 존재하고 있음을 들려준다. 말없이 솟아 있는 높은 산 아래로 시냇물이 감돌아 흐르고 있으며, 나뭇가지에 푸르름을 자랑하며 달려 있는 나뭇잎을 위해서 땅 속으로 뻗어 가는 뿌리가 있다. 몸을 덮혀

주는 햇빛이 있고, 마음을 덮혀 주는 달이 있기도 한 것이다. 세상 만물은 이처럼 상호 조화로운 어울림을 이루면서 존재하고 있는 것이다. 「근로자의 손을 위한 노래」 역시 고된 노고를 견디고 있는 근로자에게 그들의 보람을 제시함으로써 위로의 뜻을 전하고 있다.

허영자는 그의 시를 통해서 그가 생각한, 평생의 과업이 무엇이었으며, 무엇을 위해 헌신했던 것인가를 반문한다. 다음의 시는 그런 반문에 대한 스스로의 답변이며 또한 물음이기도 하다. 지속적으로 시적 대상과 '나'와의 관계를 조명하고자 했던 허영자는 평생의 작업인 시가 무엇인가를 되짚어본다

심장의 피
간의 기름을
졸이고 태우는

그 처절하고
다함 없는
봉헌의 불꽃 속에

비로소 現身하는
한 점
빛나는
舍利.

— 「詩」에서

시를
왜 쓰느냐고?

티 한 점 없는
순수한 기쁨

순수한 슬픔과
만나기 위해서지

시를
왜 쓰느냐고?

참으로
아프게 뉘우쳐서
더러움을 깨끗이
씻어내기 위해서지

시를
왜 쓰느냐고

사랑하는 당신을
'사랑한다'고
정직히 서슴없이
말하기 위해서지.

—「무제」

지속적으로 인간을 노래하면서 인간에의 '사랑'을 추구해온 허영자의 시는 궁극적으로 인간에 대한 긍정이며, 격려이고 위안이었다. 허영자에게 있어서의 시는 하나의 〈봉헌〉이었던 셈이다. 그의 봉헌은 궁극적으로 〈사리〉에 이르기 위한 도정인데, 그런 그의 도정은 심장의 피와 간의 기름을 졸이고 태우는 처절함으로 점철된 것이었다. 결국 그렇게 해서 도달한 〈사리〉로서의 시가 그의 〈봉헌물〉인 셈이다.

허영자는 시집 『기타를 치는 집씨의 노래』, 『목마른 꿈으로써』에서 다양한 현실에의 관심을 보여주었다. 나이 들어감에 대한 긍정 속에 파악된 존재 탐구로부터, 이국 풍물에 대한 관심, 일상 현실과의 조우를 통해 새롭게 발견하는 시적 자아의 모습이 노래되었다. 시적 자아가 현실과 세계로 눈을 넓혀가고 있는 것이다. 사랑의 대상들을 향한 개인적 조응의 시로부터 보편적 인간의 문제, 현실문제에로 관심의 범주를 넓혀가고 있는 것이다. 지속적으로 〈사랑〉을 추구해온 허영자의 〈봉헌물〉로서의 시는 궁극적으로 인간에 대한 긍정이며, 격려이고 위안이었음을 알 수 있다.

3.

허영자는 시집 『가슴엔 듯 눈엔 듯』, 『親展』, 『어여쁨이야 어찌 꽃뿐이랴』에서 자아의 내면에 투영된 대상과의 교감을 노래해 보여주었다. 이 시기의 허영자의 시는 예리하고 섬세한 감각으로 대상을 만나는데, 그의 시적 대상들은 우주에 존재하는 모든 것들로 확산된다. 허영자 초기시에서의 자아는 대상에 대한 간절한 그리움의 열망을 지니면서도 또한, 스스로를 부끄러운 자아로 인식하는 양면성을 지닌다. 이런 양면성은 자아의 내면에서 상승적 욕구와 하강적인 부끄러움이 밀고 당기는 강한 긴장 효과를 유발시킨다. 그리고, 적절한 시적 상징을 획득함으로써 시적 서정을 공고한 것이 되게 하고 있으며, 내포를 심화시킬 수 있었다. 대상에 대한 적극적 응전과 겸허한 침잠 사이에서 번민하는 시적 자아를 준렬하게 통찰해 냄으로써 한국 서정시의 높은 성취를 보여주었다.

허영자는 시집 『빈 들판을 걸어가면』, 『조용한 슬픔』에서 시적 대상과의 거리를 확보하려 하고 있으며, 객관의 통찰을 지닌다. 이 시기의 시에는 시인의 과거 체험들이 상상의 토양이 되어 있다. 치열했던 삶의 현장으로부터 물러서 있게 된 화자의 복합적 심리가 상호 상승적으로 작용하면서 시적 긴장을 이뤄내고 있다. 이 시기의 시는 또한 삶의 근원으로의 하강을 보여주기도 한다. 시인이 하강을 시도하게 되면서 삶을 통찰하는 깊이와 넓이가 깊고 넓어지면서 스스로의 삶의 의미를 파악해내고 있다.

허영자는 시집『기타를 치는 집씨의 노래』,『목마른 꿈으로써』에서 다양한 현실에의 관심을 보여주었다. 나이 들어감에 대한 긍정 속에 파악된 존재 탐구로부터, 이국 풍물에 대한 관심, 일상 현실과의 조우를 통해 새롭게 발견하는 시적 자아의 모습이 노래되었다. 시적 자아가 현실과 세계로 눈을 넓혀가고 있는 것이다. 사랑의 대상들을 향한 개인적 조응의 시로부터 보편적 인간의 문제, 현실문제에로 관심의 범주를 넓혀가고 있는 것이다. 지속적으로 〈사랑〉을 추구해온 허영자의 시는 궁극적으로 인간에 대한 긍정이며, 격려이고 위안이었음을 알 수 있다.

III. 이탄의 시 세계

▌명석한 관찰과 삶의 이해
-이탄의 초기시를 중심으로
▌아름다운 변용의 미학 -이탄의 시
▌경험의 구체성과 보편세계의 변증법
▌이탄의 초기시 고찰

명석한 관찰과 삶의 이해
이탄의 초기시를 중심으로

김 시 태

1.

李炭은 특정의 사회문제나 예술적 실험의식 같은 것을 내세우지 않고, 늘 담담한 자세로 시를 써 왔다. 떠들썩한 시대의 흐름에 비추어 보면 대조적인 인상을 준다. 아마 그처럼 마음의 여유를 가지고 그날 그날의 생활을 세밀하게 관찰하고, 그 위에 자기 시의 세계를 구축하는 시인은 그렇게 많지 않을 것이다. 그가 주로 관심의 대상으로 선택하고 있는 것은 〈죽은〉 인간이 아니고 〈산〉 인간이다. 그의 주변에 살고 있는 모든 사람과 꼭 같이 직장에 나가 일하고 고민하고 가정을 꾸며나가는 구체적인 인간의 모습이다. 그러므로 그의 시는 언제나 박진감을 가지고 생명으로 가득 차 있다. 이 점을 좀더 선명히 밝혀두기 위해 우리 시단의 한 모서리를 잠시 돌이켜 볼 필요가 있다.

모든 시인이 다 그런 것은 아니지만, 대부분의 경우 그들이 관심을 가지고 있는 것은 인간이 아니고, 인간에 관한 이야기다. 말하자면, 인간을 덮고 있는 그 무엇이다. 그것은 종교적 관념일 수도 있고, 정치적 사회적 관념일 수 있다. 우리가 만들고 고집해 온 일체의 규범체계로 보아도 좋을 것이다. 그러나 그것은 지나치게 관념화되고 추상화되어 이제는 그 실재를 파악할 수 없는 인간의 허깨비와 같은 것이라고 해도 지나친 말은 아닐 것이다.

우리 시대가 걷고 있는 이러한 일반적 추세에 비추어 볼 때, 이탄은 확실히 색다른 일면을 지니고 있다. 그의 목표는 위와 같은 관념의 베일을 샅샅이 벗겨내는 데 있다. 다시 말하자면 알지 못하는 사이에 우리를 커버하고 있을 뿐만 아니라, 우리를 대신해서 인간적 행세를 하고 있는 그러한 모든 것들을 몰아내고 삶의 현장을 통해 인간의 참모습을 생생하게 묘사하는데 있다. 그의 시가 다정한 친구처럼 우리들에게 가까이 다가와 깊은 공감을 자아내는 것은 결코 우연한 일이 아니다. 그도 또한 인간인 바에야 슬픔이 있고 고뇌가 있다. 자기가 속한 사회에 대한 희망과 분노가 있다. 그러나 그는 자기감정을 과장하거나 공연히 들뜬 상태에서 수식하려고 하지 않는다. 다만 냉철하게 들여다볼 뿐이다. 이것이 다른 시인들과 구분되는 그의 특성이기도 하다.

그의 표현을 빌면, 시를 쓰는 것은 〈기침소리〉와 같은 것이고, 그것은 환자의 병세와 비례한다고 한다. 지나가는 단순한 말같이 보이기 쉬우나, 이 비유의 이면에는 그의 시를 이해하는 데 빠뜨릴 수 없는 중요한 의미가 함축되어 있다. 시를 쓰는 것은 아름다운 병을 앓음과 같다. 이러한 고통의 인식은 시를 쓰는 어려움과 함께 삶의 어려움을 동시에 포괄하고 있다. 이 두 가지의 어려움을 분리시켜서 생각하지 않고 하나의 연장선 위에 묶고 있다는 데에 주목할 필요가 있다. 아무리 잘 짜여진 시라 하더라도 삶의 고통을 동반하지 않을 때 그것은 〈좋은〉 시가 될 수 있을지 모르나 〈가치 있는〉 시가 될 수 없다. 그것은 하나의 픽션이며 언어의 빈껍데기이다. 이 땅의 현대시사를 뒤척이지 않더라도 우리 주변에는 얼마든지 그런 시가 많이 있다. 이탄의 말은 반드시 그런 시를 겨냥하고 있는 것은 아니지만 그 속에는 시가 무엇인가, 아니 시가 어떤 것이라야 하는가에 대한 중요한 성찰을 담고 있다. 겉으로 보면 강력하고 심각한 정서, 진지한 논의를 펴고 있는 것처럼 보이나 실제에 있어서는 아무것도 말하는 바가 없는 시에 대한 좋은 경종이 되리라고 생각한다.

우리는 여기서 이 시인의 성숙한 태도를 엿볼 수 있다. 좀처럼 흥분하지 않고 냉철하게 사물을 들여다보는 태도는 어딘가 믿음직스러운 데가 있다. 그의 시에서 우리는 평범한 한 시민을 접했을 때 느끼는 바와 같은 안정감과 친근감을 얻게 되는데, 그것은 모두 그의 체질에서 오는 것 같다. 편협하지 않고 늘 초연한 자세로 객관성을 유지하는 어른스러움은 그의 시와 인간이 함께 추구하는 소중한 미덕으로 생각한다.

> 한 포기 이름 없는 풀이 뜻 없지 않음과 같이 시를 짓고 사랑하는 마음이 내 한평생이라는 시간과 견주어 뜻 없지 않음을 기대한다.

이 고백적인 문장이 토로하고 있는 바와 같이 그의 시는 한결같이 소박하다. 가식이 없고 현학이 없다. 그러기 때문에 그의 시는 나이와 계층, 모든 이해관계를 떠나 누구나 공통적으로 지니고 있는 보편적인 인간성에 호소한다. 우리는 여기서 그의 인간적 넓이와 호소력의 깊이, 그리고 그의 시가 대중의 폭넓은 사랑을 받고 계속해서 많은 사람의 내부에 감동을 줄 가능성을 살필 수 있다.

2.

이탄 시의 특징은 소박한 정서와 단순한 어휘, 명석한 관찰 등으로 요약된다. 이 글에서는 이러한 몇 가지 특질들을 시인의 개인적 체질과 관련하여 살펴보기로 한다.

처음부터 그런 구부러진 것이었다.
거미줄의 디자인처럼
내가 가진 못들은 모두 그랬다.

알맞은 장소에 알맞은 크기의 못을
요령 있게 두드리는 솜씨
그런 것과 나와 어째 거리가 먼가
구부러진 못을 조심스럽게 두드려봤지만, 번번이
그건 구부러지게 돼 있었던 것이다.
허지만 못이 또 구부러질 줄 알면서도 망치를 든다.
뽑았다 폈다 하면서 최선을 다해
수고를 반복하지 않을 수 없다
해가 있는 한
나의 작업은 하루만큼 계속될 것이다.

—「못 박기」

마치 어느 대폿집에서 약주를 들며 친구와 이야기하듯 가벼운 어조로 시인은 말하고 있지만 그 이면에는 삶에 대한 깊은 인식이 담겨 있다. 우리는 그 비밀을 캐어내기 위해 작품 속에 담긴 소박한 내용의 이야기를 더듬어 볼 필요가 있다. 못은 처음부터 구부러진 것이었다. 시인이 가진 못들은 〈모두 그랬다〉고 한다. 그것을 펴고 다시 박는 일을 되풀이하지만 생각과 같이 잘 되지 않는다. 〈알맞은 장소에 알맞은 크기의 못을 요령 있게 두드리는 솜씨〉로 세상 사람들은 모두 잘 해내지만 시인에겐 원래 그런 솜씨가 없었기 때문이다. 그렇다고 〈요령 있게 두드리는 솜씨〉를 시인은 부러워하거나 배워가지려고 하지 않고, 계속 서투른 솜씨로 못을 박을 뿐이다. 이제 시인에게 중요한 것은 〈최선을 다해 수고를 반복〉하는 데 있다. 〈요령 있게〉 잘 해내는 세상 사람들과 하루 종일 〈수고를 반복〉하는 사람의 사이에는 상당한 간격이 놓여 있음을 보여준다. 이 간격을 살피는 것이 작품의 이해에 도움이 되리라고 생각한다.

〈요령 있게〉 사는 사람과 〈조심스럽게〉 사는 사람의 태도가 두드러지게 대비를 이루고 있다. 그것은 인생관의 차이이기도 하다. 물론 시인은 후자의 쪽에 속한다. 원래 구부러진 못은 구부러질 수밖에 없으며, 비록 그것이 세속적인 의미에서 어리석음을 범하는 일이라 하더라도 자기답게 사는 것만이 옳은 길이라고 믿고 있다. 겉으로 보면, 구부러진 것을 펴서 바르게 박는 것에 대한 단순한 사실적 묘사에 지나지 않지만, 이 작품을 읽어가는 동안 우리는 단순한 사실의 차원을 넘어서서 인생에 대한 깊은 성찰의 과정을 밟게 된다. 이렇듯 그의 시에는 두 개의 세계가 공존하고 있다. 이 작품 속에 묘사된 못 박기의 체험과 같이 생활의 표면에 드러나는 현상의 세계와 그 배후에 깔려 있는 이념의 세계가 그것이다. 그런데, 이념의 세계는 이 시인의 경우 이원적인 별개의 것이 아니고, 현상세계의 연장선 위에 놓여 있다. 다시 말하자면 현실에서 얻은 체험의 연속이며, 어디까지나 현실의 체험을 토대로 그 일부를 재구성하고 새로운 각도에서 꿰뚫어보는 것에 불과하다. 때문에 시인은 현실의 차원에서 벗어나 지나치게 상상의 세계로 도피하는 법이 없고, 현실생활의 일면을 통해 그 뒤에 숨은 정신세계의 의미를 다소 암시하고 있을 뿐이다. 현실생활에 집착하고 객관성을 유지하면서도 거기에 그치지 않고 현상의 뒤에 숨은 의미를 캐어냄으로써 현실적 체험의 폭을 넓히는 한편 새로운 활기를 부여하고 있다고 할까. 우리가 담담한 심정으로 그의 시를 읽어나가는 가운데 문득 깊은 충동을 받게 되는 이유가 여기에 있다. 이 점을 좀더 선명하게 이해해 두기 위해 다음의 작품을 한 편 더 살펴보기로 한다.

바둑아, 바둑아, 바둑아!
술 한 잔 하는 동안에 넌 퍽도 컸구나.
추운 날 밤에도 꼬리를 흔들며 대문 여는 소리를 듣는구나.

바둑아, 포장집이나 어디 술파는 집으로 갈까?
하루살이 언어들이 나보다 먼저 돌아와 아랫목을 차지하고 있다.
어떤 놈은 눈을 뜬 채 죽어서 책갈피나 형광등에 붙어 있다.
바둑아, 나는 그런 방에는 있고 싶지가 않다.
술 한 잔 하고
바람 한 점 먹고
마당에 서서 반짝이는 하늘이나 보고 싶다.
바둑아, 차라리 찬바람 부는 마당에 살자.

—「술 한 잔」

이 작품은 두 개의 대조적인 사실을 결부시킴으로써 극적인 효과를 거두고 있다. 하나는 외부의 추위를 피하려는 본능적 충동의 작용이며, 하나는 그러한 본능적 충동을 억제하는 이성적 충동의 작용이다. 작중화자로 등장한 시인은 추운 겨울날 밤에 막상 집으로 찾아들었으나 외적 상황에 의해 차단된 죽음의 공간인 〈방〉에는 들어가기를 꺼려한다. 이 작품은 이와 같은 모순의 논리를 통해 긴장이 고조되고 있음을 보여준다. 여기서 〈추운 겨울날 밤〉으로 설정된 외적 상황은 여러 가지 억측을 불러일으킬 수 있다. 개인의 자유와 개성을 제한하는 정치적 경제적 압력일 수도 있고, 부조리한 사회현실, 문명의 폭위 등 오늘날 우리가 직면하고 있는 여러 가지 형태의 부정적 조건들일 수도 있다. 한편, 따뜻하게 내부공간으로 설정된 〈방〉은 추위를 피할 수 있다. 그러나 그것은 외부로부터 차단되어 생명이 정지되고 있다. 그것은 일시적인 안식처가 되겠지만 그 이상의 의미를 갖지 못한다. 〈하루살이 언어들이...눈을 뜬 채 죽어서 책갈피나 형광등에 붙어있다.〉는 진술에서 읽을 수 있는 바와 같이 모든 창조적인 기능이 마비된 이 자리에서 나태와 자기기만, 부조리한 현실에 대한 간접적인 승인이 있을 뿐이다. 이 작품은 사실적인 묘사에 일관하고 있지만 우리는 읽어가는 동안 위와 같은 억측들을 가질 수도 있다. 그러나 시인 자신은 이런 엉뚱한 억측들을 원치 않는다. 그는 표면에 나타난 그대로 받아들여주기 바란다. 다만 그가 실제로 겪은 현실 체험의 일면을 통해 약간의 상징적인 의미를 부분적으로 암시하고 있을 뿐이다. 그리고 그 이상의 심각한 어조나 넋두리를 담는 것으로 자신의 포즈를 위장하려고 하지 않는다. 그가 보기에는 위에 지적한 바와 같은 모순 그 자체가 지극히 인간적인 것이며, 우리 인간이 부딪고 있는 기본적인 조건으로 받아들일 수밖에 없기 때문이다. 이런 점에서 볼 때 이탄은 R. 프루스트와 닮은 점을 많이 지니고 있다. 이탄의 시를 읽다가 간간이 프루스트를 연상케 됨은 단순히 우연의 일치만은 아닐 것이다.

> 프루스트 선생이 담을 고치던 시절이나 지금이나 달라진 게 없군요.
> 겨울에 얼었던 땅이 봄이면 솟아오르고 여름비 몇 번 오면 기우뚱, 블록 담이 무너집니다.
> 고치지 말아야지, 고치지 말아야지, 이런 마음보다 무너지기 전에 고쳐야지, 고쳐야지, 두 집 주인은 이런 생각으로 담을 고칩니다.
> "기초를 튼튼히 합시다."
> "그럼요, 물렁물렁한 땅에는 기초를 튼튼히 해야죠."
>
> —「담 고치기」 일부

주지하는 바와 같이 위의 작품과 같은 제목으로 쓴 프루스트의 시 「담 고치기」에는 상반된 두 인물이 등장하고 있다. 한 인물은 담을 쌓기 싫어하고 또 한 인물은 〈담을 잘 쌓아야 좋은 이웃이 된다.〉고 주장한다. 물론 예술가로서의 프루스트는 전자의 입장을 지지한다. 이것은 그의 이념적 측면이기도 하다. 그러나 현실은 이념만 가지고 살 수 없음을 이 시인은 너무나 잘 알고 있기 때문에 어느 한 쪽을 고집하지 않는다. 오히려 〈담을 쌓는 일〉(현실적인 조건)의 묘사에 이 작품의 거의 대부분이 할애되고 있다. 이 작품이 이상과 현실의 모순을 내포하고 있다면 그것은 인간의 기본적인 속성을 반영하는 것이며 시인은 자기가 파악한 사실을 있는 그대로 묘사하고 있는 것에 불과하다. 그런데, 중요한 것은 프루스트의 인간적 너비다. 만일 그러한 모순을 포용할 만큼 여유 있는 마음의 그릇을 가지지 못했다면 이 작품은 상반된 두 힘의 긴장을 지속시킬 수 없었을 것이며, 구조의 단순성에 떨어져 결국 시적 호소력을 반감하는 결과를 가져오고 말았을 것이다.

이탄은 위와 같은 프루스트의 인생관에 공감하고 있는 것으로 보인다. 이 두 시인이 접맥될 가능성을 여러 측면에서 찾을 수 있다. 이탄이 대학에서 영문학을 전공했고, 개인적 체질로 보아 프루스트와 유사한 면을 지니고 있다는 점, 동양시적 분위기를 지닌 프루스트의 시가 이미 오래 전부터 우리나라에서도 널리 읽혀 왔다는 점 등을 지적할 수 있다. 문제는 어째서 그가 프루스트를 좋아하고 깊은 영향을 받게 되었느냐는 데에 있다. 이것은 위에 든 세 가지 항목 중에서도 특히 두 번째 항목, 즉 그의 체질과 프루스트의 그것이 부분적으로 유사성을 많이 지니고 있다는 데에 두고 싶다.

프루스트는 설사 인생에 대한 회의를 느끼고 현실의 고통에서 멀리 벗어나고 싶은 충동을 느낄 때에도 결국 인생을 포기하지 않고 끝까지 극복하려는 의지를 보인다. 이런 점에서 그는 고전적인 취미의 소유자다. 이를테면, 작품 「자작나무」에는 다음과 같은 대목이 있다. 시인은 소년시절에 나무 위를 오르내리며 기분전환을 했던 과거의 기억을 더듬으며 그런 심경으로 인생을 재출발하고 싶다고 했다. 참고삼아 그 부분을 인용해 보이면 다음과 같다.

> 그는 언제나 나무 꼭대기로 기어오를 자세를 취하고
> 우리가 물이 찰찰 넘치는 잔을 다루듯
> 조심스럽게 기어오른다.
> 그리고는 몸을 날려, 발이 먼저 닿도록 하면서,
> 휙 하고 바람을 가르며 땅으로 뛰어내린다.

나도 한때는 그렇게 자작나무를 다루는 소년이었다.
그래서 나는 그 시절로 돌아가고 싶어 한다.
걱정이 많아지고
인생이 정말 길 없는 숲 같아서
얼굴이 거미줄에 걸려 얼얼하고 근지러울 때
(중략)
더욱 그 시절로 돌아가고 싶어진다.
이 세상을 잠시 떠났다가
다시 와서 새 출발을 하고 싶어진다.

— 정현종 역「자작나무」 일부

현실의 암담한 조건에 부딪혀 잠시나마 과거의 회상에 잠기고 있지만 과거의 시간 저쪽으로 도피하는 일은 거의 없고, 오히려 과거의 시간에 의해 현실을 개선하고자 한다. 다시 말하자면 아름답고 힘찬 세계로서의 과거의 시간은 현실생활의 어려움을 극복하고 다시 새로운 기분으로 나아가게 하는 삶의 원동력이 되고 있다.

이러한 시간의 대비는 이탄의 경우에도 종종 원용되고 있다. 예컨대 「언덕」「하루」「한 대접 냉수」 등은 동일한 계열에 속하는 작품들이다.

소년이 놀던 언덕을 보며
찻잔을 들면
그것은 방앗개비, 절구질친다.

사는 동안
뼈 소리를 들어가며
미끄럽고 가파른 언덕들을 만났지만
메뚜기와 여치, 그 언덕의 풀숲은 信仰이었다.
소년아, 나는 어른이지만 아직 손에서 비릿비릿 메뚜기 냄새를 맡고
정강이를 닿은 이슬의 감촉으로 하루를 산다.
더욱 오늘은 重力같은 소년아.

—「언덕」 일부

퇴근하는 길에 다방에 들러 차를 마시며 창 너머의 〈언덕길〉을 내다본다. 그곳은 어린시절의 시인이 살던 고향이다. 지금은 도시화의 물결에 밀려 허물어지고 말았지만, 시인의 기억 속에는 과거의 〈소년〉과 함께 역력히 살아 움직이고 있다. 어른이 되기까지 갖은 시련을 겪는 동안 〈그 언덕의 풀숲은 信仰〉과 같이 시인을 지탱해 주는 그 무엇이 되어 왔다. 〈重力같은 소련〉의 인식은 이런 점에서 우리들의 주목을 끈다. 그것은 날이 갈수록 시인으로 하여금 어려움을 깨닫게 하는 인생살이를 극복하고 항상 새로운 마음으로 나아가게 하는 그러한 정신적 힘의 바탕이 긴요함을 재확인하고 있는 부분으로 보인다. 이런 점을 감안할 때 이 시의 매력은 과거에의 회상이 시인의 자아를 현실로부터 유리된 공간 속에 차단시키지 않고 현실을 개조하는 새로운 계기로 받아들여지고 있다는데 두고 싶다.

이제는 무거운 가방 대신 무거운 고개를 들고 집으로 돌아온다.
책상머리에서 어린시절과 나이 먹은 지금을 왔다 갔다 하면서
—「하루」 일부

특히 잠을 설친 날 아침, 햇빛이 녹슨 철사처럼 얽혀 내릴 때
옛날 내 알던 우물가, 시원한 냉수 한 대접을 마신다.
만원버스에서나 월급 받는 날, 그때 그 냉수 한 대접을 마신다.
—「한 대접 냉수」 일부

어머니의 그 눈빛은 영원히 가지 않으리.
바느질하시던 어머니의 눈빛이나 보며 살다갔으면 한다.
—「저녁걸음(2) 바느질 생각」 일부

선생님의 백묵을 바라보며
노트를 펼치던
그때 그 자리에 앉아보자.

그때 그 자리에 앉아서 눈을 똑바로 떠보자.
졸음이 오는 한때
더러는 낙엽 지는 길을 지나며
선생님 생각을 한다.

—「선생님 생각」 일부

올해도 나는 종종 만나게 되리,
나의 옛 의자 부스러지고 흐느적거리는 자리일 때
나는 「의자」에 앉아 있는 청년이어라.
부서지지 않는, 부서지지 않는
청년이어라.

—「따뜻한 말들」 일부

시간의 대비는 그가 즐겨 사용하는 기법의 하나이다. 이해를 돕기 위해 몇 가지 예를 더 추가해 보았는데 과거의 시간은 현재를 들여다보는 거울처럼 명료한 의식을 제공하고 있다. 〈무거운 가방〉을 들고 다니면서도 마냥 즐겁기만 했던 어린시절의 꿈이라든가 〈한 대접의 냉수〉 속에 담긴 순박한 사람들의 인정미가 황폐한 시대의 상황과 대조를 이루면서 시인이 처한 현실의 아픔을 예각적으로 드러내 보여준다. 지금 시인은 너무나 삭막하여 삶의 의미를 지탱하기 어려운 현실의 조건(상황) 속에 놓여있는 것이다. 그러나 그는 과거의 아름다운 세계를 동경하여 눈물을 흘리거나 감정에 이끌리는 일은 거의 없다. 현실의 지옥에서 벗어나기 위해 상상의 날개를 타고 과거의 시간 쪽으로 달아나려고 하지 않는다. 다만 그는 과거의 아름다운 세계에 비추어 보면서 눈앞의 현실을 냉철하게 들여다보고 있을 뿐이다.

이런 점에서 그는 낭만파 시인들과 현격히 다른 차이점을 가지고 있다. 자칫하면 애수에 잠기거나 슬픔을 과장하던 1920년대의 청년시인들, 이를테면 소월(素月)이나 상화(尙火)의 경우에는 찾아볼 수 없는 새로운 국면을 개척하고 있다. 이것이 그의 시가 지니고 있는 현대성으로 지적되어도 좋은 것이다. 그는 시간적으로 볼 때 자기 세대에 가까이 놓인 낭만파 시인들을 뛰어넘어 그보다 훨씬 멀리 떨어져 있는 고전적인 작품세계에 도달했으며, 거기서 우리시대의 새로운 문학전통을 탐구하고 있는 듯하다. 전통이란 시간적 단위로 멀고 가까움을 측정할 수는 없는 것이기 때문이다.

만일 그를 고산(孤山)이나 농암(聾岩)과 같은 이조시대의 문사들과 비교해 보면 이 점이 더욱 명백하게 드러나리라고 생각된다. 몇 세기의 시간적인 간격을 두고 그가 이조시대의 문사들과 연결될 수 있는 근거, 즉 양자간의 공통성을 지금 이 자리에서 일일이 예시할 수는 없다. 그럴만한 겨를도 없고, 또 그것이 이 글을 쓰는 기본적인 의도와 일치하는 것도 아닐 줄 안다. 그러나 편의상 독자의 이해를 돕기 위해 그 중 한두 가지만 간추려 보면, 일상의 생활에서 얻은 소박한 정서를 알기 쉬운 말로 요령 있게 표현하는 솜씨라든가 현상에 대한 사실적 묘사를 통해 그 뒤에 숨은 의미를 간접적으로 암시하는 기법 등을 들 수 있다. 그리고 시인이 놓인 현실이 아무리 구속적이고 고통을 주는 것이라 하더라도 정신적 승화작용을 통해 여과하고 알맹이만 간추려서 재구성하는 여유 있는 마음가짐도 아울러 지적할 수 있다.

이와 같은 문학전통은 이미 여러 시인들에 의해 부분적으로 시도된 바 있다. 가까운 예로, 지용(芝溶)이나 석정(夕汀)의 경우를 들 수 있다. 그러나 그들의 경우에는 서구의 논리를 빌어 제작방법을 탐색하는 유의 지극히 피상적인 관찰에 그쳤으며 자기가 속한 사회의 문학전통에 대한 역사적 인식능력이 결여되어 있었다. 이것은 시가 내발성을 갖지 못하고 형식논리에 떨어져 있음을 가리킨다. 한국시가 근대화 과정에서 부딪힌 이러한 과거의 한계에 비추어 보면, 이탄은 이러한 과거의 한계를 조심스럽게 극복하고 있는 듯이 보인다. 물론 이 지적은 반드시 그에게만 국한될 수 있는 것이 아니며, 그의 세대가 일반적으로 지니고 있는 공통적인 일면으로 보아야 할 것이다. 그러나 그가 특히 이 부분에 관심을 기울이고, 좋은 성과를 거두고 있는 것만은 분명하다.

3.

지금까지 필자는 이탄의 초기 작품세계를 대충 살펴보았다. 그의 시적 취향이나 개성은 소재를 선택, 처리하는 과정에서도 쉬이 알아볼 수 있다. 그는 독특한 소재를 찾아 방황하거나 어떤 특정의 사회문제를 붙들고 라우드 스피커를 쩌렁쩌렁 울리는 그런 부류의 시인들과는 전혀 다르다. 그는 일상의 주변에서 일어나는 크고 작은 일들을 모두 시의 재료로 삼는다. 집 안에서 못을 박는 일, 낚시, 삐쩍 마른 강아지, 소년시절의 추억 등 그에게는 무엇이든 시가 되지 않는 것은 없다. 보통 사람에게는 시의 제재로 선택할 가치가 없는 것으로 보이는 하찮은 사물들을 끌어들여 오히려 거기서 심각한 의미를 발견하기도 한다. 이것은 그의 태도의 성실성과도 관련되는 것이겠지만, 그보다 그가 명석한 관찰의 소유자임을 가리킨다. 시인이란 어쩌면 이와 같이 매사에 주의를 기울일 뿐 아니라 다른 사람이 볼 수 없는 것을 보고 관찰하여 거기 새로운 해석을 가하는 사람이라고나 할까. 자칫하면 말장난에 빠지고 진실을 잃어버리기 쉬운 시인들에게 좋은 본보기가 된다. 위에 든 몇 편의 작품을 통해 우리는 그러한 일면을 충분히 엿볼 수 있다. 이를테면, 집안에서 못을 박는 일과 같은 것은 누구나 겪는 가장 평범한 경험 중의 하나인데, 이와 같이 평범한 사실이 가치 있는 시의 제재가 되리라고 생각한 사람은 그리 많지 않을 것이다. 그런데, 시인은 이 평범한 사실을 가지고 심오한 인생의 의미를 발견하고 있다. 그의 시가 때로는 철학적이고 다소 모호한 인상을 주는 것은 그 때문이다.

그러나 그의 시는 사실에 대한 정확한 묘사가 뒷받침하고 있으므로 그 이상의 혼란을 가져오는 일은 없다.

프루스트의 말을 빌면 〈사실주의자는 자기의 화제를 참으로 잘 알고 이야기하는 사람〉이라고 한다. 프루스트의 이 신조를 이탄은 착실하게 이행하고 있는 듯하다. 그는 자기의 울타리 안에서만 소재를 끌어내고 그리고 그 소재를 충분히 이해한 다음에야 작품으로 가져간다. 아무리 단순하고 평범한 경험이라 하더라도 면밀히 관찰하고 그 세부를 속속들이 파악하고 있다. 이러한 시인의 관찰력은 보통 사람으로서는 도저히 기대할 수 없는 감수성의 예민함을 보여준다. 그러나 그는 이와 같이 해서 얻은 소재들을 일일이 나열하지 않고, 거기서 필요한 것만을 골라 새로운 질서를 부여한다. 말하자면, 자기가 선택한 소재들을 관찰의 초점에 맞추어 재구성하고 있다고 할 수 있다. 그러므로 그의 시는 겉으로 보면 극히 간결한 스케치같이 보이지만 그 이면에는 한권의 책으로도 다 담을 수 없는 많은 내용을 함축하고 있다. 몇 마디의 짧은 표현으로 많은 내용을 함축하는 이러한 재능은 이 시인의 소중한 무기이기도 하다. 누가 보아도 당연하게 생각되는 일상의 평범한 사실들을 평이한 어휘로 기록하되 잊을 수 없는 인상적인 시귀로 만들어내는 재능, 여기에 참된 시의 묘미가 있는 것은 아닐까. 이런 점에서 그는 철저한 전통주의자다.

그는 반쪽만 묘사하고 나머지 부분은 항상 언어의 밖에 남겨둔다. 나머지 부분은 독자가 마음대로 상상하라는 것이다. 그리고 묘사돼 있는 부분 또한 사실적인 듯하면서 상징적이다. 그러므로 그의 시에는 언제나 마음의 여유가 있고, 분위기가 있다. 마치 한 폭의 동양화를 접할 때와 같이 작품 속에 묘사된 하나하나의 사물들은 언어로 표현된 그 이상의 깊고 은은한 세계를 동반하게 된다. 이것은 사물의 일부를 묘사함으로써 그 전체를 암시하는 것으로 프루스트가 즐겨 사용한 기법 중의 하나이지만, 예로부터 동양예술의 전통 속에 깊게 뿌리박혀 온 고전적인 표현방식의 하나이기도 하다. 앞에서 이탄의 시세계가 고전적인 취향을 많이 담고 있음을 지적한 바 있는데, 기법상에 있어서도 동일한 궤적을 밟고 있다. 그의 시가 많은 사람들의 사랑을 받게 될 요인은 이런 점에서도 지적될 수 있다.

어떻든, 그는 국민학생으로부터 전문적인 지식인에 이르기까지 누구에게나 읽힐 수 있는 넓은 공감대를 형성하고 있는데, 그의 시가 이와 같이 다양한 독자층을 획득하게 되는 요인은 그밖에도 여러 측면에서 고려될 수 있다. 위에서 말한 평이한 소재와 간결한 묘사 이외에도 그러한 소재를 담는 그릇으로서의 일상의 단순한 어휘의 사용이라든가 자유로운 문체의 구사 등을 들 수 있다. 그는 까다로운 메타포나 격식을 갖춘 인위적인 리듬 같은 것은 거의 쓰지 않는다. 꾸밈없는 생활의 리듬을 그대로 작품 속에 도입할 뿐 아니라, 설사 암시적인 의미를 나타낼 때에도 고답적인 상징법을 피하고 자연스럽게 이루어진 언어의 상징적 기능을 중시한다. 이런 점에서 그의 시는 서민적인 생활감정에 일치하고 있다. 그러므로 많은 독자(일반대중)가 부담 없이 읽고 감상할 수 있으며 젊은이는 젊은이답게 읽고, 노인은 노인답게 읽을 수 있는 것이 그의 시다. 만일 독자의 나이와 교양, 인생에 대한 이해의 폭에 비례하여 그들의 내부에 계속 성숙하는 작품이 잘 된 시라고 한다면 그의 시는 언제 어디서나 많은 독자에게 읽히고 사랑받을 소지를 충분히 지니고 있다.

지금까지 누누이 언급해 온 바와 같이, 그는 생활의 시인이며 민중의 시인이다. 민중이란 말은 경우에 따라 여러 가지 해석이 가능하다. 혹은 민중의 이익을 옹호한다는 뜻에서 정치적 개념으로 받아들여질 수도 있고, 혹은 고답적 예술의 경지를 벗어나 일반화한다는 뜻에서 대중예술의 개념으로 받아들여질 수도 있다. 그러나 이 글에서는 단순히 호소력의 넓이를 가진 시인'이란 정도의 가벼운 뜻으로 사용하고 싶다. 우리 시가 민중의 이해와 사랑을 기초로 호소력의 넓이를 확보하게 될 때 비로소 그 깊이를 확보할 수 있다고 보면, 이 두 가지를 함께 추구하는 시인이야말로 참된 의미에서의 민중시인이라고 명명할 수 있을 것 같다. 민중의 언어로 그들의 일상 감정을 대변하며 그들에게 위안을 주고 삶의 인식을 넓혀 주는 그러한 시인들이 앞으로도 계속해서 많이 출현할 것을 기대한다. 오늘날 사회의 핵심에서 벗어나 완전히 외곽지대에 밀려나 버린 이 시대의 시를 다시 사회의 한가운데로 가져갈 수는 없다 하더라도 가능하면 많은 사람과 함께 호흡하고 읽힐 지대를 확보함은 어느 모로 보나 유익한 일이 아닐 수 없다.

아름다운 변용의 미학
이탄의 시

정 신 재

1. 한계 극복을 위한 이미지

인간은 대상을 향하여 끊임없이 욕망하되 그 끝이 없다는 점에서 한계를 가진 존재이다. 그래서 칸트 이후 철학은 욕망의 끝이 비어 있음을 강조하여 왔다. 인간이 궁극적으로 추구하는 공간은 실재이거나 존재의 본질인데, 이를 편협한 잣대로 재단함으로써 도래하게 될 위험을 방지하고자 철학자들은 실재의 곁에 '빈 공간'을 준비하여 놓았던 것이다. 그리하여 자크 데리다는 사물에 대한 기존의 편협한 기의를 해체하고 '차연'(시간적·공간적 차이와 의미의 흩뿌려짐) 등을 통하여 존재의 본질에 가 닿고자 하였으며, 바흐친은 여러 상이한 이데올로기들의 경계를 허물고 상상력을 통한 대화를 상정하였다. 또한 자크 라캉은 실재에 가 닿기 위한 인간 심리의 거울을 준비하여 놓았다. 그리하여 그는 사물을 놓여진 그대로 받아들이는 상상계, 기표들의 관계를 통하여 파악하는 상징계 등을 설정하여 놓고 실재를 인지하고자 하였다. 시가 이와 같은 실재를 은유와 환유, 상징 등을 통하여 응축하여 놓은 것이라 할 때, 거기에는 인간 본성이나 심리가 이미지나 서사 속에 감추어져 있다고 보아도 무방할 것이다. 특히 시에는 인간을 대상에 가 닿게 하는 정신적 에너지나 리비도가 작용하는데, 이는 중심 이미지나 모티프를 통하여 전개되는 경우가 많다. 1960년대 이후 본격적인 시작(詩作) 활동을 한 이탄(李炭)의 시를 분석하는 데에는 이러한 중심 이미지의 발견이 전제되어야 할 것이다.

20세기 한국은 전반기가 일제 식민지 현실, 후반기가 분단 현실이라는 매우 부조리한 상황에 놓여 있었다. 이와 같은 부조리한 상황을 극복하기 위해서는 매우 강력한 힘을 가진 존재를 끌어들일 필요가 있다. 그리하여 이탄이 제시한 것이 '할아버지'이다. 여기서 '할아버지'는 늙고 힘없는 존재가 아닌, 역동적 에너지가 있는 존재이다. 곧 '원초적 아버지'와 같은 존재이다.

자크 라캉에 의하면 '원초적 아버지'는 신과 같은 위치에 있으면서 온전하게 성관계를 할 수 있는 존재이다. 이는 평범한 일상의 남성과는 구별된다. 대개 남성은 여성을 대상으로 욕망하기보다는 여성편에 있는 '오브제 a(대상 주변의 결여, 빈 공간)'를 추구한다. 또한 여성도 남성쪽에 있으면서 기표와 결탙으로 이루어진 '남근'이나 여성쪽에 있는 타자를 욕망하게 된다. 따라서 이들이 추구하는 것은 실재 주위에 있는 빈 공간으로서 대상과의 온전한 결합이 불가능하다. 이들을 초월할 수 있는 존재가 '원초적 아버지'이다.

이탄(李炭)이 끊임없이 추구하는 것은 인간성 회복과 통일에의 염원이다. 이러한 문제를 해결하기 위해서는 개인의 힘만으로는 불가능하다. 이를 해결하기 위해 이탄은 '원초적 아버지'와 등거리에 있는 '할아버지'를 내세운다. 이탄에게 '할아버지'는 신선이나 김삿갓 등 초월적인 자유로움이나 전통적인 역사성 등 다양성을 가지고 있는 '원초적 아버지'이다.

졸업식장에 가 볼 것 같으면 아줌마들이 꽃을 사라고 야단이다./ 꽃을 안은 남녀 학생은 흐뭇한 얼굴로 사진을 찍는다./ 어머니날에도, 스승의 날에도, 생일기념으로도…… 꽃은 좋은 선물이다. 그리고 묘지의 앞에도./ 이렇게 좋은 꽃을 아직 좋아할 때가 아니라는 것이 내 좁은 의견이다. 통일이 되기까지, 어서 통일이 되어서, 우선 실향민의 꽃들도 마음껏 바라볼 수 있어야 한다.

―「당신의 꽃」 서문

일상의 꽃에서 통일의 꽃으로 비약하는 변용이 보이는 작품이다. 이는 개인의 상황이 민족의 현실과 무관하지 않는 특수한 상황을 전제한 것이다. 이탄의 현실 인식은 그 자신의 체험과도 관련이 있다. 그는 전쟁을 체험한 세대이다. 전쟁은 그에게 뼈저린 가난을 체험하게 하고 정상적으로 걸어가야 할 그의 인생길을 왜곡시켜 놓았다. 뿐만 아니라 「어머니의 언니」에서 보이는 것처럼 혈연을 갈라놓았다. 곧 전쟁은 인간 심리를 굴절시켜 놓았다. 그러므로 그의 통일 염원은 갈라진 마음의 상처를 치유하고 온전한 인간으로 거듭나기를 바라는 우리 민족 모두의 소망을 반영한 것이면서, 강력한 '할아버지'에 대한 욕망이 배어 있는 것이다.

연길시에서는 우리를 대신하여/ 서울거리 평양거리를 그려 놓고/ 거기다가 다리를 만든 모양이지만/ 할아버지는/ 이북 이야기가 나올 적마다/ 잠잠했다// 눈 뜨고 숨진 할아버지의 공기/ 잠잠했다. 무거웠다/ 제일 높은 봉우리에 모셔 드렸지만/ 잠잠한 공기는 그대로 남아 있다// 할어버지의 공기를 언제/ 채울 수 있을까

―「할아버지의 공기」 일부

이탄은 '할아버지' 이미지를 즐겨 사용한다. 여기에는 선인들이 물려준 훌륭한 지혜, 신선과 같은 초월적 자유로움, 김삿갓과 같은 방랑성

이 들어 있다. '할아버지'는 전쟁으로 인해 인간 심리가 굴절되기 이전의 온전한 인격체의 의미를 담기도 한다. 거슬러 올라가면 태초의 천지 창조 때의 인간의 모습으로까지 가닿을 수 있다. 현실의 고뇌나 악마적 이미지는 이 순수한 인간성으로서의 거듭남을 통해서 충족될 수가 있다. 곧 거듭남은 물신주의나 이기주의, 그리고 분단의 현실과 같은 조건 이전의 원초적 분위기를 몽상함으로써 충족될 수 있다.

이탄의 인간성 회복 욕망은 세계내의 질서에 바탕을 두고 있다. 그래서 '할아버지'의 이미지는 '김삿갓'이나 신선으로서의 변용이 가능하다. '김삿갓'은 현실이 개인의 힘으로 어쩔 수 없을 정도로 난감할 때 도출된다('마음씨 고운 아주머니와/ 시 한 수에 머리가 숙여진 아저씨의 선물/ 솜 넣은 한복을 입고 다니다가/ 옷을 못 입고 떠는 상놈을 보고는/ 입은 옷을 벗어 주고 자기는 겨울에도/ 솜 넣은 옷을 멀리한 자세/ 그래도 흰색은 민족의 상징이다'-「시인 김삿갓」 부분). 그의 '김삿갓'은 대동강의 물을 팔은 지혜로운 김삿갓으로부터 이웃의 고통을 감싸 주며 세상의 어지러움을 극복해 나가는 변용의 힘이 있다. 그리고 '김삿갓'은 현실이 답답하고 악마적 이미지가 팽배할수록 그곳으로부터의 초월적 시선을 가진다.

'김삿갓'은 현실의 고통과 아픔을 극복하는 인고(忍苦)의 결과이기도 하다. 그러므로 그의 시에는 고뇌와 눈물과 아픔이 배어 있다.

> 하늘은 여전히 푸르고/ 너의 숨소리도 여전히 따뜻하건만/ 거리에는/ 절룩이는 걸음/ 눈물이/ 낙엽처럼 날린다/ 우리는/ 따뜻한 숨소리를/ 왜 이렇게 잠깐, 보거나 듣는 것일까
>
> –「홍시」 일부

일상 생활의 행복을 불구자의 시선으로 곁에서 바라보는 감회가 있다. 행복은 몸과 마음이 정상인 데에 있는 데도 우리는 공기와 물의

고마움을 잊고 살듯이 그 고마움을 잊을 때가 많다. 「홍시」에는 아픈 자의 시선으로 생활인의 온전한 심성을 꿈꾸는 지혜가 퍼득인다. 그것은 아픈 자의 고통을 체험하면서 인간성의 온전함을 꿈꾸게 한다. 정상적인 인간미를 꿈꾸는 시의 결말은 언제나 낙관적이다. 그리하여 분단 현실을 극복하는 통일에의 염원, 시기와 질투를 무너뜨리는 사랑의 마음은 그의 시의 화두이면서 도달점이다.

> 저 바람이 어디서 불어와서 어디로 가는 것인지/ 아무도 모르지만, '미워하신 내용'은 다 알고 있다/ 교만한 눈과 거짓된 혀/ 그것도 모자라 꾸미는 악한 계교/ 발까지 합세하여 일을 꾸미는 마음/ 그 중에도, 형제들 사이를 이간하는 무리/ (중 략)/ 먼저 하나가 되기 위하여/ 나는 너의 손을 잡고/ 너는 나의 손을 잡고
>
> —「행복한 땅」 일부

그의 시는 악마적 이미지나 분단 현실에 대해서는 매우 직선적이다. 이는 무감각하고 무디어져 있는 감성을 살리고 무신경한 현실 인식을 깨우려는 의도적인 발상인 듯하다.

이탄의 시는 천지 창조와 같은 원초적인 분위기에서 출발하여 현실의 거친 파도를 거쳐 인정의 세계에 사뿐히 내려앉게 하는 구성상의 원형이 있다. 이는 아마도 에덴 동산에서 출발하여 원죄 의식을 거쳐 낙원에 도달하고자 하는 그의 기독교적 세계관과 관련이 있는 듯하다. 이러한 세계관으로 인하여 이탄의 시에는 주어진 현실 이면에 또 하나의 세계가 자리잡고 있다. 그 세계는 인간 세계를 감싸면서도 지극히 인간적이며, 인간 생활과 조금 떨어진 자리에서의 시선을 가지면서도 인간미 넘치는 이야기가 전개된다.

> 시냇물은 그저 졸졸졸 흐를 뿐이지만 송사리 피래미 가재 붕어새끼 작은 것들을 편안하게 해 줍니다. 시냇물은 졸졸졸 흐를 뿐이지만 흘러도 흘러도

시냇물, 작은 것을 잊지 않습니다 버리지 않습니다./ 이따금 흐느끼며 이어지는 우리들의 삶처럼 이따금 바우를 돌며 바우같은 어둠을 부벼보면서 작게 작게 흐릅니다// 우리가 무엇이 되어 만나기는, 그저 이 작은 심장 하나 송사리처럼 놀게 하였으며

―「시냇물을 보며」 일부

여기서 '시냇물'은 세계내의 질서이고, '가재 붕어새끼 작은 것들'은 개개의 인간들을 상징한다. 이는 인간 세계가 '시냇물'이라는 실재의 차원에서 이루어지는 것임을 알게 한다. 그래서 일상 생활에서 떠나 이탄의 시세계에 승화되어 가다 보면 우리는 두 차원을 접하게 된다. 하나는 경험 차원으로서 인간미가 나타나는 세계요, 다른 하나는 상상의 차원으로서 실재의 세계이다. 경험 차원에서는 소박한 생활과 인간성의 장이 마련되고, 상상 차원에서는 우주에 흐르는 질서와 진실의 터전이 갖추어져 있다. 경험 차원에서는 인간 생활을 아주 가까이서 들여다보는 시점이 마련되어 있고, 상상 차원에서는 새나 신선처럼 높은 데서 조망하는 시점이 형성된다. 그리고 이러한 시점의 차이는 인간 존재와 세계를 좀더 열린 눈으로 바라보게 한다.

2. 전기적 고찰과 현실 인식

6·25를 체험한 세대는 거의 다찬가지이겠지만 이탄도 초등학교 4학년 때부터 전쟁이 터지는 아픔을 겪는다. 피난 시절 신문팔이 등을 하면서도 그것이 고생인지 모르고 살아가던 그는 부산 송도에 있던 용산 중학교에 들어간다. 전쟁이 끝나고 학교가 서울로 옮겨 갈 때 그는 집안 형편 때문에 올라갈 수 없어 항도 중학으로 전학을 한다. 운 좋게도 그는 거기서 시인 정진업 선생을 만나게 된다. 그의 두 번째 행운은 서울의 한영 고등학교에서 황패강 교수를 만나면서 비롯된다. 마침 황

교수는 잠시 교사로 근무하던 중이었다. 황 교수와의 만남을 계기로 그는 도서반 반장을 하면서 여러 책을 접한다. 어려운 집안 형편인 데도 불구하고 그는 한국외대 영어과에 입학을 한다. 대학에 다니면서 그는 1960년 '대학 시학회' 동인으로 참여한다. 여러 대학에서 시를 좋아하는 학생들이 모여서 결성된 이 모임은 문예 잡지 등에서의 추천을 거부하며 정기적으로 시낭송회와 시화전을 열었다. 매년 10월 초가 되면 예식장을 빌려 작고한 시인의 시를 먼저 낭송하고 이어서 서정주, 한하운 등의 기성 시인과 '시학회' 멤버가 낭송하는 등으로 비교적 짜임새 있게 진행되었다. 그런데 동인 가운데 한 사람이 당선은 못하고, 〈조선일보〉 신춘문예 결선에 오르자 이탄 역시 자신도 그만한 실력을 갖추고 있다며 〈동아일보〉 신춘문예에 응모하게 된다. 그래서 1964년 〈동아일보〉 신춘문예에 당선된 작품이 「바람불다」이다. 그는 당선되고 나서 대구, 부산 등으로 방랑의 길을 떠난다. (그의 시에 나오는 '김삿갓' 이미지는 이러한 체험과 관련이 있는 듯하다.) 그 방랑길에서 만난 문인이 김춘수, 최계락, 이유경 등이다. '시학회' 멤버 중 강경훈, 오덕교, 강정중 등은 애초의 동인 취지를 살려 상당히 오랜 동안 추천 받기를 거부하다가 뒤늦게 〈심상〉, 〈월간문학〉 등을 통해서 등단하게 된다.

이상에서 볼 수 있듯이 이탄의 시작(詩作) 출발은 1960년대이다. '1960년대는 4·19혁명 이후 민주화를 향한 대중의 자율권이 싹튼 시기이다. 이 시기는 그동안 일제의 강압 정치에 의해 수동적인 반응을 보이던 대중이 자유를 향한 힘의 축적을 모색하던 때이기도 하다. 이탄은 이 시기의 풍경화를 다음과 같이 그려 놓았다.

> 雨中에 온 친구의/ 머리 끝에 맺혀 있는 빗방울./ 〈오늘 자넨 머리로 우는군.〉/ 친구는/ 작은 빗방울 안으로/ 잠겨 버린다./ 사람은 누구나 秘密을 갖고

산다는데/ 자넨 나에게 무엇을 말하고 싶나?/ 〈자넨 오늘 머리로 우는군.〉/ 내가 지금 아무 말도 할 수 없듯이/ 자네도 그럴 테지./ 靑春이 방울져 떨어지는 걸/ 눈이 보고 있는데/ 입이 두슨 말을 하겠나./ 雨中에 찾아온, 친구의/ 머리는 地球/ 천동 속에/ 우리들의 흐느껴 터지는 목소리가 있구나.

—「작은 방울」

1967년에 나온 첫시집 〈바람불다〉에 실린 작품이다. 1960년대는 미국의 원조 물자가 우리 경제의 한 부분을 차지하던 배고픔의 시대였다. 농업이 산업의 근간이면서도 자급자족이 이뤄지지 않던, 그래서 서러운 시기였다. 그래서 사람들은 대학을 나와도 마땅한 일자리가 없어 어깨를 축 늘어뜨려야 했다. 이 시기에 화자는 '머리로 우는' 친구를 바라본다. 머리로 운다는 것은 현실 인식의 고뇌가 서려 있음을 의미한다. 그 고뇌는 현실 참여를 어렵게 하는 시대적 상황에서 오는 것이다. 배고픔을 면해 보려는 대중의 욕망으로 인해 현실 참여와 철학적 사색은 고독한 잔치가 될 수밖에 없다.

이럴 때 화자는 '머리로 우는 친구'를 본다. 그리고 침묵 속에 '청춘이 방울져 떨어지는 걸' 본다. 청춘의 열정을 살려 '우리들의 흐느껴 터지는 목소리'를 듣는다. 그 많고 많은 시선 가운데 화자가 바라보는 것은 민주주의의 몸부림이다. 버부른 돼지가 되기보다는 사색하는 인간이 되고 싶은 소망, 그것은 고독 가운데 이루어지고, 화자는 그 고독을 들여다 본다. 곧 고독은 민주주의의 싹을 틔우기 위한 고뇌의 장이 된다.

1970년대 이탄의 시는 절망을 딛고 선 희망을 그리는 역동적인 힘이 실려 있다. 1970년대는 관료적 권위주의가 팽배하던 시기이다. 고도 경제 성장의 깃발 아래 유신 정권은 테크노프라트들은 배고픔을 극복할 획기적 정책 대안을 내어 놓음으로서 권력자의 신임을 받게 되고, 권력자는 그들의 두뇌를 활용함으로써 많은 지지자를 확보할 수가 있게 되었다. 최저 생계를 벗어난 대중은 '한강의 기적'이라는 권력 매체의 홍보에 의해 권력자에게 열렬한 지지를 보내고, 사람들은 자녀들을 테크로크라트로 만들기 위해 도시로 이동하여 교육에 열을 올린다. 그것은 고학력과 지식으로 일단 권력자의 신임을 받게 되면 지위와 명예와 부귀를 움켜쥘 수가 있기 때문이다. 이 때문에 도덕률보다는 부귀 획득을 위한 물신주의가 우위를 차지하게 되고, 지식인은 수단과 방법을 가리지 않고 출세를 위해 학연과 지연의 연결 고리를 맺기에 여념이 없다. 이러한 때 유신 독재를 반대하는 것은 반공법에 저촉이 될 수도 있고, 실업자 신세를 면치 못할 수도 있다. 이탄의 시는 이러한 시기에 오히려 역동적인 힘을 발휘한다. 그리하여 1970년대에 나온 시집 〈줄포기〉와 〈옮겨 안지 않는 새〉에는 어두움을 극복하기 위한 빛이 생동한다.

> 한 마리 새가 한 나뭇가지에 앉아서/ 한 나무가 다할 때까지 앉아 있는 새를/ 이따금 마음속에서 본다./ 이 가지에서 저 가지로 옮겨 앉지 않는 한 마리의 새. 보였다 보였다 하는 새./ 그 새는 이미 나뭇잎이 되어 있는 것일까./ 그 새는 나의 언어를 모이로/ 아침 해를 맞으며 산다./ 옮겨 앉지 않는 새가/ 고독의 문에서 나를 보고 있다.
>
> —「옮겨 앉지 않는 새」 일부

새가 옮겨 안지 않는 것은 주위의 상황이 그만큼 어둡고 압박이 심하기 때문이다. 새가 날지 못한다는 것은 불구를 의미한다. 불구는 시대적 어두움과 상관이 있다. 시대적 어두움은 하늘을 향한 자유를 갈망하게 한다. '아침 해'는 강한 압박의 반동 작용으로 생성된 새로운 질서요, 소망이다. 쇠는 칠수록 단단해지듯이 '옮겨 앉지 않는 새'는 나무와 하나가 되어 더욱 굳은 절개를 견지한다. 새가 그 자리에 버티고 서 있으면 있을수록 그 마음에는 날카롭고 빛나는 화살이 '아침 해'를 향한 과녁을 조준한다. 이 마광한 화살은 어둠의 압박이 조여 오면 올수록 더욱더 큰 힘을 발휘한다.

이탄의 1980년대 시는 통곡과 한을 삭이는 시적 연마가 주를 이룬다. 〈대장간 앞을 지나며〉(1983)에 실린 「이슬 속에서 만나는 연습」은 그 한 단면을 엿보게 한다.

> 바람이 어디서부터 왔다 가느냐고들 하지만/ 어디서부터 생기고 사라진다고 대답들 하지만/ 부러워도 하고 괴로워도 하지만// 크거나 작거나 많거나 적거나/ 自足의 시간을 모아/ 한 방울 이슬과 만난다// 여기까지는 종종 해본 일이지만/ 시작과 끝을 버리고/ 무게를 마침내 버렸을 때/ 달은/ 풀잎 위에 이슬로 앉는다.// 여기까지도 한 번쯤은 해본 일이지만/ 정말 이슬 속으로 들어가는 일은/ 눈물 다 없애고 한 점 시간으로만 있는 일.
>
> ―「이슬 속에서 만나는 연습」 일부

1980년대는 신군부 권력이 정치적 야망을 위해 음모를 숨기던 시대이다. 음모는 위선으로 가려지고 사회정화운동이란 미명 아래 언론 통폐합과 발표의 자유가 제한되었다. 이에 따라 현실에 대한 직선적인 폭로를 주장하는 민중 문학이 득세하게 된다. 발표의 폭이 좁아진 기자들과 자본가들은 자신들이 못 다한 진실 추구를 민중 문학 운동을 하는 작가들을 지원함으로써 대리 충족시킨다. 이때 순수시를 쓴다는 것은 고독한 작업이 될 수밖에 없다. 이러한 가운데서도 이탄은 전통적인 서정성과 지성을 본질로 하여 민중의 아픔을 표현했고, 그 작업이 헛되지 않음이 「이슬 속에서 만나는 연습」을 통해서 배어 나온다. 민중의 '바람' 앞에 외로이 선 화자는 '한 방울 이슬'을 바라본다. 그것도 '풀잎 위에 이슬'이다. 민중을 의미하는 '풀잎' 위에 '이슬'이라 함은 민중에게서 나온 순수한 삶의 결정체를 의미한다. 그리고 '눈물'이 다 없어질지라도 민중과 함께 하는 진실된 삶은 끝내 지워지지 않을 것이라는 믿음이 내포되어 있다.

3. 인간성 회복을 위한 리비도

이탄의 시에서 '빛'은 자기(의식과 무의식을 통튼 심리에서의 온전한 인격체)를 의미한다. 그리고 '빛'과 함께 종종 나타나는 '그림자'는 그림자 현상('페르조나(가면적 인격)' 밑에 감추인 무의식의 한 부분)의 성질을 띤다. 인간의 심리에서 그림자 현상에는 악마적 욕망이라든가 성적 욕망, 창작열 등을 포괄한다. 그것은 부정적인 면만 있는 것이 아니라 긍정적인 면도 있다. 시창작에도 이러한 그림자 현상이 있어야 재미가 있다. 요컨대 그림자 현상은 문학의 쾌락적 기능에 중요한 역할을 한다. 심리학에서는 이러한 그림자 현상을 보여 줌으로써 그릇된 자아를 극복하고 자기를 향하여 나아가게 한다. 이탄시의 흐름은 이 자기를 목표로 하고 있다. 그러므로 시의 중간에 악마적 이미지와 욕망이나 열정과 같은 그림자 현상이 형상되었다 하더라도 별로 문제될 것이 없다. 이것은 자아를 분석하고 부정적 도덕률에 대한 '반동 형성'으로 역동적 힘을 발휘하면서 자기를 향하여 나아가는 데로 열려 있기 때문이다.

> 박성룡시인은 '풀잎'하고 부르면/ '푸른 휘파람 소리'가 난다고 했다/ 김수영시인은 '풀'이 눕고 '바람보다/ 먼저 일어난다'고 했다// 풀 위에 누우면 그것도 곁에/ 나만한 여자와 함께 누우면/ 진한 애무가 시작된다/ 한참, 땀빼고 서로 웃을 때/ 풀잎/ 그 풀잎은 허리 아니면 다리 같은 곳에/ 붙어 있다// 수십년 전의 풀잎은/너와 나만큼의 거리를 두고/ 그 움직임을 보았지만/ 이제는 다른다 이제는 잘 자란 풀잎과/ 너, 네가 있어야만 한다// 그렇다, 너와 나 사이에서/ 풀잎은 자란다.
>
> —「풀잎」

한때 우리 사회에서는 일상적인 대화에서 성에 대해 말하기를 금기시했었다. 성인이 성욕에 대해 말함은 인품과 결부되어 유치하다고 평가되기까지 했다. 미셸 푸코에 의하면 성에 대한 금기는 성을 병과 관련시켜 죄악시하고 사회적 안정으로 인기를 획득하려는 권력자의 욕망에서 나온 것이다. 그에 의하면 가족 계획까지 권력의 간섭이라고 본다. 성에 대한 금기는 성을 병과 관련되어 왜곡되고 편협하게 바라보는 결과를 낳는다. 그러나 성본능은 인간이 본디부터 가지고 태어난 매우 자연스러운 것이어서 금기시할 성질이 못 된다. 성은 부정적인 면만 있는 것이 아니고 긍정과 부정을 다 갖춘 인간의 본성 가운데 하나이다. 성본능이 있음으로써 애정으로의 승화가 가능하고, 종족이 보존될 수가 있다. 이것은 조물주가 모든 인간에게 공평하게 중 선물이다.

2연의 '나만한 여자와 함께 누우면/ 진한 애무가 시작된다'는 성본능과 리비도의 표현이다. 성본능은 인간 사이의 긴밀한 결합을 가능하게 하고, 생생력을 가진다. '풀잎'은 그러한 긴밀한 인간 관계의 상징이다. 3연에서 이탄은 '수십년 전'과 '이제'를 대비시킨다. 전자는 성본능을 금기시하던 시절이고, 후자는 긴밀한 인간 관계를 유지시키는 성본능이 본질적으로 드러나는 시기이다. 4연에서 이탄은 '너와 나 사이에서/ 풀잎은 자란다.'고 결론짓고 있다. 이탄의 성본능은 통일 염원의 알레고리로 작용한다.

> 어머니의 언니 한분이 과천에서 살았다/ 내가 어렸을 때 딱 한번 만나 본 일이 있는 것 같다/ 어머니의 둘째 언니가 셋째 언니가/ 하여간 일본에 공부하러 간 아들, 모두 세 식구가 살았더란다/ 6·25가 나자 아들이 나타나/ 동에 번쩍 서에 번쩍, 마침내 자기 어머니를/ 여성인민위원장인가 뭔가에 올려놓았다.// 우리집은 너무 가난해/ 한 번도 언니네 식구들이 놀러오지도 않았다/ 9·28이 되었을 때/ 그 식구들은 어떻게 되었는지 모른다/ 이북으로 가다가 죽었다는 소문이 있을 뿐이다/ 더러는 동네에서 잡혀 죽었다는 이야기가 있다
>
> –「어머니의 언니」 일부

이탄이 왜 그토록 분단 문제에 연연하는가 하는 원인을 알 수 있게 하는 작품이다. 이모의 실종은 친척과의 이별을 의미한다. 이별의 원인은 전쟁이고, 거슬러 올라가면 이념의 차이에까지 가 닿는다. 그리고 친척과의 헤어짐은 동족의 분열을 상징한다. 동족은 수천 년 이상을 공동 운명체로 살아온 존재이다. 그런데 그 존재가 하루 아침에 둘로 나누어지는 비극을 겪는다. 혈연은 인위적으로 나누어지지 않는 성질을 가진다. 그런데 그 혈연이 쪼개졌다는 것은 인간 본연의 자세에서 벗어났음을 의미한다. 그러므로 이탄의 통일 염원은 인간 본연의 자세로의 회복과 그 궤를 같이 한다. 분열의 현상은 비단 분단의 현실에만 있는 것이 아니다. 수많은 외세 이론과 물신주의, 이기주의로 인한 가족 해체 현상, 특히 가족 해체는 그동안 우리 사회를 유지시켜온 기존의 도덕률을 무너뜨리고 새로운 모랄을 요구한다. 그것은 인간적인 요소들을 갈기갈기 갈라 놓고 그것을 어떻게 조화시켜 나갈 것인가에 대한 방향으로의 반동형성으로 나타난다. 이탄의 인간성 회복은 이런 의미에서 인간, 자연, 현실을 묶는 다양한 알레고리로 나타난다.

4. 재생 이미지와 역동적 상상력

> 오늘, 우리들은 햇빛이다/ 당신과 내가 서로 어울려/ 하나가 되어/ 저 층계를 오른다// 얼마동안 아침밥을/ 먹는 둥 마는 둥/ 대문을 나서야 했던/ 당신의 얼굴// 항상/ 꽃 먼저 피어나는 개나리를 보면서/ 뿌리를 생각한다/ 뿌리가 신통치 않은 개나리도/ 꽃이 피거늘/ 우리의 가슴에도 늘/ 꽃이 피어 있기 바란다/ 전통과 함께 점점 깊어지는/ 뿌리// 당신과 내가 뜻을 세우면/ 강과 산에/ 아름다운 씨앗을 심을……/ 그 씨앗이 자라/ 층계를 오른다/ 저 빛이 오늘도/ 층계를 만든다
>
> –「층계를 오르며」

노장 사상에서는 '上善若水(최상의 도덕은 물과 같다)'가 매우 중시된다. 물은 만물에게 혜택을 베풀면서도 언제나 낮은 곳에 임하는 겸손함을 가지고 있다. 이러한 자연의 이법과 마찬가지로 인간의 삶 또한 남에게 베풀면서 겸손한 자세를 취하는 것이 일반적인 도리이다. 이렇게 볼 때 자연의 이법과 인간의 도리 사이에는 유사한 면이 많이 있다. 빛과 그림자, 선과 악, 이 모든 것들이 천지 창조 때부터 인간에게 주어진 조건이다. 이탄에게 '햇빛'은 세계내의 질서와 자연의 이법을 의미한다. 그것은 세속의 오욕된 삶을 벗어나 머리 위의 하늘을 보게 하는 언표이다. 이 언표는 세속적인 얽매임을 벗어나 세계내의 질서에 드는 역동적인 장치가 되기도 한다. 이러한 배려는 이탄의 기독교적 세계관과 무관하지 않다. 기독교에서 예수 그리스도는 온 인류의 죄를 대신해서 자신의 몸을 십자가에 내어 주는 희생의 제물이면서, 죽음을 극복한 부활의 상징이 되기도 한다. 곧 죽음을 극복한 부활은 새로운 세계를 향한 역동적인 힘이 있다. 그것은 죽음의 절망에서 희망의 상징으로 변용하는 힘을 가지고 있다. 이탄의 시가 어두움과 악마적 이미지를 거쳐 순수의 결정체인 물이나 밝음을 상징하는 빛 이미지로 나아가는 것은 죽음에서 부활로 나아가는 역동적 이미지와 재생적 상상력이 작용한 결과이다. 이로 인해 그의 시를 읽고 있으면 깊은 밤 아무도 밟지 않은 눈밭을 소복소복 밟으며 어느 설화의 세계로 빠져드는 듯한 기분에 사로잡히게 된다. 그리고 그 설화의 우물에서 우리는 한많은 노인네의 읊조림과 가슴 속 깊은 곳에서 배어 나오는 울림을 길어 올릴 수가 있다. 그러므로 이탄의 시를 들여다보면 요술방망이 같은 변화의 기쁨을 만끽하면서 태곳적부터 간직되어 온 다양한 풍악을 음미할 수 있다. 그의 시적 마술은 결코 잊을 수 없는 추억의 명장면을 끌어올리는가 하던, 우리 모두가 열망하는 세계를 여운을 가지고 바라보게 한다. 마셔도 마셔도 해갈되지 않고 우려내고 우려내도 계속 뿜어나오는 무한한 감정의 진폭 앞에서 때오는 펑펑 울어 버리고 싶고, 때로는 황홀한 희열에 견딜 수 없는 진한 흥분을 느끼기도 한다. 그리고 언표 밑에 감추인 철학적 의미의 나열 속에서 딱딱했던 마음의 표피는 부드러워지고 연신 입맛을 다시며 인간미 넘치는 언어의 묘미를 터득하게 한다.

그의 시는 아메바처럼 늘 새로운 모양을 하고 독자로 하여금 새로운 마음의 집을 짓게 한다. 그 집은 땅 위의 집이 아니라 '나무 위의 집'이라 명명함이 좋을 것이다. 무디고 딱딱해진 마음을 씻어내고 순결한 영혼의 옷을 갈아입을 수 있는 집, 시의 무릎 위에 머리를 얹고 향긋한 풀내음을 끊임없이 풍기는 집, 그리고 소외당한 이들의 고독과 아픔을 살포시 감싸 주는 집, 그런 집에서는 언제나 들어도 싫증나지 않는 새소리를 들을 수 있고, 이슬을 얹고 햇빛 앞에 살포시 고개를 드는 풀잎의 싱싱함을 느낄 수 있다.

> 저 바람이 어디서 불어와 어디로 가는 것인지/ 아무도 모른다. 그러나/ 사랑하는 사람/ 언제나 산에서 뛰노는 노루와 같고/ 어린 사슴처럼/ 이 땅은 행복의 터전이었다/ (중략)/ 그리하여 나의 사랑/ 행복한 땅이 바로 여기로구나/ 생수 가득하고 아름다운 실과 가득한 곳/ 나의 꿈/ 꿈같은 사랑/ 먼저 땅을 복되게 가꾸어 놓자// 먼저 하나가 되기 위하여/ 나는 너의 손을 잡고/ 너는 나의 손을 잡고
>
> —「행복한 땅」 일부

욕심의 찌꺼기와 방황하는 몸짓을 털어내고 신선의 옷으로 갈아입은 듯한 자유로움이 있다. 여기에는 푸른 산 속 같고 어쩌면 파아란 물길 같은 그 세계를 따라가다 보면 향기에 취한 듯 열려지는 세계가 있다. 그 시발역은 태초의 세계이고 종착역은 낙원의 세계이다. 태초의 세계에는 아직 때묻지 않은 순결의 질서가 나부끼고, 낙원의 세계

에는 인간미 넘치는 상상의 여행이 기다리고 있다. 「행복한 땅」에도 '교만한 눈과 거짓된 혀', '악한 계교', '세상의 악' 등이 존재하고 있다. 그런데 그 악마적 이미지는 실감(實感) 유리(遊離)된 세계를 날아다니다 보면 벗겨져 없어지는 허물처럼 끝내 손끝과 발끝으로 사라져 한낱 보잘 것 없는 미진이 되고 만다. 그것은 태초의 질서가 변용된 현재를 거쳐 미래의 낙원에서 아름다운 '이슬'로 응결되기 때문이다. 그러므로 실감 유리된 세계에서 이 신비의 옷을 갈아입으면 우리는 자신도 모르게 촉촉한 행복을 만끽할 수가 있게 된다. 이것이 이탄 시가 갖는 아름다운 변용의 미학이다.

경험의 구체성과 보편세계의 변증법

한 영 옥

1. 서 언

李炭은 1964년 동아일보 신춘문예에 「바람불다」가 당선된 이래 40여년간을 쉬임없이 시작(詩作)에 임해 온 이 땅의 중견시인이다. 그간 『바람불다』(1967), 『消燈』(1968), 『줄풀기』(1973), 『옮겨 앉지 않은 새』(1979), 『대장간 앞을 지나며』(1983), 『미류나무는 그대로이지만』(1988), 『철마의 꿈』(1990)에 이르는 시집들 속에서 그는 자신의 목소리를 특별한 어조로 바꾸지 않은 채 거의 일관된 흐름을 견지해오고 있다. 『바람불다』, 『消燈』에서 관념이 다소 강하게 드러난다는 사실이 발견되긴 하나, 이 역시 이후의 시편들과 대조를 이룰 정도의 빛깔은 아니다. 이러한 사정은 『철마의 꿈』에서 시인이 직접 말한 바의 〈나는 실험의식을 가진 일도 없고 또 그럴 생각도 없다. 내 안에서 조금씩 변모하고 싶기만 하다.〉는 데서 어느 정도의 까닭을 찾을 수 있을 것이다. 이탄의 시편들은 꾸준하게 일관된 목소리를 견지해온 까닭에 손에 만져질듯 분명하게 떠오르는 특성을 보여 준다. 이는 다름 아닌 경험의 구체성과 일상적 어조에 의하는, 즉 특별한 시적 장치 없이 시세계를 구성해낸다는 것이다. 그의 시에서 경험의 구체성과 일상적 어조는 현실 재현의 양상을 보여주게 된다. 이는 리얼리즘 양식에 의한 것이라고 말할 수도 있겠다. 그러나 이탄 시에서의 리얼리즘은 흔히 이 어휘개념에서 연상되는 〈사회구조의 불합리성에 대한 날카로운 목소리〉를 들려주는 것이 아니다. 그냥 주체가 서 있는 자리에서 보고 겪는 풍경과 정황의 구체성을 과묵하게 제시할 뿐이다. 그리고 그가 선택한 풍경, 정황 자체를 통해 잠재된 의미가 암시되기를 느긋하게 가늠할 뿐이다. 조남현은 이탄의 시가 보여주는 경험의 솔직성, 구체성에 대하여 다음과 같이 설명을 덧붙인다.

> 그는 자신이 직접 부딪혀 확인하지 않은 것에 대해선 말하는 법이 거의 없다. 다시 말해서 그는 자신의 피와 살, 그리고 무엇보다 뼈대를 통과해 나가지 않은 생에 대해선 왈가왈부하려는 욕심을 아예 접어두고 있다.
>
> —(『옮겨 앉지 않은 새』의 해설 중에서)

이 설명을 더욱 요약한다면, 이탄의 시편들은 〈뼈대를 통과해 나간 生만을 형성화하고 있다〉가 될 것이다. 사실 그의 작품들을 찬찬히 읽어보면 이는 가장 적절한 요약인을 알게 된다. 그렇다면 현실의 재현, 일상적 담화의 방식이 발하는 시성(詩性)은 어떻게 형성되는 것일까, 이는 이탄의 작품들에 던지는 가장 적절한 물음이 되리라고 본다. 이 자리에서는 이 물음의 타당성과 더불어 그 해답을 얻어가기 위해 한 이론가의 소견을 빌려 보기로 하겠다.

미카엘 리파떼르는 그의 『시의 기호학(Semiotics of Poetry)』에서 시성이 형성되는 요인을 평이하고도 근본적인 측면에서 설명해 보인다.

> 시가 일상적인 용법에서는 사용되지 않는 단어들을 흔히 사용하고 詩 나름의 특수한 문법, 즉 심지어 일정한 시라는 좁은 범위를 넘어서는 근거가 없는 문법을 가지고 있다는 것이 사실이지만 시는 또한 일상언어와 똑같은

> 단어, 똑같은 문법을 사용할 수도 있다. 대단히 오랜 역사를 가진 모든 문학들 속에서 시는 시와 비시적 언어 사이를 계속 왔다갔다 한다는 것을 관찰하게 된다. 양자 사이의 택일은 취향의 발달과 지속적으로 변하는 미적 개념에 의해 좌우된다. 그러나 두 경향 중 어느 것이 우세하든 한가지 요인은 끝내 변하지 않는다. 즉 시는 간접화에 의해 개념과 사물을 표현한다. 간단히 말해서 시는 어떤 것을 말하면서 또 다른 것을 말한다.

이상의 의견에 근거한다면 이탄의 시는 특수한 문법에 의한 것이기보다는 일상어의 문법을 견지하는 편이다. 리파떼르는 특수한 문법에 의하든 일상어의 문법에 의하든 시는 간접화에 의해 표현된다고 간파했다. 그리고 이 간접화를 시가 의미를 생성하는 방식으로 보았다. 간접화의 방식은 전이, 왜곡, 창조로 구체화되지만 이 자리에서는 전이의 개념을 중심을 논의를 전개해보겠다. 전이는 이탄의 시작품이 발하는 간접화의 가장 두드러진 수법이라고 보았기 때문이다. 여기서 간접화의 한 수법인 〈전이〉의 개념은 특별한 것이 아니다. 그냥 소박하게 〈한 뜻에서 다른 뜻으로의 바뀜〉 정도의 이해 범위를 갖는다. 즉 시 텍스트의 의미를 찾기 위해 미메시스(Mimesis 축어적 의미)에서 세미오시스(Semiosis, 기호현상)로 방향을 전환, 그 해석항을 만드는 일인 것이다. 특히 이탄 시의 현실재현, 일상적 담화는 축어적으로 파악한다면 의미 읽기에 단연히 실패할 것이기에 전이에 의한 간접화의 방식을 찾아 보는 것이 합당할 듯하다.

시를 철저하게 독자와 텍스트의 변증법으로 파악하려는 리파떼르의 이론에 의지하여 이 글은 독자의 입장에서 〈이탄 시의 의미찾기〉를 수행하려 한다. 한편 이에 대한 구체적 실현은 경험의 구체성과 사실성 자체가 갖는 약호화(Encoding), 그리고 그의 경험 속에서 가장 빈번하게 살아 움직이는 〈밤〉, 〈빛〉, 〈어머니〉의 약호화가 갖는 의미를 찾는 데서 이루어질 것이다.

2. 경험의 구체성과 보편세계의 변증법

이탄의 초기 작품들 즉 제 1, 2시집에서는 경험세계의 구체성이 그대로 재현된다기 보다는 관념의 세계로 변주된 경향이 더 짙다. 그렇다하더라도 결국 그의 시편들은 경험의 구체성, 혹은 사실성으로부터 크게 벗어나지는 않는다. 다만·초기 작품들에서는 현실 재현의 그림이 사실적인 윤곽을 덜 보인다는 정도이기 때문이다. 이는 경험세계를 재빠르게 관념으로 바꾸기 좋아하는 젊은 시절들의 공통된 면모를 보는 것 같은 느낌이기도 하다. 그러한 특징을 한꺼번에 요약해 주는 작품으로 제1시집에서의 「난파선 위의 비」를 골라 보았다.

떠다니는 널빤지 조각에
세계가 실려 있다.

솔직한 명예,
가슴으로 만져보는 권위,
사방을 둘러보는 걸음,
점점 이력서가 되어가는 여성의 미모
모두 깨어져도
이런 건 남아 있다.

사막이여,
이럴 땐 사막이라도 부를까.

난파선 위의 비처럼, 젖어드는 생활
내 가족의 머리 위에도
차츰 떨어져 내리고 있다.
난파된 해역의 물길이

나의 방, 내 식구의 방에까지 흘러 내리고
넓어진 난파해역

출항이여, 실패한 출항이여
그래도 나의 가족은
떠날 것이다
물새가 물 위에 살듯
우리는 難破船 위에 살다
꼭
도착할 것이다.

출항의 배가 없는 항구에
조용히 눈을 부비며.

—「난파선 위의 비」

이 시는 시인과, 그리고 시인의 가족이 처한 곤경을 〈난파선 위의 비〉라는 절망적 이미지로 변주하여 드러내준다. 그런데 이 절망적 이미지는 출항이라고 하는 희망과, 벅차오름의 이미지로 전이되면서 강한 신념을 분출시킨다. 즉 비록 현재는 난파선 위에서 비를 맞는 절망의 극단에 서 있지만 〈출항의 배가 없는 항구에〉 꼭 이르겠다는 것이다. 이렇게 볼 때 이 시에서 〈출항〉은 이미 양 끝을 동시에 드러내는 어휘가 된다. 즉, 앞 부분의 출항은 현재에서 벗어나기 위한 긍정적 의미로, 뒷 부분의 출항은 안정된 삶을 누리기 위해서는 배제되어야 할 부정적 의미로 쓰여지고 있기 때문이다. 결국 이 시에서 〈난파선 위의 비〉라는 극한 상황의 이미지는 곧 희망찬 세계로의 떠남을 재촉하는 원동력으로 작용하면서 고통과 신념을 조화시켜준다. 그러니까, 〈난파선 위의 비〉는 현실적으로 시인의 가족이 겪는 고통을 전이시킨 의미의 풍경인 셈이다. 그리하여 이 시에서 출항의 이미지는 고통으로부터 벗어나기 위한 신념이 다시금 강조된 것이라고 할 수 있다. 뒷 부분, 〈꼭/도착할 것이다〉에서 시인의 신념은 또 한번 강조되고, 여기서 느끼는 것은 주제의식에 대한 집착이 강하게 드러난다는 것이다. 그러나 차츰 시인은 주제에 대한 강박관념에서 벗어나는 과정을 보인다. 이는 그가 『철마의 꿈』에서 자신의 시작생활을 돌이켜 보며 언급한 〈시는 무엇인가 말해야 한다고 생각했다〉는 그 생각으로부터의 자유로움을 꾀해가는 과정이기도 할 것이다. 이제 李炭은 말하고 싶은 그 무엇(주제)을 텍스트의 잠재성에 맡기는 여유와 기법을 그 나름대로 터득해 나갔던 것이라고 볼 수 있다. 차츰 그의 시편들은 현실 재현의 윤곽을 한결 구체화시키고 좀처럼 신념을 드러내지 않는 능청스러움(?)을 보여주게 된다. 즉 그는 이제 〈관념〉은 독자가 만들어내도록 맡기기 시작한 것이다. 시집 『줄풀기』에서의 「빛깔」은 그 좋은 예가 될 것이다.

굴레방다리 철길 부근에서 하숙을 할 때
새벽마다 뒷산 약수터를 오른 것은 외로웠던 탓이다. 아침 맑은
공기와 이야기하고 싶은, 잠에서 깨어난
얼굴과 마주하고 싶은.

그때 나는 이미 두 아이의 아버지인 유경환씨네
대문을 두드리거나, 이제는 아기 엄마가된 민여사를
불러내 맑은 물 한 모금 마시고
하루를 버팅겼다.
사람이 사는 것만큼 중요한 일도 없겠지만
사람이 사는 것만이 중요하지도 않다는 걸 느끼며
나를 버팅겨왔다.

유난히 개나리가 노란 울타리 앞에서

노란 것은 노랗고 하얀 것은 하얗고 그런 빛을
갖고 싶었지만
손과 발은 뜻이 달랐다.

요즘도 이따금 새벽이면 신발을 신기 전까지
서성대는 건 혹시나, 노란, 그 봄날의 개나리빛이
보이는 환상 때문이 아닐까. 마음처럼 길게 뻗은
언덕길이 보이는 환상 때문이 아닐까.

—「빛깔」

유경환 시인까지 등장하는 이 작품에는 시인의 과거 경험이 그대로 回想되어 있다. 그러나 앞서 말한 대로 일상어의 담화로 표현된 경험의 회감은 미메스스적 차원에 그치지 않는다. 따라서 ①〈약수터를 오르는 것〉 ②〈유경환씨의 대문을 두드리는 것〉 ③〈아기 엄마가 된 민여사를 불러내〉는 현실적 행위들을 축어적 독법이 아닌 구조적 독법에 의해서 그 의미를 생성시킬 수 있을 것이다. 그렇다면 ①②③은 기호로 읽어야 하며, 이 기호의 해석항을 찾아 보아야 한다. 이 해석항은 ④〈아침 맑은 공기와 이야기하고 싶은〉 ⑤〈잠에서 깨어난 얼굴과 마주하고 싶은〉 ⑥〈사람이 사는 것만이 중요하지도 않다는 걸 느끼며〉와 같은 유기적 구조 속에서 보다 쉽게 유추될 수 있다. 이 모든 문맥들은 시인이 꿈꾸고 열망하는 어떤 가치세계에 대한 표상들로 채워져 있기 때문이다. 그리고 이 문맥들은 마지막 ⑦〈노란, 그 봄날의 개나리빛〉으로 수렴되면서 의미의 등가성을 다시금 회복, 스스로 해석항을 마련한다. 따라서 ①②③④⑤⑥⑦은 모두 내면적으로 동일한 문법으로 통일되면서 개나리 노란 빛깔처럼 선명한 가치세계를 꿈꾸는 시인의 의식을 암시해 준다. 이는 주체의 잠재적 의식의실현을 의미하는 것이기도 하다. 이 시에서 볼 수 있는 대로 지극히 개인적 경험에서 유출된 세계가 보편세계로 전이되면서 주제를 암시적으로 실현하는 방법은 李炭의 작품 곳곳에서 발견된다. 제6시집 『미류나무는 그냥 그대로이지만』에서 한 예를 더 보기로 하자.

나는 9층 대학병원에서
창가로 들어오는
별과 함께 살다.

나는 걱정이 너무 많다.
강의를 해야 할텐데
서 박사님이나
이 박사님의 눈치를 보면
그게 아니다.
나는 차라리
별과 함께 살다.

글씨를 써보이는 일은 까마득하다
읽는 것도 그러할진대
나는 병원에 왜 어린이가 없을까 생각하다
잠이 든다
별이 툭툭 떨어져
이야기도 해주고 놀이도 해즈면 좋으련만
별은 보이지 않는다.
그러나 내 나이에서
좋은 것만 뽑아서
별과 함께 살고 싶다.

—「별과 함께 산다」

병상생활의 체험이 구체적 정황으로 제시되어 있다. 여기서는 반복 어휘 〈별〉이 무엇에 대한 약호화인가를 찾는 데서 텍스트의 의미를 짚을 수 있을 것이다. 즉 미메시스로서의 별이 아닌 세미오시스로서의 별의 해석항을 만들어 주어야 할 것이다. 이를 위해서는 우선 별과 관계되는 각 문맥들을 나열해보는 것이 좋을듯하다. 즉 ①〈별과 함께 살다〉 ②〈별이 보이지 않는다〉 ③〈별과 함께 살고 싶다〉를 한 자리에 모아보는 것이다. 여기에 ④〈별과 함께 산다〉까지 포함시켜 보자. 이때 ①②③④의 항목들은 축어적 의미로 볼 때는 의미가 일치되지 않는 비문법성을 드러낸다. 이 비문법성은 리파떼르가 간파해낸 시의 특징적 자질이기도 하다. 이 시에서의 비문법성은 〈별과 함께 살다〉와 〈별이 보이지 않는다〉는 논리적 모순에 의해 분명화된다. 이 논리적 모순에 의해 독자는 비문법성을 발견하고 축어적 읽기를 멈추게 되는 것이다. 따라서 여기서의 별은 〈걱정이 너무 많다〉고 현실을 개탄하는 시인이 꿈꾸는 희망의 세계에 대한 기호임을 눈치챈다. 그리고 ①②③④의 각 문맥들이 드러내는 비문법성은 〈희망을 간직하고 살고 싶다〉는 구심적 의미 속에서 통합, 내적 문법을 회복할 수 있는 것이다. 그리하여 결과적으로 이 텍스트 속에서 별은 어떤한 시련 속에서도 인간에게 떠오르는 〈희망〉 〈바람의 간절한 세계〉라는 해석항을 갖는다. 이 역시 사적 경험의 세계를 보편세계로 이동시키는 솜씨에 대해 다시 조남현의 말을 빌리면 〈그의 자의식은 독자들이 바로 자신의 경우인 것처럼 생각하게끔 교묘하게 유도하는 힘을 지니고 있다〉가 된다.

이상, 이탄의 시편들이 경험의 구체성과 보편세계의 변증법이라는 역동성을 어떻게 보여주고 있는가를 살펴보았으며, 이것이 그의 시에 있어서의 특징적 문법임을 아울러 살펴 볼 수 있었다.

3. 〈밤〉과 〈빛〉과 〈어머니〉의 기호

이탄의 시에서 또 하나 주목되는 것은 〈밤〉, 〈빛〉, 〈어머니〉의 모티프다. 이 모티프들은 초기시에서부터 최근의 작품에 이르기까지 끈질기게 지속되면서 시의 주제로 암시해주고 있기 때문이다. 그의 작품들을 찬찬히 읽어보면 밤과 빛 그리고 어머니는 동일한 의미구조를 지닌다는 사실을 발견하게 된다. 즉 밤과 빛은 서로 화해된 모습으로 의미를 암시하고, 〈어머니〉를 통해 그 정신은 다시 한번 함축된다. 〈빛〉, 〈밤〉, 〈어머니〉의 기호는 각각의 텍스트 속에서 독립적으로 나타나기도 하고 섞여 있는 상태로 나타나기도 한다. 따라서 이 모티프들은 각 텍스트들간의 대화를 시도하는 기호들이기도 하며 각 텍스트들을 유기적으로 통합해 주는 원리가 되기도 한다. 이렇게 하여 그의 일곱 권의 시집들은 하나의 큰 텍스트를 형성, 그 안에서 〈빛〉, 〈밤〉, 〈어머니〉의 기호가 대화적으로 드러나는 모습을 볼 수 있다. 이는 李炭이 그만큼, 뚜렷한 줄기를 세우고 그 위에서 동일한 주제의식을 끈질기게 형상화해온 집념의 시인이라는 사실을 환기시킨다. 그러므로 이제, 〈밤〉, 〈빛〉, 〈어머니〉가 무엇에 대한 약호화인가를 푸는 것은 그의 시 주제에 다가서는 일이 될 것이다.

우선 〈밤〉의 모티프에 주목해보기로 한다. 〈밤〉은 제2시집에서의 연작시 「消燈」에서 특히 집중적으로 드러난다.

> 밤이 온다
> 내게 오는 밤에는
> 풀냄새와 벌레의 울음 소리가
> 아이의 눈빛에 젖어 있다.
> 밤에는
> 내가 어려서 만져 본

여자들의 치맛단이 들어 있고,
여러가지 이름이 기어나와
해골이 된다.

—「밤의 혼」의 일부①

마지막 남은 밤을
메시아의 음성으로 보내고 싶은
우리들은 손을 꼭 잡자.
어둠도 그냥 어둠이 아닌
시간 밖에서
끊이지 않는 生命의 흐름
졸지 않는 눈으로
證言하자
나무가지에 앉은 새의 무게와
고층건물의 사이에서 저지른 실수.

—「밤 이야기」의 일부②

이 두 작품에서 〈밤〉이 가리키는 의미는 동일하게 드러난다. 즉 〈깨어 있음〉, 〈각성〉의 해석항을 공히 갖고 있는 것이다. ①의 경우 〈풀냄새〉, 〈벌레의 울음〉, 〈아이의 눈빛〉, 〈여자들의 치맛단〉, 〈해골〉은 예리한 각성의 이미지라는 공통점을 갖는 의미상의 계열체들이다. 이들은 〈밤〉을 향하여 물려들어 〈밤〉은 깨어있는 시간, 성찰의 시간이라는 해석항을 만들어 준다. ②의 경우도 〈메시아의 음성〉, 〈생명의 흐름〉, 〈증언〉이 같은 계열체로서 〈밤〉의 의미를 선명하게 암시한다. 이러한 방법들은 최근의 작품인 「밤의 시」에서도 일관되게 쓰여지고 있다.

밤은 깊어도 대낮과 다름 없습니다.
언덕에 올라 비를 맞으며
영혼이 서로

만나지 못하는 이유를 슬퍼합니다.

만나지 못하면 못할수록
언덕 위의 풀꽃을
소중하게 다룰 줄 알게 되었습니다.

―「밤의 시」의 일부①

밤새 나는 호미의 꿈을 꿉니다.
낭만을 뿌리치지도 못하고
저항을 옳게 하지도 못한
시인을 만납니다.
밤새 꾼
호미의 꿈을 잊을 수가 없습니다.

―「호미의 꿈」 일부②

①의 경우 〈밤〉은 〈대낮〉, 〈풀꽃〉과 등가 관계를 이룬다. 시인은 밤을 대낮과 다름없이 파악하고 있으며, 밤의 시간 속에서 풀꽃을 소중히 다룰줄 알게 되었다고 토로하고 있는 것이다. 〈대낮〉과 〈풀꽃〉은 표면적으로는 밤과 대립적 의미로 형성하고 있으나, 시의 문맥을 통해 동일성을 회복한다. ②의 밤은 꿈으로 변주되어 드러나고 있다. 여기서는 밤, 꿈, 호미의 동일한 기호 체계를 확인할 수 있을 것이다. 이때 〈호미〉는 독자에게 긴장감을 유발시키게 된다. 밤과 꿈의 계열 속에 〈호미〉가 어떻게 수렴될 것인가에 대한 긴장감이다. 그러나 이 역시 시의 전체 구조에서 해명이 가능하다. 이 시에서 〈호미〉는 텍스트 외적인 구조와 연결되면서 보다 타당성있는 해석항을 갖게 될 것이다. 즉 이상화의 「빼앗긴 들에도 봄은 오는가」에서의 〈호미를 쥐어 다오〉의 그 〈호미〉이기 때문이다. 이상화의 〈호미〉는 시련의 고통 속에서 고통을 깨뜨려 버리기 위하여 간절히 희구했던 〈정신의 핵〉과 맞닿아

있는 기호다. 따라서 李炭이 이 작품 속에서 〈밤새도록 호미의 꿈을 꾸었다〉고 할 때 결국 〈밤〉, 〈꿈〉, 〈호미〉는 동일한 의미구조로 이해될 수밖에 없다.

살펴 보았듯 이탄 시에서의 〈밤〉은 〈빛〉과 다름없이 〈깨어 있는 시간〉, 〈生命의 흐름〉이 감지되는 시간인 것이다. 따라서 〈밤〉의 모티프 못지 않게 그의 시 도처에서 나타나는 〈빛〉의 모티프들은 〈밤〉의 모티프들을 다시금 확인해 보는 것에 다름 아니다. 이는 〈밤과 대낮이 다름이 없다〉는 구절에서 단적으로 확인된 바 이기도 하다.

> 햇빛이 눈부신 거리를
> 비맞은 얼굴로 걸어가고 있다
> 하루종일 말을 심었지만
> 살아날 싹은 기대 밖이다
> 오랜 된 화분의 둘레처럼
> 목젖은 이미 고물이다
>
> 소릴 좀 지르자, 소리 좀 지르자
> 허지만 발가락도 이미 고물이다
>
> 매일 비맞은 얼굴로 걸어가고
> 그러니까 믿는 건 햇빛뿐인데
> 믿는건 오직 햇빛뿐인데
>
> —「햇빛」

제5시집에 게재된 이 작품은 빛의 표상이 가장 선명하게 드러난 작품이다. 여기서 〈햇빛〉의 의미는 〈비맞은 얼굴〉, 〈고물이 된 발가락〉, 〈고물이 된 목젖〉의 상대적 구조에 의해서 보다 힘있게 암시된다. 또한 마지막 연 〈믿는건 햇빛뿐인데/믿는 건 오직 햇빛뿐인데〉에서의 강조적 반복을 통해 햇빛의 해석항은 다시 한번 강하게 암시된다. 이때 햇빛의 해석항은 〈이성적 정신〉 혹은 〈지혜〉, 〈절대적 정신〉 등으로 이는 인류가 보편적으로 반응해온 상징성이기도 하다. 이러한 햇빛의 상징성은 사실상 그 의미가 닳아질 정도로 보편화된 것이지만, 〈비 맞은 얼굴로 걸어가고 있다〉, 〈소리 좀 지르자〉, 〈발가락도 이미 고물이다〉 등의 현실적 고통과 긴장관계를 이루면서 다시금 그 의미의 참신성을 회복하고 있음에 주목된다. 이때 시인이 괴로운 현실 속에서 간절히 꿈꾸는 정신세계를 표상하는 햇빛은 그가 밤 속에서 꿈꾼 그 세계들과 맞닿아 있다. 그의 시에서 〈밤〉과 〈빛〉은 이처럼 화해되어 드러나고 있으며 이 화해의 시선에 의해 현실을 각박하게 노래하지 않는 거리와 여유의 미학을 견지할 수 있게 된다.

이제 그의 시에서는 〈밤〉과 〈빛〉의 반복적인 모티프가 보여주는 화해정신의 따사로움이 다름 아닌 〈어머니〉의 기호로 다시금 약호화되어 있음에 주목해 볼 차례인 것 같다. 첫 시집에서 그 예를 구해보자.

내가 어머니를 알기 시작했을 때
山이 언덕이 되고, 언덕이 다시 平地가 되는
과정을 어렴풋이 느낄 수 있었다
내가 어머니를 알기 시작한 뒤에
洪水가 지고, 논밭을 휩쓰는 빗물과 처마끝의 빗물
을 비교할 수 있게 되었다

아는 것의 끝이 없음을
「어머니를 아는 것」으로 알게 되면서
사람들의 머리칼
하나하나가
내 근육을 뚫고

꽃잎이 되어
가슴에 쌓이는 것을……

―「어머니」 전문①

이 시에서 어머니는 시인의 정신세계를 지배하는 지고한 인식의 기호다. 이는 〈아는 것의 끝이 없음을 「어머니를 아는 것」으로 알게〉되었다는 데서 선명하게 드러난다. 즉 〈어머니를 아는 것 = 인식의 끝없음에 대한 인식〉이 되는 것이기 때문이다. 이러한 인식의 개안에 의하여 시인은 〈사람들의 머리칼 하나하나가 꽃잎이 되어 가슴에 쌓이는〉 눈물겨운 교감을 경험할 수 있는 것이다. 결국 어머니는 〈조화로운 삶을 인식하는 정신의 高處〉라는 말로 다시금 함축되며, 시인에게 늘 깨어있는 삶과 정신을 촉구하는 힘이라는 사실을 깨닫게 된다. 이리하여 사적 경험의 테두리에서 취한 〈어머니〉의 모티프는 보편적 의미세계로 확산되는 것이다.

어머니의 그 눈빛은 영원히 가시지 않으리
바느질하던 어머니의 눈빛이나 보며
살다갔으면 한다

―「바느질 생각」 일부②

어머님
당신은 마음의 별입니다
저 춥도록
혼자 떨던
문 옆의 코스모스입니다

―「마음은 별」 일부②

제3시집과, 6시집에서 각각 더 예를 취해 보았다. 여기서도 ①②의 〈어머니〉가 만들어주는 의미는 앞서 언급한 사실들과 다름이 없다. ①의 〈어머니의 눈빛〉 ②의 〈어머니의 마음〉은 시인이 일평생 지녀야 할 정신의 등불인 것이며 현실의 아픔을 타개할 정신의 힘인 것이다. 시인은 이러한 기호 사실로서의 〈어머니〉를 기본 시선으로 유지하면서 품격과 여유, 거리(distance)의 시학을 끈질기게 지속해 왔다. 이리하여 이탄은 〈걷기 힘들고/넘어져 멍들게 한 빙판도 별 수 없이 녹은 것〉(「녹는구나」의 일절)임을 독자들에게 가식없는 목소리로 전달하고 독자들은 그 숨은 뜻을 헤아려 시의 의미를 완성시키는 것이다. 이렇게 볼 때 이탄의 시가 특별한 기교를 보여주지 않는다는 사실은 지극히 추상적인 인상에 의한 것이 아닌가하는 생각이 든다. 그의 시를 읽으면서 오히려 〈기교를 안으로 감춘 기교〉에 접하였기 때문이다.

4. 결 언

이상으로 이탄의 작품세계를 풀어 보았지만 미흡함이 크다. 더 풀어보아야할 많은 과제가 있음을 느끼며 역시 시작품은 어떠한 시도에 의해서도 해명될 수 없는 존재론적 실체임을 다시금 깨달았을 뿐이다.

본고는 이탄의 작품들이 구분을 요할 만큼의 변화양상을 보여주지 않았다는 전제아래 그냥 일곱 권의 시집을 오가며 그 문법을 잡아보았다. 여기서 잡혀진 것이 〈경험의 구체성과 보편세계의 변증법〉이었다. 또 다시 잡힌 게 〈밤, 별, 어머니의 기호가 갖는 동일한 의미세계〉였다. 이렇게 해놓고 보았을 때 그의 시가 특별한 실험의식을 보여주지 않았다는 사실이 자연스럽게 뒤따랐으나 이는 특별히 흠잡을 일은 아니다. 그냥 한 목소리를 꾸준히 유지하면서 연륜과 더불어 대상을 바라다보는 시선을 알게 모르게 넓혀온 것이 그의 작품 세계였다고 보면 되는 것이기 때문이다. 그리고 이는 실험무대가 따로 없는 듯한 오늘날의 시단 속에서 스스로 대비를 이루며 언젠가는 그 가치가 자연스럽게 조정(調整)될 수 있으리라고 본다.

이탄의 초기시 고찰

신 주 철

1. 서 언

이탄[1]의 공식적인 시작 활동은 1964년 동아일보 신춘문예에 「바람 불다」가 당선되면서 시작된다.[2] 그는 그간 4권의 시선집[3]과 다음과 같은 12권의 시집을 펴냈다.

제 1 시집 『바람불다』(장문사, 1967)
제 2 시집 『消燈』(현대문학사, 1968)
제 3 시집 『줄 풀기』(어문각, 1974)
제 4 시집 『옮겨 앉지 않는 새』(문학예술사, 1979)

1) 이탄(李炭)의 본명은 김형필(金炯弼)이고 1940년 대전시 대흥동(大興町) 387에서 아버지 김홍권(金泓權)과 어머니 서인석(徐仁錫)의 사이에서 장남으로 출생하였다. 이탄이 만1세가 안 되어 가족 모두가 서울로 이사했다. 1951년 1·4후퇴 때 부산으로 갔다가, 한영고에 입학하기 위하여 1956년 혼자 서울로 오고, 1961년에 가족들이 서울로 이사했다.
2) 그 이전 그는 1960년도부터 여러 대학에서 모인 사람들과 〈六十年度大學詩學會〉라는 모임을 만들어 시쓰기를 했다고 한다.
3) 「잠들기전에」(1986), 「약속」(1988), 「꽃은 깊은 밤 홀로」(1988), 「한 잔 가득 별을 부어 마셨다」(1991)

제5시집『대장간 앞을 지나며』(민족문화사, 1983)
제6시집『미류나무는 그냥 그대로지만』(문학과 비평사, 1988)
제7시집『철마의 꿈』(영언문화사, 1990)
제8시집『당신은 꽃』(문학아카데미, 1993)
제9시집『반쪽의 님』(문학세계사, 1996)
제10시집『윤동주의 빛』(문학아카데미, 1999)
제11시집『혼과 한 잔』(문학세계사, 1999)
제12시집『동네 아저씨』(학이원, 2006)

이탄 시에 대한 연구는 아직 본격적으로 이루어지지 않아서 몇 편의 해설과 시론(試論)적 성격의 글 두세 편이 있는 정도이다. 먼저 이탄의 시법(詩法)과 시적 특질에 대한 논의를 살펴보면서 글을 시작하고자 한다.

> 李炭은 많은 시인들의 生에 대한 접근법과는 좀 다른 방법을 취하고 있다. 그는 자신이 직접 부딪쳐 확인하지 않은 것에 대해선 말하는 법이 거의 없다. 다시 말해서 그는 자신의 피와 살, 그리고 무엇보다도 뼈대를 통과해 나가지 않은 生에 대해서 왈가왈부하려는 욕심을 아예 접어 두고 있다.[4)]

> 李炭의 시편들은 꾸준하게 일관된 목소리를 견지해온 까닭에 손에 만져질듯 분명하게 떠오르는 특성을 보여 준다. 이는 다름 아닌 경험의 구체성과 일상적 어조에 의하는, 즉 특별한 시적 장치없이 시세계를 구성해낸다는 것이다. 그의 시에서 경험의 구체성과 일상적 어조는 현실 재현의 양상을 보여 주게 된다.[5)]

앞글의 대강(大綱)은 첫째, 이탄은 자신의 경험을 바탕으로 시를 쓴다. 둘째, 특별한 시적 장치 없이 일상적 어조로 쓴다는 것이다. 이같

4) 조남현, "'삶'과 '햇빛'이 만나는 자리,"『옮겨 앉지 않는 새』해설(문학예술사, 1979), p.10.
5) 한영옥, "경험의 구체성과 보편세계의 변증법,"『현대시학』(1992. 12), p.256.

은 견해는 "이탄 시의 굵은 흐름은 일상과의 화해로움을 꿈꾸는 건강한 생활인의 철학이었다고 할 수 있다."[6]라거나 "李炭 詩의 특성은 빈발하는 시어인 「生命」과 「人情」이 시사하듯이 인생론적 감회의 抒情에 있다. 문체면에서는 유연한 會話體와 응축된 표현의 兩極을 왕래한다."[7]와 같은 언급에서도 확인할 수 있다.

정신재는 이탄의 '기독교적 세계관'과 관련이 있을 것이라는 가정하에 "경험 차원에서는 소박한 생활과 인간성의 장이 마련되고, 상상 차원에서는 우주에 흐르는 질서와 진실의 터전이 갖추어져 있다."[8]고 본다. 그리하여 이탄의 시가 "천지 창조와 같은 원초적인 분위기에서 출발하여 현실의 거친 파도를 거쳐 인정의 세계에 사뿐이 내려앉게 하는 구성상의 원형이 있다."[9]는 것이다.

필자는 앞과 같은 논의들에 힘입으면서 좀더 분석적으로 이탄 시에 접근하고자 한다. 지금까지 그가 낸 시집이 12권에 달하고 여전히 시쓰기를 하고 있으므로, 전체를 조망하되 초기 4권의 시집을 중심으로 논하고자 한다. 이를 통하여 이탄 초기시의 생성 배경과 그 시적 의미를 밝히려는 것이다.

2. 시의 생성 배경

한 시인의 시쓰기가 시인 삶의 이력과 무관할 수 없음은 자명하다. 특히 이탄은 곳곳에서 자신의 생활을 되살려 시로 빚어내고 있다. 시인 스스로도 "아내는 구질구질하고 너무 개인의 주변일에 치우쳐 있다고 하면서 앞으로는 좀 나은 시를 쓰라고 평했다. 옳은 말씀. 어디로

6) 강상대, "삶의 들여다보기와 내다보기," 『현대시』(1991. 3), pp.262~263.
7) 이영걸, "생명과 인정," 『잠들기 전에』 해설(고려원, 1986), p.208.
8) 정신재, "아름다운 변용의 미학,"『기독교문학 20』(1999. 2), p.253.
9) 정신재, 위 글, p.252.

봐서 이 시가 좋겠는가. 나도 안다 알구 말구, 속으로 답했다. 그런데 이런 시가 한동안 쓰여지고 나는 그걸 버리고 싶지가 않았다."[10]거나 "나는 일기를 쓰듯 시를 쓰기로 작정했다."[11] 또는 "시인이란 그의 시와 동격이라고 생각"[12]한다고 한다. 따라서 이탄 시를 보다 효율적으로 이해하기 위해 그 생의 이력을 살펴보는 것이 상당한 의미가 있다고 여겨진다. 필자는 이탄 초기시 생성의 중요한 동인이 성장기 한국전쟁 체험의 내재화, 지독하게 가난했던 가족사와 어머니라고 보며, 그의 시관도 초기시 생성의 동인을 탐구하는데 반드시 살펴보아야 한다고 생각한다.

1) 내재화 된 전쟁 체험

한 사람의 생애에서 일반적으로 세계에 대해 깊이 인식해가는 단순한 나이로만 따진다면 이탄이 10살을 갓 넘으면서 겪은 한국전쟁은 어떤 사람들에게는 삶의 별다른 동인이 되지 않을 수도 있었을 것이다. 그러나 이탄의 초기 시에서 한국전쟁은 아주 중요한 시적 동인이 되고 있다. 기실 한국 "전쟁은 일제 36년의 식민지 체험 이상으로 한국인의 패배주의와 허무주의를 심화시켰으며, 시대를 압도하는 비극성으로"[13] 그 시대 모든 민족 구성원의 심층에 깊은 공포와 회한을 각인시켰던 것이다. 작품을 통하여 그 상황을 살펴본다.

창 너머
아카시아
꽃잎이 수북이 달렸다.

---

10)『철마의 꿈』p.96.
11) 위 책, p.105.
12) 위 책, p.107.
13) 김재홍,『한국전쟁과 현대시의 응전력』(평민사, 1978), p.117.

흰꽃 지는 저 아래
앉으면
우리들은 다시 소년이 될까
생각타 보니
저 꽃잎을 짓이기던
砲聲,
그 六月의 모습이 눈앞에 온다.

—「아카시아꽃」 일부

창 너머로 수북한 아카시아 꽃잎을 보면서, 그 아래 앉으면 동심을 가질 수 있을까 생각한다. 그런데 그 생각 끝에는 동심이 아닌 꽃잎을 짓이기던 포성이 눈앞으로 밀려오는 것이다. 이탄이 "소년시절 굴렁쇠를 굴려야 할 나이에 대포소리를 들으며 듀으응 하는 소리가 나면 살았구나 하고 한숨 쉬는 법을 절로 배워야 했"던 것이 잠재되어 발동되기 때문이다. 이제 그 한국전쟁, 나아가 모든 전쟁은 시인에게 "깎아도 깎아도 다시 자라는 손톱의 성질처럼/ 돌려도돌려도 떨어지지 않는 地球儀 위에 앉은 먼지 같은 戰爭"(「바퀴」 일부)인 것이다.

산, 등성이를 얼마동안 보고 있으면
왜 바위가 없어지나
왜 바위가 없어지고
뭉클어진 戰死者의 등이 나오나.

이웃이여 왜 우린 이런 生命의 뭉클어짐을 보아야 하는가.
戰爭이란 밥상 어느 머리위에 있어야 할 생선 토막이기나 하나?

잠깐 있다 스러지는
그 잠깐 사이를
彈皮가 날고

마른잎 타듯
전부 타버린 자리엔
이별마저 남은 게 없다.

풀잎보다 못한 火藥은
무엇을 願하는 것일까
끈덕지게 무엇을 願하고 있는 것일까.

싱그러운 구름이여
대답하라.
절룩이는 우리집 마당의 강아지가 祖國을 알고 있는지.

울타리 곁을 돌아 절룩이는 강아지의 주변까지
幻想의 피리는 울고
대답은 사라진다.
반쯤 무너진 都市에서나
반쯤 타버린 草木에서
더욱 슬픈 피리소리여.

隊列과 함께 가버린
형제의 뒷 모습이
답답한 夏節의 담벼락에서
뒷걸음쳐 오는
戰時.

우리집 마당의 절룩이는 강아지가
「祖國」이라는 걸 알고 있는지
궁금한데
형편이, 내 몸에까지 戰場이 있고
강아지가 자꾸만 절룩이는 게
風浪보다 더 위험하다.

싱그러운 구름이여,
山, 등성이를 얼맛동안 보고 있으면
왜 바위가 없어지나
왜 바위가 없어지고
꽃들이 무더기로 피지 않나
왜 피지 않나.

―「꽃과 兵丁」

다소 길지만 전문을 옮긴 것은 한국전쟁이 시인의 심층에 미친 영향의 정도를 검토하기 위해서다. 당면한 사건과 상황에 맞서 생활하다 보면 흔히 과거의 기억들은 잊어버리게 된다. 그러나 잠깐의 휴식이나 얼마간의 먼 시선으로 풍경과 시간을 바라볼 때, 충격적으로 심층화된 기억이 되살아나 현재를 압도한다. 이탄에게 한국전쟁은 기회가 있을 때마다 '뭉클어진 전사자'와 '생명의 뭉클어짐'으로 재생되는 것이다.

생의, 잠깐 사이를 탄피가 날고, 이별마저 남기지 않고 전부 타버린 자리, 조국이니 뭐니에 무관한 강아지가 인간들이 벌인 전쟁의 틈새에서 상처를 얻어 절룩이는 모습이 선명하게 다가드는데, 그 누구도 무엇도 그 정당성 또는 불가피성 다위를 대답해주지 않는다. 그리고 환상의 피리 소리가 슬프게 울려오는 사이로 '戰時'가 뒷걸음쳐 오는 것이다. 이것은 시시때때로 밀어오는 전쟁에 대한 기억, 아니 전쟁 그것의 덫이며, 그 덫의 집요함은 '내 몸에까지 戰場이 있'다는 말에서 명백해진다.

최전선에서 경험한 것은 아니지만, 어린 시절 또 다른 방식으로 전쟁을 몸소 체험했던 것과 한민족 구성원들에게 집단 무의식으로 내재화 된 전쟁은 이탄 시인에게도 예외가 될 수 없었던 것이다. 이처럼 한국전쟁은 이탄 초기시의 기저에서 부단히 작용하고 있다.

2) 버거웠던 생활사와 어머니

이탄은 별 스스럼없이 자신 성장기의 버거웠던 생활사를 밝히고 있다.[14] 그 자신이 부산 피난 시절, 곧 "철없던 소년시절, 굴렁쇠를 돌려야 할 나이에 엿장수며 신문팔이며 담배를 팔"[15]며 지냈다고 한다. 전쟁이 끝나고 나서도 생활은 전혀 개선되지 않았다. 부산의 가족을 떠나 춥고 힘든 고등학교 고학이 이어지고, 가정의 경제적 어려움으로 인해 대학은 아예 포기하고 있다가 우여곡절 끝에야 대학에 들어갈 수 있었기 때문이다. 이 시기를 그린 작품을 본다.

> 소년은 강변 기찻길을 따라 걷고 있습니다. 비는 선로 위에 두드러지고 걸음 곁에서 더욱 센 빗발이 됩니다.
> 서빙고에서 마장동까지,
> 젖은 운동화, 젖은 옷, 소년은 마치 물속을 걸어갑니다. 강바람이 비를 몰아칩니다.
> 소년은 앞만 보며 걷습니다.
> 소년은 선생님의 얼굴과 출석부를 생각하며 걷습니다. 소년은 쏟아지는 비쯤 아무렇지도 않습니다. 비 맞으며 이십리, 가도가도 길은 줄어들지 않지만 소년은 저벅저벅 걷습니다.
>
> —「지난 일」 일부

홀로 생활하면서 서빙고에서 마장동까지 빗발 몰아치는 가도가도 줄어들지 않는 기찻길을 저벅저벅 걸어가는 모습은 그 생활이 소년에게 결코 수월치 않았을 것임을 보여준다. 그런데 여기서 화자는 그 '소년은 쏟아지는 비쯤 아무렇지도 않습니다.'라고 말한다. 이러한 태도, 즉 생의 버거움이나 고달픔을 나름대로 수용하고 밀어가는 자세는 앞

---

14) 『철마의 꿈』 시편 다음에 있는 '작가가 쓰는 작품론 - 빛을 향하여'는 좋은 참고자료가 된다.
15) 『철마의 꿈』 p.106.

으로 더 언급하겠지만 이후의 시에서도 거듭 드러난다.

시인이 대학에 들어가 학년이 높아가고, 1961년 가족 모두가 서울로 온 후에도 생활의 어려움은 계속된다. 어찌보면 더욱 가중된 것으로도 보이는데, 돌팔이 의사한테 걸려 생긴 어머니의 병과 끼니의 공복에 대한 번민은 이만저만한 것이 아니었던 것으로 보인다. "중학에도 못 가는 여동생이 보충대(그 당시)가 있는 가리봉동 밭에 가서 고구마 줄기를 해 올 때 쓰러지고 싶었다. 「오빠, 고구마 줄기도 먹느냐구 하면서 많이 가져가라구 했어요」(어떻게 세월이 지났다구 내가 이 말을 잊을 수 있겠는가.)"[16]는 당시의 상황을 잘 드러낸다.

> 오랜 시절 병석에 누워 가정이 가난으로 표현되기도 사치한 무렵, 어머니한테 이렇게 말한 일이 있다. 「어머니, 모두 함께 죽기로 해요.」 어머니는 아무 말씀도 안하셨다. 대소변을 받아내고 언어도 마비 직전이기는 했지만 희미한 전등불 밑에 누운 어머니의 얼굴은 붉어 보였다. 유난히 혈색이 좋아 보였다. 허지만 눈물이 주르르 흘러 내리고 있었다.[17]

> 부러진 나무가지 사이로
> 병든 어머니의 등이 보인다
> 새벽에 눈떠 보면
> 매듭마다 외로운 영혼이 앉아 이야기한다.
> 이렇게 밤을 새웠구나
> 발자국 위에 또 발자국
> 걸음은 나무들 사이에서
> 더 이상 나갈 수 없다
>
> —「나무」 일부

16) 위 책, p.100.
17) 위 책, p.97.

'가정이 가난으로 표현되기도 사치한 무렵' 마침내 시인은 '어머니, 모두 함께 죽'어요 라고 한다. 그때 어머니는 병석에서 아무 말씀 없이 주르르 눈물을 흘리시는 것이다. 어머니, "일제시대는 몸뻬를 입고 갈팡질팡, 6·25가 나 허기져서 쓰러지고 자식들 크자 하니 병이 덮쳐 등이 진무르고, 고기 한근 옳게 먹어보지 못하고, 처녀 땐 방직공장에서 실하고 씨름하여 보내고. 세상에 이렇게 복없는 여자"[18]의 말없는 눈물을 보면서 시인은 회오에 잠긴다. 어머니가 얼마나 큰 외로움과 슬픔 속에서 밤을 새웠을까 하는 절통한 마음에 발걸음이 걸린다.

이탄에게 어머니는 자궁 또는 모성회귀본능의 거처라는 의미와는 다른 자리에 놓여 있다. 현실에의 부적응과 도피처로서의 어머니가 아니라, 세상에 대해 개안하고 성장하는데 매개가 되는 존재인 것이다.

아는 것의 끝이 없음을
「어머니를 아는 것」으로 알게 되면서
사람들의 머리칼
하나하나가
내 근육을 뚫고
꽃잎이 되어
가슴에 쌓이는 것을······.

—「어머니」 일부

빛의 굴절까지도 좌우하는
어머니의 주름살.

—「樂園에 관해서」 일부

18) 『철마의 꿈』 pp.99~100.

상식적으로는 도저히 이해할 수 없는 어머니의 자식에 대한 끊임없는 헌신과 신뢰 등을 통해 인간의 애정이 어디까지 미칠 수 있는가를 어렴풋이 느낀다. 하지만 그것은 놀라움의 시작일 뿐, 끝내 그 깊이는 알 수 없는 것이다. 이를 통해 화자는 보다 겸손해진 시선으로 타인들을 헤아릴 수 있게 되는 것이다. 그리고 그러한 어머니에 대한 화자의 애정은 다시 어머니의 주름살 상태를 통해 빛의 굴절까지도 경험하게 된다.

이탄 시 생성 배경으로서 가족의 버거웠던 생활사와 어머니가 끼치는 영향의 정도를 정밀하게 논의하기는 쉽지 않고 본고에서의 논의도 다소 미흡하게 여겨진다. 그러나 그의 초기 작품들과 산문들을 통하여 초기시에 드러나는 어둠과, 그에 반하는 희망적 의지 등은 성장기와 청년기 생활사와 밀접한 상관성이 있음을 보여준다.

3) 시인의 시관

시를 쓰거나 읽는 사람으로써 '좋은 시가 되려면 어떤 요소들을 갖추어야 하는데, 특히 시라는 장르가 무엇을 어떤 방식으로 형상화 할 때 그것의 존재성이 구현될 것'이라는 나름의 생각들을 '시관'이라 할 수 있겠다. 이는 '무엇'이라는 주제적 요소와 '어떤 방식으로'라는 방법적 요소가 어루어지는 것이다.

이처럼 예술은 "일상에서 의미를 발견하지 못하는 우리들에게 현실의 숱한 부스러기 중 진실에 걸맞는 조각만을 한데 모아 제시해 주는 것이다. 그러나 더욱 중요한 것은 제시하는 진실이나 진리 그 자체보다 진리와 진실을 제시하는 방법에 놓여 있다."[19]고 말할 수도 있겠다.

마찬가지로 시 연구도 대부분 시를 이루는 방법이나 그 원리를 탐구하는데 바쳐지고 있다. 그것은 예술이 세계에 대한 통찰만으로 이루

19) 김상욱, 『시의 길을 여는 새벽별 하나』(푸른나무, 1998), p.19.

어지지 않고 반드시 그것을 매개하는 색, 소리, 언어 등으로 구현되기 때문이다. 실제적으로 시인, 예술가, 인문학자 등을 비롯한 많은 사람들의 수고는 한편 생의 진실성에 다가가는 또는 매개하는 방법을 개척하려는 노력이라 할 수도 있다.

이탄의 경우 적잖은 그의 언급들과 시들을 추적하고도 앞과 같은 의미에서의 시관을 탐색하기가 쉽지 않다. 그것은 "처음 詩作할 때 이렇게 해야겠다, 이렇게 쓰겠다는 생각을 지니고 쓴 것은 아니다. 흔히 보아왔던 시의 형식, 내용을 능가하려는 의욕이 있었던 것도 아니다."[20]와 같은 언급과도 무관하지 않을 것이다.

> 名詩를 쓰고 싶었던 時節보다는 뜨겁거나 차지 않은, 조금씩 조금씩 앞을 향하는 지금이 나에게 가장 큰 바탕이 될 것이다. (『소등』 후기에서)

> 詩 한편쯤 쓰는 일이 教養이 되고(되거나 – 필자) 화제가 되지 않고, 끝내 詩集은 구멍가게의 사과 한알보다 구매력을 지니지 못할지라도 詩集내는 일을 저버리지 못할 것이다. · · · · · · . 내 詩 쓰는 일이 못먹는 열매일망정 향기있고 보기 좋았으면 하는 것 뿐이다. (『줄 풀기』 후기에서)

> 시의 방향을 묻는다든지 왜 쓰냐고 했을 때 나는 서슴없이 〈높이 날기〉위해서라고 말해 왔다.[21]

앞의 말에서도 '시적 방법'보다는 주로 시인으로서의 바람이나 자세가 드러난다. '못먹는 열매일망정 향기있고 보기 좋았으면' 하는 바람은 문학에 대해 효용론적 관점보다는 쾌락적 관점에 서 있음을 보여준다. 이런 관점은 등단작 「바람불다」 이후 "실험의식이나 체계를 잡

---

20) 이탄, "시의 발견," 『반쪽의 님』(문학세계사, 1996), p.105.
21) 『철마의 꿈』 p.114.

아 써나가는 것이 아니라 시를 쓴다는 작업, 사랑에 젖어 홍겨울 뿐이었다"[22]와도 일맥상통하는 것이다. 다음 글을 통해 시인의 시관을 좀 더 탐구하고자 한다.

> 부정확한 말을 몸짓이 보충해서 기능을 다하게 해 주듯 시에서도 언어를 배열하는 과정에서 몸짓과 같은 기능을 부여해야 한다고 생각한 것이다. 그것을 나는 구어체라고 표현했다. 구어체라는 말 속에는 어조와 소리에 의한 보완이 담겨 있었다. 어조는 대상에 대한 자기 시선의 독특함에 의해서 어느 정도 발생될 수 있다고 보았으나 소리에 대해서는 뚜렷한 생각을 갖고 있지 못했다. 다만 행과 행 사이에서 울려오는 소리, 그리고 연과 연 사이에서 발생하는 소리의 계곡 같은 것을 염두에 두었던 것이다. ······. 나는 이와 같은 방식에다 시는 무엇인가 말해야 한다고 생각했다. ······. 그래서 우선 내 주위의 것부터 보면서 말하는 상식선으로 후퇴하고 말았다. ······. 나는 일기를 쓰듯 시를 쓰기로 작정했다.[23]

여기서 '시에서도 언어를 배열하는 과정에서 기능을 부여해야 한다'는 말은 결국 시적 효율성을 높이기 위해 일종의 어떤 장치가 필요하다는 인식이다. 이탄은 그것을 어조와 소리, 즉 토운(tone)과 리듬(rhythm)을 통해 구현하려고 생각한다. 하지만 그것이 상당한 동안 탐구되거나 실행된 것 같지는 않다. 상식선으로 '후퇴'하고 일기를 쓰듯 시를 쓰기로 '작정'했다고 밝히기 때문이다.

이상을 통하여 알 수 있는 것은 이탄의 경우 시쓰기의 방법을 아우르는 시관을 찾아보기는 어렵다는 것이다. 이것은 이탄이 특별한 시적 방법의 구현보다는 일상을 존재론적 관점에서 시화하는 시인이라는 필자의 다음 견해를 뒷받침 하는 것이 될 것이다.

---

22) 『반쪽의 님』 p.108.
23) 『철마의 꿈』 pp.104~105.

3. 주요 시어와 데뷔작 「바람불다」의 의미

1) 생명이 구현되는 거처로서의 시간

이탄의 초기시에서 '시간'은 아주 빈번하게 쓰이고 있다. 시간은 결코 환산될 수 없지만 사람들이 물리적으로 측량할 수 있다고 믿기로 작정하고, 공간과 더불어 인간의 생을 이해하려는 환상적 단위이다. 그렇다 하더라도 시간이라는 개념이 물리적 대상들이 어울려 구성하는 관계를 설명하는데는 대단히 편리한 것을 부정할 수는 없다. 결국 빈번하게 시간에 주목한다는 것은 생명들의 과정에 대한 관심이라 할 수 있다. 더욱 직접적으로 말한다면 생에 대한 탐구의 눈을 가진 인간이 된다는 것이다. 이것은 생과 생명에 별다른 관심이 없는 사람이 시간에 무심한 것, 또는 무심하게 시간을 보내는 것에서도 알 수 있다.

이탄 시에 쓰인 시간도 흔히는 사람들이 물리적으로 측량할 수 있다고 믿는 것으로서의 그것이다. 하지만 그것이 구체적 맥락에서 쓰일 때는 다양한 의미를 환기한다.

우리는 항상 時間 속에서 만나
시간속에서 사라져간
반복의 계단에 서 있지만 한때는 끊이지 않는
生命의 흐름을
時間 밖에서 듣고
있었다.

—「밤 이야기」 일부

彈皮가 지나간 구멍이나 古木에 묻어있는 시간을 볼 때는 시간이 걸린다. 漢江에 묵묵히 젖어있는 시간을 볼 때도 상당한 시간이 걸린다. 이런 것들을 볼 때 금방 보아 넘기려고도 하지만 그 시간 속에 들어갔다 나온 나로서는 도저히 그럴 수 없다 바로 내 생명의 시간이니까.

—「時間 스케치」 일부

"時間은 점점 毒해지기만 하고/ … (중간 생략) …/ 나도 모르게/ 나의 사랑하는 비둘기는 왜 죽어가는 것일까."(「毒酒의 밤」 일부)의 '시간'은 일정한 단위로 분절되는 '시대'를 의미하여 그것의 각박해짐이나 부조화를 뜻한다. 그런데 인용한 앞 시에서 '시간'은 '우리'를 이루는 각 개체(또는 단위)들이 단절적으로 완성되어 연속하는 순환적인 것이 된다. 물론 이 작품에서의 시간은 훨씬 구체적 국면 또는 단위를 상정하는 것일 수도 있다. 그럼에도 "시간은 반복과 소멸의 원칙이지만 巨視的인 시점에서는 연속성의 원칙이기도 하다."[24]는 양면적 깨달음은 생명 긍정의 동인이 될 수 있다.

두번째 시는 언제나 현재화 되는, 자신에게 누적되어 그것이 현재의 자신이 되는, 즉 자신의 과거를 확인하여 자신의 동일성을 발견하는 것[25]으로서의 시간이다. 앞서도 말했듯이 물리적 성분으로서의 시간이란 실재하지 않는다. 다만 흔적이 담겨진 구멍이나 고목을 통해, 아니면 무수한 기억을 머금고 있는 그 강을 통해 매개될 뿐이다. 그때에야 비로소 '그 시간'이라는 말을 쓸 수 있는 것이고, 그에 얹혀 자신 생명의 과정이 현재로 총화, 곧 현재화 되는 것이다.

2) 아름다운 세계를 형상하는 언어

역시 이탄의 초기시에 빈발하는 언어, 이야기의 의미를 생각해보고자 한다. 시인은 언어를 빚어 세계를 재창조 하는 일을 하는 사람이다. 오늘날 언어가 로고스로서의 절대성을 상실했다 하더라도 언어 자체로 실존성을 담아내고자 하는 시인들의 수고는 포기될 수 없다. 그 수고를 포기하는 순간 시인의 존재 의미는 무화될 수도 있다. 그렇기 때문에 시인은 숙명적으로 언어의 조탁에 대한 노력을 가열화 할

24) 이영걸, "생명과 인정," 『잠들기 전에』 해설(고려원, 1986), p.214.
25) 미쉘 피까르, 조종권 역, 『문학 속의 시간』(부산대학교 출판부, 1998), p.209.

수밖에 없는 것이다. 하지만 시인들이 직관으로 감지한 또는 일순간의 환상으로 맞닥뜨린 세계는 오염된 일상의 언어로는 결코 완전하게 그려질 수 없는 것이다. 그럼에도 그 언어에 자신의 진실을 담아 독자에게 감동적 세계를 형상화 해 주어야 하는 것이 시인의 숙명인 것이다.

언제고 오늘 위에서
멀고 먼 가슴의 눈으로
아들이여
우리의 家族이여
뱃전에 찰랑이는 흰 言語를 보자.

—「出航의 詩」 일부

길매봉 산길에서 만난 시골 老人이
무심코 꺼내준 고구마 한 개
山이 내게 준 진한 이야기.

—「길매봉 산책」 일부

어느날 사람은
누구나 듣겠네
피같은 이야기 피같은 이야기.

—「화분을 보며」 일부

앞 시를 보면 현재, 오늘에서 먼 가슴의 눈으로, 세상 풍파를 헤쳐가는 뱃전에 찰랑이는 해맑은 언어를 보자고 한다. 시인이 현재를 움켜쥐고 머리가 아닌 가슴의 시선으로 멀리 볼 때 비로소 시인이 그토록 건져내고자 했던 아름다운 삶, 흰 언어를 볼 수 있는 것이다. 그렇다면 그같은 언어가 도대체 삶에 무슨 의미가 있단 말인가. 그것은, "이 가지에서 저 가지로 옮겨 앉지 않는 한 마리의 새. 보였다 보였다 하는 새.// 그 새는 이미 나뭇잎이 되어 있는 것일까./ 그 새는 이미 나뭇가지일까./ 그 새는 나의 言語를 모이로/ 아침 해를 맞으며 산다."(「옮겨 앉지 않는 새」 일부)를 보면, 삶어의 우직함 또는 다른 종과도 완전히 동화될 수 있는 전일성을 지닌 존재에게 생명을 지속할 수 있는 양식이 되는 것이다.

그같은 언어들이 빚어내는 세계는 어떠할 것인가. 그것은 시골 노인네가 무심코 건네주는 고구마 한 개 같은, 하지만 그 안에 이미 웅숭한 산이 깃들어 있는 진한 이야기가 된다. 그리고 그것은 뜨겁고 순도 높은 피같은 이야기를 누구에게나 들려줄 것이다.

3) 각성의 매개체로서의 새

보편적 상징으로서의 '새'는 자유를 나타낸다. 상당한 정도가 쓰이고 있는 이탄의 작품에서 새는 좀 다른 차원에서 쓰이고 있다. 작품들을 통해 살펴보도록 한다.

> 무한한 세월의 줄기에서
> 새들은 우리들 자유를 대신하고
> 우리들 권리를 대신하다가
> 깃을 흘리며
> 떠나갔다.
>
> —「빈 새장」 일부

> 새야, 너는 지금 어디에 앉아 있느냐
> 새야, 너는 지금 어디로 날아가고 있느냐
>
> 환한 대낮, 햇볕을 바라본다, 그 위에다 글도 써 본다. 그러나 쳐다보니
> 하늘은 더욱 맑구나.
> 새야, 너는 지금 어디에 있니
> 너는 내 마음의 「우울」을 쪼아 주렴

너는 내 마음의 허공을 향해 날아와 둥우리를 치렴.
새야, 내 어깨에 앉아서
내 눈을 좀 봐주렴.

—「새야 새야」

하늘과 땅이
그렇게 잘 어울려 내려왔듯이
나와 내가 그러지 못할 때는
새야, 심장에 비수처럼 와 꽂혀 다오.

—「나와 나」 일부

첫번째 작품에서 새는 자유와 권리를 대신하다가 떠나간 것으로 등장한다. 떠나버린 새, 잃어버린 새는 대신해주던 자유와 권리마저도 빼앗기거나 억눌리는 상황을 암시하는 것일 수 있다. 두번째 작품에서 시인은 새를 부르며, 자신의 「우울」을 쪼아달라고 한다. 나아가 자신 마음의 허공에 아예 둥우리를 치고 어깨에 앉아 눈을 봐 달라고 한다. 가슴에까지 맞아들이고 싶다는 것은 그만큼 외롭거나 힘겨워 절실하다는 것의 표명이다.

왜 그렇게까지 새를 염원할까. 그것은 내면이 공허하거나 불화하기 때문이다. 그래서 이제는 새에게 그 가슴에 비수가 되어 꽂혀 줄 것을 염원한다. 스스로 일깨워지지 않는 상황에서 새가 각성의 매개체가 되어 주기를 바라는 것이다.

4) 가슴에 늘 충만하고 싶은 정

이탄 시인이 꿈꾸는 세계는 사람과 사람이 순정하게 어우러져 늘 가슴 뿌듯하게 사는 것이다. 그렇기에 "살아오면서 부딪치는/ 온갖것 중에서/ 가장 아픈 것이라면// 역시 情이 끊어지는 面"(「많은 것과 부딪치지만」 일부)이라고 말한다.

어떻게 다 뜻대루 사누
어떻게 다 情대루 사누
그러면서 푸른하늘에
구름을 불러놓고, 친해야지 구름하고 친해야지 애써보지만 헛수고.
속깊이
맺힌 목소리때문

—「철썩 철썩」 일부

거리를 걸으면서도 가끔 아픈 마음속을 들어갔다
나왔다 하네.
그럴 적마다 情의 무게를 달고
그럴 적마다 도려낼 나의 상처를 생각해 보네.

—「病院出入」 일부

세상을 뜻대로만 살 수 없다는 것, 그래서 정대로 살 수 없다는 것을 자각하고 구름이나 불러 친하려고 하지만 헛수고가 된다. 그것은 구름에게는 서로 소통할 수 있는 눈길도 손길도 없기 때문이다. 그래서 화자에게 속 깊이 맺힌 목소리가 끊임없이 그리움으로 맴돌게 된다.

하지만 이 상태를 벗어날 수 있는 어떤 방법은 없다. 거리를 걸으면서 아픈 마음속을 들락거리며 정의 무게를 달고 도려낼 상처를 생각하는 것밖에는 말이다. 결국 초기시에서 이탄은 사람들이 어우러져 서로를 감싼 정을 염원하지만, 그것은 "밤새 가슴을 타고 오르내릴 외로"(「情」 일부)움일 뿐이다. 염원하되 쉽사리 성취되지 않는 것으로서의 정은 이탄 초기시에 드러나는 생의 허무와 긍정이라는 전체적 성격과 동일한 맥락에 놓여 있는 것이다.

5) 데뷔작 「바람불다」

이탄의 초기시를 고찰하는데 데뷔작 「바람불다」는 상당한 의의를 지닌다. 시인 자신이 "전쟁과 인간 사이의 체험을, 환상과 독백으로 인간성 회복을 말하는 시"[26]라고 한 이 작품은 어찌보면 다소 장황하고 추상적이라 생각될 수 있다. 하지만 필자는 이 데뷔작에 시인의 초기 시 경향을 감지케 하는 요소가 대부분 포함되어 있고, 역동적이고 넓은 시선을 갖춘 웅숭한 작품이라 생각한다.

地表위의 時間이 인다.
도미의 피리소리와
寺院入口의 木鐸소리
그리고 저 山언덕의 砲聲
내가 오늘 記憶할 수 있는 것들은
全部, 꽃잎같이 地表위에 쌓여있다.
지난밤, 어머니의 신음소리도 어느 나뭇등걸 밑으로 떨어져 있을 것이다.
〈新羅 마지막 임금의 哀話도 깊은 갈잎속에 묻혀 있을테지.〉

어느해 가을
코스모스 핀 墓地에서
나는 異常한 꽃을 보았다.
少女 少年, 老人과 아주머니의 얼굴을한 꽃송이들
生命의 빛깔들.

世界의 空氣가, 엷은 목에서 흘러내리고
가냘픈 손을 흔들면, 손사이로 흐르는 愛情의 感度와
세월의 매듭,
地球의 한모퉁이에서 접히는
생명의 나래.
十餘年前, 낯선 고장의
피난살이와 風物은
지나간 것일까.

---

26) 『반쪽의 님』 p.108.

絶望이 天障보다 낮아
목을 주리며
一九五0年 以後의 거리와
室內에서
항시 亂舞하듯 헝클린
머리칼
當時 二百間通의 아이들과 그녀석들의 철없는 時間은
비듬처럼 떨어져
地表를 덮었다.

휫트먼의 달구지는 지나갔는지 모른다.
에머슨의 「죽는 人間」과 헤밍웨이의 「老人」은 죽음을 이기지 못했을 것이다.
모든 사람과 움직일 수 있는 것은 다 지나갈 것이다.
그러나
나의 피가 흐르는
地表가 있다. 여기서 부는
生命의 바람이여
나의 목을 돌아가는 바람에
나는 人情을 안다.
바람부는 地表위의 時間은
지나갈 수 없는
피의 샘
여기서 彈皮의 目的을 說明하라.
여기서 르노아르의 女人을 사랑하라.
여기서 나의 학문은 무엇인가 물어보라.

地表위의 時間이 인다.
피의 샘,
훈훈한 아지랑이 같은
저 뿌리 밑의 時間이 인다.

— 「바람불다」

우선 소재 또는 시어의 측면에서 보면, 시간, 세월, 어머니(의 신음소리), 애정, 인정, 생명, 피난살이, 1950년, 묘지, 죽음, 피, 여기, 뿌리 등이 중심적으로 보이는데, 이것들은 이탄 초기시의 구심력과 상관되는 것들이다. 또한 이것들은 그의 시 생성의 주요 배경을 이루는 것으로 본, 한국전쟁과 버겁던 생활고 등과도 밀접한 것이라 할 수 있다.

이 시어들이 짜여져 빚는 세계 역시 복합적인데, 1연에서 '전부, 쌓여있다', '떨어져 있을 것이다', '묻혀 있을테지'를 통해 허무감 또는 죽음에 주목하는 양상을 보인다. 이같은 점은 작품 전체의 저변에 흐르고 있다. 그러나 바로 여기, 인간의 생이 영위되는 현재적 시공간은 그저 허무와 죽음뿐일 것인가. 이탄은 이 부분에서 역동적 시선을 마련한다. 그것은 '코스모스 핀 묘지에서 생명의 빛깔들'을 보는 것이고, 지표에서 부는 생명의 바람결에 인정을 알게 되는 것이다.

필자는 「바람불다」가 역동적이고 웅숭 깊은 인식의 지평을 보여주고 있다고 말했다. 그것은 5, 6연에서 보다 확연해지는데, 바람부는 지표위의 시간이 결코 지나갈 수 없는 피의 샘이라는 점을 수락하면서, 바로 그 지점이 '묻고, 설명하고, 사랑해야' 하는 곳임을 내화하는데 있다. 3연에 보이는 감탄의문형과 전체적으로 보이는 서술형태도 초기시에 지배적으로 드러나는 모습이라 하겠다. 「바람불다」는 복합적 함의를 지니는 작품으로 이후 초기시의 양상을 감지케 하는 작품으로서의 확연한 의미를 지닌다고 본다.

4. 존재론, 생의 탐구로서의 시

1) 감탄의문형의 의미

이탄의 초기시에는 '-인지, -일까, -을까' 등의 감탄의문형이 빈번하게 쓰인다. 감탄의문형은 생에서 의문스럽거나 확신할 수 없는 어떤 국면에서 고조된 심정이 투영되어 나타난다. 곧 생의 다양한 형상들을 바라보면서 또는 체험하면서 또는 조용히 응시하면서, 답을 알 수 없는 문제들에 대해 고조된 정서가 촉발된 것이다. 이같은 의미에서 안정되고 평이한 생활을 하는 사람이나 많은 생체험 가운데 있더라도 수동적으로 받아들이기만 하는 사람에게는 생성되기 어려운 것이라 할 수 있다.

나의 시간은 안정을 필요로 하는 것일까. —「時間 스케치」 일부
진짜 나의 것인지, 나의 것인지 —「速度」 일부
왜 시냇물에는 송사리떼가
보이지 않았을까. —「나의 言語」 일부
저 소리는 어디서 시작된 것일까. —「특히 겨울 저녁의 나무」 일부

첫 시집『바람불다』같은 경우 감탄의문형이 「時間 스케치」에서 「나는 몰라」까지 8편의 작품에 연속적으로 나타날 정도로 빈번하게 쓰인다. 그만큼 이탄은 삶의 국면들을 거듭 응시하면서 묻고 있는데, 그것은 삶의 국면들이 이해하기 힘들고 수락할 수 없는 것으로 다가든다는 것일 수 있다.

내가 만나는 사내들은
얼굴이 없다
내가 만나는 여인들은
허리가 없다
나는 變種만 만나는 것일까?

나는 어디에 있는 것일까?
돼지 우릿간 바로 옆방인가?
무엇인가
빈 食器같은 것들이 걸치적거리는

폐점 후의 식당같은 곳인가

—「動物記」 일부

난감하게도 화자가 만나는 인물들은 얼굴이 없고 허리가 없다. 그것은 화자의 내면이 굴절되었기 때문일까, 아니면 세상이 화자를 기만하기 때문일까. 화자는 다시 묻는다, 내 존재의 거처는 어디인가. 돼지우릿간 옆방인가, 아니면 폐점 후의 식당같은 곳인가. 결국 존재는 관계들과 그것이 어우러지는 시공간 속에서 구현되는 것인데, 이 시의 화자는 존재성의 심각한 위기를 맞고 있는 것이다.

이탄 초기시에 무수히 쓰인 감탄의문형은 대부분 인간 존재의 의미를 묻는 생의 탐구로서의 양식이다. 당시 사회와 개인사가 복합적으로 얽히어 어떤 답변을 얻는 것은 지난한 것으로 보이나 일상성에의 투척을 통한 부단한 물음은 이탄 초기시의 특성임이 명백하다.

2) 허무감과 죽음에의 동경, 일상의 배리감

앞 고찰에서 이탄 초기시 생성의 중요 동인이 한국전쟁과 버거웠던 생활고였음을 밝혔다. 그리고 그러한 상황에서도 삶을 묵묵히 수락하고 밀고가는 삶에의 긍정 또는 역동성이 있음을 간략히 언급했다. 이탄의 초기시에는 삶의 허무와 죽음에의 동경이 적잖게 드러난다. 동시에 삶에의 희망과 생성에의 의지가 그려진다. 본고에서는 시적 양상을 편의상 둘로 나누어 살펴보는데 시집에서는 이러한 경향이 서로 뒤섞여 있어, 시쓰기 초기에 시인의 내면이 역동적이었음을 보여준다. 시를 살펴본다.

나의 친구는 시체와 같다
나의 친구도 나를 시체로 보나.

어둠속에서 우리는 시체
어둠속에서 우리는 시체
시체끼리 어디를 다니고 왔는가
시체끼리 무어라 떠들어댔는가

—「서시」 일부

그렇다
아니
결국 자라는 것은 십자가뿐이다.

—「언덕」 일부

친구가 시체로 보이니 그와 이야기를 하거나 함께 어떤 행위를 한다는 것에 무슨 공감과 흥겨움이 있겠는가. 결국 삶에서 자라는 것은 십자가뿐이라고 생각하는 사람에게 하루하루는 얼마나 고통스럽고 비극적인 것이겠는가. "태어날 때는 그저 생명이다가 실패속에서 자라, 죽을 때 실패를 베고 누워 아무것도 아닌 시간을 기다린다고." (「실패타령」 일부) 라는 생각은 마침내 언뜻언뜻 죽음에의 동경으로 이어진다.

결국 친구는 죽었지.
· · · (중간 생략)
한참 만에 나는
宗敎도 없이
친구를 따라가는 信者가 되었는데

—「죽음의 房」 일부

종교도 없이 죽은 친구를 따라가는 신자가 된다는 것은, 죽음을 통해 구원을 얻겠다는 종교적 의지와 같은 것이 아닌, 죽음 자체에 대한 동경을 드러낸 것이라 하겠다. 화자에게 "「죽음」은 나의 가장 친절한 친구"(「나의 名詞」 일부)인 것이다.

일반적인 경우 일상적 관계에서 배리감을 느끼고, 그것이 허무감과 심지어는 죽음에의 동경으로 전이된다. 그런데 이탄의 경우는 제1·2시집에서 허무감과 죽음에의 동경이 두드러지는데 반해 제3·4시집으로 넘어가면서 오히려 일상에서의 배리감이 강화되어 드러난다. 그것은 앞서 살폈던 바, 이탄의 초기시 생성의 배경으로 주목했던 전쟁체험의 내재화와 버거웠던 생활고가 제1·2시집에 보다 짙은 색채로 시화(詩化)되었기 때문일 것이다. 제1·2시집이 1967·1968년에 출간되고, 제3·4시집이 사회 생활에 이력이 붙은 1974·1979년에 출간된 것을 고려해보아도 충분히 가능한 추론이 될 것이다.

시인 자신이 데뷔작 이후, 당시 참여니 순수니 하는 비등했던 논쟁에는 관심이 없었고, 오히려 인생의 무상함이나 삶의 관조에 젖어들었다고 말한다. 1961년에 자살한 친구가 있었는데, 그를 계기로 존재라든가 생명이라든가를 재음미했다는 것이다. 『消燈』 이후는 작은 것들의 소중함이나 조악스런 인간성의 지적, 이같은 것을 극복하기 위한 내면의 음성을 쌓았다고 한다. 그리고 사회 현실에 대한 조명도 자신의 생활을 인지하는 일을 바탕으로 시작했다고[27] 하는 말을 통해서도 시쓰기의 초기에 허무감과 죽음에의 동경 같은 것이 짙게 드러나는 이유를 알 수 있다.

> 유난히 개나리가 노란 울타리 앞에서 노란것은 노랗고 하연것은 하얗고
> 그런 빛을 갖고 싶었지만
> 손과 발은 뜻이 달랐다.
>
> –「빛깔」 일부

---

27) 『반쪽의 님』 108쪽 이하.

반신불수가 된 精神을 보신 일이 있나요.
보석상자
고리가 고장난 보석상자를 보신 일이 있나요.
고름이 질질 흐르는 音樂을 보신 일이 있나요.
하늘이, 푸른 하늘이 점점 작아지는 것을
아시지요.

—「健康」 일부

노란 것을 노랗다고, 하얀 것을 하얗다고 하며 그것에 동화되는 생을 꿈꾸었지만 손과 발이 뜻이 달라진 것은 정신이 반신불수가 되었기 때문이다. 시인이 일상에서 보는 것은 고리가 고장난 보석상자고 고름이 질질 흐르는 음악이다. 그런 이에게 푸른 하늘이 점점 작아질 것은 당연한 노릇 아니겠는가. "지금까지 내가 決定한 일은 무엇인가/〈예〉라고 대답했을 때/〈아니오〉를 생각하는, 決定의 대개는 그렇다."(「가장 貴重한 나의 것은 空中에 있다」 일부)는 날들을 사는 화자는 "아스팔트 길이 푹푹 시렁창처럼 느껴지는/ 밤길에 돌아와 술취한 손으로 日記를 쓴다."(「더러운 日記」 일부)

3) 희망에의 의지와 이상의 간구

이탄의 초기시는 생활의 객관적인 제약을 시적으로 거슬러내는 매우 역동적인 모습을 보여준다. 그것은 일차적으로 사회적, 개인적 삶의 버거움을 그러안고 '높이 날'아[28] 오르려는 의지에서 기인하는 것이라고 할 수 있다. 이탄은 자신에게 "있는 것은 모두 나보다 무겁고 누르는 것들이지만 앞을 보고 걷는 걸음으로 이겨내려 하였"[29]던 것이다.[30]

28) 『철마의 꿈』 p.114.
29) 위 책, p.106.

하지만, 못이 또 구부러질 줄 알면서도 망치를 든다.
뽑았다 폈다 하면서 최선을 다해
수고를 반복하지 않을 수 없다.
해가 있는 한
나의 작업은 하루만큼 계속될 것이다.

—「못박기」 일부

山에서 내려오던 바람은
오는 듯 올라가고
바다에서 오던 바람은
오던 길로 실려간다.

손바닥을 보면서, 이제 나의 바람은
내 손바닥에서 나올 수밖에 없다고 생각한다.

—「냄새나는 바람들」 일부

흔들려 내 모든 것이 떨어져 나가도 따스한
심장 하나는
땅에 묻을 수 없으려니.

—「決心」 일부

못이 또 구부러질 줄 알면서도 망치를 드는 것은 바보 같은 짓이고, 수고를 반복하지 '않을 수 없'는 것은 천형이다. 그러나 화자의 태도는 사뭇 담담하다. 해가 있는 한, 생이 계속되는 한, 그만큼 작업은 계속될(할) 것이라고 한다. 산을 바라보며 바다를 잡아당기며 바람을 염원한다. 그리고 그 염원이 이루어질 수 있을까 생각하는 동안 어쩐 일인

---

30) 필자는 본고를 집필하기 위해 시 작품과 여타의 글들을 읽으면서, 이탄의 타고난 성정속에 쉽사리 꺾이지 않는 생에의 긍정 의지가 있지 않을까 하는 생각을 거듭했다. 그리고 이같은 부분이 차후에 또다른 관점에서 좀더 세밀한 접근을 통해 밝혀질 수 있지 않을까 생각한다.

지 희미하게 느껴지던 그것들은 사라진다. 하지만 화자는 그 지점에 주저앉아 원망하거나 보람 없는 바람을 계속 염원하는 것이 아니라 결국 바람은 자신 손바닥의 수고를 통하는 주체적 행위에 의해서 가능해진다는 것을 깨우친다.

이러한 태도가 가능한 저변은 흔들려 모든 것이 떨어져 나가도 묻을 수 없는 따스한 심장 하나를 가졌기 때문이다. "흔들리며, 흔들리며 돌아와 문에 기대면/ 그래도 내일이 어깨를 짚어 줍니다."(「흔들리며」 일부)처럼 시인은 흔들림을 흔들림으로 받아들인다. 그리고 흔들리며 흔들리며 돌아와 문에 기대면서 내일의 손길을 잊지 않는 것이다.

이같은 생에의 희망과 긍정 의지는 자신에게 갇혀 허무와 죽음의 나락으로 곤두박질하던 것과는 달리 보다 먼 시선으로 타자에게 이르는 확산을 보여준다.

> 저만큼
> 물 위에 반짝인 햇빛의
> 點 하나
>
> 빈 낚싯대 같은 人生을 모두 불러다
> 點 하나를 낚는다.
>
> —「줄 풀기」 일부

> 너는 나의 숲이 되고
> 나는 너의 숲이 되자.
>
> 숲에는 지금 意志가 내리고
> 숲에는 지금 〈한 말씀〉이 내리고
> 숲에는 지금 우리의 모든 것이 내리고 있다.

나는 너의 숲이 되고
너는 나의 숲이 되자.

—「약속」

이제 무수한 빈 낚싯대 같은 인생들을 불러다 햇빛 낚기를 할 만큼의 성숙하고 의지로운 시선을 마련한 것이다. 이같은 확산과 그에 바탕한 공감은 공동의 의지와 목표를 환기하면서 환희로운 환상적 공간을 구현해낸다. 거기는 바로 서로가 서로를 감싸는 믿음과 평화의 자리일 것이다. 이같은 염원이 간절해질 때 시인은 매우 의지적인 발화에까지 이르게 된다.

소리좀 지르자, 소리좀 지르자.
허지만 발가락도 이미 고물이다.

매일 비맞은 얼굴로 걸어가고
그러니까 믿는 건 햇빛뿐인데
믿는 것은 오직 햇빛뿐인데.

—「햇빛」 일부

거짓 사랑하는 것과 싸워서, 지고 상처가 나 죽어도 좋다.
· · · (중간 생략)
병과 싸우자, 꼬집어도 꼬집어도 남의 살같은
병든 곳은 도려내자.

—「鬪病」 일부

'소리좀 지르자', '병든 곳은 도려내자'와 같은 청유감탄형을 사용하여 고조된 상태를 직설적으로 발화한다. 그리고 그같은 발화는 역시 선택의 여지가 없는 유일성의 강조로써의 '믿는 것은 오직 햇빛뿐인데'나 '거짓 사랑하는 것과 싸워서, 지고 상처가 나 죽어도 좋다'는 말과 호응하여 비장함까지 자아내는 것이다. 이것은 시인이 지닌 희망에의 의지와 이상의 간구가 얼마나 간절하고 절박한 것인가를 드러내는 것이다.

5. 결 언

필자는 본고를 통하여 이탄의 초기 4권의 시집을 중심으로 초기시 생성의 동인을 고찰하였다. 그 결과 내재화 된 한국전쟁의 체험, 성장기와 청년기 가족의 버거웠던 생활고와 어머니, 시인의 시관 등이 시를 발생시키는 중요 동인이 되었음을 밝혔다.

전민족 구성원에게 충격을 주었던 한국전쟁은 이탄 시인에게도 다기한 방식으로 실제적 생활의 고통과 잠재화 된 무의식층을 형성하였다. 고구마 줄기를 먹기도 해야 할 정도로 가난했던 생활과 어머니의 헌신적 삶도 초기시의 저변에서 중요한 동인이 되었다. 시적 방법의 모색에 대한 고민보다는 일상에서 삶의 의미를 묻고 탐색하며, 그것을 회화체를 비롯한 평이한 형태로 써나가고자 했던 시인의 생각도 초기시 생성의 동인을 이해하는데 의미 있는 것이다.

빈발하게 쓰인 시어인 시간, 언어, 새, 정 등의 의미를 살펴보는 것을 통해 초기시의 궤적을 이해하고자 했다. 시공간에 주목한다는 것은 현재적 삶의 의미를 묻는다는 것이다. 시인은 언어와 새를 통하여 삶의 진정성에 다가가려는 모습을 강력하게 드러낸다. 시인이 궁극적으로 추구하는 바를 든다면 사람과 사람이 서로를 가슴 뿌듯이 감싸는 정이 넘치는 사회일 것이다.

데뷔작 「바람불다」는 그 이후의 작품 전개를 감지케 할 복합적 요소를 지니고 있는, 그 자체만으로도 역동적이고 웅숭 깊은 자리를 마련했다고 본다.

시인의 시적 향방의 하나는 배리되는 삶과 그에 따른 허무감과 죽음에의 동경에 있다. 그런데 그의 초기시는 그것들에 몰입하거나 함몰되어 있는 것이 아니다. 희망에의 의지와 아름다운 삶에 대한 간구가 또 다른 축을 형성하면서 매우 역동적인 양상을 보여주는 것이다. 이탄 초기 작품을 총괄적으로 아우른다면 존재론, 삶의 탐구로서의 시라고 할 수 있다. 현재적 생에 뿌리내리고 그 의미를 물으며 고통스러워하고 염원을 발하고 간구하는 것이 시의 전부라 해도 과언이 아니기 때문이다.

일단 본고를 마무리하면서 정밀하게 시와 시인을 탐색하지 못했다는 아쉬움이 크다. 이를테면 1964년의 등단작에서 1979년의 제4시집까지의 작품을 수평적으로 놓고 살피면서, 그 안에서의 변화양상이나 계기성을 고찰해내지 못한 점 등이 그렇다. 아직은 이탄 시작품에 대한 고찰이나 연구가 거의 이루어지지 않아 얼마간 어려움도 있었다. 앞으로 좀더 지속적으로 이탄 시작품을 검토하면서 다기한 관점과 방법론으로 그 의미를 물어 가고자 한다.

Ⅳ. 1960년대 해외의 시문학

- 전후 영미시의 고찰 -1960년대를 중심으로
- 1960년대의 마그레브 시문학 소고
  -알제리 문학과 카텝 야신을 중심으로
- 1960년대 일본 현대시의 래디컬리즘

전후 영미시의 고찰
1960년대를 중심으로

김 근 평

1. 들어가는 말

영미권의 1960년대는 문학적 측면에서 성에 대한 사회의 개방적 수용을 의미하는 로렌스(D. H. Lawrence)의 『채털리 부인의 연인』(*Lady Chatterley's Lover*)이 뒤늦게 출판되었고, 음악계의 비틀즈 선풍은 곧 음악성을 중시하는 팝시(pop poetry)에 중요한 영향을 주었다. 또한 1960년대 대표적 소설로 꼽히는 존 파울즈(John Fowls)의 『프랑스 중위의 여자』(*French Lieutenant's Woman*, 1969)의 출판과, 2005년 노벨 문학상을 수상한 해롤드 핀터(Herold Pinter)의 도전적인 극, 일명 위협희극(comedy of menace)이라고 불리는 『관리인』(*The Caretaker*, 1960)이 크게 성공한다. 이 중에서 『프랑스 중위의 여자』는 허구와 실재의 경계를 무너트리고, 빅토리아조의 닫힌 결말과 모더니즘의 열린 결말 대신에 복수 결말이라는 실험적 형식을 빌려 진정한 의미의 열린 텍스트를 제시했다. 이 소설 뿐만 아니라 『관리인』 또한 일상생활의 실재감을 보여주는 표피 텍스트(surface text)가 밀폐된 공간에서의 불확실한 위협의 고조와 더불어 어느 극적 순간 전복되면서, 이 세상의 핵심적 원리나 궁극적 원칙의 부재 등을 보여주는 다분히 비논리적인 구성의 부조리극을 보여줌으로써, 두 작품은 공히 포스트모더니즘의 특징을 보여주는 작품으로 그 가치를 인정받았다.

실상 위에 두 작품의 예를 들지 않더라도 주지하다시피 역사상 1960년대는 모더니즘에 대한 논리적 연속이면서 동시에 그에 대한 비판적 반작용이라 할 수 있는 포스트모더니즘이 시작된 중요한 시기이다. 양차 세계대전 후의 새로운 실재에 대한 새로운 감수성을 요구하면서 등장하기 시작한 영미시의 포스트모더니즘 또한 다양한 변화와 실험을 그 특징으로 한다. 미국 시문학에서 2차 세계대전 이후 동양철학과 종교적 관심에 의한 게리 스나이더(G. Snyder)나 긴즈버그(A. Ginsberg) 등의 초월적 명상의 시, 일명 선블교적 성향의 시, 융(C. G. Jung)적 집단 무의식의 세계를 연계시킨 마야 안제루(Maya Angelou)나 블라이(Robert Bly)의 독특한 서정시, 랜덜(M. Randall)이나 휠라이츠(J. Wheelwrights)의 막스주의적 경향의 시 등 다양한 시들을 만나게 된다. 특히 이러한 역동적 시들은 한국전쟁이 종결된 1953년 이후부터 나름대로의 일련의 공통된 이념을 가진 고백시, 투사시(projective verse), 주관적 이미지의 시라는 포스트모던한 시들을 잉태하였다.

한편 1950년대 영국에서는 초서(G. Chaucer)와 워즈워드(W. Wordsworth), 특히 토머스 하디(Thomas Hardy)가 재현한 토속적인 전통을 선호하며, 파운드(E. Pound)와 엘리엇(T. S. Eliot)의 수입된 모더니즘을 배격한 필립 라킨(Philip Larkin)이 있었다. 그는 1960년대까지 영국 시단에 강력한 영향을 끼쳤다고 볼 수 있는데, 그의 충실한 경험과 시어의 순수성에 토대를 둔 초연하고 주지적인 신고전적 분위기는 난폭한 동물세계를 즐겨 다루었던 동시대 테드 휴즈(Ted Hughes)와 비교된다. 휴즈는 원초적 신화와 과학적 합리주의 사이의 대립에서 전자 우위의 시학을 표방한 낭만주의적 성향의 시인이다. 그는 모더니즘의 초현실주의나 신화, 상징을 수용하였으며, 내적 비전에 토대를 둔 신화적 상상력을 통해 자연, 특히 동물 세계의 폭력적 이미지를 신화적 차원으로 끌어올렸다. 이러한 과정에서 그는 특히 현대문명의 주체인 아폴로적(Apollonian) 성향, 이성적 에고 본위의 나르시시즘을 해체하려고 했다.

이처럼 영시단에서 1960년대 가장 영향력 있던 라킨과 휴즈 자체도 주제나 기법면에서 상이하듯, 이 시기는 양차세계대전 후의 이성에 대한 불신, 이에 따른 자기 확신의 결여, 프로이트와 후기 프로이트 심리학의 개인 혹은 집단 무의식이나 신화, 힘과 에너지의 관심 등 어느 때보다 현대 영시의 중층적 특성을 형성하였다. 요약하면 1960년대의 영시는 통합된 흐름이 아닌 분화된 시기요, 포스트모더니즘과 영국 전통 사이의 긴장 속에 있는 시기라 할 수 있다. 결과적으로 이 시기의 영시를 어떤 정돈된 학파나 운동의 견지에서 정의하려고 시도하는 것은 적합하지 않으며, 각 시인의 실제작품에 대한 분산된 관조로 시도될 수밖에 없다.

2. 영국의 라킨과 휴즈

1960년대 이전의 영시는 각 시기마다 나름대로의 통합된 분위기와 주도적 시인이 있었다. 엘리엇처럼 황무지적 상황을 상징적 이미저리로 묘사하기보다는 보다 직접적으로 산업사회에 걸맞는 철의 이미저리를 통해 작품화한 1930년대 좌익적 성향의 오든(W. H. Auden)[1], 프로이트와 성서의 내용이 혼합된 주문 같은 마력적 리듬을 보여준 신낭만파의 기수인 1940년대의 딜런 토머스(D. Thomas), 지적 추상성보

1) 오든과 의식적 공감대를 형성했던 시인으로 루이스(C. D. Lewis), 맥니스(L. MacNeice), 스펜더 (S. Spender)등이 있는데, 이들을 가리켜 '오든 그룹'(Auden Group), 혹은 철탑파(Pylon School)라고 명명하기도 한다.

다는 지적 정확성이나 정직성, 형식적 완벽을 추구했던 1950년대 시운동파(The Movement)의 시인 라킨이 그러하다.

이 중에서 라킨은 생활 속에서 보고, 생각하고, 느낀 자신의 진솔한 경험을 냉정한 어조와 단정한 시형으로 즐겨 표현한 시인이다. 20세기 모더니즘과 달리 신화를 배제한 채, 일상적 삶속에서 진실과 인생론적 의미를 탐구하고자 하는 시인의 일관된 시적 여정에는 형이상학이 부재한다. 그는 낭만주의자라기보다는 약 10년을 주기로 출판된 『북방의 배』(*The North Ship*, 1945)와 『덜 속은 자』(*The Less Deceived*, 1955), 『성령강림절 결혼식』(*The Whitsun Wedding*, 1964), 『높은 창』(*High Windows*, 1974)에 나타나는 것처럼 "지성이 다스리는 감정"을 중시했던 신고전적 분위기의 시인이다. 이 시집들은 주로 일상에 대한 관찰과 인식, 그리고 자연스럽게 이어지는 시간에 구속된 삶과 그 속의 고독, 죽음이라는 운명, 현실과 욕망 사이의 괴리와 같은 비극적 인간조건과 그에 대한 비관적 인식으로 가득하다. 이러한 시집에서 공통으로 드러나는 시인의 인식의 과정은 시적 화자가 경험에 의거 점차 보편적 내면 의식을 탐색하는 여행이나 방문의 과정과 병치된다. 이러한 기법은 『덜 속은 자』에 실린 라킨의 대표시중 하나인 「교회 방문」("Church Going")에서 극명히 드러난다.

「교회 방문」에서 과거와 달리 그 중요성을 상실한 교회와 교회 내의 여러 물건들을 초연한 거리감으로 탐방하는 과정을 화자의 극적독백을 통해 보여준다. 영혼의 가치를 추구함이 없는 사람에게 교회는 단지 "후덥지근한 헛간"(frowsty barn, 6연) 일 뿐이다. 그리고 영국에서는 무용한 아일랜드화를 기부하는 행위와 같은 2연의 코믹한 어조가 후반부로 갈수록 진지해 진다. 즉 화자는 인간들은 인간 내면의 엄숙해지고자 하는 갈망으로 교회에 이끌린다고 확신하면서, 교회 같은 과거 유산의 효용성을 말한다.

교회는 엄숙한 땅 위의 엄숙한 집이다,
그 혼합된 공기 속에서 모든 우리의 불합리한 충돌들이 만나
인정받고, 운명으로 옷 입혀진다.
그리고 그 만큼은 결코 없어질 수 없다,
왜냐면 누군가가 영원히 한층 더 엄숙해지고 싶은
자기 속의 갈망을 기습하여
갈망과 함께 이 땅으로 끌어들일 것이기에,
비록 많은 사자(死者)들이 주위에 누워있기만 해도.

이 시는 교회의 가치는 인정하되 믿음은 없는 라킨 자신을 통해서 진정한 가치를 알지 못하지만 종교에 이끌리는 현대인의 근본적 딜레마를 요약한다. 그러나 라킨 자신이 이 시는 종교적인 시가 아니라고 말하듯이, 점점 교회는 종교를 내포하는 역사성을 의미하며, 결국 삶에 긍정적인 가치가 있다는 그 가능성을 실험적으로 탐험하는 몇 개의 시 중 하나가 된다.[2] 그리고 화자와 시인의 합치된 목소리에서 나오는 인간성에 대한 긍정적 태도를 보이는 이 마지막 부분은, 교회의 의미를 인정해 들어가는 과정의 의식의 진보와 변화된 주제에 걸맞는 어조와 시적 기법이 드러난다. 특히 이 시는 늘 상 자신의 경험을 통해 인생의 보편적인 진리를 도출하는 것으로 귀결되는 라킨 시의 전형을 보여준다.

라킨의 시는 인간의 늙어감과 죽음의 비애감에 대한 목소리가 강한데, 『성령강림절 결혼식』에 실린 「독커리와 아들」("Dockery and Son", 1963)도 마찬가지이다. 이 시에서 화자가 전에 다니던 대학을 방문하여, 그곳 학장으로부터 독커리의 아들이 그곳에서 공부하고 있다는 얘기를 듣게 되고, 항만 노동자를 연상시키는 독커리라는 이름을 통해 과거를 더듬게 된다. 그러나 전에는 쉽게 드나들었던 기숙사의 문을

2) P. R. King, *Nine Contemporary Poets*(London: Methuen, 1979), p.27

열어보지만 들어갈 수 없다는 내용이 시사하듯, 라킨의 과거의 경험에 대한 회상이 현재와 융합되지 않는다. 즉 문이 "닫혀있다"(Locked, 2연)란 표현은 과거 회상이 공허한 시도이며, 시인 방문의 종착을 의미하기에 기차를 타고 돌아간다. 이러한 기차여행은 라킨 시에서 인생의 종착역으로 가는 삶의 상징으로 종종 사용된다.

> 방해받지 않는 달. 자식이 없고, 아내도 없고
> 가정도, 거주할 곳도 없는 것이 아직도 꽤 자연스러워 보였다.
> 오직 얼마나 많이 삶이 가버렸는지 알고는
> 충격으로 멍해졌다.

철도선로가 만나고 흩어지는 가운데 "방해받지 않는 달", 즉 주변에 상관없이 변함없는 달을 보고 화자는 나름대로의 삶의 정당성을 획득한다. 결국 기차 출발역이 다르듯, 누구나 각자 다른 사고방식으로 삶을 시작하고 영위해도 종착은 노년과 죽음일 수밖에 없다.

> 삶은 처음에는 권태요, 다음은 두려움.
> 우리들이 삶을 활용하건 안 하건 지나가며
> 그리고 남긴다, 우리에게 숨겨진 무엇이 선택한 바와
> 노년, 그리고 노년의 종말만을.

「교회 방문」처럼, 이 시에서도 대학 동창생의 장례식 참여, 독커리의 아들로 인한 자기 삶의 반추, 인생 종착의 보편적 동일성 인식이라는 점진적 인생론적 관조로 발전한다. 이처럼 개인적 경험과 관찰로부터 인생 의미의 보편적인 고찰로의 이러한 이동은 라킨의 많은 시의 전형적인 특징이다.[3]

그리고 라킨이 이러한 상실감, 비애감같은 비관적인 주제를 끊임없이 다루는 것은 역시 삶에 대한 긍정적인 의지의 반어적 표현인 것이라 할 수 있다. 즉 그는 삶에 대한 양가적 특성, 즉 시간과 죽음이라는 인간의 한계를 무던히도 들추어내고는 있지만, 하디(T. Hardy)에서 느끼는 염세주의와는 다르게 삶의 가치를 인정하고 있다. 요약하면 라킨은 삶을 환상으로 보지 않고 그 조건을 그대로 인정하고, 그대로 보여주려는 평이한 어조의 진솔한 시인임을 알 수 있다.

한편 라킨은 로버트 콩퀘스트(R. Conquest)의 『신시』(*New Lines*, 1956)라는 시선집에 참여했다. 이 시집의 출판에 참여한 콩퀘스트, 에이미스(K. Amis), 데이비(D. Davie), 웨인(J. Wain), 건(T. Gunn), 제닝즈(E. Jennings)와 같은 시인들은 나름대로의 공통된 시적 이념을 공유하려고 했었다. 이들에게 흐르는 합리적 사고와 시의 구조, 정직한 지성의 토대는 미국 대학에서의 신비평(New Criticism)과 관련되고, 영국에서는 영시 전통의 중시라는 측면과 전후 영국의 시대상을 신고전적 분위기 속에서 비판하는 결과를 낳았다. 그러나 웨인, 데이비, 건이 스나이더와 같은 미국시인의 영향을 받는 등 시운동파 시인들 자신의 독특한 이념과 집결력은 퇴조하기 시작했다. 그리고 이들에 대한 반기는 1960년대 영시의 서막을 장식한다.

특히 시운동파에 대한 반기는 홉스바움(Hobsbaum)과 루시스미쓰(Lucie-Smith)를 중심으로 하는 그룹(The Group)계 시인들과 헤밀턴(Ian Hamilton)의 리뷰(Review)파 등이 있다. 사회에 대한 냉철한 비판적 자세에서 애가 형식의 시를 썼던 피터 포터(Peter Porter)와 초자연적인 것을 추구했던 피터 레드그로브(Peter Redgrove)를 포함하는 그룹계 시인들은 1950년대 후반부터 1960년대까지 활동을 했는데, 특히

3) King, 앞의 책, P.31.

『그룹 명시선』(*A Group Anthology*)을 출간하면서 본격적으로 그 모습을 드러냈다. 그러나 시운동파나 그룹계 시인들과 연관을 지을 수 없는 토머스(R. S. Thomas)와 힐(J. Hill)과 히니(S. Heaney)와 같은 시인들도 있었다. 특히 톰린슨(Charlse Tomlinson)이나 휴즈, 힐, 건의 작품이 영국의 전통적 스타일의 강력하고 지속적인 호소와 미국과 유럽의 모더니스트와 포스트모더니스트 스타일 사이의 긴장 속에서 형성되었다.[4]

힐이 역사나 전통, 기억 등에 대한 신중한 명상을 형이상학적 압축과 요약으로 표현하려 했다면, 1950년대 말에나 인정받기 시작한 R. S. 토머스는 엘리엇과 같은 종교 시인이기에, 신의 실재에 대한 명상이나 신앙의 여정 과정이 곧 그에게 시 창작의 핵심이 된다. 특히 토머스가 1960년대 발표한 『독초』(*Tares*, 1961)나 『진리의 떡』(*The Bread of Truth*, 1963), 『피에타』(*Pieta*, 1966), 『그가 꽃을 가져왔기 때문이 아니다』(*Not That He Brought Flower*, 1968) 등에서는 자기 내면세계의 탐색과 그 노정상의 방황을 그 어느 때보다 극렬히 표현하고 있다. 특히 자신의 표현대로 내면의 "이성과 감성사이의 투쟁"과, 종교시에서 빈번히 제기되는 과학적 실증주의에 근거한 객관적, 이성적 사고에서 기인하는 신의 불신을 표현한다. 이와 관련하여 그는 「부재」("The Absence")에서 하나님을 "이 위대한 부재"(this great absence)라고 칭하고, 하나님은 우리 안에 분명 임재 하지만 그 실체를 파악하기 어렵기에 "부재"라고 말한다. 토머스는 이러한 "부재"의 신, 숨어있는 신을 인간의 감각적 언어를 통해 명상하며, 논리 정연한 신학적 설교보다는 점점 영적 각성을 통해 일상에 존재하고 역사하는 하나님의 존재를 추구해 들어간다.

한편 1950년대, 1960년대 또한 파운드와 같은 미국적 모더니즘의 중요성을 다시 인식하고자 하는 경향이 있었다. 예를 들면 바실 번팅

---

4) David Perkins, *A History of Modern Poetry*(Cambridge: Harvard Univ. Press, 1987) p.447.

(Basil Bunting)은 파운드의 모방자로 볼 수는 없지만, 그의 영향을 고려할 때 분명 번팅은 모더니스트이다. 비록 단순한 문장의 지루한 반복, 통사론의 빈약 등으로 비판받지만, 영국의 전통에 모더니즘을 병합시켰다는 점에서 영시사에서 독특한 인물로 자리매김 된다. 이런 측면에서 전통을 고수한 시운동파 시인들과 대치되고, 또한 그의 시 에 나타나는 대화적 측면은 모더니즘과 차별적이다.

번팅의 예에서처럼 시운동파 시인에게 보였던 고유한 영시의 전통은 이제 도전을 받기 시작했다. 알바레즈(A. Alvarez) 또한 1962년 영시단의 새로운 전환점을 마련해준 『새로운 시선집』(*The New Poetry*)의 서문에서 그 특유의 점잔성(gentility)으로 인한 영국시의 퇴색을 논하고, 로버트 로웰(Robert Lowell)이나 베리맨(John Berryman)과 같은 고백시에 관심을 보였다. 또한 알바레즈는 로렌스적 경험의 개방성, 심리적 통찰, 성실성과 엘리엇의 기술적 기교 및 형식적인 지혜로움이 결합되어 있는 시, 즉 그 양극의 조화에서 이상적인 새로운 시의 창조가 가능하다고 보았다. 이러한 측면에서 그가 영국시의 가능성을 찾으려 했던 시인은 1960년대의 거장 테드 휴즈이다.

휴즈의 시는 분명 시운동파의 영국적 "점잔성"에서 탈피하여, 『루퍼컬』(*Lupercal*, 1960)[5]과 『워드워우』(*Wodwo*, 1967)[6]에서처럼 로렌스적인 충동적 분출과 모더니즘의 초현실적 기법을 보였다. 종종 부정적 비평을 초래했던 초, 중기의 시에 보이는 도덕적 통제가 결여된 폭력적 몸짓은 그에게 일종의 생명력이었으며, 거시적으로 생명력 없는 황무지의 세상에 "더 큰 에너지, 우주의 원초적 힘"을 불러일으키기 위한 것이다. 다음 시 「재규어」("Jaguar")에서도 폭력이 긍정적 에너지로 수용

---

5) 루퍼컬은 인간과 짐승의 다산과 풍요를 기원하는 고대 로마의 축제이다.
6) 워드워우는 『거웨인경과 녹색의 기사』(*Sir Gawayen and the Green Knight*)에 나오는 숲의 야인, 숲속의 정령이다.

되어 질수 있음을 보여준다.

> 지루해서가 아니다—
> 눈은 기꺼이 불길로 멀고,
> 머릿속 피 요동에 의해 귀는 멀어도 마다않는다—
> 재규어는 창살로부터 빙빙 돌지만 그에겐 우리가 없다,
>
> 환상가에게 제 방이 없듯
> 그의 활보는 끝없이 넓은 자유.
> 세상은 그의 뒷발의 길게 내딛는 추력으로 돌아간다.
> 우리 바닥 너머로 지평선이 온다.

우리(cell)의 동물보다도 현대인은 이성이라는 우리에 더 갇혀있다는 휴즈의 비판의식이 돋보이는 이 시에서, 재규어처럼 폭력은 오히려 독자의 상상력을 자극하고, 활기를 불러일으키는 매개체가 될 수 있음을 보여준다. 이 시에서와 같은 자연 세계의 생명력 탐구는 응당 문명과 그 주체인 권위적 이성에 대한 비판과, 이에 상응하는 자신의 이성적 에고에 토대를 둔 오만하고 권위적인 나, 심미적 거짓 인격을 배제하려는 시 창작의 기법으로 이어진다. 이러한 태도는 곧 휴즈 심리내의 심미적 언어 내지 추상적인 시를 구사하고자 하는 자신의 지나친 남성성을 억제한 상태에서의 휴즈 심리내의 여성 원리의 부상을 의미한다. 그리고 이러한 휴즈 심리 내의 명징한 에고를 배제한 상태에서 표출되는 폭력적 무의식은 그대로 동물에 투사되고, 응당 이성적 에고에 길들여진 현대인에게 이러한 동물시는 단지 폭력시라는 부정적 시각으로 보일 수밖에 없었다.

여기서 휴즈의 폭력적 동물들은 북미 인디언들의 세계의 샤먼화 과정에서 영적 죽음을 가져다주는 동물들과 관련되어있다. 휴즈의 신화적 상상력은 그의 시에 샤머니즘의 영적 죽음과 재생의 모티프를 접

목시키고 있는데, 샤먼처럼 자신과 동물을 동일시한 결과가 세 번째 시집 『워드워우』이다. 한편 샤먼의 이데올로기는 신화적 테마에 귀착된다[7]는 엘리아데의 말처럼, 특히 샤먼의 접신은 동물, 신, 인간이 서로 상통하던 타락이전의 신화적 세계로의 원시반본을 의미한다. 이러한 휴즈가 활용하는 샤머니즘, 특히 영적 죽음과 재생은 중기시집부터 본격적으로 나타나는 신화적 세계에서 중요한 원형적 패턴으로 작용한다. 그리고 점점 휴즈의 동물들은 명징한 에고를 약화시킨 상태에서 의식의 표면으로 올라오는 무의식의 상징으로 사용된다.

그러나 조용히 낚시를 던지고 낚시질을 했다.
무엇이 움직일지, 어떤 눈이 바라볼지 두려워
머리털이 오싹해지며.
어두운 연못 위에 고요한 펄떡거림이 있고

올빼미는 떠 있는 수풀들을 침묵케 하면서,
밤의 어둠이 풀어놓은
꿈에 부딪혀 내 귓전에 약해지고,
그것은 서서히 치솟아 내게로 다가왔다, 응시하면서.

「곤들매기」("Pike")

아도르노(Adorno)는 서구 합리주의는 자신이 제일원리라는 환상으로 즉자(卽自) 통찰에 몰입함으로써 자신을 성안에 가두고 주체는 스스로를 신격화시키고 있다고 말한다.[8] 화자는 이와 유사하게 1연의 곤들매기를 관찰하던 합리주의적 자세를 포기하고, 위 연에서처럼 심연에 낚시질을 시도한다. 융(C. G. Jung)에게 물은 무의식이 되어버린

7) Mircea Elide, *Shamanism*. Trans. Willard R. Trask(New York: Bollingen Foundation, 1970), p.466.
8) 아도르노, 서창렬 역, 『부정적 변증법』(시공사, 2000), p.214.

정신을 상징하기에, 낚시를 던지는 행위는 곧 객관적 세계라 할 수 있는 낚시꾼의 입지인 땅과 곤들매기가 사는 물, 즉 무의식의 영역과의 상징적 연계가 이루어지는 순간이다. 결과적으로 이 시는 곤들매기의 외형적 폭력성을 관찰하던 객관적이고 초연한 화자의 의식이 무의식의 세계로 잠입하여, 그 속의 폭력의 내용물을 낚고자 함을 보여준다. 그리고 여기서 느끼는 화자의 두려움은 무의식과의 조우상태에서 출현하는 두렵지만 다가가는, 낯설지만 낯익은 언캐니(uncanny)로 작용한다. 이 시에서 휴즈가 보여주는 것처럼, 『루퍼컬』 시집에서 시 창작과정에 대한 메타퍼는 낚시질이며, 그가 낚고자하는 것은 고대로부터 축적된 지식의 퇴적물이며, 본능과 태고의 에너지를 가지고 있는 무의식의 내용물이다.

네 번째 시집 『까마귀』(*Crow*) 또한 현대인의 내면 및 무의식의 세계에 대한 여행과정을 까마귀의 시선을 통해 표현한다. 이 시집은 북미 인디언의 신화에 나오는 트릭스터(Trickster)라는 케릭터를 활용하고, 주술적 리듬이나 창조신화와 같은 단순한 문체를 이용했다. 그리고 『까마귀』와 같은 중기의 시집이후부터 휴즈는 그의 시에서 본격적으로 신화적 세계와 원형적 패턴을 활용한다. 그러나 실상 휴즈 시의 신화적 특성은 모든 시에 나타나는데, 허쉬버그(S. Hirschberg)가 『까마귀』를 포함하여 초기에서 후기 시집까지의 전개 과정을 순차적으로 "샤먼(Shaman), 트릭스터, 희생양(Scapegoat)"[9]이라는 원형적 패턴으로 설명하는 이유도 여기에 있다. 허쉬버그의 이 주장은 초기 동물시집인 『빗속의 매』(*The Hawk in the Rain*)나 『루퍼컬』, 『워드워우』를 원시부족의 토템과 연관된 샤먼적 특성이 부각된 시집으로, 연이은 『까마귀』는 트릭스터의 시집으로, 『바위에 묶인 프로메테우스』(*Prometheus on his Crag*)

9) Stuat Hirschberg, *Myth in the Poetry of Ted Hughes*(New Jersey: Barnes and Noble Books, 1981), p.7.

나 『동굴의 새들』(*Cave Birds*), 『가우데테』(*Gaudete*)에서는 재생을 위한 희생을 묘사한 시집으로 볼 수 있다는 의미로 해석할 수 있겠다.

끝으로 1965년 이후 영시를 특징짓는 것으로 팝시를 생각하지 않을 수 없다. 팝시는 머시사이드(Merseyside)나 뉴카슬(Newcastle), 에딘버러 등에서 유행했는데, 대학중심의 시 분석을 싫어하는, 그리고 봅 딜런(Bob Dylan)이나 비틀즈의 노래와 관련된 일종의 공연 예술 같은 것이었다. 이 시운동은 전통시의 권태와 단조로움에서 벗어나 활기차게 팝송과 시를 연결시켰고, 청각적 차원의 재발견이라는 측면에서 긍정적 평가를 받는다. 또한 1965년 6월 영국 알버트 힐(Albert Hill)에 알랜 긴즈버그나 안드리안 미첼(Andrian Mitchell)의 시를 듣기위해 7,000 명의 사람이 모였다는 사실은 팝시의 인기를 보여주며, 또한 시를 위한 대중을 만들었다는 긍정적 측면을 예증하는 것이라 하겠다. 여기서 주지하다시피 긴즈버그는 미국의 비트 세대(Beat Generation)를 대표하는 이상주의자이다. 그리고 긴즈버그, 로렌스 펄링게티(L. Ferlinghetti), 그레고리 코소(Gregory Corso)로 대변되는 비트 세대는 올슨(Charles Olson)의 투사시의 율동적 비트 리듬을 차용하여, 숨쉬기 적합한 행과 인지 다음에 또 다시 이어지는 인지를 중시하며, 사회 주변인의 인간조건이나, 자연적인 표현의 가치 등에 대하여 말한다. 또한 이들의 시는 의식의 피상을 벗기고 원시적 자아를 드러내려했기에 예술적 자아의 언어시학을 거부한 동물의 울부짖는 소리, 즉 이성에 억압되고 갇힌, 그래서 폭력적이 된 에너지로 가득하다. 이러한 영향관계를 고려할 때 팝시는 영국시가 자신들의 전통에 미국시를 수용했음을 시사한다.

3. 미국시의 포스트모더니즘

2차세계대전후 모더니즘의 영향에서 탈피한 비트파, 고백파, 블랙마운틴파, 뉴욕파[10] 등의 새로운 유형의 시가 미국에 등장한다. 주지하다시피 영미시에서 모더니즘은 파운드와 엘리엇, 윌리엄즈(W. C. Williams) 등을 중심으로 일어난 운동으로, 빅토리아 왕조의 시 양식과 달리, 형식적 정확성을 요구하고, 박학을 선호하여 현학적이며, 신화적 세계를 다룸을 특징으로 한다. 이들의 시풍은 프랑스의 보들레르(C. Baudelaire)의 시에서 나타나는 것과 같은 음악성과 낱말의 다의성을 추구한 상징주의와, 사상의 감성적 파악을 중시하는 형이상학파시(metaphysical poetry)의 주지주의적 작풍이 혼합된 특징을 이룬다. 그리고 여기에 사물의 직접적인 취급, 표현의 정확성, 특히 시각적 이미지를 중시하는 파운드의 이미지즘이 결합된다. 이러한 모더니즘과 차별되는 찰즈 올슨의 투사시(projective verse), 로버트 블라이(R. Bly)의 주관적 이미지의 시, 로버트 로월의 고백시가 등장하니 이 시들이 바로 미국시에서 포스트모더니즘의 시학을 형성한다.

로버트 로월 뿐만 아니라 플라스(S. Plath), 긴즈버그, 레트키(T. Roethke), 베리먼(J. Berryman), 섹스턴(A. Sexton)의 시풍을 일컫는 고백시(confessional poetry)는, 엘리엇이 「전통과 개인적 재능」(“Tradition and the Individual Talent”)에서 주창한 “지속적 자기희생”과 “지속적인 개성의 소멸”[11]에 반한 다분히 낭만주의의 주관성과 내성, 개인적 체험을 중시한 시풍이다. 이들은 비록 엘리엇이 개인적 정서를 시 창작과

10) 1950년대 뉴욕에서 출현한 세계주의적 성격의 시인군으로 존 애쉬배리(John Ashbery), 케니스 카치(Kenneth Koch), 프랭크 오해러(Frank O'Hara) 등이 이에 속한다. 지연에 의해 형성되었으며, 대체로 올슨의 투사시 이론에 공감하며, 모더니즘의 미학이론을 거부한다.

11) T. S. Eliot, *The Sacred Wood*(London: Methuen, 1960), p.53.

정에서 무시한 것은 아니지만, 그의 개인적 정서의 예술적 표현 중시라는 측면에서 비롯되는 몰개성이론과 신비평이 시인과 시적 페르소나의 간극을 넓혀놓고 결과적으로 시를 허구적 예술로 만들어 개인의 삶과 분리시켰던 점에 반대한다. 그리고 이들은 인간 마음을 통합된 상태로 보지 않고 인간 감정의 양가성을 수용하며, 내면 감정 및 정서를 모더니즘보다 더 자유롭게 표출하고자 했다. 같은 맥락에서 고백시인들은 존재를 원초적 모순 내지 부조리한 것으로 보았으며, 이들에게 이성적 자아에 의한 무의식의 통제는 곧 인간성의 상실을 의미한다. 그러므로 이들은 내면의 이미지에 맞는 객관적 상관물을 찾아내고, 균형과 조화의 시를 추구하기보다는 감정과 느낌을 형식적 제약 없이 직접적 표출한다. 요약하면 고백시는 낭만주의 시의 주관성과 모더니즘 시의 새로운 감성을 혼합한 것이라 할 수 있다.

이러한 전후 미국시의 향방을 바꾼 고백파의 대표적 시인 로월의 『인생 연구』(*Life Studies*, 1959)가 나온 해가 1959년이고, 그의 『나날이』(*Day by Day*, 1977)라는 후기 시집이 나온 해가 1977임을 고려할 때 고백시는 거의 20년 동안 미국시단에 영향력을 보였다고 할 수 있다. 여기서 고백파의 중요한 영향을 주었던 『인생 연구』는 일상적 생활의 체험을 시의 소재로 삼으며, 산문을 운문으로 바꾸어 놓은 듯한 분위기로 로월의 문명 비판의 고백적 심경을 노출시킨다. 이러한 예를 잘 보여주는 시가 로월의 「스컹크 시간」("Skunk Hour")이다. 이 시에서 엄격한 율격구조에서의 탈피한 자유시 같은 시형과 후반부의 자기 고백적 요소를 보여준다.

> 내 병든 정신이 각각의 혈구 속에서 흐느낌을
> 나는 듣는다,
> 마치 내 손이 목을 쥐듯이. . .

내 자신이 지옥이다.
여기엔 아무도 없다—

단지 스컹크만이 달빛 속에서
먹을 것을 찾고 있다.
메인 스트리트를 발바닥으로 행진한다.
. . . .
새끼의 종대를 거느린 어미 스컹크가 쓰레기통을 뒤진다.
신크림통에 쐐기머리를
디밀고, 타조꼬리를 늘어뜨렸다,
아무런 겁도 없이.

동물적 본능을 암시하는 "스컹크"를 통해 기독교 정신의 쇠퇴와 더불어 동물적 본능이 우세한 현대문명의 병폐를 비판하고, 이와 더불어 "나"라는 화자가 "내 자신이 지옥"이라고 토로하는 등 고백시의 특징인 다소 광기어린 감수성과 고백적 요소를 병치시키고 있다. 더구나 이 시의 핵심적 이미지인 "스컹크"는 신화나 전설의 초월적, 중심적 상징이 아니라, 우연성으로 조우한 삶의 한 단편이다. 즉 삶을 이성과 사고를 가지고 추상적으로 정의하기보다는 삶에 내면의 감정으로 반응함으로써 모더니즘의 이성시학을 탈피하고 있다. 이처럼 로월의 시적 자아는 현재의 '인생'에 대한 우발적 경험을 그대로 수용하고 고백할 뿐 초시간적 존재의 틀에 있지 않다.

비록 『인생 연구』와 1962년에 나온 『모방』(*Imitations*)이 로웰의 입지를 굳혀주진 못했지만, 스테판첩(S. Stepanchev)이 『1945년 이후의 미국시』(*American Poetry Since 1945*)에서 평한 것처럼, 그가 1960년대 중반 즈음 전후 미국시의 대 범람을 성공적으로 잘 건너서, 동시대적인 삶에 도움을 줄 수 있는 유동적인 스타일을 갖춘 국가적 시야를 지닌 시인으로 등장했다는 것은 분명하다

1950년대 비트파의 영향을 안고, 그들의 물결을 지나면, 도널드 앨런(Donald Allan)의 『새로운 미국시』(*The New American Poetry*, 1960)의 중심이 되었던 블랙 마운틴파(Black Mountain派)[12]의 시인들이 미 시단의 중심을 이룬다. 찰스 올슨, 로버트 크릴리(Robert Greeley), 데니즈 레버토프(Denise Levertov) 등으로 대변되는 블랙 마운틴파 시인들은 문명의 억압으로부터 해방을 주장하여, 구속되어있지 않은 자연스런 리듬과 형식, 그리고 투사시와 에너지를 중시한다. 여기서 자연스런 리듬과 형식이란 당시 미국의 회화체 리듬이나 전통적 닫힌 운율 구조에 반대하는 현장작시(field composition)라는 자유로운 형식을 의미하며, 투사시란 '개방시형'(open form)으로, 통사구조는 의미에 의해서가 아니라 소리에 의해서 모습을 갖추며, 이성적 논의에 의한 전개가 아니라 하나의 인식에서 다른 인식으로 이동하면서 의미가 전달된다는 특징을 갖는다. 한편 에너지측면에서 올슨에게 시의 기능은 현학적 메시지의 전달이 아니며, 운율적으로 개방된 열린시를 통해서 시인의 에너지나 활력을 독자에게 전달하는 것을 의미한다. 그리고 시의 효과적인 전달은 작시 순간의 호흡을 조건으로 한 시행들을 통해서 이며, 이것은 곧 시인 삶의 맥박을 반영함을 의미한다. 이는 곧 청각적 효과를 중시하는 것이고, 더 나아가 정신분석에서 말하는 의식의 검열이나 통제 없는 심미적 자발성을 강조하는 말이다.

그러나 이러한 투사시 이론은 어떤 기발한 발상에 의해서가 아니라 많은 영향관계에 의해 형성되었다. 어떤 논리나 사고, 의식적 노력 등이 없이 펜이 이끄는 대로 따라가는 수동적 작시형태를 의미한다는 측면에서 접신술과 잠재의식이 배제된 스타인(Gertrude Stein)의 '자동

12) 올슨이 기존의 학구적 시에 대한 불만으로 블랙 마운틴 대학(Black Mountain College)의 동료들과 시모임을 결성한 데서 유래한다. 『오리진』(*Origin*)과 『블랙 마운틴 평론』(*Black Mountain Review*)이라는 정기 간행물을 출간했었다.

기술법'과 관련이 있으며, 올슨에게 실재(reality)는 끊임없는 유동적 변화과정이며, 시는 초목과 비슷하게 그 자체의 원리에 따라 생성되고, 존재하며, 작용한다는 유기적 입장은 어느 정도는 화이트헤드(Whitehead)의 유기철학의 영향이다. 또한 투사시는 시 창작 과정에서 자아는 개체에 대한 일체의 간섭을 초월해야 한다는 파운드와 윌리엄즈의 객체주의(objectivism)를 수용했다고 할 수 있는데, 이러한 측면은 크릴리의 「운의 구조」("The Structure of Rime")에서 "말을 하라! 나는 너의 주인이건만 와서 종이 된다. 글쓰기란 먼저 순종 가운데서 찾는 것"과 「형식」("The Pattern")에서 "내가 말을 하자마자 내가 말한다. 그것은 자유로워지길 원하지만 그 말이 시키는 대로 따라갈 뿐이다"에서 분명히 나타난다.

구체적으로 올슨의 투사시 이론은 무엇보다도 그가 수년간 공들여 쓴 『맥시머스 시편들』(*The Maximus Poems*)에서 볼 수 있다. 이 시집에서 올슨 자신이라 할 수 있는 맥시머스를 통해 일반 대중의 급진성, 타락정치, 노동, 산업주의 모순, 그리고 그의 고향인 글로우스터(Gloucester)의 정착에서 현재까지의 역사를 말한다. 1960년의 『거리』(*The Distances*)와 1961년의 『맥시머스, 독타운 출신 ―나』(*Maximus, from Dogtown ―I*)는 개방형식의 예를 지속적으로 보여준다. 이중에서 「나 글로우스터의 맥시머스가 너에게」("I, Maximus of Gloucester, to You")를 보자.

> 박으라! 박으라! 사장(斜檣)을, 새여, 부리를
> 박으라, 휘어진다, 안으로 휘어져 들어간다,
> 네가 만드는 형태, 지탱하는 것, 사물의 법칙,
> 한 걸음 한 걸음, 너의 모습, 네가 이룩해야 하는 것,
> 힘이 솨 올리고, 지금 바로 잡고 앞으로 일으킬 수 있는 것.

돛대, 돛대, 그 고운
돛대!

이 시는 표면적으로 배의 건조 과정을 말하지만, 시의 창작 과정에 대한 은유로도 해석할 수 있다. 즉 지속적인 박는 행위를 통한 배 건조 시의 노고는 곧 시의 형태를 형상화하는 작업이다. 이러한 작업은 "너의 모습"을 지배하고, "네가 이룩해야 하는 것"을 세우는 "사물의 법칙"이다. 한편 '사장을 박으라. 이 사장은 새의 부리와 같고 안으로 들어간다'라는 의미를 접속사나 전치사 없이 "박으라! 박으라! 사장을, 새여, 부리를"이라고 표현해 놓고 있다. 이러한 단음적 리듬은 올슨에게 우주 본유의 선율을 시인의 생체리듬, 즉 들고 나가는 호흡의 리듬에서 감지된 것이며, 한편 인식의 순간에 나타나는 시적 자아의 논리나 이성 이전의 경험을 시속으로 직접 투사시키는 선율시학을 의미한다. 그리고 그가 「투사시」("Projective Verse")에서 "한 인식은 즉각적이고도 직접적으로 더 나은 인식으로 이끌어야한다"고 말한 바와 같이 투사시는 음절에서 음절로, 행에서 행으로 독자의 인식을 점차 이끌어 가는 힘이 있어 자율적 의미체계를 생성해 들어간다.

파운드의 『칸토스』(*Cantos*)와 윌리엄즈의 『패터슨』(*Paterson*)에서 나타나는 구어로서의 시 및 자유시의 지향은 분명 올슨 시의 토대가 되지만, 그의 시가 이미지보다는 리듬을 중시한다는 점에서 모더니즘과 차별된다. 올슨의 이러한 특성은 곧 1950년대 후반 주관주의 운동을 전개한 로버트 블라이, 제임스 라이트(James Wright), 로버트 켈리(Robert Kelly) 등에게 불만의 대상이 되었다. 특히 1961년에 쓰인 켈리의 『트로바 2』(*Trobar 2*)의 「심층 이미지의 시에 대한 소고」("Notes on the Poetry of the Deep Image")라는 제목의 글은 심층 이미지 운동의 중요한 선언서가 되었다. 이 글에서 심층 이미지는 시인의 무의식에 내재한 강한 느낌과 교감 안에서 나와 상상력으로 이해되어지고 정돈된 시로 나타날 때 독자의 무의식 속에서 동일한 맥락을 유발시키고, 그 본래의 효과적인 힘으로 언어들을 결합시킨다고 주장한다. 또한 이들은 켈리의 말처럼 "시의 근본적인 리듬은 이미지들의 리듬이어야 한다"고 하면서, 올슨이 중시하는 음절과 행 중심보다는 시적 이미저리 안에서 가지게 되는 시의 생명력을 중시했다. 또한 블라이의 주관적 이미지가 이미지의 밀도가 짙은 자유시를 지향한다는 점에서 올슨과 공히 1910년대의 이미지즘의 영향아래 있다고도 할 수 있지만, 블라이가 파운드의 단순한 회화적 이미지, 즉 독자 내면의 보편성을 확보하려는 객관적 이미지를 거부하여 무의식의 요소나 지극히 주관적인 이미지를 옹호한다는 측면은 이미지즘과 차별된다. 다시 말하면 블라이가 사용한 심층 이미지(deep image)는 이미지즘의 객관적 이미지와 차별화된 내면 깊은 곳, 무의식에서 약동하는 순수한 주관적 이미지라 할 수 있는 것이다.

낭만적 성향의 하버드 출신의 블라이는 『60년대』(*The Sixties*)의 편집인으로 1962년에 그의 첫 시집 『눈 내리는 들판의 정적』(*Silence in the Snowy Fields*)이 출판되었고, 이어서 1967년에 『몸 주변의 빛』(*The Light Around the Body*)이 나왔다. 또한 그의 『손을 맞잡고 잠자는 사람들』(*Sleepers Joining Hands*, 1973)을 비롯한 『나팔꽃』(*The Morning Glory*)이나 『이 나무는 천년동안 여기 있을 것이다』(*This Tree Will Be Here for a Thousand Years*)와 같은 유명한 산문시들은 대체로 1970년대 이후에 출판되었다. 이 중 첫 시집에서 블라이는 농촌을 배경으로 한 반지성적 자연교감을 말하면서, 종종 명징한 이성을 초월하는 무의식의 세계로 잠입한다.

1

풀밭은 눈에 절반쯤 덮여 있다.
늦은 오후에 시작되는 일종의 강설이었다.

그리고 이제 풀밭의 조그만 집들이 어둡게 변하고 있다.

2
만일 내손을 내리 뻗으면, 흙 가까이에,
난 몇 움큼의 어둠을 쥘 수 있을 텐데!
암흑은 항상 거기 있었지, 우리가 결코 알지 못하는 곳에.

3
눈발이 점점 굵어지면, 옥수수의 대들은 멀리 사라져 버리고,
헛간은 점점 집 가까이 다가오네.
헛간은 점점 거세지는 폭풍우 속에서 혼자 다가오네.

4
헛간은 곡식으로 가득 차, 지금 우리를 향해 다가온다,
바다의 폭풍 속에서 우리를 향해 떠 밀려오는 선체처럼.
모든 선원들은 갑판 위에서 수년 동안 앞을 보지 못했네.

「오후의 강설」("Snowfall in the Afternoon")이라는 이 시에는 "눈", "풀밭", "옥수수의 대", "헛간" 등이 어우러진 미네소타(Minesota)의 어느 농장의 풍경 속에서의 명과 암, 사라짐과 다가옴과 같은 대조와 우리 내면의 정서를 자극하는 단순한 심상이 있다. 또한 의식에서 무의식의 세계로, 다시 의식의 세계로, 혹은 마음의 알려진 영역에서 미지의 영역으로 다시 돌아오는 과정을 블라이는 '도약'(leaping)으로 설명하는데, 이 시는 이러한 무의식의 세계로의 도약이 뚜렷하다. 이런 측면에서 1연은 화자의 절반무의식의 세계로의 하강이 시작되었음을 의미하며, 또한 블라이의 시 세계의 특징인 선적 세계로의 진입을 암시한다. 무의식을 상징하는 어둠이 짙어질수록 화자의 내면의 지각은 밝아져 오며, 점점 자연과 나를 하나로 상정하는 여타불이의 세계로 들어간다. 그리하여 눈이 세차게 내리는 광경을 초현실주의적 기법으로

그려내면서, 사실적 풍경과 시인의 내적 풍경의 경계가 무너지고, 우주의 사물들이 유동적인 동일체임을 인식하는 선적 태도를 드러낸다. 무의식의 영역은 영적인 양식으로 가득 채워진 곡간 이미지로 제시되고, 즉 자연의 현상과 공간적 지각이 완전히 모순을 일으키는 상황을 보여줌으로써 선적 경지에 도달한 화자인 블라이의 깨달음의 세계가 펼쳐진다. "곡식" 즉, 양식으로 채워진 "헛간"은 외적 의식의 눈으로 바라보는 눈으로 덮인 "옥수수의 대"가 시야에서 사라지고서야 비로소 드러나는 것이다. 이처럼 블라이는 내면 저 깊은 주관적 세계에서 주관과 객관, 혹은 외면과 내면세계가 상이하지 않은 생명의 이미지를 추구한다.

블라이의 시는 정치적, 사회적, 심리적 혹은 철학적 범주를 넘나들면서도, 이처럼 주관적 이미지에 의한 서정성이 뛰어날 뿐만 아니라, 일본 하이쿠의 영향으로 선시적 경향을 보여준다. 이러한 본래적 자아의 발견과 깨달음의 문제를 추구하고 있는 블라이의 선시적 경향은 자연과의 합일된 세계로 우리를 안내하며, 한편 현대의 자아나 이성중심적 예술의 형이상학적 기초인 의식과 주체의 허구성을 해체하고 있다는 측면에서 포스트모더니즘의 논리와 만난다.

4. 맺는 말

모호한 추상성을 지양하고 즉각적 환기를 불러오는 회화적 심상을 중시한 이미지즘은 끊임없는 이미지의 제시의 어려움 등으로 단명했지만, 지금까지의 고찰에서 드러나듯 시 소재의 선택폭을 넓혔다는 측면뿐만 아니라, 특히 새로운 운율의 해방을 가져왔다는 측면에서 전후 영미시에 끼친 영향은 방대하다고 할 수 있다. 이러한 이미지즘의 형식적 개방성은 전후 미국시에 공통적으로 포스트모던한 특징으로 발전한다. 한편 영국에서도 라킨이 형식적 측면에서 전통을 고수했지만, 내용적 측면, 즉 이미지즘을 포함하는 모더니즘의 상징문학을 버리고 구체적이고 일상적인 삶의 단편들을 문학의 영역으로 흡수시켰다는 측면은 분명 모더니즘의 탈피를 의미한다. 또한 휴즈는 우주의 중심이며 진리인 로고스나 신, 이원적 대립개념을 해체하려 했다. 뿐만 아니라 동물적 시각에서 동물을 관찰하고, 합리적 이성에 의해 감금되었던 프로이트적 이드(id)와 같은 인간 내면의 야성, 수성(獸性)을 의식의 영역으로 끌어냈다. 이는 곧 인간 중심적 사고방식의 해체를 의미하며, 모더니즘의 특징으로 간주될 수 없다.

이러한 이성의 문화가 상실한 비이성과 무의식은 또한 전후 미국시의 공통된 모티프이다. 주관적 이미지를 추구했던 시인들 뿐만 아니라, 내면의 충동과 욕구를 시 창작의 원천으로 보고, 이와 연관하여 병든 역사의 뿌리 찾기 과정에서 만나는 무의식의 세계를 중시하는 고백시인들에게서 더욱 그러하다. 그러나 고백시에서 무의식은 프로이트적 욕구와 충동의 파괴적 공간이라면, 주관적 이미지의 시인들에게는 융적 창조적 세계였다는 점에서 차별적이다. 특히 고백파의 로웰은 경험을 재현하는 과정의 형식 연구보다는 메시지가 형식에 의해 제한당하지 않는 내적 체험의 직접적 표출을 중시하는 '인생 연구'를 지향하게 되었다. 이러한 과정에서 모더니즘의 형식적 완결, 재현, 시간적 공간 등을 해체하고, 완성과 수렴보다는 미숙, 이탈을 인정하는 포스트모던적 성향의 시를 선보였다. 이는 객체주의를 추앙하는 투사시, 자학을 통해 역사를 광상하는 비트 시인들에게서도 공통적으로 나타나는 현상이다. 또한 이들은 인간의 존재적 가치를 드러내는 사유, 추상하는 능력에 의한 우주 질서를 재구성하려는 태도를 반대함으로 경험을 해석하려 하지 않으며, 몰개성과 보편성, 초시간에로의 초월을 추구하는 모더니즘을 배격하고 열린 경험, 즉 자연발생적 경험을 중시한다. 그리고 삶을 공동화하는 로고스나 신(神) 중심지향의 문학이나, 신화적, 추상적, 상징적 이성시학이 버렸던 삶의 주변 밖의 것들을 다시 불러온다. 이는 곧 존재의 자연상태를 추구하고자 한 의도로 간주되며, 대체로 창조적 정신에 의한 예술 과정의 강렬성보다는 다시 시인의 개인적 열정이나 정서를 중시하고자 하는 태도에서 연유한 것이라 할 수 있다. 그 결과 이들은 공히 모더니즘의 닫힌 양식이 아닌 '개방시형'으로, 심미적 거리감이나 보편성을 버린 개인적 정서의 자유로운 시 세계를 펼쳐보였다.

1960년대의 마그레브 시문학 소고
알제리 문학과 카텝 야신을 중심으로

이 상 빈

1. 서 언

『검은 피부, 하얀 가면』이란 작품을 통해 1980년대의 한국에 더없이 강렬한 울림을 제공했던 프란츠 파농, 알제의 태양과 모래, 바다 냄새에 대한 매혹적인 유혹을 낳았던 작가 알베르 카뮈, 불어로 표현하는 문학을 포기하는 대신 연극을 통해 민중 속으로 뛰어들었던 카텝 야신...... 이들을 묶는 공통점은 바로 그들이 모두 마그레브 출신 작가들이라는데 있다.

북아프리카의 불어권 지역인 알제리, 모로코, 튀니지를 한꺼번에 지칭하는 마그레브(Maghreb)란 개념은 제국주의라는 역사의 질곡을 거친 땅이자 유럽적 정체성과 아프리카의 정체성을 동시에 지닌 지역을 의미한다. 따라서 서구문명의 수혜를 절대적으로 필요로 하는 미개한 미지의 땅으로 묘사되었던 19세기말부터 전쟁을 통해서 독립을 쟁취한 1960년대 문학에 이르기까지 마그레브 문학은 아프리카에 이식된 서구 문화를 대변하는 창인 동시에 역사의 중압감로부터 벗어나고자 몸부림치는 현장이었다.

하지만 불어권 아프리카 문학을 논할 때 그 어떤 시기보다도 중요한 시기가 바로 1960년대이다. 서구에서 68혁명이 벌어지던 1960년대에 마그레브 역시 문학 쪽의 변화를 겪은 시기였다. 서구문학 쪽에서 글로 씌어진 텍스트가 문자와 음향, 그리고 영상으로 채워진 종합예술로 탈바꿈하던 이 시기에 불어권 아프리카 문학도 심오한 변화를 겪었던 것이다. 1968년 혁명의 열기가 서구 산업사회를 뜨겁게 달구고 있을 때 불어권 아프리카 문학은 오히려 조용한 혁명을 경험한다. 1968년 2월 아흐마두 쿠루마의 소설 『독립의 태양*Les Soleils des indépendances*』의 출간은 1960년 이후 독립을 맛본 불문화권 아프리카 제국이 구사하던 프랑스어에 하나의 분기점을 가져다준 사건이었다. 표준 프랑스어의 문법을 의도적으로 무시하고 있는 『독립의 태양』은 말랭케 식의 표현과 리듬을 담고 있었고, 말랭케 어로부터 직접 프랑스어로 바꾼 이러한 표현들에 대해 많은 사람들은 생소한 느낌을 받는다. 예를 들어 책 속에서 '독립의 시기'는 '독립의 태양'으로(pp.7-8), "의사는 이러한 상태를 신경쇠약성 임신이라 불렀다"의 '신경쇠약성'이라는 표현은 '정신의 임신'이라 표현하는 식이었다.(p.52) 괄호 혹은 문장 속에서 쿠루마는 친절한 설명을 덧붙이고 있는데, 이러한 방식은 독자들로 하여금 텍스트를 능숙하게 읽게 하는 동시에 언어학적 저항에 동참하게 함을 의미했다. 하지만 그의 작품은 말랭케 어로 씌어진 것이 아니었다. 담론의 아프리카 화가 총체적으로 문제시된다면 『독립의 태양』은 왜 말랭케 어가 아니라 프랑스어로 기술되었을까?

이 글의 목적은 마그레브 시문학을 카텝 야신의 작품 세계를 중심으로 살펴보면서 1960년대의 시대상을 읽어내려는데 있다. 문학이라는 협주곡 속에서 자기 목소리를 내던 몇몇 마그레브 시인들이 보여준 다양한 궤적은 이 시기에 대한 성찰을 풍요롭게 해줄 것으로 믿는다.

2. 시대적 배경

1960년대에 거의 모든 아프리카 국가는 정치적 독립을 맛본다. 동시에 이 시기는 단시일 내에 마무리되지 않을 아프리카 쪽의 변화, 즉 법, 정치, 철학, 문학을 막론하고 모든 주제를 유럽의 언어로 표현하되 담론은 재 아프리카화시키는 변화를 본격적으로 모색하게 된다. 식민지에서 자행되던 문화적 압제는 1960년대 말에 그 기반을 거의 상실했다고 할 수 있다. 즉 식민화된 작가(écrivain colonisé)는 이제 식민자(colonisateur)의 언어와 문화를 빼앗은 후 무기를 자신의 '주인'에게 향하면서 새로운 정체성을 모색하기 시작했다. 따라서 이 시기를 전후한 현대 아프리카 문학의 역사는 단순한 도식으로 축소시킬 수 없을 정도로 의존과 조건적 해방의 변증법적 해결을 모색하고 있는 것이다. 몇몇 경우는 식민주의에 대한 투쟁이 내부의 투쟁, 단일 정당정치, 계급투쟁과 같은 신식민주의의 폐해로 귀결되는 것처럼 보이기도 하였다. 하지만 불어권 아프리카 문학 입장에서 볼 때 1960년대는 식민주의와 식민지를 체험한 국가들의 피해 의식, 가해자와 피해자, 식민주의자가 남긴 언어와 언어를 통한 복수가 접점을 형성하면서 기존의 질서를 전복시키기 시작한 최초시기로 규정할 수 있다.

이러한 모습은 1960년대 이전의 아프리카 문학과 비교해볼 때 그 차이가 확연히 드러난다. 비록 프랑스어를 쓰고 구사할 수 있는 인구가 아프리카 전체 인구의 3분의 1 미만으로 떨어졌다 할지라도 식민자의 언어는 현대 아프리카, 특히 불어권 아프리카 문학에서 대단히 중요한 역할을 수행했다. 아프리카인들에게 프랑스어는 곧 식자(識者)들의 언어였고, 외부 세계와 소통하기 위해서도 저버릴 수 없었던 필요악이었다. 게다가 아프리카 입장에서 볼 때 민족과 인종적 경계를 넘어서는 데에도 프랑스어가 요구될 수밖에 없었다. 1960년대 이전까지 프랑스어 텍스트들을 통해 전파되는 문학이 프랑스 및 유럽의 시각을 대변하고 있었고, 따라서 언어 역시 자연스럽게 식민 통치의 이데올로기를 정당화시키고 있었던 것이다. 한 인터뷰를 통해 아흐마두 쿠루마는 그 사실을 다음과 같이 지적하고 있다 : "흑인 어린애들은 '언어를 존경하기를' 강요받았다. 하지만 그 언어는 어떤 방식으로도 자신들의 세계관에 부합되지 않았다."

학교에서는 프랑스어를 통해 제국주의 이데올로기와 유럽 문학의 모델을 제시하고 있었다. 예를 들어, 프랑스인들이 일상적으로 구사하는 '우리의 선조 골르와 족(nos ancêtres les Gaulois)'라는 표현은 아프리카 학생들이 당연하게 느끼도록 주입되었다. 그런 의미에서 『독립의 태양』은 말랭케 어로 생각하되 프랑스어로 씌어진 거의 최초의 작품에 해당된다. 프랑스어 문법에 대항한 아프리카 쪽의 최초의 반란을 의미하는 이 작품이 또 다른 불어권 지역인 캐나다 퀘벡 주의 몬트리얼에서 발간된 사실도 예사롭지 않다. 쿠루마는 지배자의 언어를 가지고 지배자들에게 복수하고자 하는 방식을 의도적으로 선택했던 것일까? 언어의 결정체인 시의 변모는 이와 같은 문학 쪽 시각의 변화에 맞물려 있다.

또 이 시기에 불어권 아프리카 문학을 통칭하던 개념인 '네그리튀드' 운동이 그 의미를 바꾸기 시작한다. 다시 말해 서구문학에 경도되었던 수많은 아프리카의 지식인들이 이때부터 자신들의 문제로 눈을 돌리기 시작했다는 얘기다.

아프리카 지식인들이 자신들의 정체성에 대해 진지하게 고민해보는 최초의 시도인 '네그리튀드(négritude)' 이데올로기는 파리에 거주하던 아프리카 및 앤틸러스 제도 출신 흑인들이 만들어낸 개념이다. '네그리튀드'는 아프리카를 일방적으로 폄하하던 소설들과의 단절을 낳으면서 흑인 공동체의 시인들을 결집시켰다. 에메 세제르(Aimé Césaire)

가 『고향으로의 귀환 노트*Cahiers d'un retour au pays natal*』(1939)를 통해 최초로 표출한 이 개념은 그 후 레오폴드 세다르 셍고르(Léopold Sédar Senghor)가 기술한 『프랑스어로 씌어진 흑인 및 말가쉬의 신작시(新作詩) 앤솔로지*Anthologie de la nouvelle poésie nègre et magache de langue française*』(1948)를 통해 구체화된다. 책 속에서는 하이티 시인 레옹 랄로(Léon Laleau)의 시가 대표적으로 거론되고 있다.

『앤솔로지』의 서문 격인 「흑인 오르페(Orphée noir)」는 사르트르에 의해 씌어졌는데, 이 글 속에서 사르트르는 '네그리튀드'를 '반인종차별적인 인종주의(racisme anti-raciste)' 및 '흑인 세계 속의 존재'로 철학적으로 정의하고 있다. 시간의 흐름에 따라 세제르가 시적(詩的)으로 정의한 이 개념은 그 후 셍고르의 독점물이 되었다. 그러나 두 사람의 정체성의 차이에서 부분적으로 비롯된 이러한 구분은 '네그리튀드'에 대해 서로 다른 생각을 가지게 만든다. 마르티니크의 정치적 리더인 세제르는 이 개념의 정치적, 생물학적 남용을 거부하는 반면, 보다 후에 세네갈의 대통령 자리에 오르는 셍고르는 이 개념을 '적극적이고 수동적이지 않은 동화, 동화되도록 내버려두는 것보다 오히려 동화하는 것'으로 규정했다. 다시 말해 '정체성을 잃어버리지 않고서 보편적 문명을 끌어안는 것' 혹은 '흑인 세계 문화적 가치의 총체'로 셍고르는 이 개념을 정리하고 있다. "이성이 헬레니즘적이라면, 감정은 흑인의 것이다"는 표현은 근본적으로 아프리카와 유럽의 차이를 인정하고, 그 차이의 인정을 통해 두 문화를 적극적으로 접맥시켜보려는 셍고르의 의지를 극명하게 드러낸다. 셍고르는 아프리카 문화를 정당화시키는 한편 아프리카에 대한 낭만적인 이미지를 구축하고 있는 것이다.

다음 세대는 유럽 중심주의에 의존하는 이 개념에 대해 비판적인 입장을 취한다. 셍고르와 세제르가 공히 유럽 인종학자인 레오 프로베니우스(Leo Frobenius)의 책들을 읽고난 후 아프리카에 대한 이미지를 구축했으며, 또 생고르가 헤겔에서 피에르 테이야르 드 샤르댕에 이르는 작가들로부터 철학적 영감을 얻었을 정도로 그들 문학이 서구에 깊이 경도되어 있다고 일부 사람들은 비판하고 있다.

3. 서사적 전통, 마법 그리고 아프리카

서구문학과의 상관관계를 미리 전제로 하든 아니든 우리는 아프리카 문학에 고유한 특질을 거론하지 않을 수 없다. 이러한 시각은 마그레브 문학에도 공히 적용된다. 그 시각에 따르면 시와 소설, 연극이라는 서구식의 분류기준에도 불구하고 아프리카 문학 속에서 그것들이 엄밀한 의미에서 하나를 이룬다. 서구적 관점에서 시와 소설을 구분하려는 노력은 적어도 아프리카 문학에서 볼 때 그다지 의미가 없다. 아프리카에는 장대한 서사시의 전통이 존재하며, 서사시의 모습와 흡사한 '돈소마나(donsomana)'로부터 영감을 얻은 사실을 여러 작가들이 부정하지 않기 때문이다. '돈소마나'는 마술을 부리기까지 하는 아프리카 수렵꾼들의 이야기로 정의된다. 예를 들어보자. 수렵꾼이 한 동물을 죽이기를 원한다. 동물은 바늘로 변해버린다. 수렵꾼은 또 실로 변신하고, 연이어 다른 마술이 계속된다. '정화(淨化)'를 목적으로 하는 '돈소마나'를 듣기 위해 매일 저녁 모든 수렵꾼은 한자리에 모이며, 그 장소에서 과거의 위대한 수렵꾼들에 대한 이야기가 시작된다. 아프리카 작가들은 아프리카를 지탱하는 힘으로서의 마법의 문화를 기꺼이 인정한다. 아프리카는 오직 주술의 힘으로 그 존재를 정당화시킬 수 있다. 다시 말해 술의 힘과 다를 바 없는 마법의 힘이 없었으면 대부분의 아프리카인들은 미쳐버리지 않았을까? 그 마법은 현실에 맞설 수 있는 문학과 예술의 영역에 속하며, 부재(不在)로 인해 합당하게 인식된다. 만약 마법이 실재했다면 노예제도가 존재하지 않았을 것이라고 그들은 생각하고 있는 것이다. 인간이 새가 될 수 있다면 노예상태를 피해 하늘로 날아갔을 것이기 때문이다. 그리고 아프리카인들에게 힘이 있었더라면 1억 명에 달하는 사람들이 노예로 끌려가지 않았을 것이라고 생각한다. 그러나 동시에 쿠루마를 비롯한 아프리카 작가들은 마법에의 의지를 통해 냉엄한 현실을 직시하지 못하는 동족들을 비판하고 있다. 많은 아프리카인들과는 달리 그들은 아프리카의 불행한 현실의 근원적 책임을 자신에게서 찾으면서 불행이 우연히 도래한 것이 아니라 생각한다. 그런 연유로 아프리카인들에 대한 작가들의 태도는 아이러니와 유머로 가득 차 있다. 어떤 의미에서 이율배반적인 그들의 이러한 태도는 자기 땅 아프리카에 대한 애정으로부터 비롯되는 것으로 느껴진다. 하지만 아프리카의 현실에 대해 극도로 페시미스트적인 태도를 보여줄 지라도, 그들은 그동안 아프리카가 엄청난 진보를 이룩한 사실에 대해 동의하고 있다. 비록 그것이 경제적 진보를 수반하지 않았을 지라도, 그들 눈에 아프리카는 1세기 전의 노예상태, 50년 전의 강제 노동, 25년 전의 단일 정당 하의 독재에 비해 충분히 숨쉴 수 있을 정도의 자유를 누리는 곳으로 변한 것이다. 하지만 작가들은 아프리카의 현실을 만들어낸 책임 문제에 대해 단호한 입장을 취한다. 그들 생각에 백인과 흑인, 그 어느 쪽도 책임을 면하지 못한다. 백인들의 도래는 전적으로 아프리카를 착취하기 위한 것이었지, 인권의 수호를 위한 것이 아니었던 것이다. 그들은 식민주의가 전적으로 위선에 기초해 있다고 잘라 말하며, 마법의 설화적 전통에 대해서는 긍정적 입장을 취하더라도 신비술과 그것이 유발시키는 야만적 양상에 대해 격렬한 풍자를 가한다. 아프리카 작가들은 자신들의 일상이 되어버린, 주술에 의지하는 전통을 부인하지 않고 있다. 그러기에 마법사들은 타인의 불행을 이용하여 돈을 뜯어내는 사람들로 폄하되고 있다.

마그레브 작가들에게 시가 지니는 비의적 의미는 이러한 아프리카 현실과 무관하지 않을 것이다. 시와 언어는 아프리카의 전통을 이어가야 하는 동시에 서구 사회의 논리에 맞서 필연적으로 패배할 수밖에 없었던 비논리적이고 주술적인 아프리카의 정신세계를 대변하고 있다. 하지만 마그레브 작가들은 궁극적으로 문학 속에서 아프리카 실재의 당위성을 찾고 있다. 그들은 아프리카의 신화를 문학 속에 구사하면서 구출해야 한다고 생각한다. "한 신화가 사라지는 것은 곧 인류 전체가 그 무엇을 잃는다는 사실을 뜻하기" 때문이다. 아프리카와 프랑스어를 접맥시키는 동안 끊임없이 제기될 이러한 고민을 통하여 마그레브 문학은 사실과 환상, 이성과 주술, 중심과 주변을 뒤섞는 실험을 거듭하고 있고, 앞으로도 거듭해나갈 것처럼 보인다.

4. 구전과 글쓰기의 접합이 마그레브 시를 낳다

이미 언급했지만 소설과 시가 하나를 이루고 있고, 구전과 글쓰기 사이의 경계가 명확하지 않은 지역이 아프리카라 할 수 있으며, 그들 사이의 구분을 최초로 시도한 때가 1960년대라 할 수 있다. 예를 들어 대표적인 마그레브 지역인 모로코의 시는 구전과 글쓰기 사이의 상호 교환을 통해 프랑스어, 아랍어, 베르베르어가 서로 접촉하면서 태동한 것으로 간주된다. 모로코에서 프랑스어로 씌어진 시는 1966년 압델라티프 라비(Abdellatif Laâbi)가 창간한 잡지 『호흡*Souffles*』의 영향 하에 처음 탄생한 것으로 간주된다. 이 잡지에는 모하메드 카이르-에딘(Mohammed Khaïr-Eddine), 압델케비르 카티비(Abdelkebir Khatibi), 모하메드 로아키라(Mohammed Loakira), 무스타파 니싸부리(Moustafa Nissaboury), 타하르 벤 젤룬(Tahar Ben Jelloun) 같은 주요작가들이 차례로 합류하게 된다. 1964년부터 1966년까지의 시기는 문학의 차원에서 볼 때 고전적인 글쓰기와 결별을 선언하던 기간이었는데, 이 시기에 『호흡』은

낡은 규칙과 습관을 내팽개쳐버리면서 참 언어를 구사하는 새로운 시인들을 발굴해냈다. 새 시인들은 경화증에 걸리고 보수주의를 고수하는 사회에 맞서 삶의 심오한 고통을 드러내고 산산이 조각난 젊음의 비극을 시를 통해 노래하기 시작했다. 카이르-에딘 같은 이는 자신의 글 중 하나에 '신 맛 나는 나(Moi l'Aigre)'(1970)라는 제목을 붙일 정도였다. 당대의 사회 정치적 현실을 비판하고, 진실을 말하려는 내면의 욕구를 충족시키며, 상황에 체념한 자들의 잠든 의식을 일깨울 수 있게끔 새로운 표현을 찾아내는 문제에 직면한 작가들에게 라비가 끼친 영향은 대단히 컸다. 일부 작가들은 마르크스주의 이데올로기로 무장한 채 종종 감옥을 체험했고, 또 다른 사람들은 자기 자신을 찾아 애썼다. 라비 자신도 1972년부터 1980년까지 옥고를 치른 후 1985년에 프랑스로 망명하는 과정을 택한다. 당시의 모로코 시는 무엇보다도 인간 해방을 전면에 내세운 전투적 성격을 띠고 있었다. 라비의 글쓰기는 『호흡』 그룹의 전형적인 특징 중 하나가 되었는데, 그는 자신이 발명해 낸 새로운 언어를 통해 글을 썼다. 진정한 텍스트적 착란을 보여주던 라비의 시들은 글쓰기 측면에서도 대단한 밀도를 보여주었다. 라비는 단어와 문장 사이에서 침묵을 구사했고, 때로는 텍스트에 요구되는 문법을 무시하기까지 하면서 정상적인 독해를 의도적으로 방해했다. 앙드레 로드(André Laude)는 1987년에 『알바트로스*Albatros*』라는 잡지 속에서 다음과 같이 글 쓰고 있다. : "옛날에 라블레(Rabelais)가, 그리고 얼마 전에 에메 세제르가 그랬던 것처럼 A. 라비는 마치 붉은 포탄처럼 우리의 입 위로 떨어진다." 시인은 자신의 글을 통해 자신의 몸의 호흡을, 자신의 반항의 날카로운 외침을 표현했던 것이다. 전복적 성격의 시들을 통해 모든 형태의 탄압과 소외를 백일하에 드러내는 것이 라비의 방식이었다.

반면 알제리의 시는 1954년부터 진정으로 꽃을 피우기 시작했다. 이 시기에 문학이 주로 영감을 얻었던 대상은 바로 알제리 전쟁이었다. 역설적으로 유럽 출신 작가였던 장 세낙(Jean Sénac)의 작품이 양과 질 차원에서 문학 쪽의 생산을 지배하고 있었고, 모로코에서 라비가 그랬던 것처럼 세낙이 두 세대에 걸친 알제리 작가들에게 지대한 영향을 미치게 된다. 하지만 정치적 독립이 알제리의 모든 문제들에 대한 해답을 제공하지 못한다는 것을 자각하기 시작한 1966년부터 새로운 시가 등장하면서 존재의 불편, 자기 확신에 대한 갈증, 심연으로의 회귀 본능을 강조하기 시작했다. 환멸, 섹슈얼리티, 사랑, 사회주의 같은 주제들을 통해 시인들이 제기한 문제는 알제리뿐만 아니라 알제리인 전체에게도 지대한 영향을 미쳤다. 다시 말해 그들의 시는 보편성 문제를 다루기 시작했고, 체제에 대한 항의를 우회적으로 표현해내기 위해 현대인들의 근심거리를 다루기 시작한다. 인간의 명증한 의식이 위기에 처해있는 모든 곳에 참여한 알제리의 시는 종종 『호흡』에 동참하던 모로코 시인들과 합류하면서 항구적인 바리케이드 위에 자신의 노래를 쌓아올린다. 그러나 알제리 시인들은 사랑 역시 투쟁의 수단이며 소외될 수 없는 수단이라는 사실을 잊어버리지 않았다. 그런 점에서 그들은 아랍 시인들, 안달루시아 시인들, 로르카(Lorca), 나짐 히크메트(Nazim Hikmet) 혹은 엘뤼아르(Eluard), 단적으로 말하자면 사랑의 필요를 누구보다 절감한 자들의 정통 계승자들이다. 엘뤼아르처럼 그들은 '언어의 절대 자유(la liberté absolue de parole)'를 주창했다. 미(美)의 새로운 얼굴이 발작적이고 명료하며, 바로크적이고도 간결한 형태를 갖추기 시작했던 것이다. 정치적 독립과 경제 발전에도 불구하고 알제리 시인들은 자신들이 아직도 식민지 지배를 받고 있다고 느끼면서 불편을 느끼기 시작했다. 자신들을 지배하고 있는 사람들은 이맘(imams)과 부르주아들이었고, 그들은 국가의 주요 보직들에 여전히 영향을 끼치고 있었던 것이다. 그로부터 시인들은 전통과 의식의 총체로 남아있으면서 하나의 속박으로 작용하던 종교에 반발하여 격렬하게 반발하기 시작했다. 유시프 세브티(Youcif Sebti)는 '절망한 희망(Espérance désespérée)' 속에서 다음과 같이 비웃고 있다. : "회교사원은 하늘을 관통한다고 주장하고/사원의 첨탑은 기도들을 땅으로 처박는다/이맘은 검열자의 고백에 동의하고/공장은 환상을 해체한다/회교사원은 아주 아주 아주 아주 아주/긴 시간동안 투자하게 만드는 곳이다." 세브티는 회교사원을 '탈신성화'시키고, 우리에게 그것을 공장과 다름없는 평범한 건물로 소개하기를 원했다. 두 번째 문장에서 그는 '사원의 첨탑과 땅'의 대립을 구사하면서 훨씬 더 비판적인 입장을 취한다. 첨탑(미나레)은 평가 절하된 것처럼 보인다. 왜냐하면 정상적으로 그것의 존재이유는 하늘까지 기도를 '올리는'데 있기 때문이다. 회교사원 역시 탈신성화되어 있다. 사원은 이윤을 창출하는 기업에 동일시되고 있다. 회교 사원과 공장 사이의 평행선의 심오한 의미는 공장이 현대의 현실을 우리로 하여금 인식케 한다는 사실을 보여준다. 공장은 종교가 끊임없이 불러일으키는 환상과 대비된다. '해체한다'는 표현은 이슬람이 산업 발전으로 인해 점점 더 어려움을 겪는 현실을 극명하게 드러내는 표현이다.

마찬가지로 알제리 시인들은 굴종의 시작을 의미하는 결혼을 통해 여성들이 겪는 부당한 조건에 항의하기도 한다. 라쉬드 부제드라(Rachid Boudjedra)는 사랑 없이 결혼했으며, 음울하고도 단조로운 미래가 예정된 여성의 비극적 상황에 대해 언급하고 있다.

팔레스타인 문제도 예외가 아니었다. 범(凡)아랍주의 속에 안주하는 대신 알제리 시인들은 개발도상국에 스스로를 개방하려는 의지를 표명했다. 그런 식으로 하미드 스키프(Hamid Skif)는 더 이상 인간적이지 않은 상황들 앞에 우리가 위치해있기에 공동의 국가를 건설하고, 보편적 의식에 도달하며, 평화적인 혁명을 훌륭히 수행할 수 있는 새로운 인간들을 창조해내야 한다는 사실을 자신의 글들을 통해 강조하고 있다. 라비의 시 『아틀랑트의 인종들*Races d'Atlantes*』에 등장하는 '새로운 인간들(hommes nouveaux)'이라는 표현은 모하메드 딥(Mohammed Dib) 의 작품 『화재*L'incendie*』 속에도 등장하고 있다. 이 작가들에게 있어 그 표현이 의미하는 바는 보편적 차원을 획득한 총체적 인간에 대한 갈망이자, 견고한 세계의 일원을 이루는 시민이고자 하는 갈망이었다.

그들은 "희망이 없으면 당신은 기대하지 않은 것을 결코 얻을 수 없다.(Sans l'espérance, vous n'obtiendrez jamais l'inespéré.)"는 에페소의 헤라클리트(Héraclite d'Ephèse)의 주장을 믿어 의심치 않았다. 새로운 인간은 문제의식을 지속적으로 가질 수 있는 인물을 의미하기도 했다. 그것은 지속적으로 명증성을 요구하는 또 다른 방식이었다. 라쉬드 부제드라는 모든 정치적, 사회적 여파를 동반한 새로운 사회를 표현해낼 필요를 절감했다. 부제드라는 자신이 찾아 애쓰던 이상을 외면하게 만드는 너무 안락한 현실에 만족하기 있는 것은 아닌지 자문하고 있다. 그는 그러한 자각을 '커피숍(Le café)'라는 제목의 아름다운 시를 통해 우리에게 보여주고 있다. '커피숍'의 글쓰기 방식은 자크 프레베르(J. Prévert)와 유사한데, 이 시를 통해 시인은 자신이 이기적으로 빠져든 물질적 환경을 갑자기 의식한 듯한 모습을 보여준다.

모스테파 라셰라프(Mostefa Lacheraf), 말렉 우아리(Malek Ouary), 그리고 특히 모하메드 딥 같은 또 다른 시인들은 보다 명증한 작품들을 발간했다. 소설가로 더 알려진 모하메드 딥은 시선집을 낸 작가이기도 하다. 극도로 서정적인 글을 쓴 딥의 작품 속에서 시는 소설을 포함한 도처에 등장한다. "소설은 일종의 확산된 시이다."라고 그는 선언한다. 모하메드 딥은 자신을 에워싸고 있는 세계에 대해 내면의 시선을 던진다. 시각적인 기호들은 그의 작품들 속에서 늘 강하게 등장하며, 서정주의는 마치 쇄도하는 에너지처럼 확산되는 것처럼 보인다. 그는 또 자연, 우주, 자신의 어린시절, 자신의 녹색 낙원에 관심을 보인다. 위의 몇몇 시인들이 보여주고 있듯 1960년대의 알제리 문학은 이미 프랑스 쪽 문학과 보조를 같이하고 있는 것처럼 보인다. 문학을 투쟁의 도구로만 인식하던 그 이전과 분명 차별화된 모습을 보여주고 있다고 해도 지나침이 없다.

5. 알제리의 현실과 문학

드레퓌스 사건과 정교 분리, 교육제도의 혁신적 변화를 가져온 쥘 페리(Jules Ferry) 법안의 통과, 제국주의의 본격화 등 굵직굵직한 사건들로 점철된 제3공화국(1870-1940) 하에서 대부분의 프랑스인들의 눈에 알제리 모습은 알퐁스 도데가 『타르타렝 드 타라스콩*Tartarin de Tarascon*』(1892) 속에서 기술한 이미지가 전부였다. 퇴폐적인 이 엘리트의 생각에 방대한 알제리 영토는 프랑스 국기 아래 개발해야할 보고(寶庫)였으며, 관능과 오만한 순수, 오아시스와 사막의 혼합으로 비춰진 이러한 알제리의 모습은 파리 문화와 단절하기를 원하는 많은 작가들에게 촉매제로 작용했다. 식민지의 실상을 제대로 인식하기까지에는 앙드레 지드가 『콩고 여행*Voyage au Congo*』를 통해 식민주의의 폐해를 고발한 1925년을 기다려야 했다. 1893년의 알제리는 지드에게조차 오직 발견의 기쁨만을 느끼게 해주었던 것이다.

이러한 이국적 묘사에 지친 알제리인들은 2차대전을 전후해 직접 프랑스문학 속으로 뛰어든다. 하지만 그들은 식민자들의 언어를 빌려 그 작업을 수행할 수 있었을 따름이다. 이러한 언어적 분열을 튀니지 작가 알베르 멤미(Albert Memmi)는 피식민자들이 겪었던 고통스러운 소외 양상으로 묘사하고 있다. 『피식민자의 초상*Portrait du colonisé*』 속에서 식민지 상황을 분석하면서, 멤미는 피식민자의 내면을 황폐케 한

'언어적 비극'에 대해 다음과 같이 묘사하고 있다. "그의 모국어는 능욕당하고, 짓밟혀져 버렸다. 그리고 그는 이 언어를 멀리하고, 외국인의 눈에 그것을 숨기려고 애쓴다."(pp.126-127) 독립을 위한 투쟁의 성공은 이러한 자기 비하의 종식을 멤미에게 의미했던 것이다.

식민지 시대가 청산될 때, '불어로 씌어진 알제리 문학'이라는 용어는 자체적으로 이미 모순을 안고 있었다. 사람들은 정치적 독립에 뒤이어 바로 문화적, 언어적 독립이 뒤따를 것이라고 생각했지만, 1962년 독립 이후 마그레브 작가들에 의해 씌어지는 작품들의 수는 오히려 급증할 따름이었다.

게다가 알제리에는 언어적 복수주의(複數主義)가 존재하고 있었다. 고전적이고도 방언 형태의 아랍어 외에도 다양한 구어들이 존재하고 있었던 것이다. 하지만 이러한 현상이 프랑스의 알제리 정복 이후 발생한 문제들은 아니었다. 카빌리(Kabylie)의 산악지방에서는 카빌 어가, 사막에서는 투아레그 어가, 오아시스에서는 모자비트 어가 구사되고 있었고, 각 언어에도 또한 수많은 방언들이 존재했다. 게다가 알제리의 가장 심각한 문제 중 하나가 바로 문맹의 문제였다. 1962년의 경우 전 인구의 85%가 불어를 구사할 줄 몰랐으며, 아랍어와 불어를 읽거나 쓸 줄도 몰랐다. 오늘날까지 많은 알제리인들은 여전히 문맹으로 남아있다. 따라서 작가들은 독자를 확보하기 위해 프랑스로 눈을 돌리지 않을 수 없었던 것이고, 바로 그런 문제점들을 예민하게 의식한 작가가 바로 카텝 야신이다. 야신의 작품세계는 언어(문학)와 연극 사이의 갈등, 아프리카 현실 속에서 문학이 갖는 한계를 첨예하게 드러내고 있다.

6. 카텝 야신의 사례 : "시와 혁명은 하나다"

알제리 서쪽 콘스탄틴(Constantine)에서 1929년 8월 6일 출생한 그는 소설가, 극작가, 연출가이자 동시에 시인이었으며, 무엇보다도 불어권 알제리 문학의 상징적 인물이었던 『네지마*Nedjma*』의 저자였다. 또 프랑스 문화의 세례를 받은 작가이자, 민족주의 투쟁을 일찍부터 결심한 작가였다. 아랍어 성(아랍어로 'Kateb'은 '작가'를 뜻한다)이 말해주듯, 카텝 야신은 아마 작가로서의 천형을 타고났는지도 모른다. 회교도 변호사였던 아버지는 프랑스와 이슬람 문화를 공유하고 있던 사람이었고, 어머니의 영향을 받아 그는 일찍부터 연극과 시 쪽으로 교양을 쌓게 된다. 그러나 코란 학교를 졸업한 후 카텝 야신은 아버지의 결정에 따라 당시 '늑대 아가리(gueule de loup)'라는 별명을 얻고 있던 프랑스 고등학교로 진학하며, 이러한 선택은 심각한 언어적, 문화적 외상(外傷)을 그에게 안겨주었다. 정체성의 상처는 『별 모양의 다각형 *Polygone étoilé*』의 마지막 페이지에 이르기까지 그가 불어로 글 썼던 모든 작품들 속에서 한결같이 등장한다. 그러나 정체성의 혼란을 가져온 가장 극적인 경험은 야신의 나이가 15세가 되던 해인 1945년 5월 8일에 벌어진 사건일 것이다. 야신은 식민지의 부조리한 상황에 항거하여 회교도들이 대규모 시위를 일으킨 세티프(Sétif) 봉기에 참가한 후 체포된 후 4개월 동안 옥고를 치렀다. 봉기를 통해 수만 명의 알제리인들이 사망했는데, "시와 혁명은 하나다(Poésie et révolution ne font qu'un)"라는 이 작가의 강령은 이미 이 시기에 확보되었다고 볼 수 있다. 데모 가담 때문에 체포된 어린 고등학생은, 차후 그의 작품 속에서 서로 불가분의 관계를 형성하게 될 '시적인 것'과 '정치적인 것'에의 통과 의례를 감옥을 치렀던 것이다. 로베스피에르를 존경했던 야신의 눈으로 볼 때 그 반란은 계몽주의 시대의 언어를 배반한 이방인

(프랑스인)의 언어(프랑스어)에 대한 반란이었다. 1945년 9월은 그에게 또 다른 의미를 갖는 시기였다. 야신은 보네(Bone)에서 네지마를 만나게 되고, 그녀와 사랑에 빠진다. 사랑의 시적, 개인적 차원은 점차 고통 받는 국가에 대한 사랑으로 확대 승화되어 나간다. 그러기에 야신의 반항 속에는 지상에서의 자유를 확보하기 위한 영웅적인 제스처, 가족과 아들을 빼앗아간 폭력 때문에 미쳐버린 후 오랫동안 블리다(Blida) 정신병원 신세를 지게 되는 어머니의 비극, 이미 결혼한 사촌이었던 네지마와의 불가능한 사랑 등 모든 것이 중첩되어 있다.

학업을 계속할 수 없었기에 그는 아나바(Annaba)를 거쳐 프랑스로 향한다. 세티프 봉기로부터 정확하게 1년 후인 1946년 그는 첫 번째 시 선집 『독백*Soliloques*』을 출간한다. 이 시기에 그는 정신적 스승으로 부를 수 있는 시 모하메드 타하르 벤 루니씨(Si Mohamed Tahar Ben Lounissi)를 만나게 되는데, 그는 야신이 작품을 팔 수 있도록 도와주고, 작품 쓰기를 계속하도록 아낌없이 격려해주었다. 1948년에는 다시 알제리로 되돌아와 공산당 성향의 일간지 『알제 레퓌블리켕*Alger Républicain*』에 입사한 후 1951년까지 근무했다. 이 시기에는 그는 소련을 여행한다. 그 후 항만노동자 일을 하다가 프랑스로 다시 돌아가 여러 직업을 전전했고, 다시 이탈리아, 튀니지, 벨기에, 독일 등 외국으로 떠난다. 1950년 아버지가 사망하면서 어머니와 두 명의 여동생을 먹여 살리기 위해 시작한 여행 혹은 유형(流刑)은 그 후 20여 년 동안 계속된다. 이 시기의 많은 시간들이 노동으로 채워져 있다. 그가 방문한 도시들을 순서대로 열거하자면 러시아에서부터 유럽에 이르기까지 끝이 없다.

1948년부터 1953년에 이르는 시기에는 『포르주*Forge*』, 『테라스*Terrasses*』, 『콩바*Combats*』, 『솔레이유*Soleil*』, 『에스프리*Esprit*』, 『메르퀴르 드 프랑스*Mercure de France*』, 『레 레트르 누벨르*Les Lettres nouvelles*』등 여

러 잡지에 기고하면서 생계를 꾸려갔다. 이 시기에 본격적으로 작가로서의 역량을 발휘하기 시작한 야신은 1972년 알제리로 돌아가지 전까지 주로 프랑스에서 활동하면서 많은 극작품들을 발표하였다. 1954년에는 알제리 해방전쟁이 발발하고, 1955년 1월에는 『에스프리』지에 「포위된 시체*Le Cadavre encerclé*」가 발표된다. 그리고 베르톨트 브레히트를 비롯한 여러 작가들과 파리에서 만나 교분을 쌓는다. 이 시기는 연출가 장-마리 세로(Jean-Marie Serreau)와의 협력이 시작되는 때이기도 하다. 1956년에는 대표작 『네지마』가 쇠이유 출판사에 의해 출간되며, 1959년에는 『보복의 순환*Le cercle des représailles*』, 암살당한 알제리인의 사랑과 죽음에 대한 명상을 담은 비극 『포위된 시체』, 소극 『지식의 가루*La Poudre d'intelligence*』가 발간된다. 『보복의 순환』은 장-마리 세로에 의해 연극으로 만들어져 1958년 벨기에 브뤼셀에서 비밀리에 상연된 후 파리에서 공연을 가진 작품이었다. 1960년 그는 신문 『아프리크-악시옹*Afrique-Action*』에 기고하기도 했는데, 1962년 알제리가 독립을 선포하자 이 해 7월 조국으로 되돌아가 『알제 레퓌블리켕』에 다시 기고하기 시작한다. 그리고 1962년에서 1970년에 이르는 시기에 그는 프랑스와 알제리로 오가며 작품 활동에 주력했다. 이때 그의 많은 극작품들이 프랑스 여러 극장의 무대에 오르기도 한다. 북부 베트남에 체류한 시기도 바로 이때였다. 1971년 다시 알제리로 되돌아와 창작에 몰두하며, 「모하메드, 네 가방을 챙겨*Mohamed, prends ta valise*」, 「사웃 에니싸*Saout Ennissa*('여성들의 목소리'라는 뜻), 「2천 년의 전쟁*La Guerre de deux mille ans*」, 「서부의 왕*Le Roi de l'Ouest*」, 「배반당한 팔레스타인*Palestine trahie*」, 「희망의 도살장*Boucherie de l'Espérance*」 등 아랍어 방언으로 씌어진 일련의 연극들을 '노동자 문화집단(ACT : Action Culturelle des Travailleurs)'과 함께 무대에 올렸다. 그의 연극을 관람한 알제리인들의 숫자는 백만 명을 상회했다. 1975년에는 ACT가 파리 가을축제에서 「모하메드,

네 가방을 챙겨」와 「2천 년의 전쟁」을 무대에 올리며, 알제리 이민노동자들을 위해 동독 순회공연을 갖기도 했다. 1989년에는 프랑스 대혁명 200주년을 맞이하여 야신이 블어로 쓴 작품 「과격공화파 부르주아 혹은 몽쏘 공원의 유령*Le Bourgeois sans culotte ou Le spectre du parc Monceau*」이 토마스 겐나리(Thomas Gennari) 연출로 아비뇽 페스티벌에서 상연되었다. 그 외에도 『별 모양의 다각형』(1966, Seuil), 민중이 역사를 만들어 간다는 내용의 『고무 샌들을 신은 남자*L'homme aux sandales de caoutchouc*』(1970, Seuil), 『단상(斷想)들로 된 작품*L'oeuvre en fragments*』(1987, Sindbad) 등의 작품이 차례로 단행본으로 출간되었다. 『단상들로 된 작품』은 야신이 생전에 출간하지 못한 글들을 그의 친구 자클린 아르노(Jacqueline Arnaud)가 편집한 것이다. 120개 정도의 시 선집인 이 책은 인간의 어리석음을 통렬히 고발하고 있는데, 보다 정의롭고 인간적인 사회에 대한 그의 요구가 전혀 식지 않았음을 잘 보여준다. 그후 여러 연극작품을 가지고 외국 순회공연을 계속했고, 1989년 10월 28일 그르노블에서 사망한 후 알제에 묻혔다.

〈카텝 야신 방식의 투쟁 : 문학을 통한 참여〉

야신은 카빌리 산악지방에서 '원주민들'이 겪었던 끔찍한 상황들을 여러 글을 통해 고발한 작가 알베르 카뮈(Albert Camus)가 먼저 걸어갔던 길을 뒤따랐다. 하지만 정의보다는 어머니를 더 좋아한다고 고백했던 카뮈와는 달리, 알제리인이자 아랍인, 그리고 아프리카 인이자 베르베르 사람이었던 야신은 자국민들의 잠들어있는 의식을 일깨우면서 정의와 자유를 부르짖었다. 사춘기의 나이에 폭력적인 식민지 상황과 감옥을 경험했던 야신의 입장에서는 다른 방도가 없었을 것이다. 그런 연유로 야신을 휘감고 있는 열정과 불꽃을 제대로 이해하기 위해서는 명석하고도 사실적이며 때로는 앞을 예견하는 듯한 그의 작품을 읽고 또 읽어야 한다. 정치, 사회문제, 종교, 인터내셔널리즘, 제국주의의 폭력(베트남은 그에게 영감의 원천이었다), 정체성 문제 등 고통 받고 투쟁 중이고 구원을 청하는 인간과 관련된 모든 주제가 그의 작품 속에 들어있다. 그러나 야신의 투쟁은 문학과 연극이라는 두 가지 방식을 통해 구체화된다. 불어로 씌어진 소설이 그의 절망을 알게 모르게 드러내는 공간이었다면, 아랍어 방언으로 기술한 후기 극작품은 희망을 이야기한다고 거칠게 정의할 수 있다.

프랑스인에게 2차대전의 종식은 곧 해방을 의미했지만, 그 해방은 알제리인들에게 동일한 것을 의미하지는 않았다. 자신의 첫 번째 소설 『네지마』 속에서 야신은 고등학교 시절과 세티프 봉기를 회상하고 있다. 데모에 참가한 후 학교에서 쫓겨난 라크다르(Lakhdar)는 집으로 돌아가기 위해 열차를 탄다. 열차에 탄 사람들 중 오직 그만이 불어로 씌어진 역명(驛名)을 읽을 수 있을 따름이다. 그는 아랍어로 배우지 못한 사실을 후회하며, 그는 자신을 배척한 학교제도가 자신의 언어 세계를 배반할 것이라는 사실을 인식한다. 이 에피소드 속에서 프랑스 학교는 화해의 요소, 동화의 촉매제로 더 이상 제시되기를 그친다. 야신에게 그곳은 모든 모순들이 가시화되고, 폭발하는 장소로 변모하며, 따라서 그는 막다른 골목, 상실, 배반의 느낌을 강조하고 있다. 『네지마』에 대해 야신은 이 작품이 전부 불어로 씌어졌음에도 불구하고 알제리 작품, '아랍' 작품이라고 규정하고 있다. 책을 만든 편집자 역시 다음과 같이 평가하고 있다.

> "불어로 구상하고 씌어졌지만, 『네지마』는 전적으로 아랍적인 작품이다. 그 전통으로부터 분리시킬 경우 이 작품에 대해 유효한 평가를 내릴 수 없을 것이다." (p.6)

자전적 성격의 두 번째 작품 『별 모양의 다각형』도 언어적 폭력을 연상시키면서 끝맺고 있다. 문인 집안에서 출생한 화자는, 어린 시절 모든 사람들이 그가 작가가 되는 것을 기대했다고 회상한다. 야신은 '아버지처럼, 어머니처럼, 삼촌들처럼, 조부모들처럼'(p.179) 아랍어로 글 쓰는 작가가 되기를 원했다. 그러나 아버지는 그를 프랑스 학교에 보내버리고, 이러한 결정은 야신에게 분노를 폭발시킨다. 게다가 프랑스인 여교사의 환심을 사려고 자기 아들이 애쓰는 모습을 어머니는 참을 수 없어했다. 아들이 말하는 언어는 정작 어머니 자신이 모르는 언어였기 때문이다. 야신은 비극적인 배반의 양상을 다음과 같이 묘사하고 있다 :

> "여선생님으로부터 칭찬을 들은 날들조차 내 마음 깊은 곳에서는 탯줄의 두 번째 단절, 어린이를 어머니에게 더 이상 가깝게 만들지 않는 내적 유형(流刑)을 끊임없이 느꼈다. (......) 나는 소외될 수 없는 – 하지만 이미 소외되어버린 – 두 가지 보물들인 어머니와 언어를 동시에 잃어버렸던 것이다!" (pp.179~180)

라쉬드 부제드라 같은 일부 작가들은 아랍어로 되돌아와 알제에서 작품을 출간하면서 이러한 불화를 해결하려고 애쓰지만, 언어란 보다 광대한 제도 속의 하나의 조각에 불과했다. 야신에게는 소설을 위시한 문학 장르가 마그레브의 문학적 전통과 무관했고, 프랑스어와 마찬가지로 포스트콜로니얼 시대에조차 파리 문화의 지배 징후를 드러내고 있었다. 따라서 민중 연극으로의 야신의 투신(投身)은 문학을 탈피하고 구어적 문화 전통과 합류를 시도함을 의미한다.

카텝 야신의 소설은 찢겨진 구조, 즉 머리 위로 퍼부어대는 곤봉질 때문에 (눈앞에서) '별이 총총한' 구조로 되어있다. 시간과 공간, 인물들은 서로 뒤범벅이 되어있으며, 1960년대 알제리인들의 운명이 그 속에 모두 들어있다. 그의 소설들은 프랑스로의 유형, 세티프 대학살, F.L.N.(알제리 민족해방전선)의 내부 투쟁, 프랑스에 대한 협력의 함정 사이에서 도저히 어디로 정착해야 할 바를 알지 못하는 알제리인들의 고통스런 운명을 총체적으로 다루고 있다. 게다가 10세기에 이집트로부터 북아프리카로 강제 이송된 '달의 아들들(Fils de la Lune)' 부족은 침략자에 대한 저항을 독려하고 있었다. 그러나 작가 야신에게 있어 흑백 양분론적인 것은 아무 것도 없었다. 자의에 의해서든 타의에 의해서든, 서로 교배된 문화 내부에서는 모든 것이 복잡하기 짝이 없었다. 마치 프랑스어랑 결혼한 작가 자신과도 같이, 그리고 네지마가 알제리인 아버지와 '흔적도 없이 사라져버린' 프랑스인 어머니로부터 태어난 사생아였던 것과 같이. 네지마가 불러일으키는 미칠 듯한 욕망, 혹은 간음을 갈망하는 많은 알제리인들의 정서는 바로 스스로의 정체성을 찾아 헤매는 알제리의 모습, 그리고 타자와의 불화 관계 속에서야 해답을 발견하는 알제리의 이미지 그 자체였던 것이다. 타자가 이미 자신 속에 편입되어 있기에, 다른 사람을 죽이는 행위는 자기 자신을 스스로 죽이는 행위와 다름없었다. 자기 자신이 피해자인 동시에 학살집행인이었던 것이다. 그것은 천진난만함과 미소로써 제물을 바치는 사제들을 한숨짓게 했던 '이해받지 못하는 희생자' 네지마의 모습, 바로 그 자체였다.

〈연극을 통한 교육〉

사르트르가 『문학이란 무엇인가?』 속에서 제기한 바 있는 "누구를 위해 글쓰는가?"라는 질문은 야신의 경우처럼 문학 독자가 존재하지 않는 문화 속에서 비극으로 화하고 있다. 야신은 알제 근처의 아나바에 정착한 후 문학을 위한 독자들을 만들어내기를 모색하는데, 「모하메드, 네 가방을 챙겨」는 그러한 노력의 일환이다. 민중 아랍어로 쓴 최초의 연극인 이 작품은 알제리 혹은 프랑스에 거주하는 알제리인들에게서 대성공을 거둔다. 주인공은 현대 알제리인의 생활을 특징짓는 이민노동자이다. 하지만 뿌리 뽑힌 이 프롤레타리아의 현대적 노마드(유목) 주위로 대중적 노래, 고대의 설화 혹은 전설들로 채워진 전통적 노마드의 반향들이 울려 퍼진다. 경직된 활자언어와는 반대로, 무대 위의 언어는 더 유연하며, 일상적 언어의 복잡성과 알제리에 존재하는 언어의 다양성을 더 쉽게 반영한다. 그 언어는 글쓰기가 강요하는 엄격한 언어적 선택, 또 그것이 야기하는 획일화와 빈곤화를 피할 수 있게 해준다. 야신은 언어와의 유희를 통해 현대의 대부분의 알제리인들이 체험하는 언어적 카오스를 멋들어지게 형상화하는데 성공한다.

그러나 진정한 작가였던 야신은 이러한 알제리의 현실을 더 큰 구조 속에서 파악해내는 능력이 있었다. 그는 특수성과 보편성에 대한 감각을 동시에 구비하고 있던 인물이었다. 알제리가 독립된 후 그의 투쟁은 오히려 배가된다. 카텝 야신의 연극에서의 성공은 문학만큼이나 주목할 필요가 있다. 알제리 독립 후 여러 해 동안 알제리의 아랍어 방언으로 작품을 쓰면서, 야신은 자기 작품을 가장 대중적으로 알릴 수 있는 방식을 선택했고, 자신의 창조적 부식토라 할 수 있는 자국민에게 가장 가까이 다가갈 수 있는 길을 택했던 것이다. 게다가 그가 가장 자랑스러워하는 작품인 「모하메드, 네 가방을 챙겨」는 알제리에서 수십 만 군중 앞에서 상연되었고, 그 후 1970년대 초에 프랑스의 알제리인 이민자들을 대상으로 순회공연을 성공적으로 가지기도 했다. 그가 전달하려는 메시지를 완벽하게 간파한 당시 공권력이 카텝 야신의 극단인 '노동자 문화집단'에게 일종의 내적 유형을 강요했기에, 야신은 알제의 중심인 밥 엘 오에드(Bab El Oued)에서 모로코와의 국경에서 멀지 않은 시디 벨 아베스(Sidi Bel Abbes) 지방극단으로 거처를 옮겨야 했다. 하지만 이런 견제가 야신의 전투력을 무화시키지는 못했다. 알제리 대중들, 곧 작가 자신이 항상 연대감을 느끼고 있던 억압받는 자들과의 만남은 야신으로 하여금 '목소리 없는' 국민들이 근심거리를 말하고 표현해낼 수 있는 방식에 대해 늘 고민하도록 만들었다. 이러한 고민은 극단 창단으로 연결되지만, 애당초 그는 문화를 불신했다. 문화가 사회적 불평등을 재현하는 도구라고 생각했기 때문이다. 야신은 자기 국민들 대부분이 아직 문맹이고, 바로 자신이 그들에게 직접 이야기하고 싶었기에 극단을 창단하는 방식을 택한다. 시디 벨 아베스 지방극단 감독으로 임명된 뒤에도 그는 자신의 베르베르인 뿌리, 여성의 해방 등 동시대적인 동시에 자유로운 주제를 찾아 나선다. 희곡의 주제에 대한 야신의 태도는 명확하다 :

> "우리 시대에 세상의 지평에 도달하기 위해서는 마그레브를 거친 후 팔레스타인에 대해 이야기하고, 또 베트남을 상기시켜야 한다."

한마디로 야신의 연극세계는 민중의 편에 서서 권력에 대항하는 작가의 소명의식을 반영하고 있다. 그는 노동자, 고등학생, 여성들 사회적 약자들에게 언어를 부여하고 있으며, '사랑'과 '혁명'에 줄곧 기반을 두고서 형태적 실험을 거듭해나갔다. 예를 들어 『별 모양의 다각형』에서는 국가적 대의명분이나 주체성의 문제보다 억눌린 자들의 투쟁의 목소리가, 「철학자 구름 같은 연기의 세상보기」에서는 부패와 억압, 혼란의 시기(이 작품은 알제리가 독립한지 불과 2년 후에 씌어졌다)를 겪고 있는 가난한 사람들에 대한 이야기가 다루어져 있다. '구름 같은 연기'는 자신의 문제와 어려움을 호소하는 마을 사람들의 문제들을 지혜롭게 풀어나가는 가난한 철학자이다. 그는 여전히 재치와 유머를 잃지 않고 있는 인물이다. 예를 들어 이웃집에서 빌린 냄비에 하나 남은 토마토를 넣어 돌려주면서 냄비가 임신을 했다고 말해 사람들을 즐겁게 하고, 거지에게 적선하기를 거절하면서도 재치를 부리는 식이다. 또 좁은 방에서 북적거리며 살아가는 노인네의 한탄에 대해, 나귀를 빌리러 온 건방진 젊은이에 대해, 환상을 꿈꾼 신들린 사람에 대해, 기도 방향의 갈피를 잡지 못하고 있는 회교도에게, 바가지를 긁는 아내에게 한결같이 재치와 유머를 표한다. 극도의 가난이 이 작품의 주인공에게 오히려 여유를 가져다주었다고나 할까. 그는 무료철학학교를 열어 마을 사람들에게 우주의 이치와 알라의 의미를 재치 있게 풀어주기도 하지만, 정작 자신의 문제는 해결하지 못한다. 하지만 "여러분은 여러분 스스로의 재판관이 될 것입니다"라는 마지막 표현을 통해, 궁극적으로 알제리 문제는 알제리인들이 떠맡을 수밖에 없다는 사명감을 고취시킨다. 야신은 권력에 의해 억압당하고 있으면서도 그 권력의 실체를 파악하지 못하는 무지몽매한 알제리인들에 대해, 인습에 젖어 현실을 개혁할 엄두도 못 내고 있는 알제리인들에게 깨어나기를 간접적으로 요구한다. 결국 문제만 남겼을 뿐 해답은 전혀 제시하지 못한 제국주의의 폐해에 대해, 알제리인 스스로가 문제를 해결하는 지혜와 방법을 찾아 나서라고 이 작품은 암시하고 있는 것이다. 무대에서 불과 30분 동안 진행되는 이 짧은 작품 곳곳에 발견되는 날카로운 풍자들은 시기와 지역을 뛰어넘어 이 작품에 충분히 보편적이고도 현실적인 성격을 부여하고 있다.

자클린 아르노는 구어체 표현으로의 야신의 회귀를 제라르 드 네르발이 발루아 왕조의 노래들을 채집한 것에 비교하고 있다. 글자를 모르는 무지한 민중들에게 호소하던 음유시인 시-모한드(Si-Mohand)처럼, 이러한 귀환을 모색하는 여러 방식이 존재한다. 그러나 야신의 민중연극 체험은 모국어의 구어성으로의 단순한 귀환으로 축소 해석되어서는 안 된다. 암루슈(Amrouche)와는 달리 야신은 분열과 모순을 모르던 행복한 시절의 단일성과 순수성을 상실한 모국에 의해 유혹 당하지 않는다. 그의 연극 속에서는 구어로의 회귀가 식민지화에 의해 파괴되고 부패한 알제리적 본질의 부활로 단순히 묘사되어 있지 않다. 그것은 오히려 미래의 공동체와 민족에 대한 탐구로 이어진다. 야신에게 있어 민족이란 아직 존재하지 않는 개념이다. 그것은 만들어내야 할 대상이다. 자클린 아르노의 눈에, 이러한 극단주의는 바로 1930년대에 앙토냉 아르토(Antonin Artaud)가 '잔혹 연극', 즉 글로 씌어진 텍스트의 제국주의에 맞서 과격한 방식으로 만들어진 연극의 이데올로기와 합류한다. 야신은 "불어권 마그레브 작가라는 개념 자체도 재검토해야 한다"고 지적하고 있으며(『불어권 마그레브 문학 연구Recherches sur la littérature maghrébine de langue française』, p. 1009), "불어권 마그레브 작가로서 자신의 존재 자체를 위태롭게 하기를"(앞의 책, p.1011) 기꺼이 선택한다.

7. 결 언

카텝 야신 이후에도 마그레브 문학은 여전히 소멸되지 않고 있다. 단지 언어나 정체성 문제에 국한되지 않는 다양한 주제들을 오늘날 나빌 파레스(Nabile Farès), 라쉬드 미무니(Rachid Mimouni), 하비브 텡구르(Habib Tengour), 아씨아 제바르(Assia Djebar) 같은 알제리 작가들이 취급하고 있다. 그들은 단순한 저항을 뛰어넘는 메시지를 전달한다. 어제 그들은 자신들의 언어를 잃어버리게 만든 제도를 공격했지만, 오늘날에는 문체와 주제의 다양성을 통해, 알제리 독립으로부터 탄생한 '신세계'를 이해하는데 도움이 될 수 있게끔 불어로 글 쓰고 있는 중이다.

오늘날 담론의 보편화와 페미니즘 등 서구 문화의 적극적 수용을 통해 불어권 아프리카 문학이 식민자와 피식민자의 단순한 대립 구도를 넘어서 보편적 커뮤니케이션의 필요와 민족적 자주 사이에서 고민하고 있을지라도 문학이 정신의 반영인 까닭에 어쩌면 아프리카의 정신적, 문화적 독립에는 정치적 독립보다 훨씬 더 많은 시간이 필요할지도 모른다. 그리고 100년에 걸쳐 서구의 보편적 이성의 세례를 받은 아프리카가 조만간 정신적 자주성을 획득하고 서구의 담론을 극복할 수 있을 것이라고 생각하는 것은 헛된 꿈일지도 모른다. 이러한 아프리카 대륙의 수난의 도정(道程)에 마그레브 문학의 희망과 좌절이 위치해 있다.

1960년대 일본 현대시의 래디컬리즘

심 종 숙

1. 들어가며

일본의 전후시[1)]는 1960년대에 들어와서 그 당시의 연령으로 20대 전반의 시인들에 의하여 새로운 전기를 마련하였다. 이른바 60년대 시

1) 전후시라는 술어는 광의와 협의 두 가지 차원의 의미를 지니고 있다. 광의의 전후시란 제 2차 세계 대전 후(1945)에서 1970년대 주변까지 쓰여진 시 일반을 가리키는 데 반해, 협의의 전후시는 전후라는 혼란기 고유의 정신외상을 분명히 드러내고 있는 시 작품을 가리키고 있다. 전쟁은 일본에게 외적 물질적 손상을 입혔을 뿐 아니라 기존의 모든 권위와 가치관을 뿌리째 흔드는 것이었다. 그와 같은 정신적 공백 상태를 협의의 전후시는 기반으로 하고 있다. 대표적 시인으로 『아레치(荒地)』파 동인들인 미요시 토요이치로오(三好豊一郎), 아유카와 노부오(鮎川信夫), 타무라 류우이치(田村隆一), 키타무라 타로오(北村太郎) 등이다. 그들은 〈시대의 전체적인 주제화〉 〈시에서의 전체성 회복〉을 지향하여 시인이라는 존재와 언어 그 자체에 대해 깊은 불신감을 가졌다. 한편 시에서 주제성 중시의 자세는 세키네 히로시(關根弘), 하세가와 류우세이(長谷川龍生), 쿠로다 요시오(黑田喜夫) 등 『렛토오(列島)』에 의한 프로레타리아 시 계통의 시인들에게도 공통적으로 나타나고 있다. 이와 같은 협의의 전후시 이념의 가장 첨예한 체현자로서 빠뜨려서는 안 되는 이는 익히 알려진 소설가 요시모토 바나나의 아버지 요시모토 류우메이(吉本隆明)와 타니가와 강(谷川雁) 두 시인이다.

인이라는 명칭과 함께 전후시사에 위치를 점하였다. 그들의 대표적 인물은 아마자와 타이지로오(天澤太二郎, 이하 아마자와)[2], 와타나베 타케노부(渡辺武信, 이하 와타나베)[3]등이며 동인지 『흉구(凶區)』를 통하여 시 활동을 전개하였다. 전술한 구분은 어디까지나 시사에서 60년대에 등장하였던 시인들이며 일본의 60년대라는 과도기적 시기의 시의 경향을 파악하는 데에는 다른 관점을 필요로 한다. 이는 60년대 일본의 시단을 조망할 때 전체적인 흐름을 파악하기 위해서는 특별한 도움이 되지는 못한다. 위에 열거한 이들은 60년대에 시 활동을 전개한 대표적 시인들이라는 점에는 틀림없지만 이들의 언어지상주의적 시 창작 태도로만 60년대 일본 시단의 흐름을 파악하게 된다면 사회시가 지닌 시사적 의미를 약화시킬 위험을 다분히 지닌다는 의미이다. 또한 60년대의 래디컬리즘이 두 개의 코드를 지니고 있음을 상기할 때 그

---

2) 天澤太二郎(1936- 현재), 토오쿄오 출생. 60년대 시인. 와타나베 타케노부와 동인지 『폭주』를 1960년에 창간하였고 다음해 제 2 시집 『아침 강』을 간행하였다. 같은해 『バッテン』을 와타나베 타케노부 등과 창간하였다. 1963년 제 3 시집 『한밤에서 아침까지』를 간행, 『バッテン』대신에 창간된 『흉구』의 중심 멤버로서 주목되었다. 60년대 시인으로서 현재에도 활약 중이다. 그의 시 작품은 방종한 은유나 신비한 현란함을 가진 이미지의 표층적인 면에서 다루어지는 것도 다수이고 의외로 고립된 인상을 준다. 아마자와는 인식의 언어를 배제하고 인식을 정념의 균열부를 향해 하나의 불가능성을 사는 시법을 드러내기 시작하여 시집 『시간 착오(時間錯誤)』(1966), 『피와 야채(血と野菜)』(1970)를 거쳐 『눈에 보이지 않는 것들(les invisibles-目に見えぬものたち)』(1976), 『죽은 자의 울타리 (死者の砦)』(1977) 이후, 1984년 간행한 『〈지옥〉에서(〈地獄〉にて)』에 이르는 시업을 쓰는 일 그 자체를 작품의 모티브로 '일상의 사건이나 욕망에서 몽마(夢魔)의 미궁으로' 향하는 전율적인 말을 전개하고 있다.

3) 渡辺武信(1928-현재), 요코하마(横濱)에서 출생. 동경대 건축학과를 졸업. 『폭주』『バッテン』등의 동인지 창간 및 종간에 참가한 후, 『흉구』창간에 참가하여 현재에 이른다. 시집으로 『눈부신 아침·그 외의 아침(まぶしい朝·その他の朝)』(1962), 『뜨거운 잠(熱い眠り)』(1963), 『밤을 빠져나가는 목소리(夜をくぐる声)』(1965), 『수도의 휴가초(首都の休暇抄)』(1966), 평론집에 『시적 쾌락의 저편(詩的快楽の彼方)』등이 있다.

하나는 언어지상주의와 같은 언어자체에 대한 쓰는 행위와 사회시와 같이 시를 씀으로써 사회에 앙가제 한다는 입장에서 그 전시대의 시인 타니가와 강(谷川 雁, 이하 타니가와)[4]의 '원점(原點)'은 분명히 변별되어야 할 점이다. 여기에서 주목해야할 점은 타니가와에 있어 사회에 앙가제한다는 의미는 실존주의적 의미는 아니다. 어디까지나 맑스주의의 원칙에 입각한 것으로써 그에게 원점이란 '하부(下部)'를 의미하고 있다. 다른 하나는 그 전 시대인 50년대의 대표 시 그룹으로 실존주의적 시적 태도를 견지했던 『아레치(荒地)』파의 유산이 남긴 시적 언어에의 관심은 오오오카 마코토(大岡信, 이하 오오오카)[5]에 이르러

4) 谷川雁(1923-1995), 水俣市에서 출생하였고 저서로는 시집『대지의 상인(大地の商人)』(1954),『천산(天山)』(1956),『타니가와 강 시집(谷川雁詩集)』(1960), 평론집『원점이 존재한다(原點が存在する)』(1958),『전투로의 초대(戰鬪への招待)』(1961),『공작자 선언(工作者宣言)』(1963) 등이 있다. 타니가와 시의 특징은 인터내셔널한 정치 전위의 관념과 가장 그윽한 민족적 혈액의 스파크라고 할 수 있고 과열된 현실의 투쟁, 가장 우회로로 가득 찬 상징주의의 개화(開花)라 할 수도 있고 혹은 일찍이 전쟁국가를 전체주의라는 틀을 통하여 그대로 진보에의 형태로 역전시키려는 꿈이라 할 수도 있다. 그만큼 대극에 있는 두 가지를 순간적으로 심하게 충돌시키는 여력을 가진 시인은 전후시 중에서 그 예를 찾기 어렵다.(清岡卓行,『戰後の詩人たち』現代詩鑑賞講座 第十一卷, 角川書店, 1969, 169쪽.

5) 大岡信(1931-현재), 靜岡縣에서 출생. 시인이자 평론가이며 대표적 저서로는 시집에『기억과 현재(記憶と現在)』(1956),『오오오카 마코토 시집(大岡信詩集)』(1960),『수부(水府)』(1981)등이 있다. 평론집으로는『현대시시론(現代詩試論)』(1955),『초현실과 서정(超現實と抒情)』(1965),『말의 출현(言葉の出現)』(1971)등이 있다. 그는「전후시개관(戰後詩槪觀)」(『蕩兒の家系-日本現代詩の歷史』소수)에서 자신을 포함하여 1950년대 경을 시작으로 수년간 등장한 시인들은 감수성 그 자체를 자신들의 의지처로 하고 있다고 기술하고 있고 그 시대를 〈감수성의 축제 시대(感受性の祝祭の時代)〉로 명명하고 있다. 이것은 40년대 시인들의 시에서 때때로 보이는 말이 주제를 따르지 못하는 관념의 소화되지 못한 형태에 대한 안티 테제로서 시를 감수성 자체의 자기표현으로서 자립시키는 데에 오로지 힘을 쓴 시인들의 시대를 의미한다. 이와 같은 〈감수성의 축제〉를 니이지마 코오이치(飯島耕一)는"눈을 감았을 때/ 처음으로 솟아나는 이마쥬가/

'감수성의 축제(感受性の祝祭)'라는 이름 아래 만개하였다. 60년대의 대표시인인 와타나베 자신이 "50년대 시의 매혹적인 '노래'와의 행복한 공생을 단념하고 시의 '원리'를 묻기 시작한 것이 60년대 후반이었다"고 밝히는 바와 같이 감수성 자체의 자기표현으로서의 '노래'는 시를 쓰는 일의 자명성 아래에서 가능하였지만 이 '쓰는 일'의 자명성을 반문하고 새롭게 시의 근거를 탐구한 점은 어디까지나 언어나 문학 내의 탐색에 지나지 않는다는 점을 인식할 필요가 있다.

60년대 시가 읽혀진 다음은 일반적으로 '전후시'를 대신하여 '현대시'라는 명명법이 다용되었다. 이른바 60년대 시인이 선행 세대로부터 자기를 차이화하는 시대적 체험은 일본의 패전이 아니라 1960년 미일안보조약반대투쟁이고 1962년 매스컴이 안중파(安中派), 안후파(安後派)라는 조어를 유행시킨 것처럼 시대의 관심은 일본 패전 후에서 반안보투쟁패퇴후의 '현대'로 옮겨간 점이다. 1956년에 간행된 경제 백서가 경제적인 노력 목표를 설정하기 위한 것이긴 하나 '바야흐로 전후가 아니다'라고 한 점은 경제지상주의적으로 일관해야할 고도경제성장노선을 질주하는 60년대는 68년과 69년을 절정기로 하여 학생운동(대학투쟁)과 함께 저물게 된다. 그러므로 60년대 후반에 시를 쓰기 시작한 시인들은 시적 60년대와 70년대의 가교적 역할을 하게 되었다. 또한 일본의 고도경제성장노선의 영향으로 상업 시 잡지 시대라 불리기도 하는데 이때 4대 시 잡지란 『현대시수첩(現代詩手帖)』(1959), 『시학(詩學)』, 『현대시(現代詩)』, 『유리이카(ユリイカ)』를 말한다. 이와 같

우리들 혼의 빛깔이다"라고 노래하였고 호리카와 마사미(堀川正美)는 "시대는 감수성에 운명을 초래한다"라고 표현하고 있다. 그러나 60년대 시인들은 이와 같은 감성을 부정하고 시인이 매개자로서 〈현재시(現在詩)〉 그 자체에서 시적 언어를 직조하였고 이러한 경향은 시적 언어의 극대화와 관념과 감성을 극히 절제했을 때 얻을 수 있는 영도의 글쓰기를 지향하는데 있었다고 평가 받고 있으나 시에 있어서 내용 부재, 창작 주체의 부재라는 비판을 받게 된다.

은 시 잡지의 전성과 함께 60년대는 시에 대한 붐과 함께 시의 전성기라 할 수 있는 시대였다.

전후시 제 3기에 해당하는 1960년에서 1969년에 걸친 1960년대에는 신시대의 시인들이 등장하였다. 아마자와 타이지로오, 와타나베 타케노부, 요시마스 츠나조오(吉增剛造), 나가타 히로시(長田弘), 미키 타쿠(三木卓), 오쿠다 타카히코(岡田隆彦), 키타가와 토오루(北川透)등으로 그들은 '60년대 시인'으로 불리웠다. 이 중에 『폭주(暴走)』(1960- 1964), 『x(バッテン)』(1961-1964), 『흉구』(1964-1971)에 의한 아마자와와 스즈키 시로오야스(鈴木志郎康), 『미타시징(三田詩人)』(제 5차. 1960-1963), 『드럼통(どらむかん)』(1962-1969)에 의한 요시마스, 오쿠다 등의 시는 시적 언어의 자립성을 중시하고, 언어 그 자체에 대한 래디컬한 접근방식을 특색으로 하고 있다. 그것은 어떤 내적 외적 주제를 언어로 표현하는 시가 아니라, 언어 그 자체의 다양하고 매력적인 발견 내지 창출을 목적으로 하여 그러한 언어의 발현형태 내지 창출형태 자체를 작품이라 부르는 소위 언어주의라고도 언어지상주의라고도 할 수 있는 한 경향이다. 이것은 언어의 질적인 면에 대한 근본적 변혁, 내부에서 외부로 향하는 원심적 다이나미즘, 자유분방한 요설체, 풍속적인 제재의 선택, 작품으로서의 구조적 완성의 거부, 이상하고 충격적인 이미지의 대담한 돌출, 논리적 맥락의 파괴와 우연의 시적 효과에 대한 의존, 철저한 비현실적 내지는 반현실적 자세 등의 지표에 의해 특징 지워져 이 시기 시단의 주류를 형성하였다. 이러한 언어지상주의적 경향은 나아가 그 작품의 구체적인 표현법은 다르지만 그들보다 전세대인 나카 타로오(那珂太郎), 요시오카 마코토(吉岡實), 오오오카, 이리사와 야스오(入澤康夫)등의 이 시기의 시업에도 기본적으로 공통성을 가지고 있고 이 경향은 그 이전의 시에 대한 고정관념을 파괴하여 얼마간의 눈부신 성과를 이룬 반면, 견고성 없는 창작노력의 후퇴를 불

러와 이 시기가 지나자 언어 과신에 기인하는 시적 내용의 공동화(空洞化), 일종의 겉치레, 창작 주체 부재의 언어 부유화(浮遊化) 현상 등으로 비판을 받기에 이른다. 그러나 전후시는 다양화의 물결을 타고 있어 60년대가 언어지상주의적 경향만을 가진 것은 아니다. 넓은 의미에서 사회파 시인이라 불리우는 나가타 히로시, 미키 타쿠와 같은 시인들도 활약하였다. 본고는 전후시 제 3기에 해당하는 60년대 일본시를 시의 근거를 고찰하고 정치적 래디컬리즘에서 시적 래디컬리즘으로 넘어가는 과정을 살펴보기로 한다.

2. 시적 근거로서의 6월–아마자와, 와타나베

일반적으로 '급진적인, 과격한' 또는 '근원적인'등으로 번역되는 래디컬이란 말은 라틴어 radic에서 기원한다. 래디컬리즘이 과격하게 급진적이고 전위적인 방법을 취하든 철저히 근원으로 역행하든지 거기에는 공통되게 '원리에 충실한다'는 지향이 작동하고 있다. 여기에 작용하는 '원리'란 보편적인 법칙으로서 고정적으로 존재하고 있지는 않다는 점이다. 그러므로 60년대의 래디컬리즘은 시를 쓰는 것은 어떤 것인가, 쓰는데 있어서 언어란 무엇인가, 시란 무엇인가, 시란 어디에 존재하여 어떻게 태어난 것인가 등에 관한 시의 근거를 묻는 것이었다. 따라서 '60년대 시인'이라 해도 그 래디컬한 존재 양식은 각자 다른 것이다. 그러나 60년대 시인이 그 세대에 공통되는 감정이나 시대의 기분을 서로 확인할 수 있는 지표를 가지고 출발한 것도 분명한 사실이다. 그것은 작품에 가져온 현실이라는 소재면에서 인정된 것으로 그들이 공유하고 있었던 것은 '6월의 시인(六月の詩人)'으로서의 경험이었다.

『폭주(暴走)』2호(1960, 9)에 아마사와는 「유월의 죽은 자를 찾아서

(六月の死者を求めて)」라고 부제를 단 「눈과 현재(眼と現在)」를, 와타나베는 「6월 15일의 기억을 위하여(六·十五の記憶のために)」라고 부제를 단 「차가운 아침(つめたい朝)」이라는 작품을 싣고 있다. 이 중에 '6월'을 시의 표층에 더 많이 그린 시인은 와타나베였다. 그러므로 그의 시의 근거는 6월에 있었고 그것은 "쾌락의 원점이 기억의 원점과 일치하여 존재하는(快楽の原点が´ 記憶の原点と一致して存在する)"(「6월의 기억저편으로(六月の記憶の彼方へ)」´ 詩集『夜をくぐる声』) 곳이다.

모든 기억이
고발 형태를 하고 빛나는 우리들의 거리에서
한 작은 죽음의 무게를 재는 일은
거의 무의미하다
때문에 우리들은 재지 않는다
기억 속 그대 눈빛의 무게를
あらゆる記憶が
告発の形してかがやくぼくたちの街で
ひとつの小さな死の重さを測ることは
ほとんど無意味だ
だから　ぼくたち測るまい
記憶の中のきみのまなざしの重さを

시집『눈부신 아침·그 외의 아침(まぶしい朝·その他の朝)』에 들어있는 「차가운 아침」이다. 이것은 동경대 여학생이 국회를 포위하여 투쟁한 전학련과 군중 속에서 죽은 6월 15일의 사건을 염두에 두고 쓴 것이다. 와타나베는 50년대 시에 있는 '노래'와 공생하는 지복을 맛본 시인이라 할 수 있으나, 그 서정적인 자질의 자각에 서서 그는 '세계와 분리되지 않은 광대한 감정의 소용돌이에 둘러싸여 여전히 우리들이 놓칠 수 없는 핵(核)'을 융합시킴으로써 시의 근거로서의 '쾌락의 원점'

과 '기억의 원점'의 일치를 이루려고 했으나 "나는 정겨운 거리들의 모퉁이 혹은/ 고향의 낮은 산들에게/ 그대 눈빛의 자국을 찾아낸다 (ぼくは親しい街街の曲がり角/ あるいは/ ふるさとの低い山々に/ きみのまなざしの跡を見つけだす)"라고 한 소위 미지의 '핵'을 확산시킨 듯한 어법으로 '그대 눈빛'의 에너지를 감소시킨다. 와타나베가 '기억의 원점'으로서의 입구를 6월 15일에서 '쾌락의 원점'을 끌어오려고 했다면 "기억 속 그대 눈빛의 무게"를 재어야 했을 것이다. 여기에서 주목해야 할 용어는 '원점'이라는 말이다. 원점은 타니가와가 참가한 시동인지 「모음(母音)」 1954년 5월호에 그의 시론인 「원점이 존재한다(原点が存在する)」에서 비롯된 말이다.

> 20세기의 '어머니들'은 어디에 있는가. 쓸쓸한 곳, 걸었던 적이 없는, 걸어지지 않은 길은 어디에 있는가. 현대의 기본적 테마가 발효하고 발아하는 어둡고 따뜻한 심부는 어디일까. 그곳이야말로 시인의 좌표인 '원점'이 아닌가. (중략)
>
> '점점 내려갈' 수밖에 없다 비약은 주관적으로는 태어나지 않는다. 하부로, 하부로, 뿌리로, 뿌리로. 꽃이 피지 않는 곳으로, 암흑으로 가득 찬 곳으로, 거기에 만유의 어머니가 있다. 존재의 원점이 있다. 처음 발생하는 에너지가 있다.

전후시사의 제 2기에 해당하는 1955년에서 1959년에 활동한 타니가와에게 원점은 영양실조의 병영, 원폭증의 남자, 특수부락의 청년들, 금속공, 가출한 남편의 부재로 인해 사택에서 쫓겨나지 않기 위해 노무와 간음을 한 광부의 처, 해고당한 나를 쫓아와서 10엔을 준 청소부 등과 같은 하부의 세계를 의미한다. 또한 그가 큐우슈우의 농촌에 살면서 전투적 코뮤니스트로서의 입장에서 '촌의 대지(村の大地)'를 원점으로 하는 사상도 일맥상통하는 것이다. 이와 같은 타니가와적인 원점이 제 3기의 시인들에게도 파급되고 있다는 점과 이들과 타니가와가

다른 점은 타니가와의 그것이 어디까지나 맑스주의 원칙에 입각한 것이라는 점이다. 그러므로 와타나베가 '기억 속 그대 눈빛의 무게'를 재지 못했다는 점은 6월 15일을 소재로 한 시에서 보여준 바와 같이 정치적 래디컬리즘에 충실하지 않았다는 점을 드러낸다고 하겠다. 이 점은 어디까지나 와타나베나 아마자와 등의 60년대 시인들이 반현실, 철저한 비현실의 자세를 시작 태도로 하였다는 데에서 기인하는 것이라 할 수 있겠다. 즉, 시적 소재를 현실의 사건으로 삼았으나 시를 쓰는 창작 주체가 매개자의 역할만 할뿐 현실적 상황에 대한 주제성과 전체성을 결여한 점에서 모순을 드러내고 있다.

3. 정치적 래디컬리즘에서 시적 래디컬리즘으로

반안보투쟁의 현실에서 거리를 둠으로써 아마자와는 한 '소녀'의 분열된 신체 이미지로 군중의 움직임을 표상할 수 있었다.

> 소녀의 목에서 아래를 바다가 씻었겠지
> 파도에 찢긴 위장이나 여러 내장은
> 닦여 눈부시게 방방곡곡 뭍으로 표류하여
> 각각 검은 항구 마을로 성장해 갔겠지
> 손발만은 해파리 보다 부드럽게 매끈 매끈하여
> 언제까지나 목 아래로 계속 흔들렸겠지
>
> 긴 뱀 보다도 긴 한 마리 새가
> 더 길어지기 위해 몸을 비틀고 있다
> 드문 드문한 깃털이 하나 떨어질 때마다
> 아이가 재빨리 뛰어와서는
> 엄마의 꾸짖는 소리에 되돌아간다
> 올려다 보니 우리들 위에 하늘은 좁고

새의 신음이 날아오르는 흰 길이
그 새 보다도 긴 幟를 떨게 할 뿐이다
少女の首から下を海が洗っただろう
波にちぎれた腸やさまざまの内蔵は
みがかれ輝いて方々の岸に漂いつき
それぞれ黒い港町に成長していっただろう
手足だけはくらげより軟かくすべすべして
いつまでも首の下に揺れ続けただろう

長大な蛇よりも長大な一羽の鳥が
もっと長くなるために身をよじっている
稀になった羽毛がひとつ散るたびに
子どもがすばやく駆けよっては
母親の叱声に引き戻される
見上げるとぼくらの上に空はせばまり
鳥の呻きの翔けのぼる白い道すじが
その鳥よりも長大な幟をふるわせるばかりだ

—「눈과 현재(眼と現在)」

시집 『아침 강(朝の河)』에 실린 것으로 모자의 이미지는 와타나베가 말하는 '기억의 원점'과 통하는 어떤 그리움이 일어나게 하지만 그러한 패전 때의 귀환(引き上げ)의 기억에도 연관되는 듯한 중층적인 이미지와 함께 시의 언어는 이미 군중 속에서 발화되고 있다. 상상에서 가상된 구조에로라는 발화행위의 상승을 지탱한 것은 제 1연에서 '죽은 소녀의 눈빛'을 올바르게 받아들인 지각의식이다. 그 '눈빛'의 무게를 재는 것과 같은 반성의식을 작동시킬 새도 없이

무엇보다 우선
그 소녀에게는 입이 없었다

소녀의 목을 끼우고 있는 두 개의 막대기에는
이상한 점과 많은 마디가 있었다
열려진 단단한 눈동자 가득히
습기 찬 벽이 꽉 차 있었다
그 벽 건너편에서
죽은 소녀의 눈빛은 왔다
なによりもまず
その少女には口がなかった
少女の首ははさみつけている二本の棒には
奇妙な斑とだくさんの節があった
みひらかれた硬い瞳いっぱいに
湿った壁が塡っていた
その壁の向う側から
死んだ少女のまなざしはきた

라고 이야기 하고 있다. 여기에서 입, 목, 눈동자라는 신체 부위를 지시하는 말이 비유로서 작용하고 이 죽음의 이상한 혹은 이상한 죽음의 이미지를 향해 구성되고 있다. 소녀는 입으로 말을, 목으로 생명을, 눈동자로 의지를 담고 있다는 의미를 지향하면서 그와 같은 의미를 명시하는 것이 좌우로부터 끼인 막대기나 소녀가 적으로 확정된 벽이라는 외부에 의해 저해되고 있다. 그러므로 시의 언어는 이러한 외부 더욱이 '건너편'에서 오는 '눈빛'과의 교감에 의해 생성되고 있다. 그런데 「눈과 현재」라는 시제는 오오오카의 『기억과 현재(記憶と現在)』라는 제 1시집명을 상기시키고 있다. 이러한 관련을 틀로 하여 60년대 시를 볼 때 와타나베의 「오오오카 마코토론(大岡信論)」을 참조하면 그는 『기억과 현재』의 오오오카에게 '기억의 과잉과 현재의 공백 사이의, 이미지의 소유와 사랑의 대상 상실 사이의, 단절'을 보고 있었다고 할 수 있다. 그러므로 와타나베가 6월 15일의 기억을 '과잉'한 이미지

로서 소유하는 것으로 쾌락의 원점에 일치하려고 한 데 대해 아마자와는 사랑의 대상 상실(소녀의 죽음)에 의한 '현재의 공백'을 이야기하기보다 그러한 현실을 거꾸로 시인 스스로의 '현재'를 '공백'으로 변화하는 장소까지 가고 말았다고 할 수 있겠다. 즉, 선행시인의 업적을 받아들여서 와타나베가 '기억'을 파내려가려 하였다면 아마자와는 시공을 지각하는 힘으로서의 '눈'에 의해 철저히 '현재'를 파내려 갔다는 의미이다. '죽은 소녀의 눈빛'에 촉발되어 래디컬한 투쟁의 '현재'속에서 소녀가 격돌하여 눈동자에 각인한 '벽'의 '건너 편'으로 가는 일, 그리고 마지막 행의 "돌아오는 길은 이제 알 수 없었다"와 같이 죽음의 공간으로 들어가는 일, 그 비현실의 공간에 시의 근거를 찾으려는 일, 시 언어의 '자연발생성'을 거기까지 추적하여 간 시적행위가 아마자와의 래디컬리즘이었다고 할 수 있다.

60년대의 시적 래디컬리즘을 대표한 잡지가 『흉구』이고 그 이념을 주도한 것이 『폭주』 『바텐』이래의 아마자와이다. 그는 『흉구』창간을 앞두고 『폭주』를 총괄한 〈휴간의 말〉에서 이렇게 말했다. 즉, 반안보 투쟁에 있어 '대중적 자연발생성과 끊임없이 교감한 학생운동의 래디컬리즘'을 정치적 목적의식의 획일성 밖으로 버리고 '소진시키'려고 한 '진보진영'에 대한 분노와 불쾌감을 밝힌 데다 거기에 대해서 '우리들의 『폭주』는 우선 전학련의 정치적 래디컬리즘을 그 본질면에서 시의식의 차원에서 전체적으로 획득, 발전시키려고 한 시도였다'라고 언급하고 있다. 여기에 전개되고 있는 것은 전학련의 정치적 래디컬리즘과 시인의 시적 래디컬리즘의 전위의 결과로서 '전학련의 정치적 래디컬리즘에서 낳게 한 시적 이성체(異性體)의 원초형태로 볼 수 있겠다. 나아가 래디컬하게 '건너 편'에서 발화하는 시 언어의 '자연발생성'은 예를 들어 "통은 폐 중독 길 위에서라면 사랑할 수 있다/ 찢긴 눈알은

그 때/ 모래 투성이 침을 묽게하여/ 목이 너무 긴 소녀가 언뜻 찢긴 해면에/ 끈 앞은 닿았다가 떨어져/ 소리 없이 끝없이 이야기의 고리를/ 짧은 바늘로 계속 풀어놓는다 (樽はペー中毒の道の上でなら愛せる/ ちぎれかけためだまはそのとき/ 砂まみれのよだれを引きのばし/ 首のながすぎる少女のチラと裂けた海面に/ 縄のさきは触れては離れ/ 音のしない終りのない物語の輪を/ 短い針で放ち続ける"(「樽きちがい」 서두부, 시집『한밤에서 아침까지(夜中から朝まで)』에서)에까지 멀리 저편에 이르고 있다. 여기에서 전후시가 예리하게 개발한 은유의 방법도 거부되고 말은 현실의 '저편'에서 발화하는 행위의 '자연발생성'으로 맡겨진다. 이미지와 이미지가 서로 상쇄하여 상을 결합시키지 않고 말은 의미로 향하는 것을 거절하고 있다. 이와 같은 방법은 아마자와가 시의 성립의 근거를 극도로 불신하는 곳에서 그의 시를 출발 시키려하는 창작 태도와 관계가 깊다.

우리들은 무엇을 하고 있는가. 쓰고 있는가? 무엇을 쓴다는 것인가. 그것을 왜 쓰고 있는가? 쓴다는 것은 우선 가능한가? 그것은 본래 불가능한 건 아닌가? 우리들은 불가능하다는 걸 깨닫고 있지 않는 것일까? 깨닫는다면 그만두어야만 하는가? 아니면 모르는 척하고 깨닫지 않은 양하고 써야 하는 것인가? 그런 것이 왜 가능한 것인가……

시가 가능하다고 한다면 그것은 시의 근원적인 불가능에 의해서일 경우이다. 이것이 아마 결론일 것이다.(「詩はどのように可能か」)

시가 만들어 내는 세계=시적 현실은 일상적 현실의 저쪽에 오버 라인하여 〈모든 것〉에 대해 열려진 비일상적 일상의 원형질성 공간이고 우리들의 시가 이길 수 있을 힘은 그 만들어 낸 비현실 공간의 깊이, 그 깊이가 가진 꿈의 역학 구조의 반동력, 더욱이 우리들이 줄 수 있는 질서의 질에 걸려 있다.……

> 시가 모든 비일상적 일상, 비현실적 현실의 시간은 미래 시간으로 측정되고 시는 항상 "와야 할 것"으로서 자기 자신의 예감으로서 우리들을 뒤돌아본다. "항상"이라는 부사를 잊어서는 안된다. 미래 시간이라 해도 이것은 문법적인 의미에서의 미래 시간과는 다르다. 그것은 결코 현재가 될 수 없는 미래이고, 오히려 현재시의 심연 중에 있어 시를 지탱하는 것이지만, 이 시적 미래의 질량이야말로 시 작품의 힘 굳이 말한다면 그 가치를 결정짓는 유일한 것이다. (「現代詩の倫理」)6)

아마자와에게 있어 시는 현실의 저편에서 발화하는 행위의 자연발생성에 의존한다. 시적 미래의 질량은 항상 "와야 하는 것"이지만 그것은 현재가 될 수 없는 것이다. 그러므로 시가 만들어 내는 비일상적 일상의 원형질은 시의 근거 즉 시가 이루어지는 원점이 된다. 이와 같은 비일상적 일상의 원형질은 "우리들 시의 본질적인 척도인 불안정성·불확실성을 성형하는 것"이며, "시적 공간의 원형질성과 함께 이 불안정성의 획득·유지는 우리들 시의 윤리의 핵심적인 주제로서 나타나는 것"으로서 기능하게 된다.

4. 이야기 하는 것과 쓰는 것에 관한 래디컬리즘

현대시는 난해하다라고 할 때 난해하다라는 것은 눈 앞에 있는 쓰여진 말을 현실적인 의미의 레벨로 되돌려서 '알았다'라고 하기에는 힘들다는 의미이다. 그러나 예를 들어 비일상적인 병이 일상의 건강을 어깨통이 보통 의식되지 않는 어깨라는 신체 부위를 새삼스럽게 생각나게 하는 것과 같이 우리들은 비일상을 매개로 하여 일상을 깨닫게 된다. 자동화한 일상의 자명성이 비일상의 출현에 의해 깨어지고 비일상적인 병도 품고 있는 현실을 알게 한다는 점이다. 그 의미에서 현실

---

6) 『戦後の詩人たち』 現代詩鑑賞講座 第十一巻, 角川書店, 1969, 348쪽.

이란 '모든 것'이라고 말할 수 있을 지도 모른다.

그러나 누구에게도 '모든 것'등은 '알'리는 없다. 그렇지만 '그대'의 '모든 것'을 알고 싶은 것이다. 언제나 함께 하여 알고 있었을 '그대'와의 일상 속에 돌연히 나타난 비일상. 즉, 오늘의 '그대'는 '알지 못한다'. 그러나 '알지 못하는' 일을 포함하여 그것이 '그대'의 '모든 것'이었던 것이다. 진정 '그대'의 '모든 것'과 만나려 한다면 나아가 '알지 못하는' 것 '알기 힘든' 것 어렵게 보이는 것을 불러볼 수 밖에 없다. 그리고 '모든 것'으로서 현실을 참는 것이다. 즉, 래디컬한 현대시의 출현을 자동화한 말의 일상성에 반성을 강요한 일과성의 효력으로써만의 평가에 머물러서 역사화해야 하는 것은 아니다. 그것이 시사 속에서 반복된다면 진부한 모방이 될 것이다. 그러나 일상 회화로는 성립하기 어려운 의미가 파괴된 말(구문 파괴) 이 쓰여진 시로서 성립했을 때, 래디컬한 그 시는 '항상 미래'로서 역사화할 수 없는 '현재'의 '저편'에서 찾아오는 것이다.

쓸 것이 없는데 계속 쓴다는 것, 그러한 래디컬리즘을 관류한 것은 『푸른 악어(靑鰐)』이래의 스즈키 시로야스로 그는 '자신을 말로 바꾸고 싶다는 욕구'에서 악어가 자신을 잡아먹는다는 '망상'을 둘러싸고 '쓴다는 것'에 관하여 쓰고 있다. (「욕실에서, 악어가」) 그에게 '말은 타인에게로의 무한한 동경'으로서 존재하지만 자신의 '망상'이 '어떤 의미를 가질 수 있을까' 알지 못하기 때문에 ' 타자로의 직접적 관련에 관한 불능성'을 자각하지 않을 수 없다. 이 과잉한 타자의식이 예를 들어 "그롯트만티카/ 그롯트만티카// 니이페포르트페인/ 이이이이이이이이// 에르소/ 마소토무우네"(「작품 2」)와 같은 타자에게 직접 연관되어 가기 위해 의미를 소거하여 소리만의 기호를 나열한 퍼포머티브한 작품을 『푸른 악어』시절의 그에게 쓰게 한 것이다.

타자로의 전달을 목적으로 하면 말을 의미의 매개로서 이야기 하는

문법에 구속된다. 말이 타자로의 전달목적에서 자유롭게 되어 오로지 시의 근거를 추구한다면 다음과 같은 서법이 성립한다. "나는 남의 아내가 수음하고 있었다/ 나는 노파가 수음하고 있었다/ 나는 여성 중 노동자가 수음하고 있었다/ 나는 남의 아내가 수음하고 있었다/ 나는 우유병이 수음하고 있엇다/ 나는 시계가 수음하고 있었다"(「달(月)」끝 부분, 시집 『缶製同棲又は陷穽への逃走』이것은 타자를 향하여 '자기'가 본 것의 의미를 이미지로 전달하는 은유표현이 아니다. 또 '나는'을 받는 술어부(예를 들어 '것을 봤다')가 생략된 표현으로 간주하여 그것을 보충하여 현실적인 의미로 환원시켜야 하는 것도 아니다. 이 시에는 인간이 아닌 우유병이나 시계를 병기하는 것에 수음의 강박이 생산한 '망상'의 자각이 있다. 망상은 망상에 지나지 않는다고 생각하여 발화를 그만두는 현실인식 앞에서는 시는 침묵하지 않을 수 없다. 굳이 그것을 쓰는 것에 의해 비현실로 밟아들어 간다고 하는 자각을 쓰는 일이 시의 근거로의 통로를 연다. 시의 근거를 찾아서 '쓰는 것을 쓴다'는 것은 바로 그러한 것이고 자각적으로 쓰는 언표의 주체를 '나는'으로 명기한 곳에 굳이 '망상'을 쓰는 것으로의 윤리가 인정됨과 동시에 스즈키 시로야스에 있어 시의 근거가 '나는'의 한 마디에 집약되어 지시되었다라고 해도 무방하다. 70년대의 그가 손을 대는 '극사(極私)'의 관념을 여기에서도 엿볼 수 있으나 그전의 『흉구』시절의 성과에 「푸아푸아」시 시리즈가 있고, 쓰는 주체인 '나'에서 시의 근거를 한 번 더 따로 떼어내어 본다면 실로 「푸아푸아」로 밖에 부를 수 없는 의미의 영도를 가리키는 기호가 된다. 이 기호는 다른 어떤 말에도 씌어서 그것이 망상이겠지만 현실의 사상(事象)을 가리키는 말일 것이지만 「푸아푸아」로 쓰면 무엇이라도 시가 된다. 세계가 제도적으로 차이화(의미화)되기 이전의 혼돈으로 되돌려져 자연에서 일어서는 말로서 기능하기 시작하기 때문이다.

5. 나오며

‘시의 붐’이라 불리워지기 시작한 1960년대는 과도기 내지는 전환기로서 이른바, 포에지 확산의 시대라 일컬어져 왔다. 이러한 풍요로운 시의 시대는 일본의 고도경제성장노선과 맞물려 상업 시 잡지의 융성과도 연관이 있다. 한편 정치 사회적으로 전 세계적으로 좌파운동이 절정에 이르는 1968년의 대학을 중심으로 하는 학생운동의 물결은 일본도 예외가 될 수 없었다. 그러나 일본 현대시에 나타난 래디컬리즘은 언어지상주의의 입장에서 아마자와와 와타나베 등의 시 활동을 통하여 구체화되었다. 그들은 전후 제 2기의 시인들 중에서 특히 오오오카나 타니가와의 유산을 활용하여 시에 있어서 영도의 글쓰기를 지향해 나갔다. 영도의 글쓰기는 어디까지나 언어가 가지는 일상적 의미의 고리를 파괴함으로서 이루어지는 것이다. 이와 같은 영도의 글쓰기는 상징질서에 굴복한 언어를 비일상의 영역에 둠으로서 상징질서에서의 의미화를 깨고 기호화되는 것을 의미한다. 이와 같은 언어적 실험은 시에서의 래디컬리즘을 잘 드러내는 것이라 할 수 있다.

1960년대 시문학의 지형

초판 인쇄 2006년 2월 20일
초판 발행 2006년 2월 28일

편 자 ▪ 양민정 · 채호석 · 신주철
발행인 ▪ 안 병 만
발행처 ▪ 한국외국어대학교 출판부
130-791 서울특별시 동대문구 이문동 270
전화: 02)2173-2494, 2495
FAX: 02)962-7122
홈페이지: http://press.hufs.ac.kr
전자우편: press@hufs.ac.kr
출판등록 ▪ 제6-6호(1969. 4. 30)
편집 · 디자인 ▪ 이환기획 02)2254-4301
인쇄 · 제본 ▪ 동화인쇄(주) 02)719-7181

ISBN 89-7464-395-2 93800 정가 15,000원

* 잘못된 책은 교환하여 드립니다.